皮书系列为
"十二五""十三五""十四五"时期国家重点出版物出版专项规划项目

BLUE BOOK

智库成果出版与传播平台

东北乡村振兴蓝皮书
BLUE BOOK OF RURAL REVITALIZATION
IN NORTHEAST CHINA

东北地区乡村振兴发展报告（2023）

ANNUAL REPORT OF RURAL REVITALIZATION IN NORTHEAST CHINA (2023)

主　编／张　磊　王　昆
副主编／李冬艳　王　丹　赵　勤　李菁菁

社会科学文献出版社
SOCIAL SCIENCES ACADEMIC PRESS (CHINA)

图书在版编目（CIP）数据

东北地区乡村振兴发展报告. 2023 / 张磊，王昆主
编；李冬艳等副主编. --北京：社会科学文献出版社，
2023.4
（东北乡村振兴蓝皮书）
ISBN 978-7-5228-1650-0

Ⅰ.①东…　Ⅱ.①张…②王…③李…　Ⅲ.①区域经
济发展-研究报告-东北地区-2022　Ⅳ.①F127.3

中国国家版本馆 CIP 数据核字（2023）第 059937 号

东北乡村振兴蓝皮书

东北地区乡村振兴发展报告（2023）

主　　编／张　磊　王　昆
副 主 编／李冬艳　王　丹　赵　勤　李菁菁

出 版 人／王利民
组稿编辑／任文武
责任编辑／刘如东
责任印制／王京美

出　　版／社会科学文献出版社·城市和绿色发展分社（010）59367143
　　　　　地址：北京市北三环中路甲 29 号院华龙大厦　邮编：100029
　　　　　网址：www. ssap. com. cn
发　　行／社会科学文献出版社（010）59367028
印　　装／天津千鹤文化传播有限公司

规　　格／开本：787mm×1092mm　1/16
　　　　　印张：26.25　字数：395 千字
版　　次／2023 年 4 月第 1 版　2023 年 4 月第 1 次印刷
书　　号／ISBN 978-7-5228-1650-0
定　　价／128.00 元

读者服务电话：4008918866

主要编撰者简介

张 磊 现任吉林省社会科学院二级研究员，长春光华学院乡村振兴研究院院长。曾任吉林省社会科学院农村发展研究所所长、《经济纵横》杂志主编。吉林省享受省政府津贴人员，吉林省政府拔尖人才，吉林省委决策咨询委员，吉林省农业与农村经济发展研究会会长。吉林财经大学、长春光华学院、北华大学、吉林农业大学、吉林大学生物与农业工程学院客座教授、硕士生导师。国家社会科学基金同行评议专家。长期从事农业经济、农村经济、区域经济、农村金融研究，在社会科学文献出版社及吉林人民出版社出版学术著作16部；获省政府社科优秀成果一等奖1项、二等奖2项、三等奖3项，获长春市社科优秀成果一等奖1项、三等奖1项；核心期刊发表论文15篇；研究报告、咨询报告获得国家领导人、省领导肯定批示20余篇；主持国家、省级项目20余项，主持省委改革委、省发改委、省农业农村厅、地方政府及部门横向课题40余项。曾率团访问日本东京大学、东京农业大学、韩国成均中国研究所，访问朝鲜民主主义人民共和国社科院、俄罗斯远东社科院等。

王 昆 长春光华学院管理学院院长、创新创业学院院长、数字经济产业研究院院长，教授，硕士生导师，吉林省领军人才，吉林省教学名师，吉林省拔尖创新人才，吉林省优秀青年，教育部全国普通高校毕业生就业创业指导委员会委员，吉林省高等学校物流与电子商务教学指导委员会秘书长，中国青年创业导师，教育部优秀创新创业导师，教育部高等学校电子商务类专业教学指导委员会数字教育组专家，商务部中国国际电子商务中心特聘专家，吉林省电子商务学会秘书长，吉林省青年电子商务协会副会长，长春市电子商务学会理事长，省级一流专业建设点工商管理专业负责人，电子商务重点学科带头人，"线上线下混合式'电子商务'金课建设"省级金课负责人。主要从事电子商务、乡村振兴相关领域研究。出版专著《乡村振兴之路》等，基于数字经济和乡村振兴发表多篇论文，多项课题获得省部级立项，《吉林省"两带两促、三创融合"电子商务人才培养模式研究与实践》获评吉林省教学成果二等奖。多篇资政建议、调研报告获得省级领导批示和市州政府采纳应用。

李冬艳 吉林省社会科学院农村发展研究所研究员，吉林农业大学、长春光华学院特聘教授、硕士研究生导师，省农业农村经济发展研究会副会长，松原市决策咨询委员，省农业农村厅、省工信厅咨询专家。在社会科学文献出版社和吉林人民出版社出版学术专著 5 部，主持省级项目 5 项，主持相关部门委托课题 11 项，获得吉林省政府社科优秀成果二等奖 1 项、三等奖 2 项，完成论文和研究报告 50 篇，7 篇研究报告获得省级及以上领导肯定性批示。

赵 勤 管理学博士，黑龙江省社会科学院农业和农村发展研究所所长，研究员。黑龙江省级领军人才梯队农村经济学后备带头人，黑龙江省"六个一批"理论人才。兼任中国发展战略学研究会理事、全国社科农经协作网络大会理事、中国县镇经济交流促进会理事、黑龙江省区域经济学会副秘书长、黑龙江省农村工作领导小组聘任专家、黑龙江省委信息顾问、黑龙江省委宣讲团成员等。主要研究方向为农业经济理论与政策、农村区域发展。主持国家社科基金 1 项、中宣部马克思主义理论与建设工程子课题 1 项、中国博士后基金 1 项、省级课题 10 余项。出版学术专著 2 部，在国家和省级期刊上公开发表学术论文 60 余篇。获得黑龙江省社科优秀成果奖 7 项。

王　丹　辽宁社会科学院农村发展研究所所长，研究员，主要研究方向为农村经济、区域经济。承担辽宁省市各类课题 30 多项，参与撰写经济学专著 10 多部，公开发表各类论文 40 余篇，成果多次获得辽宁省哲学社会科学成果一、二、三等奖。主要代表作有《辽宁工业经济史》《农村基本公共服务体系建设》《三农问题研究与生态文明建设》等。

李菁菁　长春光华学院管理学院副教授、双能型教师。主要研究方向为农村经济与电子商务。主持 2018 年度吉林省教育厅社会科学研究规划重点项目 1 项、2021 年吉林省社会科学基金项目 1 项、2021 年吉林省高教科研重点课题 1 项、2023 年吉林省教育厅高等教育教学改革研究重点课题 1 项等省部级以上课题 10 余项，在国家级和省级期刊上公开发表学术论文 10 余篇。

摘　要

　　研究实施乡村振兴战略，解决目前农业农村发展过程中存在的矛盾和问题，对于促进东北地区经济社会发展，在农业农村优先发展的基础上实现共同富裕，具有重要的现实意义和深远的历史意义。全书分为总报告、分报告、共同富裕篇、产业发展篇、美丽乡村篇、文化旅游篇和乡村振兴案例篇。

　　实施乡村振兴战略是一项理论与实践并举的浩大系统工程，是我国农业农村发展的重大历史任务。党的十九大报告中提出乡村振兴战略，体现了"三农"发展历史与现实的统一，展视了"三农"发展趋势与未来。党的二十大报告中再次强调"全面推进乡村振兴。坚持农业农村优先发展，坚持城乡融合发展，畅通城乡要素流动。扎实推动乡村产业人才、文化、生态、组织振兴"。

　　本书立足于东北地区传统农业大省省情，聚焦发展乡村产业、建设宜居乡村、提升乡风文明、推动治理有效、实现生活富裕等重点任务，融权威数据、典型案例于一体，展现了乡村振兴战略实施以来东北地区乡村的生动实践以及取得的阶段性丰硕成果，深刻分析了乡村振兴战略实施以来东北地区面临的机遇和挑战，做到兼顾理论与实践、政策解读与案例分析。

　　本书认为东北地区和全国其他地区一样，经过黑龙江、吉林、辽宁和内蒙古蒙东地区 1.2 亿人民的共同努力，在现有贫困标准的基础上，实现了精准脱贫，全面建成了小康社会，实现了"两个一百年"奋斗目标的第一个目标，按照党中央的决策部署，在全面完成脱贫攻坚任务的基础上，全面建

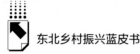
成小康社会。在乡村振兴战略实施过程中，新产业新业态不断涌现，现代农业建设成果突出，美丽乡村建设效果显著，农民素质全面提升，农村改革进一步深化。东北地区农业农村工作取得了较大成就，但农业农村发展不平衡不充分问题依然突出，仍面临巨大挑战：农村集体经济相对薄弱，乡村振兴缺乏产业支撑；人才缺失问题严重，无法满足乡村全面振兴需要；农村三次产业融合发展配套体系不完善，融合深度有待挖掘；农民收入有待提高，城乡居民生活差距依然存在；城乡融合发展水平不高，公共服务水平有待提高。东北乡村振兴目前面临的主要任务是，建立农业标准，发展东北地区现代农业；提振农村新型文化自信，建设乡村文明；保护绿水青山，发展生态宜居农村；建立农民诚信体系，实现乡村有效治理；建立城乡融合发展机制，实现城乡一体化发展。本书提出东北地区"实施乡村振兴战略"应从现代农业三大体系建设工程、粮食和食品安全工程、生态环境保护工程、美丽乡村建设工程、人才引育工程等九大工程措施入手，进而完成乡村全面振兴的伟大事业。

关键词： 乡村振兴　共同富裕　东北地区

序

　　"乡村振兴战略"是党的十九大报告首次提出的，是国家发展"七大战略"之一，是新时代解决"三农"问题的新突破。党的二十大报告再次提出全面推进乡村振兴，坚持农业农村优先发展，坚持城乡融合发展，畅通城乡要素流动，扎实推动乡村产业、人才、文化、生态、组织振兴。全面推进乡村振兴，倾注着习近平总书记和党中央对"三农"工作的关心重视，凝聚着以习近平同志为核心的党中央的集体智慧，彰显着以习近平同志为核心的党中央的高瞻远瞩和深邃思考。习近平总书记在第二十届中共中央政治局常委同中外记者见面时指出，经过全党全国各族人民共同努力，我国已经如期全面建成小康社会，实现了第一个百年奋斗目标。现在正迈上全面建设社会主义现代化国家新征程，向第二个百年奋斗目标进军，以中国式现代化全面推进中华民族伟大复兴。现代化离不开农业农村现代化，要把巩固脱贫攻坚成果和乡村振兴衔接好，使农村生活奔向现代化，越走越有奔头。民族要复兴，乡村必振兴。

　　长春光华学院是教育部批准的民办普通本科院校，是吉林省向应用型本科院校整体转型试点高校，自2000年建校以来，非常重视现实问题研究，逐步建设了一支以国务院政府特殊津贴获得者、全国优秀教师、吉林省高级专家、吉林省有突出贡献专家、吉林省拔尖创新人才、博士和硕士生导师等高层次人才为代表的，集教学与科研于一身的师资队伍。学校坚持开门办学、合作办学之路，深化协同育人，在服务地方经济发展和人才培养方面取得了巨大成效，得到了地方政府的高度重视和认可。

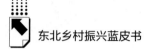
学校为全面贯彻落实党的十九大精神，实施乡村振兴战略，推进脱贫攻坚成果与乡村振兴有效衔接，整合东北地区专家、学者资源，结合长春光华学院多学科交叉办学优势，更好地服务东北地区乡村振兴，成立了"长春光华学院乡村振兴研究院"。本着"立足省情、开拓创新、突出优势、服务实践"的发展建设思路，理论研究与实践需要紧密结合的原则，侧重于东北乡村发展实际，坚持以科技创新和产学研融合为抓手，以需求导向、科学论证、严格管理、注重创新为原则，围绕乡村振兴战略的总体规划设计、产业开发、智慧乡村、人才培训、文化构建、社会治理等方面开展研究与实践。

乡村振兴研究院成立后，学校决定编写"东北乡村振兴蓝皮书"。2022年乡村振兴研究院根据党的十九大精神、2021年出台的《中华人民共和国乡村振兴促进法》和2022年中央一号文件精神，确定了"东北乡村振兴蓝皮书"即《东北地区乡村振兴发展报告（2023）》的主题，以长春光华学院专家学者为主，同时委托东北三省有关人员完成本书的撰写。

本书研究成果有力推进了东北地区乡村振兴发展理论和实践的研究。在已经如期全面建成小康社会、实现了第一个百年奋斗目标，正迈上全面建设社会主义现代化国家新征程，向第二个百年奋斗目标进军，以中国式现代化全面推进中华民族伟大复兴之时，研究东北乡村振兴，推动东北地区乡村全面振兴发展恰逢其时。巩固拓展好脱贫攻坚成果，扎实推进乡村振兴，推动实现农村更富裕、生活更幸福、乡村更美丽。从历史角度看，它是在新的起点上总结过去、谋划未来，深入推进城乡发展一体化，提出了乡村振兴的新要求新蓝图。从理论角度看，它是深化改革开放，实施市场经济体制，系统解决市场化问题的重要抓手。从实践角度看，它是呼应老百姓新期待，以人民为中心，把农业产业搞好，把农村保护建设好，把农民发展进步服务好，提高人的社会流动性，扎实解决农业现代化发展、乡村建设和农民富裕遇到的现实问题的重要内容。

《东北地区乡村振兴发展报告（2023）》是乡村振兴研究院成立后编写的第一本书，在专家和作者的共同努力下即将出版。本书分为总报告、分报告、共同富裕篇、产业发展篇、美丽乡村篇、文化旅游篇、乡村振兴案例篇共 7 个部分。总报告《东北地区乡村振兴发展报告》内容结合东北地区乡村振兴发展现状，总结实施乡村振兴战略过程中还存在的一些需要解决的问题。针对问题和东北地区乡村振兴的主要任务，从实施现代农业三大体系建设、粮食和食品安全、生态环境保护、美丽乡村建设、人才引育、富民、农村三次产业深度融合、农村公共服务建设及农村有效治理等方面入手，全面推进乡村振兴工程。分报告等则描绘了东北地区乡村的"产业兴旺、生态宜居、乡风文明、治理有效、生活富裕"，探寻乡村宜居宜业、农业高质高效、农民富裕富足的中国式乡村现代化建设之路。

本书立足于"成为党和政府决策咨询的有价值的研究成果"的出版定位，其问世将提升各级政府部门和社会各界对全面推进乡村振兴的关注热情，为东北地区各级党委政府及有关部门的决策提供有价值的参考意见。实施乡村振兴战略是一项理论与实践并举的浩大系统工程，是我国农业农村发展重大历史任务。全面推进乡村振兴战略，优先发展农业农村，实现农业农村现代化是激发"三农"发展活力，不断提高农民收入水平，稳定发展农业生产、保障粮食等农产品安全，保护农民利益、提高农民生活质量及保障农村长治久安的需要；是实现城乡协调发展，促进经济社会资源共享公平水平提高，不断缩小城乡差距，促进社会和谐进步，提升广大农民对未来美好生活预期的需要；对东北地区在新时代，利用资源禀赋解决好社会主要矛盾，保障国家粮食及农产品安全，引领农业农村现代化发展，具有重要的现实意义。

作为长春光华学院本书作者们的同事，我对本书的完成表示热烈的祝贺，希望大家在应用研究尤其是在乡村振兴和农业农村现代化研究上再接再厉，为东北、为吉林乡村振兴贡献聪明才智，作出更大的贡献。相信"东北乡村振兴蓝皮书"能够越办越好，为吉林全面乡村振兴、富民强省提供理论支撑、智力支持和科学决策参考。

长春光华学院董事长　康启鹏

2022 年 11 月

目 录 ↖

Ⅰ 总报告

Ⅱ 分报告

Ⅲ 共同富裕篇

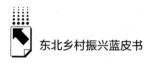
Ⅳ 产业发展篇

Ⅴ 美丽乡村篇

Ⅵ 文化旅游篇

Ⅶ 乡村振兴案例篇

皮书数据库阅读**使用指南**

总 报 告

General Report

B.1
东北地区乡村振兴发展报告

张磊 李冬艳 李菁菁 丁冬 于凡*

摘 要： 党的十九大以来，东北地区各级政府按照中央统一部署，实施乡村振兴战略，优先发展农业农村，农民收入水平不断提高，按照现有标准，贫困人口如期全部脱贫；稳定发展农业生产，保障粮食等农产品安全，保护农民利益，保障农村长治久安，东北地区全面建成小康社会；东北地区乡村振兴全面发展，取得令人瞩目的成绩。与此同时，实施乡村振兴战略过程中还存在一些需要解决的问题。针对这些问题和东北地区乡村振兴的主要任务，应从实施现代农业三大体系建设、粮食和食品安全、生态环境保护、美丽乡村建设、人才引育、富民、农村一二三产业深度融合、农村公共

---

* 张磊，吉林省社会科学院二级研究员、长春光华学院乡村振兴研究院院长，主要研究方向为"三农"问题与区域经济；李冬艳，吉林省社会科学院农村发展研究所研究员，主要研究方向为区域经济与农村发展；李菁菁，长春光华学院副教授，主要研究方向为农村经济与电子商务；丁冬，吉林省社会科学院农村发展研究所副研究员，主要研究方向为乡村振兴与"三农"问题；于凡，吉林省社会科学院农村发展研究所副研究员，主要研究方向为农业经济理论与政策。

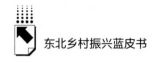

服务建设及农村有效治理等方面入手,全面推进乡村振兴战略。

关键词: 乡村振兴 农村集体经济 共同富裕 东北地区

实施乡村振兴战略是一项理论与实践并举的浩大系统工程,是我国农业农村发展重大历史任务。实施乡村振兴战略,优先发展农业农村,实现农业农村现代化是激发"三农"发展活力,不断提高农民收入水平,稳定发展农业生产、保障粮食等农产品安全,保护农民利益、提高农民生活质量及保障农村长治久安的需要;是实现城乡协调发展,促进经济社会资源共享公平水平提高,不断缩小城乡差距,促进社会和谐进步,提升广大农民对未来美好生活预期的需要;有助于东北地区在新时代利用资源禀赋解决好社会主要矛盾,保障国家粮食及农产品安全,引领农业现代化发展、农村建设长治久安、农民生活水平不断提高。

一 东北地区乡村振兴发展现状

东北地区和全国其他地区一样,经过黑龙江、吉林、辽宁和内蒙古蒙东地区1.2亿人民的共同努力,于2020年在现有贫困标准的基础上实现了精准脱贫,全面建成了小康社会,实现了"两个一百年"奋斗目标的第一个目标。

(一)东北地区实现精准脱贫

从2013年习近平总书记作出"实事求是、因地制宜、分类指导、精准扶贫"的重要指示,到2014年1月中共中央办公厅详细规制精准扶贫工作模式的顶层设计,推动精准扶贫思想的落地,再到2020年实现精准脱贫,东北地区和全国一样历经整整7年。在中国共产党的领导下,在全东北人民的共同努力下,励精图治、艰苦奋斗,在现行贫困标准下实现了精准脱贫。东北地区精准脱贫情况如表1所示。

表 1　东北地区精准脱贫情况

单位：万人，个

省、市（盟）	贫困人口	国家级、省级贫困县	贫困村	脱贫时间
黑龙江省	183.7	28	1778	2020 年
吉林省	70.1	15	1489	2020 年
辽宁省	81.0	15	1791	2020 年
赤峰市	13.5	10	871	2020 年
锡林郭勒盟	1.11	8	125	2020 年
呼伦贝尔市	2.11	4	106	2020 年
兴安盟	2.1	6	602	2020 年
通辽市	22.49	6	626	2020 年

资料来源：作者根据调研数据整理。

（二）东北地区全面建成小康社会

党的十六大提出全面建设小康社会，党的十八大提出全面建成小康社会，我国进入中国特色社会主义新时代。东北地区按照党中央的决策部署，在全面完成脱贫攻坚任务的基础上，全面建成小康社会。

按照国家统计局 2016 年修订形成的《全国全面建成小康社会统计监测指标体系（修订稿）》，结合东北地区各省、市（盟）实际，修订了适用于东北地区各省、市（盟）的指标体系。根据对东北地区的调研及全面建成小康社会指标的测算，东北地区 GDP 快速增长，2020 年人均 GDP 55815元，比 2010 年的 27554 元增长 103%；2020 年农村人口人均可支配收入16934 元，比 2010 年的 6208 元增长 173%，农村居民生活水平和质量快速提升。与此同时，户籍人口城镇化水平逐步提高，2010~2020 年城镇化率年均增长 1.04 个百分点；居民受教育程度不断提高，2010~2020 年受教育年限增加 0.74 年，文明程度显著提高；国家治理体系和治理能力现代化取得重大进展。其具体指标如表 2 所示。

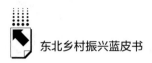
表 2　东北地区全面建成小康社会主要指标

省/地区	指标名称	单位	2010 年	2020 年	年平均增长或提高	目标完成情况
黑龙江	人均 GDP	元	21694	42432	9.6%	完成
	第一产业增加值占 GDP 比重	%	15.6	25.3	0.97 个百分点	完成
	城镇人口比重	%	55.7	65.6	1 个百分点	完成
	农村人口可支配收入	元	6040	16168	16.8%	完成
	城镇人口可支配收入	元	14741	31115	11.1%	完成
	恩格尔系数	%	35(城市：35.4；乡村：33.8)	31(城市：29.6；乡村：34.3)	-0.4 个百分点	完成
	城乡居民受教育程度	年	9.3	9.9	0.06	完成
	农村自来水普及率	%	51	95	4.4 个百分点	完成
	环境质量指数		良	良		完成
吉林	人均 GDP	元	23370	50561	11.6%	完成
	第一产业增加值占 GDP 比重	%	14.5	12.7	-0.18 个百分点	完成
	城镇人口比重	%	53.3	62.7	0.94 个百分点	完成
	农村人口可支配收入	元	6341	16067	15.3%	完成
	城镇人口可支配收入	元	14759	33396	12.6%	完成
	恩格尔系数	%	34(城市:32.3;乡村:36.7)	29(城市:27.9;乡村:31.4)	-0.5 个百分点	完成
	城乡居民受教育程度	年	9.5	10.2	0.07	完成
	农村自来水普及率	%	49	90	4.1 个百分点	完成
	环境质量指数		70	69		完成
辽宁	人均 GDP	元	31888	58629	8.4%	完成
	第一产业增加值占 GDP 比重	%	10.6	9.1	-0.15 个百分点	完成
	城镇人口比重	%	62.1	72.2	1 个百分点	完成
	农村人口可支配收入	元	6671	17450	16.1%	完成
	城镇人口可支配收入	元	18487	40376	11.8%	完成
	恩格尔系数	%	36(城市:35.1;乡村:38.2)	29.6(城市:29.5;乡村:29.7)	-0.6 个百分点	完成
	城乡居民受教育程度	年	9.7	10.3	0.06	完成
	农村自来水普及率	%	70	82	1.2 个百分点	完成
	环境质量指数		59	67		完成

省/地区	指标名称	单位	2010 年	2020 年	年平均增长或提高	目标完成情况
蒙东地区	人均 GDP	元	33262	71640	11.5%	完成
	第一产业增加值占 GDP 比重	%	13.4	11.8	-0.16 个百分点	完成
	城镇人口比重	%	55.5	67.5	1.2 个百分点	完成
	农村人口可支配收入	元	5780	18050	21.2%	完成
	城镇人口可支配收入	元	16567	41353	15%	完成
	恩格尔系数	%	33(城市：31.3；乡村：37.5)	28.7(城市：28；乡村：30.6)	-0.4 个百分点	完成
	城乡居民受教育程度	年	9.2	10.1	0.09	完成
	农村自来水普及率	%	70	82	1.2 个百分点	完成
	环境质量指数		55.3	45.6		完成

资料来源：作者根据黑龙江、吉林、辽宁及内蒙古统计年鉴及统计公报整理、计算而得。

（三）新产业新业态发展不断涌现

1. 黑龙江省农业产业形成新模式[①]

黑龙江省农业产业主要有县域乡村模式、农垦企业模式、森工林区模式三种类型模式。县域乡村模式的主要特征是耕地归集体所有，黑龙江省8900 多个行政村，占全省耕地面积 80% 的地区都是这种产业模式。农垦企业模式的主要特征是土地归国家所有，农垦企业职工属于国企职工，有社保，大多数居住在城镇。实施农垦企业模式的主要是农垦企业，耕地大部分是黑土地，有机质含量高、质量好且集中连片，便于机械化作业，粮食产量高、质量好。面积占全省耕地面积的 20%，主要分布在黑龙江省东部和北部地区。黑龙江省森工集团实施森工林区模式。在国家停止木材采伐后，森工集团所属企业十分重视发展林下经济，通过优越的林下资源发展林下产业，建设特色经济小城镇。

---

① 王敬元等：《黑龙江省乡村产业模式及振兴路径》，《农业展望》2021 年第 9 期。

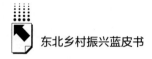

2.吉林省打造农业十大重点产业集群

吉林省遵循农业资源地区分异规律，发挥 60 家国家级龙头企业、600 家省级龙头企业重要作用，根据吉林省农产品区域分布特点，结合吉林省空间发展战略，逐步形成独具特色、以十大产业集群为重点的农产品加工业与农业产业化经营的区域布局，以适应全省率先实现农业农村现代化的需要。一是玉米水稻产业集群。以年产量超过 40 万吨的 27 个县市区打造玉米产业集群，以年产量超过 10 万吨的县市区打造水稻产业集群。二是杂粮杂豆产业集群。在白城市、松原市等主产区稳步发展杂粮杂豆产业，培育"吉林杂粮杂豆"公共品牌，打造东北地区杂粮杂豆集散地，国家级杂粮杂豆生产基地、加工基地。三是全产业链生猪产业集群。集群包括年饲养量超过 10 万头县市。生猪产业集群旨在坚持以养殖、饲料、加工、物流等全产业链引进企业和项目，加快由卖生猪向卖猪肉、卖食品转变，推进副产品精深加工。四是肉牛肉羊产业集群。肉牛集群包括年饲养量超过 10 万头或者年产量超过 1 万吨的县市。肉羊产业集群包括年饲养量超过 5 万头的县市区。五是禽蛋产业集群。禽蛋产业集群包括年产量 1 万吨的县市。禽蛋产业集群旨在依托龙头企业联动发展种雏繁育、规模饲养、深度加工、冷链物流，推动由初级加工向餐桌食品、休闲食品方向发展。六是乳品产业集群。吉林省奶牛的品种主要是荷斯坦奶牛和改良牛，乳品产业集群主要分布在长春、吉林、四平、松原和白城等地，这几个地区占吉林省奶牛存栏总数的 90% 以上，是吉林省奶源的主要基地。七是人参（中药材）产业集群。人参产业集群主要包括长春市、吉林市、四平市、通化市、白山市、延边州等地。中药材产业集群旨在大力研发食品、保健食品、新型药品等产品，建设国内外知名的北药基地，加快培育千亿级人参产业。八是梅花鹿产业集群。梅花鹿产业集群包括双阳区、东丰县、铁东区、敦化市 4 个梅花鹿产业园区和长春、吉林、四平、辽源、通化、白山、延边等 7 个梅花鹿产业基地。突出良种繁育、全产业链开发、品牌打造和科技创新，重点打造全省重点产业园区，提升"吉林梅花鹿"品牌竞争力。九是果蔬产业集群。长白山寒地蓝莓产业集群，以创建通化蓝莓国家级特优区为重点；长白山葡萄产业集群，以集安鸭绿江河谷冰葡萄标准化基地建设为重点。十是林特（食用菌、林蛙、矿泉水等）产业集群。包括长白山食用菌产业集群、吉林特色渔业产业集群、林蛙产业集群、北方优质黑木耳产业基地、长白山矿泉水基地以及梅河口果仁加工集散基地。

3. 辽宁精心打造优势特色产业集群①

2020年辽宁省在国家政策支持引导下，启动优势特色产业集群建设，在原有小粒花生、白羽肉鸡两大特色产业集群的基础上，强化人参、海参等农牧渔优势特色产业集群的培育。充分利用国家现代农业产业园、农业产业强镇建设政策，打造集生产、加工、服务等于一体的产业集群，促进产业深度融合，通过3~5年的时间，全力培育10~15个优势特色产业集群，逐步形成具有辽宁特色的乡村振兴产业发展格局。

（四）现代农业建设成果突出

党的十九大以来，东北地区加快推进农业供给侧结构性改革，突出现代农业"三大体系"建设，实施乡村振兴战略，为率先实现农业现代化、争当现代农业排头兵夯实基础。

1. 推动融合发展，现代农业产业体系建设实现新进展

党的十九大以来，东北地区以保障粮食安全为首要目标，粮食种植面积和产量总体稳步增长（见表3、表4）。

表3 东北三省粮食种植面积

单位：千公顷

省份	品种	2016年	2017年	2018年	2019年	2020年	2021年
黑龙江	粮食种植面积	14202	14154	14215	14338	14438	14551
	玉米播种面积	6528	5863	6318	5875	5481	6524
	水稻播种面积	3925	3949	3783	3813	3872	3867

---

① 李越：《全省将着力培育10至15个优势特色产业集群》，《辽宁日报》2020年6月5日。

续表

省份	品种	2016 年	2017 年	2018 年	2019 年	2020 年	2021 年
吉林	粮食种植面积	5542.4	5543.9	5599.7	5644.9	5681.8	5721.3
	玉米播种面积	4242	4164	4231.5	4219.6	4287.2	4401.2
	水稻播种面积	800.2	820.8	839.7	840.4	837.1	837.3
辽宁	粮食种植面积	3515	3467.5	3484	3488.7	3527.2	3543.6
	玉米播种面积	2789.8	2692	2713	2675	2699.3	2724.2
	水稻播种面积	476.4	492.7	488.4	507.1	520.4	520.6

资料来源：黑龙江、吉林、辽宁三省统计年鉴和 2021 年统计公报。

表 4　东北三省粮食产量

单位：万吨

省份	品种	2016 年	2017 年	2018 年	2019 年	2020 年	2021 年
黑龙江	粮食产量	7416.1	7410.3	7506.8	7503	7540.8	7867.7
	玉米产量	3912.8	3703.1	3982.2	3939.8	3646.6	4149.2
	水稻产量	2763.6	2819.3	2685.5	2663.5	2896.2	2913.7
吉林	粮食产量	4150.7	4154	3632.74	3877.93	3803.17	4039.2
	玉米产量	3286.28	3250.78	2799.88	3045.3	2973.44	3198.4
	水稻产量	670.45	684.43	646.32	657.17	665.43	684.67
辽宁	粮食产量	2315.6	2330.7	2192.4	2430	2338.8	2538.7
	玉米产量	1810.1	1789.4	1662.8	1884.4	1793.9	2008.4
	水稻产量	410.4	422	418	434.8	446.5	424.6

资料来源：黑龙江、吉林、辽宁三省统计年鉴和 2021 年统计公报。

农产品加工业作为农业产业化链条的核心已成为推动融合发展的重要引擎。2020 年，黑龙江全省规上农产品加工企业 1612 家，比上年增加 127 家，其中省级以上农业产业化龙头企业 620 家；实现营业收入 2961.3 亿元，同比增长 2.9%；实现利润 199.6 亿元，同比增长 39.5%。全省主要农产品加工转化率达到 63%，比上年增加 10 个百分点；全省规模以上农产品加工企业实现营收 2961.3 亿元，成为第一大支柱产业。

吉林省农产品加工业稳步发展。发展规模日益扩大。2021 年省级以上龙头企业达到 651 家，比上年增加 75 家，平均每个市县 12 家；其中国家级

54家，实现重点产粮大县全覆盖。全省市（州）级农业产业化龙头企业超过1500家，平均每个乡镇2.5家，实现重点产业强镇全覆盖。全省常年加工转化粮食2000万吨，约占粮食总产量的60%，酒精、淀粉产量居全国第2位。综合实力持续提升。农业大县农产品加工业销售收入占当地工业产值的70%左右，尤其是大型龙头企业成为县域经济和财政收入的主要支撑力量。

2020年，辽宁省规模以上农产品加工企业达到1613家，规模以上农产品加工业营业收入达到2963.6亿元。2020年省级以上农业产业化重点龙头企业达到642家，其中国家级龙头企业64家。规模以上农产品加工业完成总产值2915.84亿元，比上年增长2.4%，约占规模以上工业总值的8.9%；2021年新增12家国家级龙头企业、113家省级龙头企业，全省农业产业化龙头企业达到753家。2021年规上农产品加工业主营业务收入达到3200亿元，同比增长8%以上。

2. 提升综合生产能力，现代农业生产体系建设取得新成效

东北地区立足资源优势，以提高农业综合生产能力为目标，实施"藏粮于地、藏粮于技"战略，着力推进现代农业生产体系建设。农业机械化水平不断提高。2020年，东北三省农作物耕种收综合机械化水平高于全国20个百分点，处于全国领先水平。黑龙江省农业机械总动力6775.1万千瓦，同比增长28.5%；吉林省大中型拖拉机保有量38.5万台，同比增长12.9%；辽宁省机耕面积占耕地面积比重超过80%，处于全国领先位置（见表5）。

表5 东北地区农业生产条件

地区	要素	2019年	2020年	增长或提升
黑龙江省	农业机械总动力（万千瓦）	5273.5	6775.1	28.5%
	拖拉机保有量（万台）	48.5	63.8	31.5%
吉林省	农业机械总动力（万千瓦）	3656.1	3896.9	6.6%
	拖拉机保有量（万台）	34.1	38.5	12.9%
	机耕面积占耕地面积比重（%）	63.8	62.6	-1.2个百分点

地区	要素	2019 年	2020 年	增长或提升
辽宁省	农业机械总动力(万千瓦)	2353.8	2471.3	5%
	拖拉机保有量(万台)	17.7	19.2	8.5%
	机耕面积占耕地面积比重(%)	80	80.1	0.1 个百分点
蒙东地区	农业机械总动力(万千瓦)	3866.42	4057.14	4.9%
	拖拉机保有量(万台)	35.4	35.7	0.8%

资料来源：东北各地区 2020~2021 年统计年鉴和统计公报、农业机械化信息网。

3.增强新型经营模式引领效应，现代农业经营体系建设迈出新步伐

土地规模经营稳步推进。东北地区人均耕地面积大，家庭土地流转面积占家庭承包经营面积达到 50%，超过全国平均数。东北地区建设了基本能够覆盖县、乡、村三级的农村土地流转服务体系；土地流转合同文本各省统一标准化，并建立工商资本租赁农地备案制度，为农村土地流转被各级平台纳入奠定基础。经营模式不断创新。随着新型农业经营主体的不断发展壮大，东北地区各类新型农业经营主体充分发挥自身优势，相互促进，融合发展，在经营模式上不断寻求创新和突破，形成"龙头企业+合作社+农户"、"公司+联合体+农户"、"公司+基地+合作社+农户"、合作社托管经营、合作社统一经营、合作社统种分管经营、种植大户规模经营、龙头企业直接经营、家庭农场经营等多点开花、多方共赢的格局。农业信息化与农业生产发展、农村业态创新相互融合。遥感技术在墒情苗情灾情监测等方面广泛应用，各省基本完成了农业卫星数据云平台建设，整省推进信息进村入户，推进农业物联网技术示范推广，通过省级智慧农业综合服务平台的建设，现已开发了玉米、水稻、设施蔬菜、人参和杂粮杂豆五个产业物联网技术服务系统，支持企业开展农产品跨境电商交易，推动农产品进出口贸易发展。农产品质量安全监管力度不断加大。农产品质量安全监管是提高农产品质量、加大农产品品牌建设力度，保障老百姓"舌尖上的安全"的重要手段。

（五）美丽乡村建设成效显著

党的十九大以来，东北地区从试点探索到整县推进，从千村示范到万村提升，从政策引导到齐抓共建，从完善基础到魅力提升，不断加大资金投入力度，加强政策扶持，多层次、全方位塑造东北农村新面貌。

1. 创建美丽乡村的过程中凸显"特色"

美丽乡村建设不是千篇一律的，而是根据不同地域、不同类型、不同特点打造精品村屯，彰显美丽乡村个性，实现各具特色、各美其美，发挥引领示范及带动作用。东北地区美丽乡村创建基本有以下类型。一是高效农业引领型。其特色产业经营突出，主要以现代企业和农民合作社为载体，将产和销紧密结合起来，实现农民收入和集体收入同步增长。二是三次产业融合型。该类型是将高效农业、农产品加工、网络营销及乡村旅游紧密结合起来，实现农村一二三产业融合发展，延伸产业链条，提高产品附加值。三是农村生态保护型。生态环境优势明显，依托传统的田园风光和乡村特色，大力发展生态旅游，将生态环境优势转变为经济优势。四是传统村落整理型。对村内已有的古村落、古民居进行修缮整理，客观还原历史面貌，促进乡村旅游。五是环境整治提升型。通过狠抓基础设施建设，农村环境明显改善，美丽庭院和干净人家建设所占比重大。六是民俗文化传承型。依托独特的民俗文化、关东文化建设美丽乡村，弘扬优良文化传统，实现民俗文化的传承作用。七是名景古迹挖掘型。通过全新设计或者升级已有的名景古迹打造乡村形象名片。另外还有乡村旅游打造型、历史名人弘扬型和传统农耕展示型等类型。

2. 深入推进美丽乡村建设

东北地区从家庭做起，推动农村移风易俗，树新风、改陋习，培育良好家风、淳朴民风，开展美丽庭院、干净人家评选活动。美丽庭院、干净人家的创建对象是美丽乡村、新农村建设先进地区和一些重点村（屯）中经济基础较好、家庭经营管理有方、庭院布局整齐美观、绿化美化亮化到位、环境卫生治理达标的农户。打造美丽庭院和干净人家，东北地区美丽庭院达到

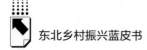

100 万户，干净人家达到 200 万户。通过创建活动，引导农民参与丰富多彩的寓教于乐活动，改善农民精神面貌，转变农民生活方式，提升农民生活品质。

3. 创新美丽乡村建设机制和模式

东北地区创新性探索和系统总结出独有的美丽乡村建设高位推动、政策促进、督导监管、城乡联动、帮扶援建、载体带动、市场运作、民主管理等8 大机制，美丽景观、社区建设、旧村改造、整体推进、生态走廊、民族建村、民俗文化、产业富村、旅游兴村、合力共建、能人治村、合作共赢、项目带动、新式民居、环卫下乡、镇乡带村、屯务管理、村规民约、志愿服务、服务外包等 20 种模式。

4. 用"文化品牌"赋予美丽乡村生命力

东北地区开展文化专家进万村打造文化品牌活动，挖掘历史文化、名人文化、古迹文化和民俗文化，赋予特产品文化内涵，创造地域美丽传说，弘扬特色文化，提升"软实力"，彰显农村个性，打造乡土亮点，构建东北地域农村特色文化品牌。凡是创建国家级、省级美丽乡村的村，以及各市（州）、县（市、区），都具有自己独有的特色文化品牌。通过建立村史馆、保护名人故居、修缮名景古迹和古井、保护古树等，打造新农村建设文化品牌村，通过挖掘美丽乡村的文化内涵，充分体现各美其美、各具特色。

（六）农民素质全面提升

农民是乡村振兴的主体之一。虽然城镇化进程不断加快，城镇化率相对较高，但东北地区仍有接近一半的乡村人口，农民素质的高低从根本上决定着乡村振兴的水平和质量的高低。

1. 大力培育新型职业农民

据调查，从 2018 年开始，东北三省新型职业农民培育补助资金每年为3 亿元左右，每年培育新型职业农民 10 万人，其中新型经营主体带头人 5万人、贫困村致富带头人 3000 人、现代青年农场主 3000 人、农业职业经理人 500 人、专业技能型和专业服务型职业农民 3 万人。主要围绕县域主导产业和特色产业，农业企业和农民专业合作社用工需求，土地托管、农机作业、植保收获等社会化服务，休闲观光、农村电商等新产业新业态等方面培育生产经营型、专业技能型、专业服务型、创业创新型等职业农民。

2. 新型经营主体不断壮大

新型农业经营主体队伍的不断壮大不仅有效缓解了农民兼业化、农村空心化，更为东北地区乡村振兴奠定了重要基础。随着各省一系列政策措施的完善，农民专业合作社、家庭农场、农业产业化龙头企业等新型农业经营主体发展迅速，数量和规模扩张较快，经营类型日渐多元化，自主创新能力和服务层次有所提升。据调查，2020 年吉林省土地流转面积占比不断提高，新型农业经营主体通过土地流转的耕地面积占全省土地流转面积的 65%，带动农户 360 万户。

（七）农村改革进一步深化

1. 推进农机购置补贴方式改革

开展粮食生产全程机械化整体推进示范省行动，采取粮食主产县整县推进、非粮食主产县重点产粮乡（镇）整体跟进的方式，围绕玉米、水稻等主要粮食作物，加快推进主要粮食作物全程机械化。加强全程机械化新型农业经营主体农机装备建设，东北各省研究制定并实施全程机械化新型农业经营主体农机装备建设实施方案。

2. 整省推进农村土地确权

据调查，吉林省农村土地确权部署开展试点工作的乡镇 431 个、试点村 5223 个，工作任务达到 4782.5 万亩，涉及 163.8 万农户。截至 2021 年末，全省地块和面积实测均已完成，发证工作基本完成。

3. 开展农村集体产权制度改革

吉林省和黑龙江省作为全国农村集体产权制度改革试点省，农村集体产权制度改革从试点村开始，再到试点县，最终到整省推进试点，农村集体产权试点工作进展顺利。试点村改革的完成为全面进行农村集体产权制度改革积累了宝贵的经验。作为整省推进试点，吉林和黑龙江两省省委省政府高度

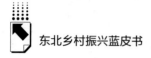

重视，全力开展，所有县（市、区）的集体产权制度改革均按照国家、省的时间表、路线图有条不紊地开展，清产核资阶段基本结束，集体资产家底基本摸清。

4. 启动国家农村金融综合改革试验

吉林省作为全国唯——个省级农村金融综合改革的试点，扎实推进农村金融改革试验，引导社会资源投入"三农"领域。全省从金融改革试点开始，制定农村金融改革政策，创新一系列推动农业农村经济发展的机制，旨在破解制约农村经济发展金融瓶颈问题，出台针对新型经营主体的金融产品，包括粮食直补资金担保贷款、土地收益保证贷款、"吉牧贷"等涉农贷款产品，农村土地经营权抵押贷款实现县域全覆盖，探索以金融破局"三农"问题，助推农村一二三产业融合发展，助力乡村振兴。

二　实施乡村振兴战略过程中存在的问题

党的十九大以来，东北地区农业农村工作取得了较大成就，但农业农村发展不平衡不充分问题依然突出，实现党的十九大提出的乡村振兴战略五大目标，仍面临巨大挑战。

（一）农村集体经济相对薄弱，乡村振兴缺乏产业支撑

村集体积累来源渠道单一。据调查，截至 2020 年底，东北地区农村集体经济相当薄弱，东北三省 80% 的村为"空壳村"，没有村集体经济收入，有的村甚至还有很多负债，处于资不抵债的情况。村级集体经济过于薄弱，所承担的公共职能无法实施，路没有资金维护，农业基础设施建设无钱投入，发展集体产业没有第一桶金，农村环境卫生仅靠村集体的力量无法治理等问题突出，严重制约了农村经济的发展。思想观念上的落后是制约和阻碍农村集体经济发展壮大的最大障碍。一方面农民参与发展壮大集体经济的积极性不高，另一方面部分领导干部发展集体经济的意识淡薄。调研显示，东北地区各县（市、区）中制订壮大农村集体经济措施的比较少，只有 41%

的县（市、区）有壮大农村集体经济的具体措施，村集体经济的发展非常盲目被动，无法推动和促进农村经济的大发展。村干部素质偏低现象较为普遍。东北地区部分行政村干部年龄老化，尤其是部分行政村党支部书记年龄偏大，受教育程度低、文化素质不高，业务水平低，甚至有的村干部不会使用电脑，造成改革工作推进难度较大，严重影响改革成效。

（二）人才缺失问题严重，无法满足乡村全面振兴需要

新型农业经营主体带动乡村振兴动力不足。龙头企业的产业带动力不足。农业企业仍处于散、小、弱的现状，导致其积累能力不强，缺乏竞争优势。龙头企业的科技创新能力弱，内生动力不足。科技创新平台条件落后，农业科研与发达地区有较大差距，不能满足农业科技创新的需要；科技创新链条较为松散，科研经费不足，发达国家农业科研经费一般占到农业总产值的 0.6% ~ 1%，而东北地区最高的吉林省仅为 0.4% 左右。专业合作社的带动力不足。虽然农业专业合作组织数量急剧扩张，但 2/3 以上的农民专业合作组织存在不规范、不健全等问题，甚至有些农民专业合作组织有名无实，资金缺乏，加之缺乏能人运作，运行困难。农业技术推广人员严重缺乏。据调查，东北地区乡村农技队伍中有一半的是高中文化程度，另有 1/3 的不是农业专业人员，老龄化严重，40 岁以上的约占 70%。东北边境地区农村空心化问题日益突出，吉林省与朝鲜接壤的 10 个县（市、区）的农村空心化现象尤为突出。抽样调查的 10 个空心村中，因地缘和民族语言优势，出国劳务人员占劳动力转移总量的 85%，出国劳务人员回国后到本村生活的人数不到 10%。劳动力转移带来居住房屋大量闲置，农村规划滞后加剧了土地资源利用低效益，农村整体布局严重破坏导致土地空心化。大量农村青壮年劳动力外出务工导致农村人口结构严重失调，"老无所依"与"幼无所靠"问题日益凸显，严重影响了留守老人的晚年生活质量以及留守儿童的身心健康。据调查，图们市第五中学初中一年级一个班留守儿童比例高达 97%，所引发的安全、心理、价值、文化等一系列问题亟待破解。

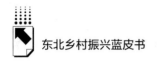

（三）农村一二三产业融合发展配套体系不完善，融合深度有待挖掘

目前，东北地区广大农村的一二三产业融合还注重发展核心产业，而与之配套的支持体系要素，如信息、金融、研发、人才、营销、物流、广告等发展明显滞后。应由政府为农村三次产业融合发展提供的公共服务缺位。缺乏农村三次产业融合发展产业规划，三次产业融合发展缺失发展方向、发展目标。地方政府对融合发展所引入企业"行政捏合"，直接介入经济活动，导致市场机制难以发挥作用，致使一二三产业融合发展不健康。

（四）农民收入有待提高，城乡居民生活差距依然存在

农民持续增收形势严峻。从农民收入增速看，农民增收已进入"减速带"，增长速度持续降低，从农民收入结构看，由于世界各种摩擦影响，国际大宗农产品价格变化加大，农民家庭经营性净收入所占比重同比降低了5个百分点。供给侧结构性改革的深入推进影响社会各个行业，产业转型升级所带来的去产能、去库存、调结构使农民转移就业空间收窄，工资性收入同步降挡减力，所占比重同比基本持平，东北地区财产性收入在农民可支配收入中的比重仅为1.9%，低于全国平均水平，短期内无法成为东北地区农民增收的重要来源。城乡收入差距仍在扩大。东北地区城乡居民收入比变化不明显。从表6可以看出，辽宁省城乡居民收入最高，同时差距也最大；黑龙江省城乡居民收入差距最小。东北三省城乡居民平均收入比由2010年的2.51缩小到2020年的2.10，收入差值增加了8756元，平均每年扩大876元。城乡居民收入差距的扩大直接影响城乡融合发展进程。

（五）城乡融合发展水平不高，公共服务水平有待提高

部分地区城乡二元经济结构改善十分有限。表面上看，随着农业农村现代化进程的加快，农业劳动生产率和乡村经济发展水平不断提高，城乡二元经济结构呈逐年持续改善趋势，但改善程度十分有限，表现在城市大工业经济和农村小农经济的基本格局没有改变。地方经济社会的发展，不是取决于

表 6 东北地区城乡居民可支配收入比变化

单位：元，%

地区	2010 年			2015 年			2020 年		
	城镇居民	农村居民	城乡居民收入比	城镇居民	农村居民	城乡居民收入比	城镇居民	农村居民	城乡居民收入比
黑龙江省	14741	6040	2.44	24203	11095	2.18	31115	16168	1.92
吉林省	14759	6341	2.33	24901	11326	2.20	33396	16067	2.08
辽宁省	18487	6671	2.77	31126	12057	2.58	40376	17450	2.31
蒙东地区（内蒙古自治区平均数）	18050	5780	3.12	30594	10776	2.84	41353	16567	2.50
东北地区平均	16509	6208	2.66	27706	11314	2.45	36560	16563	2.21

资料来源：2010 年、2015 年、2020 年东北各地区统计年鉴。

农业农村的发展，而是取决于地方工业和第三产业的发达。这就决定了地方解决"三农"问题的积极性不高，投入不足，产出更少。与此同时，农村基础设施建设落后于城市的局面短期内不会有大的改变。中央财政对农村的支持杯水车薪，东北地区辽宁省财政稍好，吉林、黑龙江都是财政穷省，对农村基础设施建设的投入很少，市、县财政更是拿不出资金支持本地农村基础设施建设。城乡要素自由流动机制尚未建立。农民市民化成本依然较高。有些学者甚至计算出一个农民市民化的费用，认为农民手中的资金不足以支付购买住房，子女教育更是农村居民进城生活的最大障碍。农业转移人口没有能力保障子女与城市家庭子女获取同等的义务教育。同时，城乡金融市场存在严重的樊篱。资金只向城市流动，基本不向农村流动。现存农村金融机构仍然有效供给不足，农村资金外流严重，特别是银行商业化改革以来城乡金融机构分布更加失衡，对农业农村发展造成严重的负面影响。城乡教育和卫生发展不均衡仍是主要短板。近年来，东北地区城乡基本公共服务均等化取得了显著成效，但是城乡基本公共服务标准差距依然较大，城乡居民受教育水平差距仍然呈扩大趋势；乡村医疗卫生设施有限，医疗卫生人员数量依然不足，质量依然不高。

三 东北乡村振兴面临的主要任务

东北地区实施乡村振兴战略的总任务是实现"振兴要素"回归。"振兴要素"包括"人、财、物"。"人"包括管理人才和经营人才,"财"包括政府财政、银行资金、社会资本,"物"包括土地、基础设施、公共设施。人是根本,财是前提,物是桥梁。其具体任务如下。

(一)建立农业标准,发展东北地区现代农业

农业标准化是现代农业的重要基石。东北地区要实现乡村振兴,必须把农业标准化问题处理好。国家有国家农业标准,各省要有各省特色农业标准。东北各省既要遵循国家农业标准,又要敢于突破国家农业标准,建立有本省特色的甚至高于全国的农业标准。

1.东北地区农业标准化主要内容

实行农业标准化是建设现代农业的现实选择。农业标准化是现代农业的重要标志。加快推行农业标准化,是促进现代农业发展、实现乡村振兴的重要力量。东北地区农业标准化的主要内容包括实行农产品品种标准化、农业生产技术标准化、农业生产管理标准化,实行农业市场规范、农村经济信息建设标准化,实行农产品生产及加工、流通标准化。要以农业标准化带动农业生产专业化和区域化,进而推动农业的战略性结构调整。

2.建立本省标准的特色农业产业

发展农业特色产业是各地未来现代农业的发展方向。东北各省要搞好顶层设计,通过政策、资金引导农业特色产业发展。通过标准化实施使得这些特色产业更加适应市场经济发展的需要,进而提高农产品质量,增加农民收入。东北地区主要特色农业产业包括粮食产业(水稻、籽粒玉米、大豆等)、畜牧业(牛、羊、猪、禽等)、特色产业(人参、鹿、林蛙、木耳等)、杂粮杂豆(绿豆、小米、燕麦、藜麦、高粱、红小豆等)、特色小产

业（辣椒、西瓜、黄桃、葡萄、蓝莓、林下药业、苹果梨、苹果、烤烟、葵花等）、马铃薯产业。

（二）提振农村新型文化自信，建设乡村文明

农村落后的一个重要原因是农村文化落后，农村文化失去了自信，并且逐渐被城市文化所代替。建立新型农村文化，在提振中华文化自信的基础上，提振中国农村文化自信，进而建设中国乡村文明。

1. 通过自身优势重拾乡村文化自信

农村自身优势来自文化底蕴。在发展农村经济的同时，还要不遗余力地推进乡村文化建设，用乡土文化来提升乡村发展品质和农民生活质量，让农民树立对美丽乡村、文化乡村的自豪感，在乡村文化建设中收获更多幸福。乡村文化是振兴乡村的思想源泉。乡村振兴的表现形式之一是要实现乡风文明。要实现乡风文明需要广大农民从思想意识上接受社会文明理念，从思想上接受先进文化的熏陶，从思想深处愿意接受文明社会，愿意接受文明生产生产方式。通过文化建设促进乡村发展繁荣。光有农村产业兴旺实现不了农村繁荣，农村繁荣的实质是文化繁荣。要从文化对经济发展尤其是对乡村振兴作用中把握文化、社会、经济的相互关系，在不断丰富农村文化内涵及文化实现形式的同时，促进农村文化繁荣发展，推动乡村全面振兴。

2. 因地制宜打造乡村文化品牌

东北各地经济社会发展过程不同，所形成的历史文化大相径庭。在乡村振兴过程中，要因地制宜，根据各地文化底蕴、作用禀赋，注重发掘本土文化资源，根据当地历史文化、传统人文、遗留景观，打造当地特色文化品牌。与此同时，加强外来文化学习，用先进文化结合地方文化武装地方社会，繁荣乡村文化，逐步打造自身文化品牌。

（三）保护绿水青山，发展生态宜居农村

实现乡村振兴，生态宜居是关键性问题。要树立和践行"绿水青山就是金山银山"的理念，在尊重自然、顺应自然、保护自然的基础上，保护

绿水青山，推动乡村绿色发展，发展生态宜居乡村，实现百姓富足与生态和谐统一。

1.加强农村生态制度建设保护好绿水青山

改善农业生态环境，保护绿水青山任重道远，让绿水青山变成"金山银山"任务更是紧迫。为此，必须从制度层面强化生态建设和环境保护。第一，东北各省制定适合自身的农业生态环境保护条例，从制度上全面加强农业生态环境保护。第二，制定农业生态保护规划，从长期战略的角度保护好农业生态环境。第三，实行农业生态环境保护第三方评估制度，定期对各省农业生态环境进行评估，动态保护好农业生态环境。

2.强化规划设计规范村庄建设

除农业生产层面需要规划设计之外，村庄建设更需要规划设计。要像设计城市建设一样规划设计村庄建设。村庄建设规划包括从乡村卫生环境到基层设施建设。全面启动农村人居环境整治行动工作，包括农村"改厕""改厨"、危旧房改造、村通屯道路、农村饮水、农村生活污水整治项目等。启动乡村振兴示范村建设。全面推行河长制，开展重点流域综合整治，大力发展优良乡土树种和珍贵树种种植。建立镇级垃圾处理中心、村级垃圾处理中心或村级垃圾处理设施。出台村庄住宅规划，全面规范村庄居民住宅。

（四）建立农民诚信体系，实现乡村有效治理

实现乡村有效治理，是乡村振兴的难点。需要采取必要有效的措施，通过健全自治、法治、德治相结合的乡村治理体系，真正实现乡村有效治理。

1.加强党的领导保证农村基层政权稳定

建设"三治结合"的乡村治理体系，是党的十九大提出的实现乡村有效治理的新思想。一是加强基层民主法治建设，这是乡村经济社会发展的必然要求。二是推进国家综合治理体系和治理能力现代化。健全乡村治理体系既要传承发展我国传统农耕文明，又要建立健全党委领导。

2.强化村民自治功能保障农村社会长治久安

村民自治制度是中国特色社会主义民主政治的重要组成部分。一是要保

证东北地区所有行政村均制定村民自治章程（包括乡规民约）。村民自治体现村民意志、保障村民权益，又约束村民行为、明确农民义务，保障农村有效发展。二是正确引导提升村民自治水平。在目前实行农村村民自治的大背景下，应通过党组织引导农村自治组织和村民个人有序参与农村事务管理。应该继续实行第一书记制度，并且通过引进大学生村官、返乡就业青年等高素质人员，不断提高行政村党支部、村委会人员素质，提升村民自我管理、自我服务水平。

3. 发挥法治、德治在农村社会治理中的基础作用

一是坚持依法治国理念，运用法治方式和法治手段解决农村改革发展稳定中遇到的问题。加强对村务法治的指导，让广大农民感受法律力量，认知法律尊严，增强法律信仰。二是长期强化在广大农村培育弘扬社会主义核心价值观，宣传荣辱观、道德观，建立道德讲堂、文化礼堂阵地，引导人们讲道德、守道德底线。依托村规民约褒扬善行义举、贬斥失德失范，并且让道德底线与各种农业奖补制度挂钩。

（五）建立城乡融合发展机制，实现城乡一体化发展

1. 建立城乡融合发展政策机制

出台相关政策，建立城乡融合发展原则框架，让融合发展有章可循、有政策可依。明确城镇化与农业农村现代化关系问题，明确粮食主产区如何保障城乡融合发展既有利于经济发展，又保障粮食安全；既有利于城乡一体化，又保障农民安居乐业；既遵循国家大政方针，又尊重地方特色。解决好农村劳动力进城与乡村振兴人才缺失的问题、城镇化发展与农民工就业困难问题、财政收入与粮食产量逐年提高不同步问题、城镇化用地与基本农田耕地红线问题。

2. 确定城乡融合发展目标机制

确定发展目标，让城乡融合发展有方向、有动力。东北地区实现城乡融合发展目标是实现城乡居民收入无差距、基本权益平等，生活条件、质量趋同。实现规划融合，构筑城乡融合发展蓝图。完善城乡一体化规划机制，实

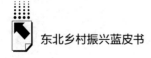
现城乡等值发展。建立健全"多规合一"、有机衔接的各省规划体系，坚持以规划引领城乡融合发展。建立覆盖城乡居民的社会保障体系，建立农村养老、最低生活保障和规范的社会救济制度，统筹城乡社会保险。

3. 优化城乡功能机制

按照各省历史文脉、经济发展趋势、产业分布交互融合的空间结构，形成主体功能明确、区块有机联动、资源配置优化的城乡融合发展格局，推进城乡基本公共服务均等化。加强城乡一体化的教育规划，优化教育布局，促进城乡教育一体化发展。建立城乡统一的就业失业登记制度和就业援助制度，完善政策体系、人力资源市场体系和就业服务系统，促进城乡就业服务一体化发展。建立更加公平和可持续的社会保障制度，巩固和提高城乡社会保障并轨成果，促进城乡社会保障一体化发展。

4. 创新城乡社区治理机制

城乡融合发展的一个重要内容是在强化城镇社区建设的同时补齐乡村社区短板。在城镇建立县（市）、街镇、居村三级纵向贯通、部门横向协同、政社互联互动的社会治理格局。建立党建引领下重心下移、服务靠前、做实基层力量、强化信息支撑、加强法治保障的城乡社区治理体系。在乡村加快构建村自治组织、社会组织和经营主体有机统一的生活共同体，形成以党建为引领、以自治为基础、以法治为保障、以德治为支撑的乡村治理体系，逐步实现城乡社区建设趋同、管理统一、服务一体的新格局。

四 实施东北乡村振兴工程

在国家优先发展农业农村，实现农业农村现代化政策的指导下，按照"产业兴旺、生态宜居、乡风文明、治理有效、生活富裕"的总要求，东北地区实施乡村振兴战略应从以下工程措施入手，进而完成乡村振兴的伟大事业。

（一）实施现代农业三大体系建设工程

现代农业三大体系包括现代农业产业体系、现代农业生产体系和现代农业经营体系。三大体系建设是实现"产业兴旺"的基础，是实现农业现代化的保障，是实现乡村振兴的前提。

1. 围绕转方式调结构，加快完善现代农业产业体系

保障粮食综合生产能力。东北三省稳定粮食综合生产能力是保障国家粮食安全的压舱石。在坚持农业供给侧结构性改革的基础上，鼓励"旱改水"和"粮改饲"，促进"粮经饲"三元种植结构协调发展。一是扩大绿优水稻品种种植面积，打造现代黄金水稻带，将优质水稻占比提高到70%。二是扩大优质专用型粮食作物种植面积，实施粮豆轮作，保障籽粒玉米种植面积不减少，同时增加鲜食玉米种植面积。三是用科技进步提高单产水平，保障粮食产量稳定在13500万吨阶段性水平。

全力打造特色农业产业体系。杂粮杂豆产业体系，包括绿豆、红小豆、高粱、谷子、燕麦、藜麦、马铃薯等。大小兴安岭、长白山林下产业体系，包括人参、木耳、菌类、林下中草药、林蛙、梅花鹿等。果蔬产业体系，包括苹果、桃、大樱桃、蓝莓、西瓜、香瓜、一二三小苹果、海棠果、苹果梨、葡萄等，以及各种大地应季蔬菜、大棚的反季蔬菜等。

加快农产品加工业转型升级。重点打造优质粮食产品初加工及精深加工产业、优质畜禽产品粗加工及精深加工产业、优质林特产品加工产业、人参产品粗加工及深加工产业、酿造葡萄产品产业和中药材产品深加工产业等产业集群集聚发展。

2. 围绕强化科技支撑，加快建设现代农业生产体系

提升农业机械化水平。落实好国家农机购置补贴惠农政策。加强农业机械合作社建设，鼓励发展大型机械，提高大型机械化水平。推进农机农艺配套，扩大农机在园艺特产、生态、林地资源开发等方面的应用，满足山区农机发展需求。支持科研单位与有关企业联合攻关，围绕东北地区各地农业机械化发展需求，研发出具有国内领先水平的农业机械，支撑东北地区率先实现农业现代化。

提升农业信息化水平。加强与知名电商合作，培育东北地区特色农产品电子商务平台，鼓励优秀农产品生产加工企业进驻淘宝黑龙江馆、吉林馆、

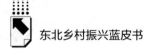

辽宁馆、蒙东地区馆、京东特色馆等电商平台，推选优秀种子、农药、化肥等企业进驻开犁网，强化线上东北地区"字号"品牌建设，打造一批东北地区"字号"线上知名品牌，如盘锦大米、吉林大米、五常大米，洮南绿豆、双阳梅花鹿、新开河人参、吉林玉米、通化葡萄酒等。

3. 围绕深化农业综合改革，加快建立新型农业经营体系

加快"三权分置"，完善土地所有权、承包权、经营权分置办法，强化土地承包经营权纠纷调解仲裁。完善土地确权工作，加快土地经营权抵押贷款工作进入实质性程序，充分利用土地确权，解决好农业贷款抵押物问题。同时，在县、乡两级建立土地经营权调解仲裁机构，及时解决好土地经营权纠纷问题，维护好农村社会稳定。

鼓励农民通过自愿互换、专业合作、股份合作、土地入股、土地托管等多种形式促进农业适度规模经营。在坚持家庭承包经营权长久不变的前提下，鼓励农民合作经营。适度规模经营能够提高土地利用率和劳动生产率，并且一定规模的农产品能够在市场定价时有话语权。

培育新型农业经营主体。倡导农民合作经营，积极培育新型农业经营主体。通过政策支持，培育各种类型的新型经营主体，因地制宜开展农业规模经营。通过土地流转获得更多的土地，进行规模经营。通过入股联合和农业企业订单带动，实现规模经营。

深入推进农村集体产权制度改革。要落实好国家关于促进农村集体产权制度改革的相关税收优惠政策，探索将财政资金投入农业农村形成的经营性资产，通过股权量化到户，让集体经济组织成员长期分享资产收益。要充分利用农村集体产权制度改革的契机，加快建立健全新型农业经营体系。

（二）实施粮食和食品安全工程

实现粮食和食品安全是乡村振兴的目的之一，是"产业兴旺"的基本目的。粮食和食品安全关系国家安全，关系全国人民生活水平的提高。黑龙江、吉林、辽宁作为农业大省、粮食大省，保障粮食和食品安全任务艰巨。

1. 保证粮食播种面积，确保粮食生产能力

在加强推进农业供给侧结构性改革的同时，必须将黑龙江、吉林、辽宁粮食播种面积控制在一定范围，既要做到"藏粮于技、藏粮于地"，也要保证东北三省粮食产量控制在13500万吨阶段性水平。这是保障国家粮食安全的需要，不能掉以轻心。

2. 加强农产品质量安全监管，深入贯彻落实《农产品质量安全法》

伴随着中国社会主要矛盾的变化，人们对农产品质量的要求更高。农产品质量关系人们生命健康，关系全社会生活水平的提高。其监管部门在全面落实《农产品质量安全法》的同时，要针对各省农业发展实际情况，制定东北地区各省可操作性的农产品质量安全管理条例。

3. 加强农产品质量安全机构管理职能

东北各地按照省政府和省农业农村厅对农产品质量安全监管工作的要求，抓好质量监管，努力防范重大农产品质量安全事故的发生。农产品质量安全涉及千家万户，必须常抓不懈。各地应当严格按照农产品质量安全法和各省管理条例制定落实方案，加强农产品质量安全机构管理职能。

4. 建立监管队伍，健全监管体系

在建立健全监管机构的基础上，建立监管队伍。同时，加快质检体系建设，从制度和技术两个层面健全监管体系，做好监测、预警和应急处理工作。

5. 推进标准化生产

推进标准化生产是有效提高农产品质量、确保农产品消费安全的制度保障。强化农业标准化生产，才能避免不发生重大农产品质量安全事故。

（三）实施生态环境保护工程

生态保护是乡村振兴的前提，是"生态宜居"的基本保障。国家长时期处于解决温饱状态，忽略了农业生态保护，造成农业生态整体状况不佳，农村村庄整体环境污染较为严重。实施乡村振兴战略必须把保护生态环境作为基本抓手，这是前提，也是基础。

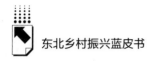

1. 构建资源节约、环境友好型的生态循环农业发展模式

资源节约型、环境友好型农业发展模式是实现农业生态循环发展的有效方式。要总结已经成功的经验与模式，加以推广。同时，认真总结失败教训，向发达地区学习经验，在东北地区实施乡村振兴战略时，少走弯路。

2. 完善农业投入品减量提效补偿机制

推广减量化和清洁化农业生产模式。任何投入增加都会带来一定程度的污染和破坏。因此，在发展农业生产的过程中，要不断优化方式方法，以最少的投入生产出更多的农产品，同时把污染降低到最低程度。

3. 实施化肥农药用量零增长行动

扩大机械化深施肥和缓控释肥等节肥技术推广面积，减少农业投入品的过量使用。制定严格的化肥农药零增长农业生产制度，不断扩大有机肥、菌肥使用量，逐步替代化肥施用量。以玉米和水稻为重点，推广病虫害统防统治和绿色防控技术。

4. 推广使用优质加厚地膜和生物基降解膜

通过建立农资包装物废弃物贮运机制，减少农资包装废弃物对农业生产环境的污染。而真正做到这一点，就要加强农资包装物技术研究，解决包装废弃物二次利用问题。同时，推广生物可降解农膜使用技术及产品，保证农膜的回收或者降解。

5. 加快秸秆综合回收利用

在鼓励秸秆还田的同时，推广秸秆资源在炭化、沼气、有机肥、生物燃料等方面资源化利用新技术，利用新技术净化农产品产地和农村居民生活环境，解决好农业环境突出问题，取得农业生态环境治理阶段性成效。

（四）实施美丽乡村建设工程

建设美丽乡村是"生态宜居"的关键措施。要在新农村建设的基础上，实行更加积极的政策支持，建设美丽乡村是真正缩小城乡差距的具体体现，是能够让全社会看得见、摸得着的乡村变化。

1.抓好重点村建设

启动新一轮省级重点村建设，用好专项补助资金，抓好项目落实，按照"六通、六改、六建、三化"标准要求，打造新农村建设精品和示范样板，项目建设、项目验收、资金拨付全部达到100%。要重点加强乡镇政府所在地及中心节点村建设，整合各项涉农资金、项目向中心节点村倾斜，提升中心节点村的基础设施建设水平和公共服务能力，发挥其对农村发展的集聚力、带动力和辐射力。

2.建设新型美丽乡村

对新农村建设过程中已经比较成熟的试点村、示范村，通过乡村振兴战略的实施，按照新标准改造建成一批美丽乡村；对特色产业发展基础好、集体经济实力强的，要通过加快生产发展、产业集聚，新建一批美丽乡村；对位于城市周边、景区附近的，要通过依托当地休闲农业和乡村旅游发展，再造一批美丽乡村。要注重挖掘乡村特色文化，继续开展百名文化专家进百村活动，通过挖掘历史名人、抗联遗迹、民间传说、民俗文化，弘扬特色文化，使其各具特色、各美其美，提升乡村振兴的"软实力"。要继续抓好美丽庭院和干净人家创建活动，按照清洁卫生庭院美、窗明几净室内美、植树栽花景色美、身心健康生活美、文明和谐村庄美的要求，打造美丽庭院；按照庭院净、居家净、厕所净、畜舍净、仪表净的要求，打造干净人家。

3.改善农村人居环境

继续抓好农村环境综合整治，开展好春秋两季环境整治月活动，着力改善农村"四旁"环境。推广"户定点、屯分类、村收集、乡转运、县处理"、"村规民约"及"户集、村收、区统运"的经验模式，提升农村环境综合整治工作水平。要因地制宜、发挥村民主体作用，落实好保洁经费，普遍建立村屯保洁制度，形成农村环境长效保洁机制，实现农村环境常态化保洁。继续抓好村屯绿化美化，要突出山区特色，富有乡土气息，在村屯周边、民居周围推荐栽种桃、山里红、山梨、李子等当地果木品种，实现春季赏花、夏季看景、秋季品果，带动乡村旅游和休闲农业发展。

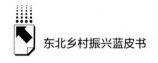
（五）实施人才引育工程

人才引育是乡村振兴的关键措施，是实现"20字"总要求的基本保障。建设人才队伍是实现乡村振兴的根本任务，没有人才，乡村振兴就无从谈起。建设人才队伍包括两个方面，一是要有计划培养人才，二是要引进和留住现有人才，二者缺一不可。

1. 进一步完善农业科技推广体系建设

推进各省基层农技推广体系建设，完善和提高基层农技推广体系的功能和作用，提高服务能力和人员素质。第一，提升农业科技推广体系统一管理水平。目前东北地区各省各地农业科技推广体系的管理体制机制不统一，各省农业农村厅应该出台政策，规范农业科技推广系统管理体制机制，理顺各种农业科技推广程序。第二，保证农业科技推广体系的推广经费。很多乡镇农业推广站人员不齐，没有经费，不能满足广大农村对农业科技的需求。第三，强化农业科技推广体系功能。进一步明确农业科技推广体系的功能定位，保证农业科技推广与时俱进。第四，积极争取国家基层农业技术推广体系改革与建设项目。对骨干农技人员开展参与式农业技术推广技能培训，探索农技推广新方式，不断提升广大基层农技人员的推广能力。

2. 完善农民培训体系建设

深入实施以新型职业农民培训、农业实用技术普及型培训为主体的农民培育工程，完善农民培训体系。利用冬春农闲季节，组织开展冬春农业科技培训服务活动，让农民尽快掌握农业新技术、新知识。

3. 加大新型农业经营主体的培训力度

组织开展有针对性的政策辅导和业务培训，让经营主体提高农业经营能力和水平。东北地区年培训农民1000万人（次），培育新型职业农民10万人。

4. 提高从事农业人才待遇水平

提高从事农业工作人员的工资待遇水平，既要培养人才，又要留住人才。要以制度方式定期提高待遇水平，让全社会都来关心农业、关心从事农业工作的人员。

（六）实施富民工程

实现生活富裕是乡村振兴的目标，富民工程是实现乡村居民生活富裕的基本工程。实施乡村振兴战略最重要的任务是增加广大农民收入，提高广大农民生活水平。

1. 调整农业生产结构，提高农业生产效率

根据市场需要，通过优化种养业结构，积极发展优势特色农业、高效农业等措施，保持经营性收入稳定。

2. 建立城乡融合发展机制，促进农村三次产业发展

要通过提高城镇化建设水平，加快第二和第三产业发展，促进农村劳动力转移就业和返乡创业带就业，增加农民工资性收入。

3. 提高农业绿箱补贴力度，实现工业补贴农业

要进一步落实农业补贴政策，保证农民在强农惠农政策体系中受益，保持政策性收入水平。

4. 坚持农村改革，不断释放改革红利

从完善农村土地经营权流转制度、保障征地农民财产权、强化农村金融服务和增加农民集体财产收益等方面赋予农民更多的财产权利，增加农民财产性收入，实现农村常住居民人均可支配收入与经济增长同步。

（七）实施农村三次产业深度融合工程

农村一二三产业融合发展是实现乡村振兴的重要措施和手段。从东北三省的发展实践来看，农村三次产业融合发展的模式和机制尚不完善，还有很多深层次问题有待破解。

1. 鼓励扶持农产品加工产业升级

鼓励农产品加工企业围绕粮食、畜禽、林特产品、特色优势产业开展精深加工，延伸农业产业链条，提高产品附加值，推进企业转型升级，促进一二三产业融合。充分利用黑龙江、吉林、辽宁粮食大省的资源优势，围绕各省现有粮食加工业做大做强。通过引进外力发展畜禽深加工产业，力争在医

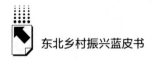

药产品上有所突破。利用大小兴安岭、长白山林特产品发展医药等大健康产业。以大兴安岭地区、通化、白山等市（州）为核心，围绕大小兴安岭、长白山天然宝库，努力打造中国大健康产业基地。

2. 多种方式促进休闲农业和乡村旅游创建

多种方式扶持建设一批休闲农业特色村、星级户和景观旅游镇，鼓励农村集体经济组织创办乡村旅游合作社，加快做大做强休闲农业。充分发挥乡村物质与非物质资源富集的独特优势，丰富乡村旅游业态和产品，以星级企业为基础和依托，确立一批新的休闲农业和乡村旅游新景点，打造多主题休闲农业线路和乡村旅游目的地，不断提升全省休闲农业和乡村旅游整体实力，促进农业生产、加工、流通、休闲以及其他服务业的有机融合，推进休闲农业有序健康发展。

3. 政策支撑推进农村三次产业融合发展

实施顶层设计，各地制定发展规划。要坚持国家政策导向长久不变，保障三次产业融合发展方向的准确性。要控制农村三次产业融合发展规模，本着循序渐进的原则，一步一个脚印有序实施。要科学合理布局产业，因地制宜确定发展重点，尊重经济规律、尊重市场法则。扶持企业与科技有效对接，保障农村三次产业在科学技术引导下健康发展。制定评价指标体系，建立县、乡、村三级示范体系，保障农村三次产业融合发展目标明确、方向清晰，发展过程有章可循。以项目引领产业发展，充分发挥农业农村新业态发展活力和潜力，在项目建设和实施过程中，实现三次产业融合发展。要实施积极的财政政策和土地政策，在各市（州）、各县（市、区）建立三次产业融合示范区，形成县、乡、村三级示范体系，引领三次产业融合发展。设立产业发展基金，推动三次产业融合发展。设立"农村一二三产业融合发展基金"。参照各省农业发展基金设立、运转方式，制定基金管理办法，落实管理部门，实现项目管理。

（八）实施农村公共服务建设工程

实现城乡公共服务均等化是实现乡村振兴的重要标志。为了进一步缩小差距，加快实现均等化公共服务，有必要进一步采取措施，加强推进。

1.建立消除城乡二元结构的有效制度

在乡村振兴背景下实现城乡融合发展，最重要的是从制度层面消除城乡二元结构，实现城乡要素配置合理、城乡产业发展有机融合；进而推进城乡基本公共服务均等化，这是城乡融合发展的核心内容。进一步放宽户籍政策，推进农业转移人口市民化。全面实行居住证制度，提升城市公共服务水平，推进城镇基本公共服务常住人口全覆盖。提升县城和重点镇基础设施水平，加强县城和重点镇市政设施和公共服务设施建设。加快特色镇发展，带动农业现代化和农民就近城镇化。

2.优化城乡功能定位

全面落实乡村振兴战略，形成主体功能明确、区块有机联动、资源配置优化的城乡融合发展格局，推进城乡基本公共服务均等化。加强城乡一体化的教育规划，优化教育布局。按照就近入学的原则，完善以常住人口为标准的教育服务体系，按照人口动态监测情况布局教育资源，逐步实现城乡教育资源包括校舍、设备和教师配置均等化，推动优质教育资源在城乡之间合理流动。建立城乡统一的就业失业登记制度和就业援助制度，完善政策体系、人力资源市场体系和就业服务系统，促进城乡就业服务一体化发展。建立更加公平和可持续的社会保障制度，巩固和提高城乡社会保障并轨成果，促进城乡社会保障一体化发展。

（九）实施农村有效治理工程

乡村治理是国家治理的基层基础，是综合治理、源头治理的重要组成部分。乡村治理水平关系党和国家的政策能否得到有效落实，也关系农民切身利益。农业丰则基础强，农民富则国家盛，农村稳则社会安。东北地区要实现农村治理有效需要加强对各省农村的有效治理工程。

1.实施农村诚信建设

在建设诚信东北的基础上，强化各省（区）、市（州、盟）、县（市、旗）、乡镇、各村屯及全体农民的诚信建设。通过建档建制，制定诚信评估

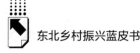

指标体系，对乡村诚信进行全方位监督考核，考核结果与干部提升晋级挂钩。

2. 强化"村规民约"的实际效应

建立红色星级村民档案，由村民代表大会执行档案记星档次，实行星级与农村各种补贴、补助、养老保险挂钩。对遵守"村规民约"的村民，同等条件下优先实施到位各种农业政策支持，并且由政府部门财政列支加以奖励。对不遵守"村规民约"的村民一定要从制度上加以约束，要形成诚信、守法光荣，不诚信、不守法可耻的社会风气。

3. 实施农村基层队伍建设工程

抓好农村干部管理培训。按照乡镇党委书记、乡镇长备案管理办法，建立乡镇党政正职资料库，从县市级层面对乡镇党委书记、乡镇长开展全员培训。在乡镇开展对行政村党支部书记和村主任以及村党支部、村委会成员进行培训，夯实基层组织工作力量。没有一批扎根农村、奉献农村工作的人才队伍，实现农村有效治理是不现实的。"第一书记"制度要长期化、制度化。

参考文献

［1］韩俊：《以习近平总书记"三农"思想为根本遵循实施好乡村振兴战略》，《管理世界》2018年第8期。

［2］张力军：《活力动力增强 质量效益齐升——我省2017年"三农"工作综述》，《吉林日报》2018年2月23日。

［3］陈鑫强等：《东北地区"三农"关系重构与"乡村振兴战略"路径选择》，《延边大学学报》（社会科学版）2019年第2期。

［4］李燕：《农业供给侧结构性改革与东北乡村振兴》，《山西农经》2019年第7期。

［5］梁启东、王丹主编《乡村振兴与农业高质量发展——第四届东北农村发展论坛论文集》，辽宁大学出版社，2019。

［6］吕承超、崔悦：《乡村振兴发展指标评价体系、地区差距与空间极化》，《农业

经济问题》2021年第5期。

[7] 孙若风等主编《中国乡村振兴发展报告（2021）》，社会科学文献出版社，2022。

[8] 王敬元等：《黑龙江省乡村产业模式及振兴路径》，《农业展望》2021年第9期。

[9] 李越：《全省将着力培育10至15个优势特色产业集群》，《辽宁日报》2020年6月5日。

分 报 告
Sub-reports

B.2
东北三省农村电商生态发展研究报告

王 昆[*]

摘 要： 在乡村振兴战略背景下，通过电子商务推动农业和农村发展已成为一条有效途径。东北三省均为农业大省，积极发展农村电商已成为共识，但目前来看发展程度与较发达地区相比仍相对滞后，生态发展仍然不完善，因此，对东北三省农村电商生态发展现状及共生关系展开研究十分必要。本报告以"东北三省农村电商生态发展"为落脚点，首先梳理了东北三省农村电商的发展现状；其次明确了东北三省农村电商生态发展处于初级阶段，并对其生态共生影响因素展开分析；最后从五个方面提出东北三省农村电商生态发展建议：提升农村电商生态发展的意识；柔性引进、多元培养农村电商人才；夯实基础产业，促进传统产业升级，优化产业结构；加强农村电商平台建设，完善乡村物流体系；电商园错位发展，推进农村电商咨询服务体系建设。

---

* 王昆，长春光华学院管理学院院长、创新创业学院院长、数字经济产业研究院院长，教授，主要研究方向为电子商务、乡村振兴。

关键词： 农村电商　电商生态　东北三省

一　东北三省农村电商生态发展仍处于初级阶段

（一）东北三省农村电商市场发展迅速，但仍待进一步升级

东北三省是农业大省，拥有辽阔的土地资源和优质的生态环境，东北三省农村主要以水稻、玉米、人参等农产品为经济来源，以农特产品方面的建设为当地的电子商务生态系统提供动力。农产品电商平台建设作为农村电商市场发展的重要依托，在东北三省迅速发展。

辽宁省涉农电商平台呈良好发展态势，不仅拥有各大电商巨头企业如阿里巴巴的农村淘宝、京东的辽阳特产馆等大型平台，抖音、快手等新进短视频平台也成为农产品线上销售的集聚平台。与此同时，辽宁省自建的向日葵优鲜等农产品电商平台用户也日益增长，成为辽宁乃至全国农产品电商的新兴平台。

吉林省目前涉农产品的综合电子商务平台已经超百家，例如开犁网，其不仅推广了"互联网+流通+服务"的农村电商格局，还变成了覆盖全省农村电商公共服务的平台，目前开犁网在东北三省的村级综合信息服务站超过3000个，覆盖率超过32%，另外吉林省还建有全国唯一持续有效运营玉米的B2B平台——中国玉米市场网，面向100多个国家的东北三省规模最大的长白山农林产品电商平台——长白山国际参茸网。

与辽吉两省同步，黑龙江省除与知名电商企业共同打造农村电商平台外，自建农产品电商平台达到124个，占黑龙江省自建电商平台总数的63.9%。

随着"互联网+"的深入发展，大数据、云计算、物联网技术逐渐被应用到各个方面，电商发展已不再仅仅是在电商平台单纯销售农产品，还可以更多元地发展，促进产业升级。因此，农村电商生态中农产品供应与电商的

深度融合还有很多方面需要探寻，真正实现产业升级和产业结构优化还是目前需要解决的问题。

（二）东北三省人口流失严重，农村电商人才缺乏

目前，东北三省大环境面临人才流出困境。2020 年，辽宁省、吉林省、黑龙江省人口规模分别为 4259 万人、2407 万人、3185 万人，相对于 2010 年分别减少了 115.5 万人、338 万人、646 万人。另外，从 2013 年的人口净流出 0.79 万人到 2019 年的净流出 33.17 万人，2013~2019 年东北三省合计净流出规模约 164 万人。人口流失在东北三省农村地区表现尤为严重。

据教育部统计，辽宁、吉林和黑龙江三省目前共有普通高校 260 所，以吉林大学、哈尔滨工业大学、东北大学等 20 所代表性高校作为研究对象，辽宁、吉林和黑龙江三省毕业生在东北以外地区就业的比例分别为 58.79%、68.17% 和 59.22%。按照生源口径统计，辽宁、吉林和黑龙江三省的毕业生人才流失率分别达到 15.56%、40.65% 和 32.03%。[1] 毕业生人才流失是东北三省人才流失的一个缩影，电商人才也随之流失。

人口流出致使现有农户多以中老年为主，对于互联网方式的电商销售模式还不是很信任和认同。农村互联网人才本就寥寥无几，加之人才流失，东北三省农村电商人才资源出现了困境。

（三）东北三省重视农村电商发展，政策环境较好

从东北三省的发展战略来看，东北三省政府还是十分重视农村电子商务产业发展的，例如在海关、国检、国税、外管、商务等政府职能部门都为电子商务提供了相关的职能服务。随着国家各种农村电商支持政策的出台，东北三省均下发了关于促进农村电子商务发展的实施意见或工作方案。另外，辽宁省还出台了《关于辽宁省"互联网+"农产品出村进城工程实施意见》《数字辽宁发展规划（1.0 版）》等，吉林省出台了《关于

---

① 数据来源于国务院发展研究中心。

推动农村电子商务加快发展的实施意见》《关于全面推进乡村振兴加快农业农村现代化的实施意见》等，黑龙江省出台了《黑龙江省加快农村电子商务发展工作方案》《黑龙江省家庭农村培育计划》等，均明确指出支持农村电商发展。

除了在政策上给予相关扶持外，在实践上，东北三省也正在着力建设电商村等一系列产业集群。从政策到实践，一方面体现了农村电商发展初期阶段政府对于发展农村电商的决心；另一方面可以发现，东北三省农业正在加速形成集聚效应，为推进产业链成熟、完善配套服务设施等工作提供了便利条件。

（四）东北三省农村物流覆盖率显著提高，体系有待进一步完善

2021 年底，辽宁省已建设了 22 个农村客货邮综合服务站，开通了 27 条客货邮合作线路，客车带货日均达到 16399 件，已实现全省乡镇快递服务全覆盖、建制村直接全部通邮。

吉林省在八个电子商务进农村示范县（市）均设置了商务公共服务中心，把 80% 以上的行政村变成村级电子商务服务站点。同时，在全省范围支持原有农家店铺、合作社基层网点、农村邮政局（所）等形成综合服务站点，从而真正实现县、镇、村的电商运营网络全覆盖。

黑龙江省已成功创建了 10 个国家级"四好农村路"示范县，路网改善工程改造了超 1 万公里的乡镇出口路等，同时农村公路养护也在提档升级。黑龙江省在开创"农村班线+电商物流+交邮合作"型模式后实现了农村乡镇物流节点覆盖率 80% 以上。

东北三省农村电商已与阿里巴巴合作共同建设第三方农村淘宝电子商务园区，并成立 20 家天猫优品服务站，连接了包括 14 个乡镇及城区菜鸟物流，成就了 20 家服务站的配送物流。对于农村物流体系的建设方面，实现县、镇的物流全覆盖是可能的，实现村级物流全部畅通也是正在努力的方向。但是，东北三省在一些特殊产品需要冷链运输的物流体系尚未完善，也是需要注意的现存困难。

二 东北三省农村电商生态共生发展影响因素分析

基于"钻石模型"，按照产业价值链划分，可将农村电商生态看作农村电商交易、农村基础产业、农村电商从业、农村电商服务四个部分的相互作用构成的系统，目前东北三省农村电子商务生态处于发展初期阶段。

东北三省农村电商生态中农村电商从业系统和基础产业系统处于一个寄生的关系，农村电商从业系统依赖于农村电商基础产业，这与农村电商人才、农村产业结构、可持续发展意识等都有直接或间接的关系。

东北三省农村电商生态中农村电商从业和电商交易处于一个非对称互惠共生的关系，这与农村电商的可持续发展意识、电商交易平台等是密切相关的。

东北三省农村电商生态中农村电商从业系统和电商服务系统处于一个对称互惠共生的关系，农村电商的发展依赖于农村电商服务系统提供的服务，这使得电商从业系统受到制约。

总体来看，东北三省农村电商生态共生发展影响因素可归纳为以下五个方面。

（一）可持续发展意识缺乏导致电商生态总体发展缓慢

无论是在生活上还是思维上东北三省农村居民都比较守旧，不是在家就是在田地里，活动范围相对受限，大部分人文化水平偏低，很多人家里都没有电脑，更别说会用电脑了，更甚者有的都没见过电脑，更谈不上电子商务，都只求生活安稳、老实做人，平平安安地有吃有喝就好，因此东北三省农民的电子商务意识还是比较低的。且现在大多数在农村的都是中老年人，年轻的都要出去打拼，而中老年人由于条件有限，文化素质相对较低，大部分都不关注社会上的新技术和新信息。城镇都是从农村而来的，有很多县、乡政府工作人员意识不到农村电商发展的重要性和紧迫性，农民更是缺少正确的认识。因此，现在东北三省农村地区发展起来的农村电商还是比较少的，大部分是为了生活不得不进行的自发性行为，想要改善生活，跟紧社会的脚步，但缺乏一定的专业知识。有些已经涉足农村电商的农户过分依靠政府的政策扶持，缺乏主观能动性和创新意识，缺少长远战略规划，农村电商生态"杂、乱、散、小、弱"问题突出，可持续发展意识缺乏，这就导致了农村电商生态发展的缓慢。可持续发展的电商意识是电商生态可持续最核心的因素，提升各方面可持续发展的意识，需要政府和从业者的共同努力。

（二）农村电商人才匮乏导致电商从业系统进展滞后

乡村电商振兴，关键在于有创新、有思想的人才。东北三省农村电商人才缺乏表现在以下几个方面。一是农村当地没有年轻人，这是最客观的原因。目前，想要增加农村电商人才，首先想到的就是培养青年人成为这一行业的人才，但是当地的青年人都选择了外出打拼。农村当地留下来的基本都是留守儿童和孤寡老人，他们没有能力发展振兴农村电商。很多人都不愿意支持农村电商的发展，从而不愿意投入资金，缺少资金，农村电商也就难以发展。二是农村电商本身是一个新行业，缺少人才，在培养人才的体系和载体方面也有很大的缺陷。人才的匮乏直接导致了农村电商生态中从业系统的发展滞后，这也是阻碍电商生态可持续的一个重要因素。

（三）产业结构单一导致基础产业系统亟须升级

东北三省的农村基础发展的时间比较久，现有的农村产业集中在第一产业，产业结构相对单一，作为农村电商生态中基础产业系统中的核心要素，产业结构上的单一直接导致农村电商从业系统的发展单一，实际上农村电商的发展不仅仅只有纯电商，文创电商、旅游电商也是农村电商基础产业系统的支撑要素。两个因素导致基础产业系统亟须升级，一是农村的基础产业没有结合大数据，还没有达到智慧农业层面。农村的基础产业的电商化和农业的智能化是相辅相成的，比如农产品溯源、可视农业都可以是农村电商发展的一部分，但是东北三省目前的农村基础产业尚做不到这一点，这制约着基础产业系统的发展。二是农村的产业结构相对单一，这种现象本身就制约经济发展，对于电商基础产业系统的发展也是不利的。事实上，农村电商的产业结构，还可以是旅游业、服务业、电商业、农业均衡发展、互利互惠的结构，过于依赖农业产业的电商是不能够持续的。因此，基础产业亟须升级、产业结构亟须升级，农村电商生态中的基础产业系统的可持续发展也依赖于此。

（四）电商平台、物流不完善导致电商交易系统发展进程放缓

通过对东北三省农村电商平台的调研我们发现，虽然东北三省对农村电商平台发展尤为重视，但还有一些有待完善的方面。其一，农村的电商平台定位不明确，其大部分只为提供商品的环节进行服务。其二，东北三省的农村电子商务平台没有互动性，没有良好的网站服务，缺少专业人员进行网站整改。B2B 电子商务平台功能大部分为提供信息，并没有达到大额的交易量。其三，东北三省农村电商平台没有良好的赢利机制，大部分赢利是采用会员费等，这让平台的寿命十分短暂，收益不高。其四，东北三省电商平台的管理人员缺少经验，没有良好的运营组织，这方面的人才也十分稀少。这些因素直接或间接地影响了农村电商交易系统的发展。

物流一直是农村电子商务发展的一块短板，"最后一公里"配送现状不容乐观，存在很多问题。东北三省也免不了遇到这样的问题：配送成本高、服务质量低、基础设施不完善，从而导致交易系统与从业系统的共生关系仍处于初级阶段。目前，东北三省很多乡镇，其很多的快递网点只设置在县城，最远也就送到乡镇一级，更不用说物流配送的最后一阶段直接送达到消费者手中，这对消费者和经营者都有消极的影响，在东北三省某些偏远地区，依然存在发货难、收货难等问题。农村地点过于分散，且涉及的地域又十分广袤，这也是造成配送成本高的根本原因。此外，农产品中很多属于生鲜，需要冷链运输及存储才能保障品质，东北三省物流冷链仓储及冷链运输能力都亟待进一步提升。农产品从农田采集到消费者手上，需要经过采集、加工、包装、运输、配送等多个环节，其中的任何一个环节出现问题，都会严重影响农产品的质量，从而影响从业者的直接收益。这也是农村电商发展受限的因素之一。

（五）农村电商园区、咨询服务欠缺导致电商服务系统弱化

目前东北三省的农村电商园区主要服务内容就是公共服务，但是各种公共服务体系及相关支撑体系还不是很健全，这对于大部分农村地区而言是个非常明显的劣势。这些农村电商园区的建设，比如相关农产品的仓储物流、对于农产品的标准化摄影服务以及对于当地电商的孵化服务，需要人力、物力、时间，即便东北三省目前已经在积极努力，但是对于服务系统的可持续发展还是刻不容缓的。除了上述标准体系和物流体系的不健全，农村电商生态中还有许多其他不足，例如，服务的费用高、效率低、人才缺乏以及服务空缺等。电商园区相关建设的不完善导致了农村电商服务系统的功能弱化，同时制约了电商生态的整体可持续发展。

另外，东北三省农村电商生态的整个链条都是需要专业的咨询服务做支撑的，但是根据调研发现，东北三省农村电商发展的可咨询机构还是相对较少，东北三省拥有许多科研院所、高校、学会，但是能够作为服务系统真正加入农村电商发展各个环节的还是少数，能够提供咨询服务的还是相对欠缺，这也制约了农村电商服务系统的发展。

三 东北三省农村电商生态发展对策建议

通过对东北三省农村电商生态共生关系影响因素进行分析，发现东北三省农村电商生态中的各个系统目前都处于共生关系中最初级的阶段，其影响因素也是多方面的。因此，若要实现农村电商生态的可持续发展，需要重点关注其影响因素，进而解决问题，最终实现其各个系统的共生关系向下一个阶段顺利发展，实现可持续。

（一）提升农村电商生态发展的意识

实现农村电商生态发展可持续，一方面要提升意识，并且从不同的角度提升，作为行政管理部门，东北三省政府及相关领导部门应当牵头提升可持

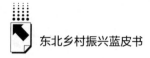

续发展意识；另一方面，电商相关从业者也应提升自身意识。要实现农村电商生态可持续发展，从以下两个方面提出建议。

1. 加强东北三省政府通过政策引导电商发展意识

东北三省政府要通过政策指引农村电商发展方向，各级政府提高重视程度。首先，对于已经成为农村电商示范县的县域，例如蛟河市、舒兰市，要给予最大限度的政策及资金支持，保障电商示范县项目的顺利完成，同时确保电商示范项目在项目结束后仍然能够可持续，而不仅仅是面子工程。其次，对于还没有涉足农村电子商务发展的县域、乡镇、农村，例如延边地区的安图县、汪清县，应加大农村电商的宣传普及力度，通过政策引导，并结合当地特色根据实际情况指导农村电子商务的建设方向。最后，对于农村已经自发形成农村电商企业的地区，例如敦化市，自发形成了"大德创客园"，已经具备一定规模效应的电商企业，应对其给予政策扶持，进行更进一步的人员培训、电商企业孵化、相关物流体系的建设，使电子商务的农村企业更加强大，指引其在市场中能够有规律地发展，改善整合体系，加大政策支持力度，促进电子商务在不同领域的发展，激励其创业的积极性，改善经济现在的增长模式，使得全省的经济都有一定程度的提高。

2. 增强农产品产业与电商深化融合的意识

电商相关从业者大部分是农户，只有少数人是农村青年返乡创业，大部分人对于农村电商、农村电商生态以及农村电商生态可持续的概念都相当模糊，因此，增强其对于农村电商生态的可持续意识十分必要。东北三省各县域可以通过培训、宣讲等方式增强农户等从业人员对于农产品产业与电商深化融合的意识，培训其信息化技术，包括手机端、PC端的使用，同时对于电商的运行及销售手段、模式进行讲解，使其认同农村电商，进而主动优化自身，实现可持续。另外，通过聘请、委托等方式，增派技术人员、电商专业人员实地指导农户及从业人员，使其认识到电商生态可持续会带来经济收益，通过经济效益的动力增强农户的电商生态可持续意识。利用信息化手段将农产品产业与电子商务深化融合，进而优化电子商务生态系统的各个系统，促进东北三省电子商务生态系统的发展，提高传统销售模式与农村电子商务的融合度，进而提升东北三省的农村经济发展水平。

（二）柔性引进、多元培养农村电商人才

农村电商从业系统发展中最大的影响因素就是人才，目前东北三省大环境就处于人才流失的现状中，农村电商人才也是相应缺乏。对于人才的问题，应当从引进人才和培养人才两方面进行解决。

1. 柔性引进电商发达地区专业人才

对于柔性引进电商发达地区人才，主要是为东北三省农村电商的发展提出更先进的发展思路，对于目前遇到的症结，能够通过引进人才，到当地实地考察后得到更因地制宜的解决对策。因此，东北三省农村电商生态的发展需要的是规划人才及执行人才，对于人才的引进，应当是柔性引进，满足其个人生活需求，同时提供政策、资金、子女教育等支持，为实现东北三省农村电商生态可持续献计献策。另外，对于柔性引进的人才，实行绩效考核制度，与所负责的农村地区的电商发展的经济挂钩，实行年薪与绩效的双重薪资制度，以更好地促进农村电商生态的可持续发展。

2. 启动东北三省农村电商"产学研用一体"教育工程

对于东北三省农村电商生态中的各种执行人才，应该由东北三省政府和学校起带头作用，主要建设高等学校的电商专业学历教育、在职人员的电商技能再培训以及高职高专对于电商人才专门的培养体系，采取彼此整合、取长补短的人才教育方法，并且也要尽快地将电商的运营和高校物流教育相结合，加快启动东北三省电商"产学研用一体"教育工程。对于电商的新媒体营销，例如网红直播、图像及视频处理等技能，也应当加入培养计划，根据自身条件结合全国的电商有关资源，与其他高校形成组织，有效地培养出一批东北三省的优秀电商人才。同时，需要重点关注县级职教中心并加强电商专业，促使有关部门把中职学校有关电商专业加到产业进一步的发展计划中，推动相关学校在电商方面的专业培训，改善农村电商生态中人才缺乏导致的发展滞后问题，实现电商生态的可持续发展。

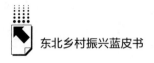
（三）夯实基础产业，促进传统产业升级，优化产业结构

如果把农村电子商务比喻成生长的植物，那么农村电商生态的产业环境就是孕育其成长的土壤，土壤的好坏直接影响农村电商成长。农村电商的产业环境实际就是农村电商生态中基础产业系统的内容，包括当地基础产业的状况以及产业环境状况。电商产业环境的可持续应当从以下两个方面进行优化。

1. 引导基础产业健康发展

东北三省是农业大省，农村电商发展对于东北三省的传统农业升级有着十分重要的作用。传统农业中的基础产业，农户通常以初级农产品的大宗农产品统一售出获得相应收益，这其中的利润是十分微薄的。利用农村电商的发展，便可以将这些初级农产品统一进行地域性的品牌打造，赋予农产品一定的附加价值，促使原来的基础产业中的大宗销售转型升级，成为统一的具有附加值的农产品，通过农村电商的渠道上行，进而引导其基础产业的可持续发展。因此，引导是十分必要的，而能够起到绝对引导作用的是当地政府，是东北三省相关扶持的政策，东北三省在政府层面，应当出台更多的优惠政策，鼓励更多的农户参与到农村电商中去，正确引导当地基础产业的转型。

2. 优化产业结构，推动传统产业转型升级

随着社会的发展，电商手段的运用也从原始的平台上的电商发展到目前的新媒体电商。因此，农村在发展电商的同时，也可以同时发展农村电商的直播业，通过本地的电商直播自媒体，改变本地的产业结构。另外，农村电商的发展，还可以和文化旅游业相结合，应当积极地开发本地的旅游资源，发掘其文化内涵，从而将文化旅游和农村电商发展相结合，在促进当地第一产业发展的同时，提升第三产业的比例。因此，对于东北三省而言，应当大力借助电商手段，更深入地运用电商，促进其产业结构升级和产业环境的可持续发展。

（四）加强农村电商平台建设，完善乡村物流体系

1. 以现有电商交易平台为基础细化平台职能

东北三省虽有电子商务销售平台，但存在平台联系松散、品牌形象缺

失、区域联通情况差等问题。面对这些问题，东北三省应在农产品供应链方面重新整合平台，诸如外包服务、送达方式、预订平台、交易中心、客户服务等平台。这样可以整合农产品供应链上下游主体，在提供外包、配送、预订、交易等服务的同时提高平台之间的关联程度，从而促进传统供应链向新供应链转变，促进农产品产业链的整体提升和交易平台的真正优化，最终树立起品牌形象。其为了全面提升平台的发展，根据电子商务的纵深度的改变，东北三省电商平台内容也应该顺应其发展，做出一些调整，如平台服务对象由面向个体大型农户向供应链环节的小中型农户扩张，服务内容由面向农企向市场农产品销售扩散，最终促进农村电商生态交易系统的可持续发展。

2. 在现有基础上完善物流体系建设

东北三省目前在农村电商中的物流体系建设，应当加大资金投入的力度，加强提高与物流有关的基础设施改造。可以利用大数据对各个村级服务站的物流信息进行分析，找出农产品上行和下行的最优路径，从而使每次运输成本降到最低。另外，给予物流企业以补贴，在提升农村物流运输速度的同时，培育当地的物流生态。

（五）电商园错位发展，推进农村电商咨询服务体系建设

电商园区、政府、协会、教育部门以及科研机构等是农村电商服务系统的主体。因此，应当结合电商园区、咨询服务等主体互助合作，共同实现电子商务生态系统中服务系统的优化。

1. 电商园区错位发展实现可持续

目前，东北三省的农村电商园区同质化严重，园区内的相关模块也极为相似，没有特色。其实，对于东北三省不同的地区，农产品特色也是不同的。比如，在松原市，有名的查干湖就坐落在此，查干湖冬捕的渔业为当地的发展带来了不小的经济效益，因此，当地的农村电商就可以查干湖渔业为主要特色，园区内设置不同的功能。抚松县有较大的人参市场，产业园区也要以人参相关的各类企业入驻产业园。因此，东北三省要想实现农村电商生

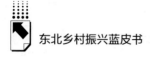
态可持续，其电商园区必须要实现错位发展。

2. 推进农村电商咨询服务体系建设

目前，东北三省农村电商的发展的可咨询机构相对较少，农村电商生态的发展离不开咨询体系的完善，包括农产品网货的包装、农村电商运营的规划、农村电商产业园的设计、农村电商从业人员的专业化培训等，都需要有专门的咨询服务机构为其做相应的顾问咨询服务。因此，东北三省应当大力推进农村电商咨询服务体系建设。首先，在电商学会层面，加大支持力度，从电商理论基础支撑层面搭建起一套系统的体系。其次，在电商联盟协会层面，鼓励加入电商联盟协会的企业成员互动有无，加强彼此联系，建立良好的交流机制。最后，在各级县域及村镇的电商产业园区，应配备相应的电商咨询服务中心，直接面对面地向农村电商的商户或农户提供咨询服务。

参考文献

［1］国家统计局、国务院第七次全国人口普查领导小组办公室：《第七次全国人口普查公报》，2021 年 5 月。

［2］《"十四五"推进农业农村现代化规划》，2021 年 11 月 12 日。

［3］2020~2021 年《辽宁省国民经济和社会发展统计公报》。

［4］2020~2021 年《吉林省国民经济和社会发展统计公报》。

［5］2020~2021 年《黑龙江省国民经济和社会发展统计公报》。

B.3

加快推进东北三省农业现代化研究

程 遥 王传志*

摘 要： 农业现代化是推动我国农业快速转变为现代农业的基础动力，是解决我国"三农"问题、实现乡村振兴的基础、前提和支撑。东北三省农业历史悠久，农业资源丰富，是我国重要的粮食产区，在维护国家粮食安全方面作出了不可替代的贡献，提高东北三省农业现代化水平将能有效提升我国农业现代化的整体水平。本研究以习近平总书记"建立现代农业产业体系、农业生产体系、农业经营体系"为加快推进东北三省农业现代化的指导思想，根据统计数据及实地调研，深刻分析了东北三省农业发展现状以及必须加以解决的主要问题，提出了加快推进东北三省农业现代化建设的对策建议：强化农业机械装备研发，提升机械的有效供给水平；深度推进农业一二三产业融合发展，促进农副产品加工业提档升级精深发展；提高农业科技转化率，大力加强智慧化农业建设；完善农业社会化服务体系，助推东北农业现代化发展；加大对金融保险的支持力度，完善农业信贷担保体制；加强乡村振兴人才培养，以优惠政策招揽贤才；加强种业建设，打造现代良种选育、培育基地，以促进东北三省全面实现乡村振兴。

关键词： 农业现代化 乡村振兴 东北三省

---

* 程遥，黑龙江省社会科学院研究员，硕士生导师，主要研究方向为农业农村经济、房地产；王传志，黑龙江省社会科学院研究生学院产业经济学硕士研究生，主要研究方向为产业经济学。

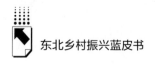
一　东北三省农业现代化发展现状

加快实现农业现代化，其基础支撑条件是必需的。近年来东北三省农业现代化加速发展，取得了良好成绩，其主要表现如下。

（一）东北三省农业机械化水平稳步提升

农业机械化是推动农业发展的主要动力，是衡量农业现代化水平的标尺，是农业高质量发展的基础保障。近年来，东北三省不断加大对本区域农业生产机械研发利用的投入，东北三省农机化水平均位于全国前列。

1. 农机装备水平有所提高

2020年，黑龙江省农业机械总动力为6775.09万千瓦，同比增长5.0%；农用大中型拖拉机达到637291台，同比增长10.2%；大中型拖拉机配套农具达到487200台，同比增长14.0%；联合收割机数量为158000台，同比增长4.4%，各种农业装备机械化水平均稳步提升。吉林省农业机械总动力为3896.95万千瓦，同比增长6.7%；农用大中型拖拉机达到384677台，同比增长10.2%；大中型拖拉机配套农具达到108279台，同比增长16.9%；联合收割机数量为101000台，同比增长10.5%。辽宁省农业机械总动力为2471.26万千瓦，同比增长5.0%；农用大中型拖拉机达到191889台，同比增长8.6%；大中型拖拉机配套农具达到169343台，同比增长2.4%；联合收割机数量为33000台，同比增长7.1%。总体来看，东北三省农业机械化水平均有所提升（见图1）。

2. 农机田间作业水平稳步提升

2020年，黑龙江省粮食生产高质量机械化率达60%，全省耕种收综合机械化水平达到98%，比"十二五"末提高2.95个百分点，整地、播种、收获等机械化水平分别达到99.41%、98.80%、96.97%，同比分别提高0.21个、1.73个和9.5个百分点；其中水稻机插水平达到99.27%，同比提高近2.7个百分点，玉米机收水平达到95.85%，同比提高近13.2个百分点，农业重点生产环节农机化水平进一步提高。2020 年，吉林省农业、播种和收获的整体机械化率达到 91% 以上，免耕播种机、玉米联合收割机、水稻插秧等农用机械保有量同比增长 10% 以上。全省主要农作物种植机械化总体水平达到 89.2%，比全国平均水平高出近 20 个百分点，为加快全省农业现代化奠定了坚实的基础。2021 年，辽宁省推进农业机械化向全过程、优质化、高效率转变，主要谷物作物玉米和水稻的种收机械化率分别达到 92% 和 97.5%。

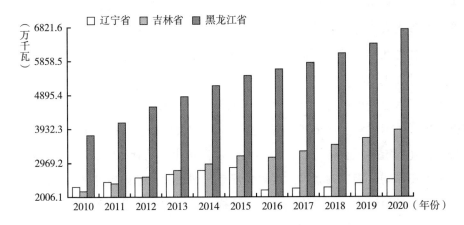

图 1　2010~2020 年东北三省农业机械总动力

资料来源：国家统计局官网。

（二）农业供给侧结构不断优化，现代产业体系更加健全

为提高农业产业发展质量，补齐"粮头食尾""农头工尾"短板，做实、做精、做强粮食等农副产品加工业，特别是精深加工业，增加高品质、多功能性、高附加值的产品，延伸产业链条，提升价值链、打造供应链，深度挖掘农产品的价值，真正使东北粮食等农副产品资源优势转化为经济优势，2021 年黑龙江省出台了《黑龙江省农业和农产品精深加工万亿级产业集群建设行动计划》，吉林省出台了《关于加快农产品加工业和食品产业发展的意见》，辽宁省编制出台了《辽宁省"十四五"农产品加工业集聚区发展规划》。这些文件的出台，总体上收到了三大良好效果：推进农牧渔有机

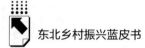

结合，布局发展生态农业；集种、养、加于一体，使各业态协调发展；统筹推进粮经饲高质量发展，构建三元种植体系。

黑龙江省适当减少玉米播种面积。坚持"适地适种"原则，稳步扩大经济作物种植面积，积极发展饲料作物，构建粮经饲三元立体结构，将全省玉米种植面积控制在1亿亩以内。优化玉米特色产业结构。一是开发新鲜食用型玉米，继续扩大有机玉米试验田面积，提高产品附加值。二是围绕市场需求，着力种植高淀粉型玉米。三是扩种饲料型玉米。鼓励和引导农民专业合作社和大农户与大农场签订青贮玉米种子订单，以销定产。

吉林省在推进粮经饲高质量发展上采取了以下措施。一是优化区域布局。东部加工效率高，在建设东部绿色加工开发区的基础上，推进退耕还林，构建特色种植产业结构。在中部稳步提升中围绕中央建设核心创新转型，依托玉米优势、水稻产业区优势、玉米建设优势、水稻种植产业结构优势，构建稳定的主食结构。在西部大开发保护中，从耗水方式、耗肥方式、耗肥大田作物，因地制宜地发展粮食混豆、油料和玉米作物等方面，构建生态适应性种植结构。二是优化农作物结构。加快构建小麦、经济、营养协调发展的立体播种结构，巩固两年来玉米减产成果，努力扩大减产规模，重点发展蔬菜、谷类、豆类、油料、土豆等产业。三是优化品种结构。重点发展玉米加工业、玉米主食和精细畜牧业，优化玉米品种结构。打造"吉林大米"品牌，加快优质谷类、豆类、蔬菜基地建设。

辽宁省的主要做法，一是稳定总体粮食生产能力，加强重点粮食生产区建设，恢复增加水稻种植区边缘区面积，适度增加大豆、马铃薯、粮混豆等粮食作物种植区。二是大力发展经济作物，适度扩大农业生产设施规模，加快发展食用菌、家蚕、花卉等特色产业。三是建设精细果园，以促进辽南、辽西果业区水果生产和辽宁中北部水果产区优势集中。四是发展林业经济产业，以人参、五味子、刺五加、苦参等森林草本植物和时代龙芽、大叶秦等野生草本植物为主，重点发展榛子、核桃、栗子、枣等特色经济林。在此基础上，积极发展玉米、青贮玉米等优质饲料作物，加快农牧业发展，提高辽宁省绿色农产品供应质量。

（三）农业生产经营方式逐步升级

先进的农业经营管理方式是推进农业现代化进程的决定因素，而其是由先进的农业生产组织来完成的。近年来，东北三省继续支持和发展新型农业经营主体。农业农村部数据显示，截至 2020 年初，黑龙江省有 5.4 万个家庭农场和 9.51 万个农民专业合作社。成立了 8857 家益农机构，覆盖全省所有行政村。黑龙江省 9953 个集体经济组织成立股份制经济合作社，农业生产信托服务面积 4000 多万亩。

到 2020 年底，吉林省农民合作社俱乐部会员达 168 万户，占全省农民总数的 41%，新型农业经营主体带动更多农民增产增收，2015～2020 年，吉林省家庭农场数量从 13000 家增加到 146000 家，农业合作社数量从 63000 家增加到 84000 家，各类农业龙头企业发展到 2300 个，通过产业化经营使农民增收 76 亿元。

近年来，辽宁省积极发展各种形式的土地适度规模经营，培育和壮大新型农业主体，家庭农场数量已超过 11 万个，全省农业生产托管面积达到 4603 万亩，服务农业生产 160 万个单位，其中小农户 144 万户。

（四）农村农业生产智能化与数字化转型成效初显

东北三省利用好新基建的机会，推动 5G、大数据、人工智能等先进技术的应用，为农业产业结构升级和发展提供科技支撑。

2021 年，黑龙江省众多农民在政府的扶持下，为农用机械装备了北斗导航智能终端，种上了农业科技主管部门普及的优良新品种。据调研，"十三五"期间黑龙江省统合科学技术资源，创建玉米、大豆、水稻、杂粮等产业工艺协同创新体制。聚焦高水平科技标准化示范带的建立，兴建国家级现代化农业科技标准化示范基地 4 个、高标准现代农牧业产业园 58 个、现代化农业科技标准化示范基地 150 个、现代化农业科技标准示范主体 3000 多个，推进黑龙江省农业首推技术落实率长期维持在 95% 以上。

2021 年，吉林省已被成功认定为国家级 5G 智慧农业综合示范省，中国

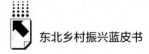

移动继续加速细分行业总规模延伸，在原先细分行业综合示范省的基础上，增设智慧农业、智慧商贸、融媒体三个细分行业的综合示范省的认定申报工作。在5G技术的应用下，通过对作物全生命周期的数字化管理，成功打破了户地界限，土地利用率提高了5%以上，更适合大规模机械作业。截至目前，已完成盐碱地生态修复75110亩，建成2个总面积11500亩的单元化无人农场试点，完成农业专业托管服务300公顷。同时，该项目与罗锡文院士团队合作"无人农场建设"，开展智能农机研究。

2021年，辽宁省加大对智能基础性设施建造的支持力度，新增5G基站2.5万座，"星火·链网"超级节点成功入驻沈阳，16个工业化网络标识解析二级节点正式上线运行，农村地区互联网普及率约为66%，数字农业经济占农业增加值的8%，农产品互联网零售额占农产品总交易额的12%。

（五）农村改革全面深化，要素活力、发展动力进一步激发

黑龙江省现代农业综合配套改革不断深化和实施，活力和后劲不断增强。截至2020年初，全省落实农村集体产权法改革试点任务，制定并实施了《关于稳步推进农村集体产权法体系改革的实施意见》，建立44个县级农村产权交易市场，在全省发展了20万个新的农业经营单位，引领了全国农村集体产权制度改革。加快完成农村承包地权属登记发证，积极研究产权确认结果在推进抵押融资中的转化应用，在全省范围内启动"土地抵押云贷"和"农村信用云贷"等农业信贷交易，向市场投放贷款69亿元。

吉林省在土地所有权制度改革方面，启动了农业产业化试点项目，在省级层面确定了11个试点主体，试点工作目前正在有序开展。截至2020年初，已签订农户合同1.6万份，颁发证书10.4万份，认证率达95.9%，同比提高2.6个百分点。土地流转进一步加快，土地流转面积2828万亩，相当于家庭承包面积的44.88%，比上年提高3.31个百分点；全省建立土地流转服务中心704个。在农村集体产权制度改革方面，整省试点工作稳步推进，成效明显，全省7.02万个农村集体经济组织共清查确认集体资源性资产1.6亿亩、账面资产505亿元，基本摸清了集体家底，农村集体资产清产

核资工作达到国家规定的优秀标准。全省共确认农村集体经济组织成员500.75万人，占全省农业人口总数的35.45%。

辽宁省继续推行第二轮土地合约期满后再延长30年的试验计划。深化农村集体产权制度改革，促进农村集体物品在产权交易市场上的流动和交换，管理和整顿农村集体物品。发展壮大农村集体经济。不断推进农村农场"三权分置"改革，不断推进土地经营权流转，不断有序推进农村集体建设用地市场准入。推动新型农业企业高质量发展，新增200家示范合作社和300家示范家庭农场。

（六）农民整体素质持续提高，新型科技管理经营人才大幅增加

习近平总书记指出，"要提高农民素质，培养造就新型农民队伍"，"要解决好'谁来种地'问题"。东北三省坚决遵循中央指示精神举办农民技能比武大赛，搭建乡村高层次人才选拔展示平台，培养、选拔乡村建设人才。

黑龙江省将高素质技能型农民培养当作实施乡村振兴国家重大战略、破解"谁来种地""怎样种好地"问题的主要途径，重点开展了农业经理人培养指导、产业精准扶贫指导、现代青年创新创业指导和农业新型经营主体带头人轮训指导等项目，全面覆盖全省13个地级市、69个农业县（市、区）。迄今为止，黑龙江省发展壮大了一支11.4万人的高素质专业化的农业生产经营队伍。

吉林省农业农村厅数据显示，2020年，吉林省科协、省人才办、省农业农村厅评估机构为建设一支有文化、懂技术、善于经营管理的新型专业农民队伍，组织全省新型专业农民专业技术技能测评。目前，已进行了两次评估，从种植、育种、农业工程和农业管理四个方面评定农业技术人员，最终评选出241名高级农业技术人员、1505名中级农业技术人员和11884名初级农业技术人员。为发挥农技师在农村一线的示范、引领和带动作用，更好地跟踪指导和加强服务，省科协创新工作方法，利用信息化手段，在2022年4月组建了"吉林省高级农技师微信群"，并号召各市（州）、各县（市、区）科协积极搭建农技人才服务平台，组建"中、初级农技师微信群"。

2022年辽宁省深入培养高素质农民，并将村"两委"委员和农村社会企业领导纳入围绕农村振兴人才需求的培训人群。通过课堂教学、实践、在线培训、观察交流等多种形式的培训，围绕全面素质培训、专业技能和能力培养三个模块，计划培养约15000名各类农村振兴带头人。同时，辽宁省不断创新模式，对产业周期内的分类和模块进行标准化培训。培训课程按照五个模块构建：全面素质、专业技能、能力发展、实习和培训、在线学习。省级统一组织实施省级重点班，培养高素质农民，进一步提高农民教育培训质量。

二 东北三省农业现代化发展存在的主要问题

在全国实施乡村振兴的大背景下，加快推进东北三省农业现代化助力东北三省乡村振兴恰逢其时。据调研，当前阻碍东北三省农业现代化发展的问题主要有以下六个方面，必须加以解决。

（一）农业机械化发展不平衡不充分的问题较为显著

尽管近几年东北农业机械化整体水平在稳步提升，且发展水平位居全国前列，但与世界农业发达国家相比，仍旧有许多不足之处，主要是农业机械化发展不平衡不充分的问题还较为显著。很多农机装备不能够完成联合作业、农机企业遵循行业标准不统一等成为制约中国农机发展的因素。一是农机科创能力不够强。中国目前基础研究薄弱、自主性技术创新成果少，核心技术自给率相对较低；企业科创能力较弱，产学研一体化推进不够紧密，技术研发以及成果转化率还不高。二是一些农业机械和设备缺乏有效供应。农用机械产能过剩和缺门断档的现象同时存在，中高端的产品并不多，在一些领域和环节中还存在"无机能用""无好机用"的问题，"供不适需""供不足需"的矛盾亟须解决。三是农机与农艺的结合不够紧密。部分产业品种、栽培与设备未结合，种植育种、产后二次加工、机械化生产模式不协调，限制了农机的自主研发、应用推广和运行效率。四是农业机械运行工程设备建设进度相对滞后。

（二）农产品精深加工度不高，农业产业链条较短

农产品精加工、深加工水平是农业现代化水平的重要标志之一，正如习近平总书记所指出的东北是"粮头食尾"。一是东北农产品深加工转化率相对较低。东北农产品深加工收入占东北农产品产值的比重仅为56%，与全国水平还有较大差距。二是农产品深加工产业链不完整，加工呈现低端化趋势。据统计，东北三省农产品深加工毛利润率仅为3.5%，全国为6.5%，东北地区农产品产量大，农产品精深加工率很低，需要进一步强化，产业链条需要更进一步拓长，这样才能加快农业产业化与现代化发展。

（三）农业科技转化率不高，新型智慧化农业规模较小

据调研，在东北三省农业现代化进程中存在下列问题，需加快解决。一是科技对农业生产的贡献率低。据最新调查数据，东北农业科技对农业生产的贡献率仅为45%，与国际上农业发达国家相比低20~30个百分点，并且科技推广的能力比较弱，东北三省科技成果转化率仅在30%左右，导致粮食综合生产能力后劲不足，困难加大。二是新型智慧农业发展缓慢。当前，新型智慧农业作为智慧经济重点构成部分，东北三省应用渗透率不足1%，可见，东北三省新型智慧农业发展尚处于初级阶段。三是偏远山区信息通信配套设施建设发展缓慢。据调研，遥感卫星数据在东北三省农业生产领域的应用尚不充分，农业生产加工和农村、电力、水利、物流、环保、道路等基础设施数字化、智能化改造升级还有待进一步提升。

（四）现代化农业服务体系不完善，供需服务不到位

为了能够进入市场，农民开始建立自己的经济组织，"农民合作经济组织"应运而生。这些组织虽然经过多年发展，但组织化程度低。比如，产前环节信息网络不健全，水利、交通、电力等设施薄弱；产中环节农技推广体系不健全，农业保险不能满足需求；产后环节没有建立较稳定的产后服务保障，包括农产品的加工与储藏水平低、服务内容单一、服务网络不健全、

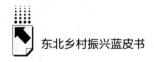

缺乏政策和法律支持等。这导致分散的农民生产和不断变化的市场之间缺乏有效的宏观指导组织形式，缺乏真正代表农民利益的组织。现代农业服务体系还存在许多不完善之处，难以为农民提供高效、准确的服务。

（五）农村金融发展水平低下，资本市场没有盘活资金

金融支持是推进东北三省农业现代化的重要保障和支撑。目前，东北三省农村金融整体发展水平相对落后。一是金融基础差。鉴于区位和历史因素，东北三省金融基础稍差，传统的投资理财渠道有限，大笔资金的投资收益较差，并且由于生产力的落后，债务规模所占比重较高，传统财富管理方式对投资理财收益率影响较大，影响总资产的升值。二是互联网金融新业务不发达，农民贷款路径少。目前东北三省农业农村发展亟须贯彻落实互联网金融新业务与统合土地资源，资本市场上贷款资金主体小微贷款机构不多，农民通过贷款进行扩大生产的途径不多。三是资本市场功能发挥差，企业与农民参与少。资本市场凭借融资、配置、风控等功能，能够带动社会资本"下乡"，是助推乡村振兴的重要力量，因而必须加强建设。

（六）农民整体素质水平不高，乡村专业化技能人才少

加快推进农业现代化，最终要由有文化、擅专业、会经营、能管理的新型农民来实践。东北三省一是农村人口流失严重。伴随着中国新型城镇化的进程加速，城市大量工作岗位吸引农民告别农村的传统种植养殖业，到大城市谋求更好的发展，农村青壮年人口流失严重，劳动力匮乏。二是专业人才短缺。农业发展的主心骨是专业人才，目前，东北三省农村经济发展掣肘就是缺乏专业人才，缺乏拥有农业现代化知识和技术的农民。东北三省农业生产经营人员教育水平以中小学为主，高中、专科以及专科以上文化水平人数占7%，农民的受教育水平低于全国平均水平。三是农业专业技术人才的总量占比小。据调研，东北三省还面临农业专业技术人才极为短缺的困局。以黑龙江省为例，畜牧业专技人员和县乡二级种养业人员均占全国正式编制的36%，农业机械和管理人员分别占11%和13%，农

业生产所急需的园艺设计、水产养殖和经济作物栽培专业技术人员所占比例不超过 4%。

三　促进东北三省农业现代化发展的对策与建议

为加快推进东北三省农业现代化发展，应采取下述强有力的政策和措施。

（一）强化农业机械装备研发，提升机械的有效供给水平

科技创新在农业生产发展中不断增加高科技含量是实现东北三省农业现代化发展的直接动力。一是加强农业科技创新。重点研发适合东北三省农业生产发展的农业机械设备，因地制宜研发、改进农业耕种、中期管理、后期收割加工等农业机械设备，提供和建设一批重点实验室和重要科学设施，大力研发新型节能减排适用农业机械，逐步健全提升现代农业生产体系。二是加强农机具研发部门与农业生产指导部门有效对接，对农业生产实践中急需、短缺的农业机械或者配套性强的农业机械，加大投入，加紧研发，批量生产，加快淘汰性能落后、性价比低的农机具，进一步提升农业机械化档次。三是加快研发中高端农业机械，限制低端低效农机具生产。鼓励农机具研发设计专家、科研工作者深入农业生产第一线调查研究，了解当前农业生产所急需的农机具，结合生产实践，研发与农艺种管收作业高度协调、精准配合的高效农业机械，避免专家"闭门造车"，无效生产。

（二）深度推进农业一二三产业融合发展，促进农副产品加工业提档升级精深发展

为加快推进东北地区农业现代化，必须深度促进农业一二三产业融合发展，以此改变东北三省农产品加工业落后现状。一是遵循产业发展规律，充分发挥东北三省农业优势，拓展产业链、提升价值链、完善供应链，提高农业综合效益，开发农业功能以及农业价值。二是继续围绕"农头工尾""粮

头食尾"这一短板，注重发展精深加工业，增加优质、多功能、高附加值产品，挖掘农产品价值深度，促进东北粮食等农副产品资源优势转化为经济优势。三是优化县域产业结构，促进一二三产业融合发展。发挥东北地区农业资源优势，将农业的产前、产中、产后环节连接成完整的产业链，实现农产品生产、加工、销售一体化发展，拓展农业产业链，同时重点培育县域主导产业和龙头企业。

（三）提高农业科技转化率，大力加强智慧化农业建设

东北三省政府农业管理部门应加强与科研院所联系，加强信息沟通，及时把科研院所新研发的农业科研成果技术梳理汇编报告主管科技成果推广部门，主管科技成果推广部门应及时寻找需求方，多措并举加大力度促进科研成果转化为现实生产力。同时要进一步强化智慧农业建设。一是加快农业和农村信息化建设。建立全面的信息服务体系，全面提高信息服务水平，同时要采取多种方式增加信息传递渠道，确保现有渠道畅通。根据农民的文化和专业水平并根据实际需要，选择有针对性地发布信息。二是发挥农业优势，提升农业数字化与智慧化水平。东北三省作为我国主要的商品粮生产基地，可发挥其农业优势，优化智能化农业设计，促进东北智慧农业整个产业链的网络化、智能化、数字化，形成农业大数据规范化格局，搭建最新的农业知识图谱，做到农业高效化、精细化、绿色化发展。三是综合应用"3S"、自动化、人工智能、物联网、大数据等关键技术实施"精准农业"。通过精准化管理，以田块为单元，对作物在不同生育期的土壤、水分、光热条件、病虫害、作物长势进行诊断，优化配方，实现化肥、农药的智能喷施；通过对各类作业机械精准控制，为生产者和管理者提供智慧化服务；通过构建农产品溯源信息系统，为消费者提供产品追溯查询服务，实现大规模农作物生产全过程的智能管理。

（四）完善农业社会化服务体系，助推东北农业现代化发展

良好的社会服务体系有利于服务农业的产前、产中、产后等作业流程，

使得农业更好地向现代农业发展。一是东北三省各地方政府应加大财政对农业社会化服务体系的支持力度，提高其服务农业生产经营的能力。国家应制定和实施相应的财政扶持优惠政策，加大对各类农业社会服务组织的扶持力度，支持各类服务实体发展。二是建立农业社会服务的服务标准和绩效评价体系。建立国家或地区农业社会服务示范清单，规范不同农业社会化服务组织的服务内容和行为以及服务质量。三是建立统一的农业社会服务信息平台，整合各类农业数据和信息，实现各类农业社会化服务组织的农业数据和信息交流，并利用该平台为农业和运营生产单位提供更有针对性和更有效的服务。四是加大财政对农业基础技术推广机构的扶持力度。巩固和完善农业基础技术推广机构的主体作用，充分发挥其在农业社会服务中的功效。国家可从制度层面重新界定农业基础技术推广机构，包括职能对接、人才引进与资金保障等，不断提高农业科技推广效率。

（五）加大对金融保险的支持力度，完善农业信贷担保体制

建立完善金融对农业支持和保护体系是国际上保护农业的普遍做法，这一点对推进东北地区农业现代化建设日显突出和重要。一是从保护国家粮食安全和维护农民利益出发，完善农业支持和保护体系，建立稳定的财政农业投资增长机制，形成财政优先、重点扶持、社会积极参与的多元化投资模式。二是继续改革重点农产品定价机制和收储制度，加快建立生态农业补贴体系，提高政策的精准性、一致性和有效性。三是加大对金融保险的支持力度，完善农业信用担保体系，创新农村金融服务模式，促进农业保险扩大化、产品化、标准化。

（六）加强乡村振兴人才培养，以优惠政策招揽贤才

人才是加快推进东北三省农业现代化进程、实现东北三省乡村振兴的最关键因素和动力支撑。一是以乡村振兴为根本培养人才。东北三省地方政府要结合当地促进乡村振兴的实际，引导高等技术院校创建生源稳定、规模有保障、与农村特色产业联系紧密的农业专业，支持和鼓励符合条件的地方试

点项目，以技校为基础，创建以"市属企业和学校"为纽带的农村振兴产业，通过产业培养人才、应用人才，实现乡村振兴。二是地方政府和有关部门应为符合条件的农村振兴人才设立专项补助金，增加农村地区实用人才对就业和创业的吸引力。三是对于在技术学院学习、从高级技术人员和预备技术人员那里获得职业资格证书并在毕业后进入公司的农村实用人才，将根据其级别向企业和个人发放相应的就业补助金。

（七）加强种业建设，打造现代良种选育、培育基地

种业发展是农业发展的根基，推动种业革命向"生物技术+常规育种"的转变，推动种源关键技术攻关，实现育种技术的突破，是当前农业现代化发展的根本方向。一是地方政府应加大对科研机构和龙头企业的财政支持力度。突出东北区域特色，强化种业规控，不断帮助企业和科研机构优化育种环境。二是加快寒地农业种质资源库项目扩建进程。三省政府需拨出资金帮助各省农科院寒地农作物种质资源库整体改建，建设在全国知名度高、面向全省农业科研机构、高校、种业企业开放的公益性、规范化、现代化的国家寒地种质资源库。科研机构与高校需要积极推进良种培育攻关项目。三是在14个领域对标国际国内种业，统合东北三省内外农业科研优势力量及农业重点企业组建攻关团队，繁育能市场化的新品种。四是加快实施农业生物育种重大科技项目，有序推进生物育种产业化应用。加强种业基地建设，可联合高校实验室，推进国家和省级种子育种基地建设，建设一批国家核心育种场，改善育种条件和生物安全防护设施。加快实施有机农业重大科技项目，系统推进有机农业产业化应用。

参考文献

［1］刘彦随、甘红、王大伟：《东北地区农业现代化水平及比较优势分析》，《农业系统科学与综合研究》2005 年第 2 期。

［2］刘凤芹：《农业土地规模经营的条件与效果研究：以东北农村为例》，《管理世界》2006年第9期。

［3］孙晓东：《论东北农业振兴与农业机械化》，《中国农机化》2007年第1期。

［4］曹阳、胡继亮：《中国土地家庭承包制度下的农业机械化——基于中国17省（区、市）的调查数据》，《中国农村经济》2010年第10期。

［5］许世卫、王东杰、李哲敏：《大数据推动农业现代化应用研究》，《中国农业科学》2017年第17期。

［6］周振、马庆超、孔祥智：《农业机械化对农村劳动力转移贡献的量化研究》，《农业技术经济》2016年第2期。

［7］刘畅、邓铭、冉春红：《东北地区农业现代化与新型城镇化协调发展研究》，《中国人口·资源与环境》2017年第6期。

［8］陈锡文：《实施乡村振兴战略，推进农业农村现代化》，《中国农业大学学报》（社会科学版）2018年第1期。

［9］蒋永穆、卢洋、张晓磊：《新中国成立70年来中国特色农业现代化内涵演进特征探析》，《当代经济研究》2019年第8期。

B.4
东北三省特色产业小镇发展对策研究

王裕光[*]

摘　要： 特色小镇的建设是乡村振兴的有效路径之一。东北三省是老工业
基地，同为农业大省，特色小镇发展有着广阔的空间。本研究基
于东北三省特色小镇发展现状，提出东北三省特色产业小镇发展
中存在的问题：发展时间较短，数量较少；以仿效成功案例为
主，缺乏创新发展模式；知名度不高，缺乏品牌效应；建设资金
有限，融资渠道狭窄；产业升级不充分，经济实力有待增强；缺
乏科学规划，小镇布局较为混乱。最后提出东北三省特色产业小
镇发展建议：大力引进具有一定规模的企业提质扩量，通过产业
融合推动小镇发展模式创新，科技创新打造品牌形象，鼓励多元
主体参与投融资创新，因地制宜突出特色促进产业发展，多维度
规划特色产业小镇。

关键词： 特色小镇　特色产业　乡村振兴　东北三省

一　东北三省特色产业小镇发展现状

（一）东北三省特色产业小镇相关政策

1.辽宁省特色产业小镇相关政策

从 2017 年到 2021 年 4 年间，辽宁省发改委先后印发了五个关于特色产

---

[*] 王裕光，长春光华学院管理学院副教授，主要研究方向为乡村旅游。

业小镇的文件和通知，从创建的角度明确了创建目标、创建设定标准、创建程序和政策支持。在几年间的建设中汲取了一定的经验，认真、积极地学习并借鉴全国其他特色产业小镇的典型经验，进行了问题的总结。2021年12月，辽宁省相关部门联合印发了《辽宁省特色小镇管理细则》，进一步规范了特色小镇建设和管理的要求，并列出了特色产业小镇从申报到动态管理的具体措施。综上，辽宁省相关政策贯穿特色产业小镇建设的初期、中期和改进完善期，政策延续性较强，并且全过程、动态出台了针对性较强的政策。

2. 吉林省特色产业小镇相关政策

2016年到2020年4年间，吉林省相关部门陆续出台了《关于深入推进新型城镇化建设的实施意见》《支持特色小镇和特色小城镇建设的若干政策》《吉林省加快特色产业小镇创建实施方案》等文件。从文件内容可以看出，吉林省早期的相关政策围绕城乡规划和示范镇建设展开，在特色小（城）镇创建的指导方针、创建要求、组织管理、评估优化、动态监管等方面制定了明确的规定，对特色产业小镇发展的政策支持力度较大。

3. 黑龙江省特色产业小镇相关政策

2017年黑龙江省印发了《加快推进新型城镇化建设实施办法》，提出黑龙江省相关部门积极争取和用好国家新型城镇化建设基金。加快设立"南北特色小城镇产业投资基金"，以此为特色产业小镇建设提供资金支持。同年，黑龙江省人民政府办公厅发布了《关于加快特色小（城）镇培育工作的指导意见》。黑龙江省关于特色产业小镇的政策主要是执行国务院办公厅和国家发改委发布的相关政策。以省为单位出台的专项政策较少，但通过在黑龙江省发改委官网以"特色小镇"为关键词搜索发现，黑龙江省围绕具体特色小（城）镇建设的会议和指导意见较多，与旅游、康养、体育等产业相结合的具体政策和指导意见数量丰富。

（二）东北三省国家级特色产业小镇数量规模

2016年住建部公布的第一批127个中国特色产业小镇名单中，辽宁省入选4个，占全国总数的3.15%；吉林省入选3个，占全国总数的2.36%；

黑龙江省入选 3 个，占全国总数的 2.36%。2017 年 8 月住建部公布第二批全国特色产业小镇名单，两个批次辽宁省共入围国家级特色产业小镇名单 13 个，占全国的 3.23%；吉林省入围国家级特色产业小镇名单共 9 个，占全国的 2.23%；黑龙江省共入围国家级特色产业小镇名单 11 个，占全国的 2.73%。三省国家级特色产业小镇共 33 个，占全国的 8.19%。

（三）东北三省特色小镇核心产业分布现状

1. 辽宁省特色产业小镇核心产业分布现状

辽宁省工业基础较好，地理位置优越，特色小镇以农业为核心产业的占 38.46%，以工业为核心产业的占 76.92%，以服务业为核心产业的占 53.85%。核心产业包括两个及两个以上的小镇有 9 个，占辽宁省特色小镇总数的 69.23%，单一核心产业的特色小镇有 4 个，占辽宁省特色小镇总数的 30.77%。农业以传统农业和海洋渔业为主，工业分布最广，其次是服务业，在服务业中以旅游业和商贸为主。

2. 吉林省特色产业小镇核心产业分布现状

吉林省特色小镇以农业为核心产业的占 22.22%，以工业为核心产业的占 55.56%，以服务业为核心产业的占 66.67%。核心产业包括两个及两个以上的小镇有 5 个，占吉林省特色小镇总数的 55.56%；单一核心产业的特色小镇有 4 个，占吉林省特色小镇总数的 44.44%。农业以传统农业为主，服务业比重最大，其次是工业。单一核心产业小镇和两个及两个以上核心产业的小镇数量大体相当。在服务业中以旅游业作为核心产业的特征明显。

3. 黑龙江省特色产业小镇核心产业分布现状

黑龙江省农业在全国农业中具有非常重要的地位，黑龙江省的耕地总面积、人均耕地面积和农业人口都居于全国首位，是典型的"大农业"生产模式，农业机械化水平较高，特色小镇以农业为核心产业的占 72.72%，以工业和服务业为核心产业的均占 36.36%，服务业中的旅游业所占比重较大，冰雪特色突出。核心产业为两个及两个以上的小镇有 5 个，占黑龙江省特色小镇总数的 45.45%；单一核心产业的特色小镇有 6 个，占黑龙江省特色小镇总数的 54.55%。总体来看,黑龙江省特色小镇产业分布的大农业特色突出。

二 东北三省特色产业小镇发展存在的问题

(一)发展时间较短,数量较少

在全国范围内,东部沿海发达省份开展特色小镇建设较早。以浙江省为例,早在 2014 年以前就以自发的形式开展了特色产业小镇方面的建设工作。而东北三省则是 2016 年至 2017 年期间,在国家层面的政策引导下,开始创建特色产业小镇。从出台的特色产业小镇的专项文件来看,相对于发达省份,东北三省特色产业小镇创建起步较晚,发展时间较短。

由于多种原因,东北三省产业升级相对滞后,体制机制欠灵活,人口流失尤其是农村人口和小城镇人口流失严重,难以形成各地方和民间自发开展特色产业小镇创建的格局。2016 年到 2017 年,两个批次的全国特色产业小镇中,辽宁省共 13 个,占全国的 3.23%;吉林省共 9 个,占全国的 2.23%;黑龙江省共 11 个,占全国的 2.73%。无论在数量上还是在比例上都低于全国平均水平,与发达省份的差距明显。

(二)以仿效成功案例为主,缺乏创新发展模式

已公布的东北三省特色产业小镇,大部分依托于原有产业基础,例如土特产、景观景区、自然资源、传统工农业等。在原有的基础上以经验模式"拼盘"式升级、扩大规模,欠缺创新型发展模式。甚至部分小镇为了获得政策支持,把精力集中于如何达到申报的最低标准,只是在原有基础上改了名头,并没有实质性革新和发展。除此以外,利用互联网、5G、云计算、物联网、人工智能等方面的模式创新也比较少见。特色产业小镇在发展过程中的生产环节、生活环节和生态环节中对前沿科技的应用等领域融合度不高。

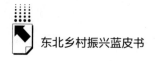

（三）知名度不高，缺乏品牌效应

东北三省同属东北老工业基地，同属农业大省，有着得天独厚的地理优势和资源优势。但在特色产业小镇发展过程中，形成的全国知名度高的特色产业小镇较少，尽管各地方也积极挖掘特色、发挥比较优势，但在品牌形象塑造方面并没有得到充分的重视。开发主体由于缺乏市场意识，忽视了 IP 的打造和对外宣传工作，尤其是没有充分地利用新媒体等当下流行的宣传媒介。这些问题直接导致东北三省特色产业小镇的知名度和美誉度不高，品牌效应有限。

（四）建设资金有限，融资渠道狭窄

从政府层面看，多年来东北三省经济虽然有所增长，但在全国的排名却一路下滑。财政收入捉襟见肘，单纯靠土地财政难以保证充足的资金投入特色产业小镇的专项建设。尽管从国家层面可以获得一定的鼓励政策，但仍然是杯水车薪，并且存在一定的盲目性和风险性。缺乏具有内生动力的融资渠道，难以维持东北三省特色产业小镇建设的良性循环。目前东北三省特色产业小镇的发展主要依靠 PPP 合作模式，从理论上可以缓解政府的财政压力，但仍然存在一定的不确定性，风险隐患不容小觑。目前，东北三省特色产业小镇开发建设缺乏稳定且持续性的资金流入，融资渠道的灵活性明显不足，融资渠道单一是阻碍特色产业小镇发展的主要障碍。

（五）产业升级不充分，经济实力有待增强

东北三省小城镇大多数是以服务传统农业为目的，自然形成的行政区划、行政中心和产业布局。缺乏适合当前社会发展需要的产业内容，通常是以农产品初加工或乡镇企业等简单的产业形式存在，现代服务业普遍发展滞后，"高、精、尖"的现代科技引导的产业比较匮乏，由于战略新兴产业布局尚未形成，直接导致产业发展缺乏动力引擎。这些问题与特色产业小镇的战略要求不符，造成产业发展相对缓慢且后劲不足、风险隐患大、生产效率

低等问题。

产业高质量发展不足还导致东北三省特色产业小镇的产业发展集聚功能和规模效益难以形成，并且缺乏有潜力、有基础的重大项目支撑，地产化现象仍然值得警惕。产业中的高新技术、高端服务比例较低，缺乏市场核心竞争力，产业发展较为粗放，对特色小镇发展的支撑作用较为薄弱。同时，东北三省特色产业小镇经济发展不平衡、不协调、同质化等导致总体产品附加值较低，整体经济实力有待提升。

（六）缺乏科学规划，小镇布局较为混乱

东北三省大多数村镇都是依道路而建，沿道路两旁建设，多数村镇仅从实用角度出发，各自为政，对特色产业小镇建设缺乏系统而具体的统一规划方案。在发展过程中，缺乏具体统一管理的机制，布局较为混乱。小镇在管理和规划过程中较为随意，很多乡镇在功能分区过程中，存在功能区划分混乱等，导致项目建设混乱、布局不规范、部分土地使用存在浪费现象。同时，部分重点城镇和特色产业小镇在规划过程中，存在重复规划现象，盲目照搬其他地区特色产业小镇建设方案，导致特色产业小镇产业布局出现雷同现象，也就是人们常说的"千镇一面"。

东北三省各地方尤其是部分基层部门，在特色产业小镇发展过程中缺乏规划的科学性。其主要体现，一是规划布局较为混乱，动线设计不合理，难以走出传统"沿路走廊式"布局，影响了特色产业小镇的可进入性和规划要素的科学分布，尤其是对交通、餐饮、住宿的布局产生的负面影响较大。二是生态规划一般，居民烧柴供暖现象较为普遍，对生态环境产生一定的负面作用，使小镇的生态遭到一定程度的破坏。三是建筑风格不统一，特色产业小镇中的居民住房设计各自为政，尽管部分村镇对整体风格做了一定的规范，但过于简单粗放，甚至只是粉刷统一颜色的涂料、建设统一的围栏等，不利于形成具有美感和特色鲜明的建筑风格。

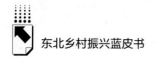
三 东北三省特色产业小镇发展建议

（一）大力引进具有一定规模的企业提质扩量

东北三省特色产业小镇发展的规模和数量有限，产业经济实力较弱，部分小镇生产方式、经营理念和经营方式相对落后。基于此，仅仅依靠小镇的内生力量很难实现特色产业小镇的高水平建设和高质量发展。应大力引进具有一定规模的企业，以企业为龙头，为特色产业小镇带来科学的经营理念、经营模式、先进管理方法、前沿技术等，发挥引进企业的龙头作用。根据引进企业自身特点进行分类，并制定相应的扶持政策，激发企业的积极性。充分发挥企业的教育培训功能，通过与相关高校和科研机构合作，构建产、学、研一体的模式，不断提高当地人口素质和劳动技能。

与此同时，还应不断扩大引进企业数量，只有企业总体规模不断扩大才能形成规模效应，企业的引进不但要考虑本省的优势企业，还应通过较低的地价和人力成本等优势，吸引更多省外和国外的优秀企业入驻小镇。在扩大数量的过程中，把好"入口"关，重点引进国家宏观政策引导、前沿科技、与当地资源相匹配的优质企业，通过提质扩量实现特色产业小镇跨越式发展。

（二）通过产业融合推动特色产业小镇模式创新

模式的创新能够推动特色产业小镇快速、优质、可持续发展。从不同的角度出发能够得出多种模式创新的思路。东北三省特色产业小镇在全国范围内产业发展速度一般，国有企业改革和转型仍然面临诸多问题有待解决，寻求模式创新存在一定难度。但基于东北三省特色产业小镇和小镇周边产业的多样化特点，以产业融合为突破口，推动小镇模式创新，既具有现实意义，又具有可操作性。

比如，借鉴西班牙模式搞农旅融合发展，提高特色产业小镇的核心竞争力，在原有农业的基础上融入旅游的成分，在乡村旅游的过程中推广特色农产品。通过农旅融合发展模式，化被动为主动，把冷门变成热门，把劣势转化为优势，形成全新的产业模式。

又如，工业和旅游业融合发展模式。积极挖掘东北三省乡村工业潜力，结合当地旅游要素，在工业发展的同时大力发展旅游经济，形成工业与旅游业协调发展的新动能。在开展乡村旅游的过程中，扩大工业的影响力，尤其是在工业与旅游业的交叉领域。积极探索乡村工业旅游的新模式，打破固有的乡村特色产业小镇发展模式，实现跨越式发展。

（三）科技创新打造特色产业小镇品牌形象

特色产业小镇发展应突出龙头企业品牌形象，而科技创新是树立良好品牌形象的重要抓手。从政府层面，通过鼓励企业加大特色产业小镇的科技创新力度，支持企业与高校和科研机构共同打造科技创新平台，围绕企业所需的核心科技难题，在政策的扶持下，使主导产业及战略新兴产业快速发展。提高龙头企业的知名度，进而提升特色产业小镇的整体品牌形象。在企业层面，以市场为导向，提高企业自主科技创新的积极性，努力营造特色产业小镇内部科技创新的氛围，使企业积极研发新产品，积极与高等院校和科研机构开展合作，加快成果转化，以科技创新为基础，借助知名高校和科研院所的社会认知形象，塑造企业品牌形象。

（四）鼓励多元主体参与特色产业小镇投融资创新

东北三省特色产业小镇的发展资金单纯依靠当地政府和企业投资杯水车薪。乡村地区融资渠道也较狭窄，严重制约特色产业小镇发展的进程和持续性。要解决这一问题，要以"政府主导、多元投入、市场配置、社会参与"为总体思路，制定鼓励特色产业小镇投融资政策。通过政府的引导，建立相应的投融资管理机制。鼓励市场主体积极参与特色产业小镇投融资。充分发挥市场化投融资的优势，不断拓宽特色产业小镇的投融资渠道。在政府的引导和参与的基础上，吸引金融机构、社会资本和民间资本共同参与，并努力

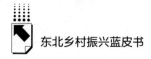

创造多元参与的必要条件和长效机制。从政府层面，适度利用政策杠杆，盘活农村闲置资源，在土地使用、信贷、财政补助、税费收取的额度和方式等方面给予特色产业小镇一定的倾斜。从民间资本层面，通过BTO、BOO、BOT、特许经营等多种模式引导民间资本直接或间接参与投融资，同时编制项目建设规划和投融资规划，大力吸引社会资本参与其中。在不同投融资主体之间通过整合资源、优势互补、信息共享等手段开拓创新，以更加灵活的、开放的方式促进投融资模式创新。

（五）因地制宜突出特色促进产业发展

特色产业小镇在产业规模、周边生产生活配套、与区域内大中城市的距离等方面千差万别。因此，应该因地制宜突出特色，促进产业发展。对于产业规模效应不显著、周边生产和生活配套欠缺且距离区域内大中城市较远的特色产业小镇，适合向"小而全"的方向发展。从生产的角度出发，应突出龙头产业特色，引进上下游配套产业，延长产业链。同时，还要深入挖掘与特色龙头产业能够形成互补关系的相关产业，不断扩大小镇整体产业规模。从宜居的角度出发，适度全产业发展，一方面能够吸引人流、物流、信息流，另一方面可以扩大就业，聚集人口，并形成一定的人口规模。同时，引入优质的医疗、教育等公共资源，不但可以满足现有居民的宜居要求，也能够增强小镇的吸引力。

对于距离区域内大中城市较近，甚至紧邻城市，与城区通达性良好，区域内产业布局较均衡的小镇，适合向"小而专"的方向发展。依托临近城市，实现与城市优质公共资源共享，满足小镇内部居民和企业的需求。同时突出产业的特色，推动产业向"专""精"方向发展。

（六）多维度规划特色产业小镇

建设"宜居""宜业"的特色产业小镇，其规划不能局限于特色产业小镇本身的空间布局。应从生活配套设施规划、生产配套设施规划、交通配套设施规划，多维度规划特色产业小镇。

第一，规划生活配套设施。东北三省部分农村地区居民用水、用电、供暖、供气、网络、排污等方面还存在短板。在规划中要高度重视农村地区生活配套设施规划的科学性、耐用性和便利性，为"宜居"创造必要条件。同时要以更长远的眼光，以发展的理念对特色产业小镇农村地区生活配套设施进行规划设计，为未来的发展预留空间。还应该与特色产业小镇整体规划相结合，避免出现相互矛盾、重复建设等现象。从"宜居"的角度看待基础设施规划，积极整合和治理乡村生态环境，通过改善乡村环境，开展农业节水、科学用肥、粪便资源合理再利用等，做到"够用、能用、好用、高效、节能"。

第二，规划生产配套设施。不同的产业对基础设施配套要求各不相同，一概而论地规划生产配套设施，要么造成供给过度，导致投入资源浪费或运用不充分，要么会导致部分生产需求难以满足。以满足龙头产业生产配套要求为基础，同时考虑上下游产业生产的配套设施需求，从产业发展和规模扩大的角度为未来产业发展预留空间。坚决秉承绿色环保和可持续发展的规划理念，充分考虑碳达峰、碳中和的具体要求。依据产业智能化、数字化生产要求，做好基础设施配套前瞻性规划设计。

第三，规划道路交通。在交通设施规划过程中，首先要规划便捷的外部和内部交通系统，通过加强城镇与乡村地区交通干线和交通枢纽的规划，提高城镇和乡村之间空间移动的便利性。进而通过改善交通条件，提升交通服务水平和技术水平，进一步改善乡村的交通条件。通过规划多层次轨道交通，使得各地特色产业小镇和城区实现互联互通。根据特色产业小镇与周边城市的距离将其分为四类：第一类是在城市之中或周边的小镇，应与城市一体化规划交通；第二类是距离周边城市较近的小镇，应建设城市快速路，适度规划轨道交通；第三类是距离城市较远的小镇，应重点建设高速公路和城际轨道交通；第四类是远离城市的小镇，应着重建设高速公路和高铁。

第四，完善医疗、教育、金融等公共服务体系。特色产业小镇的发展离不开医疗、教育、金融等公共服务的保障，公共服务既是"引得来，留得住"的必要条件，也是乡村地区"宜居""宜业"的重要基础。但特色产业小镇公共服务体系的完善不能一概而论，应根据特色产业小镇与城市的时空距离采取差异化的建设（见表1）。

表1 特色产业小镇与城市时空距离分类及公共服务体系建设重点

类型	与城市时间距离	与城市空间距离	规划重点
第一类	0~20分钟	0~20公里	与城市一体化发展
第二类	21~60分钟	21~80公里	提供必要的公共服务，与城市公共服务共享
第三类	61~120分钟	81~200公里	设立公共服务分支机构
第四类	120分钟以上	200公里以上	引资源、构建远程智能服务体系、开辟绿色通道

按表1的分类方法，第一类特色产业小镇的公共服务体系具备融入城市公共服务体系的条件，应采取与城市公共服务体系一体化发展模式。第二类特色产业小镇建设必要的公共服务项目，以"小事不出镇，大事方便办"为原则。第三类特色产业小镇应引进医疗、教育、金融等优质资源开设分支结构，以"缓事不出镇，急事能解决"为原则。第四类特色产业小镇除了积极引进优质公共资源外，探索构建数字化智能公共服务体系，对于受到时空限制较强的服务内容，在对应城市开辟"绿色通道"。除此以外，公共服务体系的完善还应考虑特色产业小镇的规模和动态发展的进程，有计划、分步骤地完善特色产业小镇公共服务体系。

参考文献

［1］刘晓辉：《乡村振兴战略背景下武威市特色小镇发展的维度分析》，《农业科技与信息》2020年第18期。

［2］沈适、王一景、梁莹：《浅析乡村振兴战略下特色小镇发展模式——以浙江省乐清智能电气小镇为例》，《中国商论》2020年第18期。

［3］于世豹、胡家铭、陈小林、白涛：《乡村振兴背景下的特色小镇智慧旅游建设路径研究——以张掖航空航天特色小镇为例》，《智能建筑与智慧城市》2020年第8期。

［4］文海漓：《乡村振兴背景下西南沿边地区特色小镇建设路径研究》，《改革与战略》2020 年第 8 期。

［5］张晓峰：《乡村振兴背景下美丽乡村与特色小镇的规划协同》，《智能城市》2020 年第 14 期。

［6］常欣、孙明阳：《吉林省特色小镇研究综述》，《建筑与文化》2020 年第 11 期。

B.5
辽宁推进乡村全面振兴存在的
问题及对策建议

王 丹[*]

摘 要： 经过几年的发展，辽宁乡村振兴战略取得了明显成效：农业综合生产能力明显提升，粮食安全保障能力不断增强，农业供给体系质量明显提高，农村一二三产业融合发展水平不断提升等。但在发展中也面临着基础设施建设短板依旧存在、农民增收基础不牢固、产业融合发展有待进一步加强、县域经济发展滞后、乡村振兴人才缺乏等现实问题。在新发展阶段，需要采取强有力措施，从切实落实好粮食安全责任、加强乡村基础设施建设、大力发展农产品加工业、发展壮大县域经济、多渠道促进农民增收等方面全面推进乡村振兴战略实施，促进农业农村经济社会平稳发展。

关键词： 乡村振兴 粮食安全 产业融合 农民收入 农村改革

一 实施乡村振兴战略以来辽宁农村
经济社会运行情况分析

2017年党的十九大报告首次提出乡村振兴战略，2018年中央一号文件《中共中央 国务院关于实施乡村振兴战略的意见》出台，文件围绕党的十九

---

[*] 王丹，辽宁社会科学院农村发展研究所所长、研究员，主要研究方向为农村经济、区域经济。

大提出的"产业兴旺、生态宜居、乡风文明、治理有效、生活富裕"的总要求,对统筹推进农村经济建设、政治建设、文化建设、社会建设、生态文明建设和党的建设作出了全面部署。经过几年的发展,辽宁乡村振兴取得了明显的成效。

(一)农业综合生产能力明显提升

实施乡村振兴战略以来,辽宁坚定不移贯彻新发展理念,坚持农业农村优先发展,以推进农业供给侧结构性改革为主线,积极构建现代农业产业体系、生产体系和经营体系,农业综合生产能力明显提升。从2017~2021年农林牧渔业总产值来看,虽然经受了2020年以来新冠肺炎疫情的影响,但农林牧渔业总产值依然实现了连年增长,2021年实现4927亿元,居全国第14位,比2017年增长了27.9%。从具体构成来看,主要是近几年辽宁省种植业和畜牧业保持了较强的发展劲头,拉动了整个农林牧渔业总产值的平稳增长(见表1)。

表1 2017~2021年辽宁省农林牧渔业总产值

单位:亿元

年份	农林牧渔业总产值	农业	林业	牧业	渔业	农林牧渔专业及辅助性活动
2017	3851.6	1620.5	140.3	1289.2	592.2	209.4
2018	4061.9	1749.4	149.5	1346.2	628.5	188.4
2019	4368.2	1912.0	117.4	1479.5	669.6	189.7
2020	4582.6	2056.8	121.0	1604.7	617.5	182.5
2021	4927.0	2222.5	120.9	1683.9	719.9	180.4

资料来源:《辽宁统计年鉴2022》。

(二)粮食安全保障能力不断增强

实施乡村振兴战略以来,辽宁着力稳政策、稳面积、稳产量,将粮食播种面积和粮食产量纳入省政府绩效考核体系,将播种面积和产量目标分解落

实到各市，由各市将指标层层分解，压实主体责任，再组织县乡政府抓好具体落实工作。同时深入推进粮食绿色高产高效创建行动，充分调动农民的种粮积极性，粮食综合生产能力显著提升。2021年粮食作物播种面积为5315.4万亩，居全国第14位，连续4年保持增长，实现了粮食播种面积只增不减的目标任务。粮食总产量达到2538.7万吨，创历史新高，比2017年增长8.9%，在全国13个粮食主产省中稳居第12位。其中水稻产量424.6万吨，玉米产量2008.4万吨，杂粮产量也不断增长。人均粮食占有量达到597公斤，居全国第7位、粮食主产省第6位，比全国人均占有量多出120公斤左右。辽宁粮食单产居全国前列，2021年，辽宁粮食单产首次达到955斤/亩，居全国第3位、粮食主产省第1位，比全国平均774斤/亩高出181斤/亩。水稻、玉米综合机械化率分别达到97%、91%，均位于全国前列。主要农作物良种覆盖率达到100%。从近些年辽宁省主要农产品的产量来看，玉米占比比较大，一直保持在75%以上，其次是水稻，约占18%。从全国来看，辽宁是玉米产量较多的省份，仅次于黑龙江、吉林、内蒙古、山东、河南、河北等省（区），居全国第7位，占全国玉米总产量的7%。水稻产量居全国第15位。辽宁特色种植业规模不断扩大，2021年设施农业播种面积达到264万亩，其中日光温室生产面积达118万亩，居全国第2位。作为我国重要的粮食主产省，辽宁保障国家粮食安全能力不断增强（见表2）。

表2 2017~2021年辽宁省粮食产量结构

单位：%

年份	粮食产量	水稻	小麦	玉米	高粱	谷子	薯类	大豆	其他杂粮
2017	100.0	18.1	0.1	76.8	1.1	0.9	2.1	0.8	0.2
2018	100.0	19.1	0.1	75.8	1.3	0.8	1.9	0.8	0.2
2019	100.0	17.9	0.1	77.5	1.1	1.0	1.3	0.9	0.3
2020	100.0	19.1	0.1	76.7	0.9	0.8	1.3	1.0	0.2
2021	100.0	16.7	0.0	79.1	1.0	1.0	1.0	1.0	0.2

资料来源：《辽宁统计年鉴2022》。

（三）农业供给体系质量明显提高

辽宁是全国主要的粮食大省之一，近几年辽宁以农业供给侧结构性改革为抓手，不断加快畜牧业和渔业转型升级，畜牧业和渔业比重增长迅速。2021 年畜牧业产值达到 1683.9 亿元，比 2017 年增长 30.6%，畜牧业对第一产业的拉动作用逐步加强。规模化养殖加快推进，畜禽标准化规模养殖比重提高到 67.2%。肉蛋奶等主要禽畜产品产量均实现跨越式增长，2021 年肉蛋奶产量分别为 433.3 万吨、325.3 万吨、138.9 万吨，比 2017 年分别增长 12.4%、20.3%、15.1%，分别居于全国第 10 位、第 4 位、第 9 位。良种奶牛产业集群和肉鸡产业集群建设有序推进，打造了以温氏生猪、牧原生猪、辉山奶牛、禾丰肉鸡、韩伟蛋鸡为代表的畜牧业全产业链发展模式，特别是生猪在供应省内市场的同时，还外销其他省市，辽宁已发展成为全国生猪养殖大省。2021 年成立生猪稳产保供工作专班，将"生猪存栏量"纳入政府考核内容。渔业实现高质量发展，2021 年辽宁有国家级海洋牧场示范区 37 家，刺参（辽参）养殖面积 228 万亩，均居全国第 2 位。2020 年辽宁省渔业经济总产值 1300 亿元，居全国第 7 位。渔业产值 664.2 亿元，居全国第 7 位。水产品总产量达到 462.3 万吨，居全国第 7 位。海洋捕捞、海水养殖、淡水捕捞、淡水养殖全面增长。

（四）农村一二三产业融合发展水平不断提升

实施乡村振兴战略以来，辽宁一二三产业融合发展不断加快，极大地促进了乡村繁荣发展和农民就业增收。

一是积极培育新型经营主体，壮大龙头企业队伍，构建乡村产业融合的"新雁阵"。新型经营主体不断发展壮大。2020 年，农民合作社发展到 6.9 万个，家庭农场发展到 6.4 万家。2021 年，省级以上农业产业化重点龙头企业达 753 家，其中国家级龙头企业 76 家。各类新型经营主体逐渐成为引领适度规模经营、推动乡村产业融合发展的有生力量。

二是立足丰富的农产品资源，大力推进农产品加工业发展，延长产

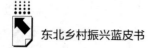
业链、提升价值链，积极推动农产品加工业向主产区、特色优势产区、重点销区及关键物流节点梯度转移。2021年，37个县域农产品加工集聚区营业收入达到982.7亿元，其中15个集聚区年营业收入超过30亿元，形成了辉山农产品精深加工、西丰县鹿产品加工等特色农产品加工集聚区。2021年，全省规模以上农产品加工营业收入达到3397亿元，比2017年增长9.3%。阜新正大、铁岭牧原、北票温氏等一批重大项目投产达产。

三是充分挖掘优势资源，发展特色产业，创响乡村产业"辽字号"。到2021年，累计建设103个全国"一村一品"示范村镇、37个农业产业强镇、3个优势特色产业集群。有36个县（市、区）建设了农产品加工集聚区，其中瓦房店、康平、岫岩等9个具备一定基础的农产品加工集聚区被纳入省里调度。辽宁白羽肉鸡和小粒花生获批国家级优势特色产业集群建设项目，凌源花卉、桓仁野山参获批国家现代农业产业园。一大批"辽字号"乡土特色品牌享誉全国，大连大樱桃、盘锦大米、东港草莓等11个品牌入选中国农产品区域公用品牌目录，北镇葡萄、大连海参、鞍山南果梨等7个品牌入选中国特色农产品优势区。

四是新产业新业态不断涌现，休闲农业、认养农业、乡村旅游、农村电商、健康养老等一批新兴产业快速发展。以乡村休闲旅游业为例，截至2021年，全省共打造50个中国美丽休闲乡村、26条全国休闲农业和乡村旅游精品线路。全省休闲农业经营主体发展到9723个，休闲农业和乡村旅游营业收入约为108.9亿元，年接待游客达4461.35万人次。农产品网络销售额为186.2亿元，增长25%。①

（五）多措并举实现农民收入持续增长

实施乡村振兴战略以来，虽然其间受新冠肺炎疫情影响，但农民收入依然实现持续增长，城乡居民生活水平差距持续缩小。2021年农村居民人均

---

① 《2022年辽宁省政府工作报告》，《辽宁日报》2022年1月25日。

可支配收入达到 19218 元，比 2017 增长 39.8%，城乡收入比为 2.24，比 2017 年（2.55）进一步缩小。从 2021 年农村居民人均可支配收入具体构成来看，四项收入全面增长。其中，工资性收入为 7109 元，比 2017 年增长 31.1%。其主要原因是近几年全省采取多种有力措施稳定农民工就业，扩大返乡留乡农民工就地就近就业规模，确保农民工返岗就业渠道畅通，农村外出务工劳动力月收入水平提高。积极保障农民工基本权益，推进欠薪问题解决，建立健全农民工维权"绿色通道"。同时积极开展农民工稳就业职业技能培训，带动了农村居民工资性收入的稳步增长。家庭经营性净收入为 8667 元，比 2017 年增长 48.9%。其主要原因是，近几年粮食丰收带动农业净收入增长，同时畜禽产品产量持续增长，在一定程度上弥补了生猪价格下跌带来的损失。另外，疫情防控政策优化调整后，第二、第三产业经营户经营逐渐恢复正常。转移净收入为 2044 元，比 2017 年下降 7.4%。在 2020 年之前，转移净收入一直呈持续增长态势，2021 年略有调整。财产净收入为 397 元，比 2017 年增长 33.7%（见表3）。这几年财产净收入增长主要得益于转让承包土地经营权租金收入和利息净收入增长。2021 年人均转让承包土地经营权租金收入达到 227 元，同比增长 19.0%，人均利息净收入 100 元，同比增长 74.9%。

表3　2017~2021 年辽宁省农村居民人均可支配收入及构成情况

单位：元，%

指标	2017 年	2018 年	2019 年	2020 年	2021 年
人均可支配收入	13746.8	14656.3	16108.3	17450.3	19218
（一）工资性收入	5423.1	5644.8	6223.6	6511.3	7109
（二）家庭经营性净收入	5819.1	6263.8	7012.7	7874.7	8667
1. 农业	2960.3	3135.0	3400.5	3656.5	4183
2. 林业	184.3	142.7	171.1	186.4	188
3. 牧业	1159.2	1214.5	1339.4	1799.7	1801
4. 渔业	116.1	131.0	170.9	177.4	223
（三）财产性净收入	296.9	334.5	284.5	296.9	397

续表

指标	构成				
	2017 年	2018 年	2019 年	2020 年	2021 年
（四）转移性净收入	2207.7	2413.2	2587.5	2767.5	2044
人均可支配收入	100.0	100.0	100.0	100.0	100
（一）工资性收入	39.4	38.5	38.6	37.3	37
（二）家庭经营性净收入	42.3	42.7	43.5	45.1	45.1
1. 农业	21.5	21.4	21.1	21.0	21.6
2. 林业	1.3	1.0	1.1	1.1	1.0
3. 牧业	8.4	8.3	8.3	10.3	9.4
4. 渔业	0.8	0.9	1.1	1.0	1.2
（三）财产性净收入	2.2	2.3	1.8	1.7	2.1
（四）转移性净收入	16.1	16.5	16.1	15.9	15.8

资料来源：《辽宁统计年鉴 2022》。

（六）脱贫攻坚战取得绝对性胜利

党的十八大以来，辽宁全面打响脱贫攻坚战。实施乡村振兴战略进一步加快了脱贫攻坚的步伐。到 2020 年底，辽宁省实现了 84 万农村贫困人口全部脱贫，15 个省级贫困县全部摘帽，1791 个贫困村全部销号，人均纯收入达到 9648 元，超过 1 万元的占 32.4%，历史性地消除了绝对贫困。84 万建档立卡人口全部实现不愁吃不愁穿，全面实现义务教育、基本医疗、住房安全和饮水安全有保障；全省实施精准扶贫农村公路建设 1385 公里；在贫困县新建文化广场 400 个，新建和改扩建村标准化卫生室 567 个；解决了 2.67 万建档立卡人口饮水安全问题。有建档立卡人口的行政村实现安全饮水、生活用电、广播电视和网络宽带全覆盖。贫困地区行路难、吃水难、上学难、就医难、用电难、通信难和住危房等问题得到历史性解决。2021 年乡村振兴建设全面推进，进一步巩固脱贫攻坚与乡村振兴有效衔接，出台实现巩固拓展脱贫攻坚成果同乡村振兴有效衔接实施方案，构建防返贫监测帮扶体系，2291 户 4787 人消除返贫风险。深化产业就业帮扶，筹措省级以上财政资金 23.9 亿元，实施产业帮扶项目 2020 个，实现脱贫劳动力就业 16.2 万人，脱贫基础更加稳固。

（七）农村人居环境不断改善

实施乡村振兴战略以来，围绕"村容镇貌规范有序、生活垃圾分类减量、生活污水集中处理、畜禽养殖区与居民生活区分开"等工作重点，农村环境综合整治进一步推进。出台了《辽宁省农村人居环境整治三年行动实施方案（2018~2020 年）》《辽宁省"千村美丽、万村整洁"行动实施方案（2019~2020 年）》《辽宁省农业农村污染治理攻坚战实施方案》等文件。2020 年，完成 289 个村环境综合整治。全省农村生活污水治理率达到 18.1%。农村生活垃圾处置体系覆盖率达到 98.7%，非正规垃圾堆放点整治全部完成。畜禽粪污综合利用率达到 83.5%，畜禽规模养殖场粪污处理设施装备配套率达到 96.6%。主要农作物化肥农药使用量连续 5 年负增长。秸秆综合利用率达到 87%。废弃农膜回收利用率达到 88.18%。2021 年继续实施农村人居环境整治行动，建设改造农村公路达到 7060 公里，改造农村危房 1.3 万户。维修养护农村饮水安全工程 3436 处，30 多万农村居民饮水条件得到改善。农村卫生厕所普及率进一步提高，生活垃圾处置体系基本实现行政村全覆盖。"一村一品"示范村镇达到 103 个，新建美丽宜居村1030 个。①

二 当前辽宁推进全面乡村振兴中存在的主要问题

乡村振兴战略实施以来，其间虽然受到了前所未有的新冠肺炎疫情的影响，但随着疫情防控政策逐渐优化，全面乡村振兴战略稳步推进，辽宁农村经济社会发展逐渐平稳，但在发展中也凸显出一些现实问题。

---

① 《2022 年辽宁省政府工作报告》，《辽宁日报》2022 年 1 月 25 日。

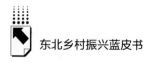

（一）农业农村基础设施建设短板依旧存在

虽然经过近几年的发展，辽宁农业基础设施建设有了明显的改善，但由于历史欠账较多，农业整体抗御自然灾害的能力仍然薄弱，靠天吃饭的困境并未完全改变。一是全省村集体经济普遍较弱，自身没有农业发展资金，很多地区基础设施建设仍然面临资金短缺的困境。二是农业基础设施建设周期长、风险较大，同时相关投资和金融体系还没有完全建立，农业基础设施投入的长效机制并未形成。三是与农村公共服务相关的基础设施也亟待加强，与农村一二三产业融合发展相配的供水、供电、供气等条件较差，农村道路、仓储设备、网络设施、物流设施等都亟待进一步加强，要真正实现与城市基础设施的互联互通还需要一定的时间。四是在全面推进乡村发展的新阶段，智慧农业、数字乡村建设也对农村基础设施建设提出了新要求。

（二）产业实现兴旺发展还有较大差距

一是从农产品加工业发展来看，长期以来加工业一直是辽宁农业发展的短板，加工转化率不高，产业化水平较低，农产品加工业龙头企业数量不多，带动能力较弱。尽管近几年辽宁农产品加工业有了较大发展，但大多数企业还处于产品单一的初加工阶段，没有形成有规模的加工产业链，导致农产品附加值不高，企业经济效益较差，对经济发展的贡献率和带动力不强。二是从品牌发展来看，很多农产品获得了区域地理标志，但大多数没有形成规模化、产业化经营，品牌效应没有得到应有的发挥，影响力大的农产品加工产品品牌并不多。三是从农业组织发展来看，近几年新型农业经营主体发展较快，但农民合作社、家庭农场、种养大户和农业企业普遍存在着发展规模较小、运营管理不规范等现象，对农户的带动能力不强。由于组织化程度偏低，"农户+基地+公司（龙头企业）"的良性发展机制目前还没形成。四是从产业融合发展来看，农村一二三产业融合发展主要集中在农业示范区、农业产业园以及农产品加工集聚区，总体上处于初级阶段，与乡村旅游、民俗文化、健康养生等深度融合明显不足，创意农业、观光农业、体验农业等新业态发展明显迟缓，且项目同质性强。新理念、新技术、新装备对农业农村改造升级明显不足，先进技术要素扩散渗透力不强。

（三）农民实现持续增收面临挑战

增加农民收入是全面推进乡村振兴的核心任务。从当前辽宁农民收入四项构成来看，工资性收入和经营性净收入两者占比合计在 82% 左右，是农民收入的主要来源。与全国平均水平相比，辽宁农村居民人均工资性收入占比偏低，低于全国 5 个百分点，增速也慢于全国 4.9 个百分点，这说明农民外出就业不强，主要依赖于农业生产，但农业生产成本却呈不断增长趋势，增收的空间不断压缩，同时受气候等客观因素影响较大，稳定性不强。从畜牧业来看，2021 年生猪价格一直呈现低迷波动，饲料成本不断上涨，对生猪养殖户增收也产生了较大影响。从财产净收入来看，主要是土地经营权租金净收入，其他财产性收入较少。转移净收入受政策影响，增长空间有限。在现阶段受经济下行和疫情等因素影响，农民收入的不确定性增大，实现持续增收难度加大。

（四）县域经济发展滞后成为辽宁短板

近年来资金、技术、土地、人才等诸多要素对县域经济发展的制约不断增强，辽宁县域经济发展中存在的短板日益凸显。一是经济实力不强，与先进省份差距不断加大。从近几年辽宁入围各类全国百强县榜单来看，入围县市总体呈减少态势，主要集中在海城市、瓦房店市、庄河市、大石桥市几个县（市），这些县（市）主要位于沿海地区，而东部山区和辽西北地区县域经济发展较缓慢。二是财政困难，县域经济自主发展动力不足。当前，个别县（市）财政吃紧、债务负担严重，导致县域利用财政政策调控经济发展的能力极为有限，严重制约了一些县域的经济发展和城镇化建设进程。三是产业园区集聚效应没有充分发挥，运营服务能力不强。园区发展模式落后，市场化运作程度不高，主导产业同质性强、产业链接度低、自主创新能力弱、资源集约节约发展水平不高等阶段性矛盾和问题逐步凸显。四是县域农

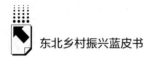
业产业化水平低，结构性矛盾需加快调整。很多县尚未能形成竞争力强的特色产业，特色产业经济效果不显著。大多数县域特色产业集群和区域品牌以资源型产业集群为主，生产加工型产业集群偏少，且大多数产业集群规模不大，市场占有率不高，精品名牌产品少，对县域经济的带动作用不强、辐射力不足。

（五）乡村振兴人才队伍建设有待加强

当前，农村年轻劳动力严重流失是普遍的现象，劳动力人口老龄化状况日益突出，不适应具有较高强度、较高技能要求的现代农业劳作。具备一定文化和技术的农民大多外出务工、经商或创业，而且新生代农民工离农意识强烈，剩余的留守人员文化水平较低、学习能力较差、科技文化素质较低，人才支撑相对薄弱。尤其是农村缺少专业农业经营管理团队和具有专业农业知识的经营人才，难以满足乡村产业发展需求，对农业高新技术特别是新兴智慧农业的支撑动力严重不足。对新型农民、农经管理、农业科研推广、农村实用人才目前没有一个长效的培训培养机制，参与农村人才培训的主要还是农业院校和科研院所，其他培训资源利用不足，而且存在阶段性特征。

三 当前辽宁推进全面乡村振兴战略面临的形势分析

在新阶段，我们要全面认识农业农村发展面临的复杂国际国内形势，才能有效应对各种风险、挑战和不确定性，按照"完整、准确、全面贯彻新发展理念，加快构建新发展格局，全面深化改革开放，推动高质量发展"的要求，有效破解制约农业农村发展的深层次矛盾和难题，紧紧抓住历史机遇，以全面推进乡村振兴战略为统领，加快辽宁农业农村现代化步伐，积极加强农业强省建设。

（一）复杂的国际形势对乡村振兴发展的影响不容忽视

新冠肺炎疫情对全球经济的影响依旧深远，经济复苏仍然比较脆弱，特别是 2022 年初俄乌冲突爆发以来，对全球经济复苏形成新的冲击。乌克兰是全球重要的农产品生产大国，国际农产品市场不可预期性和碎片化风险大大加剧，人们对粮食安全的担忧进一步增强，很多国家纷纷禁止粮食出口，农产品国内市场必然受到国际市场影响而出现波动性。同时输入性通胀风险不断加大，我国经济发展也面临供给冲击以及需求不足的巨大压力，市场预期转弱。国际市场的风险性、复杂性带来前所未有的粮食安全挑战，农业作为基本盘对推动经济社会平稳健康发展的重要性不断增强。

（二）我国"三农"工作重心向全面推进乡村振兴转移

我国目前进入全面建设社会主义现代化的新发展阶段，农业农村发展已经站在全面推进乡村振兴新的历史起点上。没有农业农村的现代化，就没有中国的全面现代化。脱贫攻坚取得绝对性胜利后，全面推进乡村振兴，加快农业农村现代化，成为全党高度重视的一个关系大局的重大问题，也是我国"三农"工作重心的历史性转移。在新发展阶段，在全面巩固拓展脱贫攻坚伟大成果的同时，我国农业农村发展要构建"农业高质高效、乡村宜居宜业、农民富裕富足"的全面推进乡村振兴的现代化新发展格局。乡村发展进入全面振兴的新阶段，要达到这个目标，就要全面贯彻新发展理念，在农业发展方面要坚持绿色生态，实现可持续发展。在乡村建设方面，要坚持协调共享，遵循乡村发展规律。在农民发展方面，要重视农民的主体地位，注重公平与效率，促进共同富裕。

（三）确保粮食安全和不发生规模性返贫成为当前乡村振兴发展底线

目前我国疫情防控进入优化调整阶段，经济发展逐渐走向正轨，但我国经济社会发展在百年变局和世纪疫情的影响下，各项任务变得极为繁重艰巨。2022 年中央一号文件指出："深入贯彻中央经济工作会议精神，坚持稳中求进工作总基调，立足新发展阶段、贯彻新发展理念、构建新发展格局、推动高质量发展，促进共同富裕，坚持和加强党对'三农'工作的全面领导，牢牢守住保障国家粮食安全和不发生规模性返贫两条底线。"并从全力

抓好粮食生产和重要农产品供给、强化现代农业基础支撑、坚决守住不发生规模性返贫底线、聚焦产业促进乡村发展、扎实稳妥推进乡村建设、突出实效改进乡村治理、加大政策保障和体制机制创新力度、坚持和加强党对"三农"工作的全面领导进行了相关工作的部署。①

四　辽宁推进全面乡村振兴的对策建议

（一）切实落实好粮食安全责任，做好责任担当

当前新冠肺炎疫情影响依旧存在，对全球经济社会发展带来的冲击前所未有，由此引发的对国际粮食危机的担忧并未解除。中国人的饭碗应该主要装中国粮，牢牢守住国家粮食安全底线，才能保持整个经济社会稳定发展。辽宁作为产粮大省，必须增强风险意识，做好产粮大省责任担当。一是要把国家粮食安全作为乡村产业振兴的首要任务，切实落实粮食安全省长责任制，牢牢守住耕地红线，确保粮食播种面积保持稳定，把粮食产能切实保持住，稳定在480亿斤左右。二是加强耕地用途管控，做好耕地保护与质量提升工作，完成好高标准农田建设任务，尤其要积极申报中央财政东北黑土地保护利用项目，加强黑土地保护。三是要加强科技支撑，进一步落实"藏粮于地、藏粮于技"战略，实施种业振兴行动，同时要加大支持力度切实抓好大豆示范区建设工作。四是要进一步强化现代农业技术装备支撑，促进科技推广与成果转化，加强防灾减灾等。

（二）加强乡村基础设施建设，夯实发展根基

一是加强农业基础设施建设。进一步加强高标准农田建设，同时完善项目建后管护工作。大力发展设施农业，落实黑土地保护建设项目。进一步完

---

① 《中共中央 国务院关于做好2022年全面推进乡村振兴重点工作的意见》，《人民日报》2022年1月4日。

善农村的防汛抗旱设施建设，增强农村自然灾害预警和防控能力。进一步推进农产品加工业集聚区建设，形成集聚区示范效应。二是进一步推进乡村基础设施建设。进一步完善农村公路和村内道路建设，落实农村公路管理养护主体责任，强化安全监管。实施农村供水设施更新改造建设，构建农村供水工程建设运行和管护长效机制。推动农村电网基础设施进一步提档升级。加强县域基础设施建设，优化县域经济发展环境。三是进一步完善农村物流体系建设。加快建设物流基地、配送站点、分拨中心和冷链仓储等基础设施，尤其要尽快做好农产品产地冷藏保鲜设施建设，补齐物流短板，探索推进乡村智慧物流发展。四是加强智慧农业、数字乡村建设，为农业多元融合发展提供新信息技术支持。五是进一步加强农村环境整治和基本公共服务设施建设。实施农村人居环境整治提升五年行动。加强农村污水和生活垃圾处理，开展农村生活垃圾分类减量，健全生活垃圾收运处置体系，收储运体系覆盖行政村达到100%。积极开展农村生物质能源多元化利用，探索乡村清洁能源建设路径。①

（三）大力发展农产品加工业，促进融合发展

一是大力发展优势特色产业。立足资源禀赋，凸显乡村特色，进一步调整优化产业结构，促进"一县一业"发展，加快促进优势特色产业实现规模化、标准化、产业化发展。引导农产品加工企业向产地和县域产业园区集聚，培育一批农业产业化龙头企业，做优做精粮油、畜禽、饲料、果蔬、水产品、道地药材等产业链，带动发展一批特色优势富民产业。积极抓好长海县、盖州市国家现代农业产业园创建工作。二是大力发展新业态。采取政策措施支持种植养殖大户、家庭农场、农民合作社、农业社会化组织和龙头企业发展，为产业发展奠定组织基础。积极促进高科技向农业领域推广和使用，大力创新发展农业新产业新业态，拓展农业多种功能、挖掘乡村多元价值，推动农业产业链条多维延伸，促进农业与生态、教育、康养、休闲、文化、旅游等产业深度融合。三是加大资金投入和土地供给力度。加大财政支

---

① 国务院：《"十四五"推进农业农村现代化规划》，2021年11月12日。

持力度，通过设立基金、担保、贴息等途径，为新产业新业态的发展融资。进一步开放农村金融市场，鼓励支持金融机构增加服务供给。通过农地流转、充分利用废弃地、改革集体建设用地制度等措施，增加新业态土地供给，解决产业融合发展中土地供给不足矛盾。四是加强农业品牌战略，进一步推动区域公用品牌建设，打造辽宁知名品牌农产品，走农业品牌化之路，使辽宁农业品牌走向全国，创新壮大乡村产业发展新动能。

（四）发展壮大县域经济，发挥引领作用

一是加快基础设施建设，促进县域产业园区提档升级。加大资金投入，重点支持园区基础设施建设和中小企业孵化器等公共服务配套设施建设，建立公共服务平台，面向园区企业和项目服务提供信息和技术研发支持，提高园区的产业承接能力。强化智能化标准厂房建设，提升园区生产服务配套能力，强化项目建设要素保障。同时大力发展"飞地经济"，实现产业园区共建。二是大力发展农产品加工业。各县域要立足于自身资源优势、现有产业基础和市场需求，加快优势资源的开发和利用，实现规模化经营，将特色产业作为产业集群的中心产业，培育县域板块经济，为县域经济发展奠定重要产业基础。构建以种养业为基础、以农产品加工为重点、以商贸流通服务为保障的前延后伸、横向配套、紧密结合、高度依存的全产业链条，着力发展粮油、畜禽、饲料、果蔬、水产等全产业链，并把产业链的主体留在县域，全面提升农业产业链供应链稳定性和竞争力。同时通过招商模式，围绕产业集群和产业链条做好补链和强链工作。三是进一步加强县域农产品加工集聚区建设，引进产业化龙头企业，带动特色农产品精深加工业发展壮大，提高农产品附加值。四是加快改革创新驱动，培育壮大县域经济新动能。借鉴先进地区发展县域经济的做法，加强改革创新驱动，重点激活主体、激活要素、激活市场，培育壮大新动能，促进县域经济高质量发展，努力培育一批农业强县、制造强县、商贸强县、文旅强县。

（五）坚持农民主体地位，促进农民增收

在全面推进乡村振兴的新发展阶段，要坚持农民的主体地位，提高农民

的自主能力和创造能力，使农民成为乡村振兴的主力军。一是要加强调查研究，了解农民的需求，尊重农民意愿，激发农民积极性、主动性和创造性。二是要建立就业信息沟通渠道，实现企业用工需求与农民工就业信息的对接，精准助力农民就业，提高工资性收入。三是加强职业技能培训，结合产业发展方向和就业需求，进行有针对性的培训，有效提升农民工的专业技能和就业能力。四是加强政策对新兴乡村产业的培育和支持，大力发展各具特色的现代乡村富民产业，完善利益联结机制，让农民更多分享产业增值收益，提高经营性净收入。五是继续做好脱贫人口和农村低收入人口的就业帮扶，坚决守住不发生规模性返贫底线，进一步巩固拓展脱贫攻坚成果。六是加大改革力度，尤其是农村土地制度改革，促进土地经营权流转，合理利用农村闲置房屋资源，赋予农民更多财产性权利，提高财产性净收入。

（六）加强乡村振兴队伍培养，提升人才支撑

一是加大政策支持力度吸引人才到乡村创业。积极出台鼓励政策措施，吸引企业、创意人才到乡村创业，鼓励有一技之长的农村年轻人返乡创业。加大对引进农业创新人才的资金支持力度，着力培养科技示范户、农机能手、大学生村官等主体务农创业，给予政策和资金等方面的倾斜。同时为创业者提供优惠政策，创造良好的创业环境。二是建立青年农民创业基金，加大对青年农民的资助力度，吸引更多的年轻农民返乡就业创业，培养新一代的新型职业农民，培养新的农民阶层，让农民成为有吸引力的职业。三是可以借鉴日本"地方大学促进地方创生事业"的做法，通过一些试点，加大对一些学农大学生的创业支持力度，鼓励他们返乡创业，实现知识与就业的充分结合。四是积极探索政府与地方大学合作，实施乡村人才培养工程，真正实现大学为农业农村发展培养人才，为乡村与自然和谐相处的可持续发展提供人才支持。

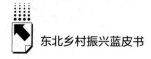

参考文献

［1］《2021年辽宁省政府工作报告》，《辽宁日报》2022年1月25日。

［2］《中共中央 国务院关于做好2022年全面推进乡村振兴重点工作的意见》，《人民日报》2022年1月4日。

［3］国务院：《"十四五"推进农业农村现代化规划》，2021年11月12日。

［4］魏后凯：《推动县域"数实融合"弥补发展短板》，《新京报》2022年3月9日。

［5］《2021年辽宁省国民经济和社会发展统计公报》。

［6］梁启东、王丹：《乡村振兴与农业高质量发展》，辽宁大学出版社，2019。

共同富裕篇
Common Prosperity Reports

B.6
东北三省农村居民收入问题与对策研究

王　磊[*]

摘　要： "十三五"时期以来，面对复杂多变的经济社会形势及新冠肺炎疫情冲击，东北三省农村居民收入仍保持持续增长，收入构成日益优化，休闲农业与乡村旅游等新产业新业态成为农民增收的重要渠道，城乡居民收入相对差距显著缩小，农村居民生活水平和生活质量明显改善。但一些长期困扰农村居民收入高质量增长的问题仍然存在，主要是城乡、区域间的绝对收入差距拉大，以及农村居民家庭收入增速较低等。新时期实现东北三省农村居民收入高质量增长主要是要进一步推进农村地区产业融合，优化农村居民收入分配格局，促进农民就业，增加农村居民工资性收入和财产性收入，健全农村社会保障体系等。

关键词： 农村居民　收入差距　收入分配格局

---

* 王磊，辽宁社会科学院社会学研究所所长、研究员，主要研究方向为社会保障、社会政策。

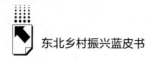

"十三五"时期以来，面对复杂多变的经济社会形势，东北三省认真贯彻落实党中央、国务院决策部署，统筹推进稳增长、促改革、调结构、惠民生、防风险等各项工作，大力推进乡村振兴，持续深化农村改革，扎实开展疫情防控，多渠道拓宽农村居民增收途径，实现农村居民收入逐年递增，农村居民生活水平和生活质量明显改善，东北三省人民共同富裕取得更为明显的实质性进展。

一　东北三省农村居民收入现状

（一）农村居民收入持续增长

"十三五"时期以来，东北三省农村居民可支配收入呈现不断上升的趋势，居民生活水平实现稳步提高。2016~2021年，黑龙江省农村居民收入增幅最大，人均可支配收入由11832元增长至17889元，增加了6057元，增长51.2%，年均增长率为8.5%；辽宁省居第2位，人均可支配收入增加了6336.3元，增长49.2%，年均增长8.2%；吉林省人均可支配收入增加了5519.1元，增长45.5%，年均增长率为7.6%。

2021年，辽宁省农村居民人均可支配收入为19217元，较上年增长10.1%；吉林省农村居民人均可支配收入为17642元，较上年增长9.8%；黑龙江省农村居民人均可支配收入为17889元，较上年增长10.6%（见表1）。而辽宁省、吉林省、黑龙江省同期地区生产总值增长率分别为5.8%、6.6%、6.1%。从总体上看，"十三五"时期以来，东北三省农村居民收入持续增长，农村居民人均可支配收入增速远超地区生产总值增速。

与全国其他地区相比，"十三五"时期以来，东北三省农村居民人均可支配收入仅次于东部地区，始终居于全国第2位。2016年东北三省农村居民人均可支配收入为12278.5元，低于东部地区5282元，分别高于中部和西部地区563.2元和2572.2元。2021年东北三省农村居民人均可支配收入为18249.3元，低于东部地区8190.8元，分别高于中部和西部地区507.5元

表1 2016~2021年东北三省农村居民人均可支配收入情况

单位：元

年份	辽宁	吉林	黑龙江
2016	12880.7	12122.9	11832.0
2017	13746.8	12950.4	12665.0
2018	14656.3	13748.2	13804.0
2019	16108.3	14936.1	14982.0
2020	17450.3	16067.0	16168.0
2021	19217.0	17642.0	17889.0

资料来源：2017~2021年《辽宁统计年鉴》《吉林统计年鉴》《黑龙江统计年鉴》，2021年数据来自三省《2021年国民经济和社会发展统计公报》。

和2828.2元。从农村居民人均可支配收入的绝对值上看，东北三省与东部地区的差距在扩大，与中部地区的差距则是在缩小（见表2）。

表2 东北三省农村居民人均可支配收入与其他地区比较

单位：元

2016年			2021年		
排名	地区	农村居民人均可支配收入	排名	地区	农村居民人均可支配收入
1	东部	17560.5	1	东部	26440.1
2	东北	12278.5	2	东北	18249.3
3	中部	11715.3	3	中部	17741.8
4	西部	9706.3	4	西部	15421.1

资料来源：根据东北三省统计年鉴及国家统计局数据整理。

（二）农村居民的收入来源日益优化

从农村居民收入构成上看，东北三省农村居民收入结构日益优化。数据分析发现，东北三省农村居民可支配收入构成中，家庭经营性净收入占比最大，其次是工资性收入，再次是转移性净收入，财产性净收入占比最小。从总量上看，家庭经营收入仍然是东北三省农村居民的主要收入来源，2020

年辽宁省农村居民家庭经营性净收入为7874.7元，占人均可支配收入的45.1%；2020年吉林省农村居民家庭经营性净收入为9141.1元，占比56.9%；2020年黑龙江省农村居民家庭经营性净收入为8452元，占比52.3%。进一步分析发现，吉林省和黑龙江省农村居民家庭经营性净收入占可支配收入的比重均呈总体下降趋势，仅在2020年有所回升。2016~2019年，吉林省农村居民家庭经营性净收入占比下降了7.0个百分点，年均降幅1.75个百分点；黑龙江省农村居民家庭经营性净收入占比下降了6.3个百分点，年均降幅1.58个百分点。辽宁省农村居民的家庭经营性净收入占比总体保持稳定，近年虽有所上升，但增幅较小（见表3）。

表3　东北三省农民居民家庭经营性净收入

单位：元，%

省份	类型	2016年	2017年	2018年	2019年	2020年
辽宁	净收入	5635.5	5819.1	6263.8	7012.7	7874.7
	占可支配收入比重	43.8	42.3	42.7	43.5	45.1
吉林	净收入	7558.9	7399.8	7756.2	8264.3	9141.1
	占可支配收入比重	62.4	57.1	56.4	55.3	56.9
黑龙江	净收入	6426.0	6693.0	7053.0	7196.0	8452.0
	占可支配收入比重	54.3	52.8	51.1	48.0	52.3

资料来源：2021年《辽宁统计年鉴》《吉林统计年鉴》《黑龙江统计年鉴》。

除家庭经营性净收入之外，东北三省的其他收入均呈现出不同的增长趋势。辽宁省农村居民工资性收入占人均可支配收入的比重明显大于吉林省和黑龙江省，2020年的工资性收入为6511.3元，较2016年增加了1440.1元，相较于其他两省，辽宁省的农村剩余劳动力向非农产业方向转移更加明显。辽宁省转移性净收入从2016年的1916.4元增加到2020年的2767.5元，增长了44%，占人均可支配收入的比重也有所上升，这主要得益于农村社会保障体系的进一步完善，转移性收入成为农民增收的重要力量。

吉林省农村居民工资性收入从2016年的2363.1元上涨至2020年的

4018.8 元，占人均可支配收入的比重从 19.5% 上升至 25.0%，年均增长 1.1 个百分点，增幅明显；财产性收入为 364.5 元，较 2016 年增加了 132.8 元，增长 57.3%；转移性收入与 2016 年相比增加了 573.5 元，占人均可支配收入的比重变化不大。

2020 年黑龙江省农村居民工资性收入较 2016 年增加 722 元，增长 30%；财产性收入和转移性净收入占人均可支配收入的比重都有明显上升，财产性收入占比从 2016 年的 4.8% 上升至 2020 年的 5.2%，增加值为 275 元；转移性净收入占比从 2016 年的 4.8% 上升至 2020 年的 5.2%，增加值为 1313 元，增长了 50%，增速较快。

（三）休闲农业与乡村旅游等新产业新业态成为农民增收的重要渠道

休闲农业与乡村旅游是农业供给侧改革的重要抓手，也是实施乡村振兴战略的重要一环。通过发展休闲农业，可进一步拓展农业发展空间，稳步提高农民收入。近年来，东北三省越发重视休闲农业和乡村旅游等新产业新业态的发展，挖掘乡村食品、生态、旅游、文化等多方面潜力，培育发展了一批优秀的休闲农业示范区，打造了一批特色乡村，逐步建立起休闲农业与乡村旅游产业链，实现农民多渠道增收致富。2021 年农业农村部公布的 60 个全国休闲农业重点县中，东北三省共 6 个地区上榜，分别为辽宁省东港市、辽宁省辽阳市弓长岭区、吉林省临江市、吉林省大安市、黑龙江省宁安市、黑龙江省五常市，充分体现出近年来三省休闲农业发展的显著成效。在 2021 年中国美丽休闲乡村名单中，辽宁省、吉林省、黑龙江省分别都有 8 地入选（见表 4）。

表 4　东北三省 2021 年中国美丽休闲乡村入选名单

辽宁省	吉林省	黑龙江省
沈阳市法库县和平乡和平村	长春市双阳区太平镇小石村	哈尔滨市五常市民乐朝鲜族乡民乐村
大连市金普新区大魏家街道后石村	吉林市桦甸市桦郊乡晓光村	双鸭山市饶河县四排赫哲族乡四排赫哲族村

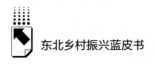

续表

辽宁省	吉林省	黑龙江省
大连市长海县大长山岛镇杨家村	辽源市东丰县东丰镇今胜村	大庆市大同区林源镇长林村
鞍山市岫岩满族自治县洋河镇贾家堡村	通化市通化县石湖镇公益村	伊春市嘉荫县向阳乡雪水温村
本溪市本溪满族自治县小市镇谢家崴子村	白山市长白朝鲜族自治县十四道沟镇望天鹅新村	佳木斯市同江市街津口赫哲族乡渔业村
营口市鲅鱼圈区熊岳镇望儿山村	松原市前郭尔罗斯蒙古族自治县查干湖镇西索恩图村	牡丹江市宁安市渤海镇上官地村
阜新市彰武县大德镇大德村	白城市大安市叉干镇民乐村	黑河市爱辉区瑷珲镇外三道沟村
铁岭市西丰县振兴镇沙河村	延边朝鲜族自治州和龙市东城镇光东村	绥化市安达市太平庄镇双兴村

资料来源：中华人民共和国农村农业部网站公示。

休闲农业与乡村旅游等新产业新业态的大力发展带动了乡村繁荣和农民就业增收。研究发现，辽宁省入选2021年中国美丽休闲乡村的8个村落平均年接待游客量达到几十万人，休闲农业收入占村民可支配收入约50%，入选各村平均年人均可支配收入与全国农村居民平均收入相比高出近四成。吉林省农村地区充分发挥地理环境和资源文化优势，推动全省休闲农业和乡村旅游业高质量发展。吉林省永吉县发展榛子和果树种植特色产业，实现村民就地就业，推进"农业+康养""农业+旅游""农业+体验"等农业新业态，带动当地农民就业150余人，人均增收3000余元；东丰大兴镇通过村企结合，先后累计投资1200余万元，持续打造福利民宿村，目前已累计接待游客量2万人次，农旅融合收入近70万元，带动31人实现就业创业，人均增收达1.5万元，在带动农村居民增收和乡村环境治理上成效显著。黑龙江省充分发挥种养业、田园风光、绿水青山、村落建筑、乡土文化、民俗风情和人居环境等资源优势，在农家乐、民俗村、采摘园、休闲农庄等形式的基础上不断创新发展，涌现出了一批具有黑龙江地理环境和农业优势以及冰雪、绿色、文化等特色的休闲农业旅游新产业，全省的休闲农业和乡村旅游经营逐渐规模化。2020 年全省休闲农业接待游客量达 2082.2 万人次，经营收入达 41.7 亿元。休闲农业与乡村旅游的蓬勃发展不但激发了农村经济活力，而且提高了农民收入。

（四）城乡居民收入相对差距显著缩小

"十三五"时期以来，东北三省的城乡居民收入相对差距不断缩小。辽宁省城乡居民收入比由 2016 年的 2.55 下降到 2021 年的 2.24，下降了0.31；吉林省城乡居民收入比由 2016 年的 2.18 下降到 2021 年的 2.02，下降 0.16；黑龙江省城乡居民可支配收入的相对差距最小，2016 年至 2021年，城乡居民收入比由 2.17 下降到 1.88，下降了 0.29。这充分表明东北三省城乡二元结构逐步被打破，城乡居民快步走向共同富裕。不仅如此，从与全国平均水平比较来看，东北三省城乡居民收入相对差距均低于全国平均水平。2021 年全国城乡居民可支配收入比为 2.5，辽宁省、吉林省和黑龙江省城乡居民可支配收入比分别为 2.24、2.02 和 1.88。

（五）农村居民生活水平明显改善

衡量一个国家和地区人民生活水平状况的关键指标之一是恩格尔系数，根据联合国粮农组织提出的标准，恩格尔系数在 59% 以上为贫困，50%～59% 为温饱，40%～49% 为小康，30%～39% 为富裕，低于 30% 为最富裕。"十三五"时期以来，东北三省恩格尔系数总体上呈下降趋势。2019 年辽宁省农村居民家庭恩格尔系数为 26.6%，较 2016 年下降 0.3 个百分点；2019年吉林省农村居民家庭恩格尔系数为 28.1%，较 2016 年下降 0.5 个百分点；2019 年黑龙江省农村居民家庭恩格尔系数为 26.8%，较 2016 年下降 0.9 个百分点。受疫情影响，2020 年三省的恩格尔系数均有所上升，辽宁省农村居民家庭恩格尔系数为 29.7%，吉林省农村居民家庭恩格尔系数为 31.4%，黑龙江省农村居民家庭恩格尔系数为 34.3%。但疫情防控进入常态化后，随着生产生活逐步恢复正常，恩格尔系数又有所回落，吉林省 2021 年农村居民家庭恩格尔系数为 30.2%，较上年降低了 1.2 个百分点；黑龙江省农村居民家庭恩格尔系数为 33.6%，较上年降低了 0.7 个百分点。而且，与全国农村居民居民家庭恩格尔系数相比，东北三省农村居民家庭恩格尔系数基本上低于全国平均水平，这表明东北三省农村居民的生活水平相对较高（见图 1）。

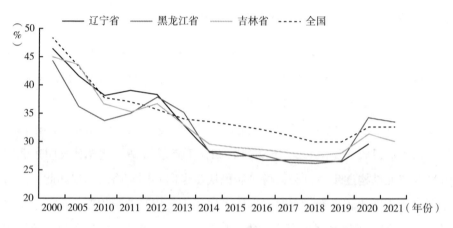

图 1　2000~2021 年东北三省及全国农村居民家庭恩格尔系数变化

资料来源：2021 年《辽宁统计年鉴》《吉林统计年鉴》《黑龙江统计年鉴》，2021 年数据来自各省《2021 年国民经济和社会发展统计公报》，全国平均数据来自国家统计局网站。

"十三五"时期以来，农村居民的消费质量也持续上升，农村居民的主要耐用消费品拥有量不断增多，消费品不断实现升级换代。2020 年辽宁省农村居民每百户空调拥有量为 14.1 台，较 2016 年增长 10.6 台，增长率达 302.9%，在辽宁省农村居民耐用消费品拥有量中增长速度最快；每百户拥有抽油烟机 25.9 台，较 2016 年增长 9.3 台，增长率为 56.02%；每百户热水器拥有量为 31.5 台，较 2016 年增长 10.4 台，增长率为 49.29%；每百户生活用汽车拥有量为 21.7 辆，较 2016 年增长 5.1 辆，增长率为 30.72%。吉林省 2020 年农村居民每百户抽油烟机拥有量为 14.3 台，较 2016 年增长 5.9 台，增长率 70.6%，在吉林省农村居民耐用消费品拥有量中增长速度最快；每百户拥有热水器 14.1 台，较 2016 年增长 4.9 台，增长率为 53.7%；

每百户汽车拥有量为 26.8 辆,比 2016 年增长 7.7 辆,增长率为 40.21%。黑龙江省 2020 年农村居民每百户拥有热水器为 11 台,较 2016 年增长 4 台,增长率为 57.1%,在黑龙江省农村居民耐用消费品拥有量中增长速度最快;每百户拥有洗衣机 94 台,较 2016 年增长 5 台,增长率为 5.62%;每百户电冰箱拥有量为 100 台,比 2016 年增长 9 台,增长率为 9.89%(见图 2)。

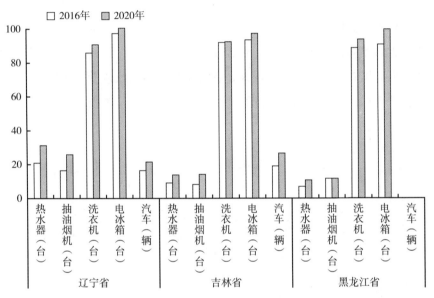

图 2 2016 年和 2020 年东北三省农村居民每百户主要耐用消费品拥有量对比

资料来源:2017~2021 年《辽宁统计年鉴》《吉林统计年鉴》《黑龙江统计年鉴》。

二 东北三省农村居民收入增长中存在的主要问题

(一)城乡居民收入差距绝对数不断扩大

2021 年辽宁省城镇常住居民人均可支配收入达 43051 元,较 2016 年增长了 30.9%;2021 年农村居民人均可支配收入为 19217 元,与 2016 年相比增长了 49.2%。吉林省 2021 年城镇居民人均可支配收入为 35646 元,与 2016 年的 26540 元相比增长了 34.3%;2021 年农村居民人均可支配收入为

17642 元，较 2016 年增长了 45.5%。黑龙江省 2021 年城镇居民人均可支配收入为 33646 元，较 2016 年增长了 30.7%；2021 年农村居民人均可支配收入为 17889 元，较 2016 年增长了 51.2%。可以看出，东北三省的城乡居民收入差距发展情况相似，2016 年至 2021 年城镇居民人均可支配收入增长率在 32% 左右，农村居民人居可支配收入增长率在 48% 左右，从城乡居民收入增速来看，农村居民人均可支配收入增长率明显大于城镇居民，农村居民收入增速更高。但从城乡居民收入差距的绝对数上看，东北三省城乡居民收入差距虽然始终低于全国水平，但差距除 2020 年外一直在扩大。2021 年辽宁省城乡居民收入差值为 23834 元，吉林省城乡居民收入差值 18004 元，黑龙江省城乡居民收入差值为 15757 元，城乡居民收入差距均为"十三五"时期以来最高值（见图 3）。

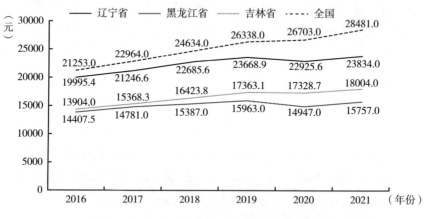

图 3 2016~2021 年东北三省城乡居民收入差值

资料来源：根据《辽宁统计年鉴》《吉林统计年鉴》《黑龙江统计年鉴》及各地《2021年国民经济和社会发展统计公报》计算。

（二）各省地区间发展不平衡

随着农村居民人均可支配收入的增长，各地区之间的发展不平衡问题逐渐凸显，收入差距呈现扩大趋势。2016 年辽宁省农村居民人均可支配收入为 12881 元，14 个市的标准差为 1340 元；2020 年辽宁省农村居民人均可支配收入为 17450 元，14 个市的标准差为 1929 元。2016 年吉林省农村居民人均可支配收入为 12123 元，9 个市的标准差为 1427 元；2020 年吉林省农村居民人均可支配收入为 16067 元，9 个市的标准差为 1533 元。2020 年吉林省仅长春市的农村居民人均可支配收入（16636 元）高于全省平均水平，其他城市的农村居民人均可支配收入均未达到全省均值。2016 年黑龙江省农村居民人均可支配收入为 11832 元，13 个市的标准差为 1370 元；2020 年黑龙江省农村居民人均可支配收入为 16168 元，13 个市的标准差为 1907 元。2020 年黑龙江省除大兴安岭地区和七台河市之外，其他 11 个市农村居民人均可支配收入均高于全省平均水平。

从值域上看，2016 年辽宁省农村居民人均可支配收入最高的城市与最低的城市之差为 4434 元，2020 年扩大至 6696 元；2016 年吉林省农村居民人均可支配收入最高的城市与最低的城市之差为 3998 元，2020 年扩大至 4431 元；2016 年黑龙江省农村居民人均可支配收入最高的城市与最低的城市之差为 3042 元，2020 年扩大至 4158 元。

（三）农村居民家庭收入增速较低

自 2016 年以来，东北三省的农村居民收入一直保持增长趋势，但相对于全国平均水平增速较慢。2016 年辽宁省农村居民人均可支配收入较上年增长 6.8%，吉林省农村居民人均可支配收入较上年增长 7.0%，黑龙江省农村居民人均可支配收入较上年增长 6.6%，与全国农村居民可支配收入增长率 8.2% 相比仍有差距。近年来，随着一系列保民生促发展的政策实施，以及政府转移支付的增加，东北三省的农村居民收入增速呈现上升趋势。特别是 2020 年受新冠肺炎疫情影响全国农村居民收入增速均有一定程度上放缓的情况下，东北三省农村居民收入却保持较高增速实属难得。2020 年辽宁省农村居民人均可支配收入较上年增长 8.3%，吉林省农村居民人均可支配收入较上年增长 7.6%，黑龙江省农村居民人均可支配收入较上年增长 7.9%，均超过全国平均水平（6.9%）。然而，随着疫情冲击的缓解，东北三省农村居民人均可支配收入增速与全国平均水平又出现一定差距。2021

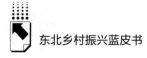

年辽宁省农村居民人均可支配收入较 2020 年增长了 10.1%，吉林省农村居民人均可支配收入增长了 9.8%，黑龙江省农村居民人均可支配收入增长了 10.6%。2021 年，与全国平均水平相比，东北三省中仅黑龙江省的农民人均可支配收入增速超过全国平均水平，其他两省均低于全国平均水平（见图 4）。

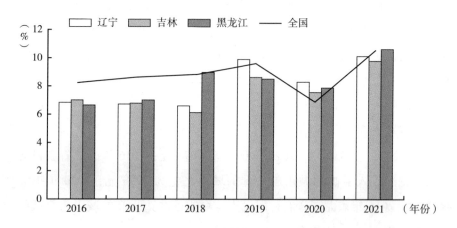

图 4　2016~2021 年东北三省及全国农村居民人均可支配收入增速情况

资料来源：根据《辽宁统计年鉴》《吉林统计年鉴》《黑龙江统计年鉴》及各省《2021年国民经济和社会发展统计公报》计算，全国数据来自国家统计局。

三　实现东北三省农村居民收入高质量增长的对策建议

（一）进一步推进农村地区产业融合

农村地区一二三产业融合一直是近些年我国"三农"政策的焦点，也是乡村振兴的重要抓手。2019 年国务院正式印发《关于促进乡村产业振兴的指导意见》，提出要把以农业农村资源为依托的第二和第三产业尽可能留在农村，把农业产业链的增值收益、就业岗位尽可能留给农民，为提升东北三省农村居民收入、缩小城乡居民收入差距提出了一条可行有效的途径。推进东北三省农村一二三产业融合，要围绕东北三省特色农业资源，利用东北的地理环境优势，打造适宜东北的优势产业。需要突破传统的农业生产与经营方式限制，依托新型农业经营主体，将农村产业链条向加工和市场延伸，拓展农业的价值外延。通过农村地区的一二三产业融合增加农产品附加值，进一步挖掘农业在生态和文化等方面的新优势，促进城乡居民消费，增加农村居民的收入。在推进一二三产业融合的进程中保护农户的资源与财产，将农户作为市场主体，调动农户积极性。同时，东北三省可以加强农村地区一二三产业融合的交流，联合推出一系列特色品牌，进一步提升粮食等优势产业在国内外的知名度。

（二）优化农村居民收入分配格局

党的十九大报告提出，要履行好政府再分配调节职能，加快推进基本公共服务均等化，缩小收入分配差距。《中华人民共和国国民经济和社会发展第十四个五年规划和2035年远景目标纲要》也指出，要"加大税收、社会保障、转移支付等调节力度和精准性，改善收入和财富分配格局"。在东北三省农村居民收入不断提高的同时，也要遏制城乡居民收入差距与地区间农村居民收入差距不断扩大的趋势。要优化农村收入分配格局，逐步形成中间大两头小的"橄榄形"社会结构，扩大中等收入群体的规模；精准识别低收入群体，着力解决相对贫困的问题，通过政府转移性支付等手段对低收入群体实施精准帮扶。要充分发挥社会政策的作用，对农村居民特别是低收入群体提供补贴支持和政策倾斜，建立科学有效的社会保障和福利政策体系，推进基本养老保险和医疗保险制度的城乡统筹。还应在加大强农惠农补贴政策力度的同时，健全财政转移支付政策体系，提高农村居民的转移性收入，缩小城乡居民收入差距。在农村基础设施建设方面，应平衡城乡基础设施的建设投入，对农村地区基础设施建设应予以一定的政策和资金倾斜。

（三）进一步增加农村居民工资性收入

目前东北三省农村居民的收入主要来源仍然是家庭经营收入，实现农村居民的收入增长，提高工资性收入还有较大空间。实现工资性收入的进一步

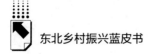

增长，首先要提升农村劳动者的专业素质，通过在农村地区加强职业技能培训，提升农民的受教育程度与职业技能掌握程度，促进农村居民就业。政府应设立相应的就业指导与联络部门，为农村劳动者接受培训和就业提供帮助和引导，宣传和推广职业技能的必要性，提升农村劳动者对非农职业技能的重视程度。要加快推进县域城镇化建设，实现农民在"家门口"就业，降低农村人口外出就业的竞争压力，通过县域的城镇化发展为农村人口创造更多的就业平台，提供更多发展机会。此外，应降低就业准入门槛，打破就业中存在的户籍壁垒，保证农村人口与城市人口享有同等的就业机会，在薪酬发放上也要实现同工同酬，杜绝因户籍歧视造成拖欠农民工工资的恶性事件。要进一步完善面向农民工的失业、工伤、医疗、养老等社会保障政策，保障农民就业的应有权益，提高农民的就业质量。

（四）增加农村居民的财产性收入

"十三五"时期以来，东北三省的农村经济快速发展，农村居民收入水平也有了显著提高，但由于资源禀赋、产业结构、区域发展战略导向及生产方式等相关因素制约，东北三省农村居民在收入总量和增速上仍有较大提升空间。持续增加农村居民收入，不仅是保民生促发展的必然要求，也是缩小城乡收入差距的关键。从东北三省农村居民收入情况看，财产性收入占比最低，增长潜力较大，因此要实现农村居民增收，就要提高财产性收入及其在家庭收入中的比重。土地是农民安家立业的根本，通过深化农村集体产权制度改革、农村土地征收、集体经营性建设用地入市和宅基地制度改革等，进一步实现农村居民对资产自由流动和配置的自主性，通过政策的引导加快推进农村土地承包经营权流转，"盘活"东北三省的农村土地资源存量。要保护中小型农户的土地承包权益，提倡适度规模经营，提高农户的专业化经营水平，鼓励低收入农户通过参与土地流转提升收入，拓宽其财产性收入的来源渠道。同时，政府也要注重对土地资源流转的监管和保障，进一步健全农村土地流转的市场机制，减少土地流转中的成本与交易风险，切实提升农户的经济效益。

（五）健全农村社会保障体系

农村社会保障体系的建设是关乎"保民生、促发展"的大计，也是调节收入分配的途径之一。2021 年国务院《政府工作报告》也强调要持续增进民生福祉，扎实推动共同富裕。随着乡村振兴战略的实施，农村的社会保障体系不应只满足于"兜底式"的社会保障政策，必须向"发展式"的社会保障政策转移。要进一步统筹城乡居民社会保障制度，优化农村居民的基本养老保险和医疗保险这两大重要的制度。随着东北三省的老龄化程度进一步加剧，需要逐步提升农村居民的养老保障水平。要充分发挥政策作用，精确识别相对贫困群体和老弱病残等弱势群体，扩大农村特殊群体的福利覆盖范围，提高福利水平。要逐步建立面向非农灵活就业群体的社会保障制度，完善农民工的失业保障、工伤保障以及养老保障制度，实现基本公共服务均等化。要提升对资金的统筹能力，加大对农村居民的转移支付力度，适当调整公共财政支出结构，提高财政支出中农村社会保障支出的比例，解决农村社会保障资源较紧缺的问题，切实提升农村居民的福祉。

参考文献

［1］陈斌开、林毅夫：《发展战略、城市化与中国城乡收入差距》，《中国社会科学》2013 年第 4 期。

［2］卢冲、刘媛、江培元：《产业结构、农村居民收入结构与城乡收入差距》，《中国人口·资源与环境》2014 年第 S1 期。

［3］何秀荣：《小康社会农民收入问题与增收途径》，《河北学刊》2021 年第 5 期。

［4］杨穗、赵小漫、高琴：《新时代中国农村社会政策与收入差距》，《中国农村经济》2021 年第 9 期。

［5］陶然、徐志刚：《城市化、农地制度与迁移人口社会保障———个转轨中发展的大国视角与政策选择》，《经济研究》2005 年第 12 期。

［6］聂建亮、吴玉锋：《社会保障助力乡村振兴：基础、路径与提升策略》，《农村经济》2021 年第 12 期。

［7］黄祖辉、王朋：《农村土地流转：现状、问题及对策——兼论土地流转对现代农业发展的影响》，《浙江大学学报》（人文社会科学版）2008 年第 2 期。

［8］栾江、张玉庆、李登旺、郭军：《土地经营权流转的农村居民收入分配效应研究——基于分位数处理效应的异质性估计》，《统计研究》2021 年第 8 期。

［9］苏毅清、游玉婷、王志刚：《农村一二三产业融合发展：理论探讨、现状分析与对策建议》，《中国软科学》2016 年第 8 期。

［10］葛继红、王猛、汤颖梅：《农村三产融合、城乡居民消费与收入差距——效率与公平能否兼得?》，《中国农村经济》2022 年第 3 期。

东北三省农业生态环境问题研究

宋静波[*]

摘　要： 农业生态环境是建设美丽中国的重要组成部分，对实现农业可持续发展具有重要意义。本研究通过对东北三省农业生态环境的分析，发现当前东北三省仍然存在农户化肥施用结构明显失衡、农药科学使用认知程度仍然较低等问题。最后提出东北三省农业生态环境治理对策建议：增强各类主体生态环保意识，选择合理适用的污染防治技术，完善管理标准制度加强监管，加大基础设施建设投入力度。

关键词： 农业生态环境　面源污染　环境保护　东北三省

农业生态环境是农业生产发展的基本条件，是经济发展的生命线，也是人类社会生产发展最重要的物质基础。全面加强落实农业生态环境保护不仅是践行习近平生态文明思想的必然要求，也是实施乡村振兴战略、建设美丽中国的重要任务。要加强农业生态环境保护，加强农业面源污染防治，扎实推进化肥农药使用量负增长，改善农村人居环境，为开创农业农村生态文明建设新局面、实现乡村生态振兴奠定基础。

国家历来非常重视生态环境建设，1973~2018 年，先后召开过八次全国环境保护大会。2018 年第八次全国环境保护大会将建设生态文明从党的十九大明确的"千年大计"，上升为中华民族永续发展的"根本大计"，为今

---

* 宋静波，博士，黑龙江省社会科学院农业和农村发展研究所助理研究员，主要研究方向为区域经济、农业经济。

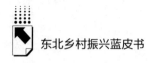
后生态文明建设指明了方向。近年来,国家陆续制定出台了一系列重要文件,为农业生态环境治理提供了政策指引与遵循。

一 东北三省农业生态环境治理政策

(一)化肥治理政策

2022年7月辽宁省发布《关于做好辽宁省2022年化肥减量增效工作的通知》,明确2022年辽宁省化肥减量目标任务,全面推进测土配方施肥向纵深方向发展,通过优化施肥方式,调整施肥结构,运用多种途径替代部分化学肥料投入,提升施肥专业化、智能化、绿色化水平,提高化肥利用率,减少不合理化肥使用,千方百计降低农民用肥成本,为稳粮保供、绿色发展、乡村振兴提供有力支撑。2022年3月辽宁省公布《2022年度全省农业生态环境保护和污染防治工作要点》,明确要深入推进农业投入品减量增效,推广科学施肥技术,加强有机肥施用。2022年7月吉林省颁布《吉林省碳达峰实施方案》,明确要大力推广测土配方施肥、农膜回收利用等绿色生产技术,合理控制化肥、农药、地膜使用量,实施化肥农药减量替代计划。到2025年,保护性耕作面积达到4000万亩,累计建成高标准农田5000万亩。2022年1月黑龙江省颁布的《黑龙江省黑土地保护利用条例》明确组织开展测土配方施肥等技术。2022年1月1日起施行的《黑龙江省耕地保护条例》指出县级以上农业农村行政主管部门应当鼓励和支持耕地使用者测土配方施肥,因地制宜增施有机肥。相关政策文件及其主要内容如表1所示。

(二)农药治理政策

2022年5月辽宁省发布《关于做好2022年辽宁省农药风险监测工作的通知》,明确要将农药风险监测抓稳抓好,及时发现并处理在各类农药使用过程中潜在的风险,切实保障粮食质量,保护农户和畜禽安全。2020年4月吉林

表 1　化肥污染防治政策

省份	时间	文件名称	相关政策内容
辽宁省	2022 年 7 月	《关于做好辽宁省2022年化肥减量增效工作的通知》	完成肥料效应、化肥利用率等田间试验700个以上，农户施肥调查1万户以上，以县为单位向社会公开发布肥料配方
	2022 年 3 月	《2022 年度全省农业生态环境保护和污染防治工作要点》	继续推广测土配方施肥技术，大力推广应用缓控释肥、生物肥料、水溶肥料等新型肥料产品，鼓励增施有机肥
吉林省	2022 年 7 月	《吉林省碳达峰实施方案》	探索推广东部固土保肥、中部提质增肥、西部改良育肥等技术模式，加快推进高标准农田、保护性耕作、耕地地力培肥等重大工程建设
	2020 年 4 月	《2020 年全省化肥减量增效技术指导意见》	继续完善施肥指标体系建设，统筹已有的试验数据，进一步丰富完善玉米、水稻、大豆、花生等在吉林省播种面积较大的农作物施肥指标体系；以实现化肥零增长为目标，在合理调整种植结构基础上，开展因土壤、因作物、因品种科学施肥技术指导工作
黑龙江省	2022 年 1 月	《黑龙江省黑土地保护利用条例》	县级以上人民政府农业农村主管部门组织开展测土配方施肥、科学合理施用化肥、增施有机肥等
	2021 年 11 月	《黑龙江省耕地保护条例》	市、县级农业技术推广机构建立测土配方施肥数据库，制定测土配方施肥方案并组织实施

资料来源：辽宁省农业农村厅、吉林省农业农村厅、黑龙江省农业农村厅。

省发布《2020 年全省农药减量控害技术指导意见》，提出要以农药安全使用、精准使用、合理使用为抓手，从"控、替、精、统"出发，强弱项与补短板，聚焦重点，"一转一精一提"切实提升农药减控水平，使防治效果向高效安全转变，防治方法向精准用药转变，提高科学用药水平。2022 年 3月黑龙江省发布《2022 年黑龙江省农作物主要病虫草鼠害防控指导意见》，以科学合理的防治指标为依据，突出科学用药、规范施药、减量施药等关键技术，有效减少化学农药用量，减轻农业生物灾害损失。相关政策文件及其主要内容如表 2 所示。

表 2　农药治理政策

省份	时间	文件名称	相关政策内容
辽宁省	2022 年 5 月	《关于做好 2022 年辽宁省农药风险监测工作的通知》	开展农药风险监测信息收集,开展农田农药残留检测,开展农业有害生物抗药性监测采样,开展新农药风险试验,开展农药风险监测横向合作等
吉林省	2020 年 4 月	《2020 年全省农药减量控害技术指导意见》	精准测报支撑减量,科学用药引领减量,药械替代促进减量,统防统治提效减量,技术培训驱动减量
黑龙江省	2022 年 3 月	《2022 年黑龙江省农作物主要病虫草鼠害防控指导意见》	农作物病虫草鼠害总体为害损失率控制在 5%以内。主要农作物病虫害绿色防控覆盖率达到 58%,统防统治率达到 59%,农药利用率达到 47%;在病虫草鼠害同等发生程度情况下,全省化学农药用量较 2021 年减少 1%以上,农药包装废弃物回收处置率达到 85%

资料来源:辽宁省农业农村厅、吉林省农业农村厅、黑龙江省农业农村厅。

(三)农膜污染治理政策

2022 年 2 月辽宁省发布《关于切实加强 2022 年度废弃农膜回收工作的通知》,强调要从源头上加强管理,从典型上加强引领,确保废弃农膜回收工作能够扎实推进,各项工作得以落实,助力农业绿色高质量发展。2021年 4 月,吉林省下发《吉林省塑料污染治理 2021 年工作要点》,明确要进一步推进农膜回收利用,探索农膜回收区域性补贴制度,全省农膜回收率稳定在 80%以上,推进肥料、农药包装废弃物回收处置工作常态化、制度化。2022 年 1 月,黑龙江省下发《关于深入开展 2022 年全省农村人居环境整治提升村庄清洁行动的通知》,强调对农业废弃物要合规合理科学贮存,按照规定进行运输,无害化处理处置,防止二次污染。相关政策文件及其主要内容如表 3 所示。

表 3　农膜污染治理政策

省份	时间	文件名称	相关政策内容
辽宁省	2022 年 2 月	《关于切实加强 2022 年度废弃农膜回收工作的通知》	推进农膜使用逐步实现标准化和减量化;通过典型示范引领,推动废弃农膜回收工作取得新突破;严把质量关,确保"非标"地膜不出厂、不入市、不进田
吉林省	2021 年 4 月	《吉林省塑料污染治理 2021 年工作要点》	加大农用地膜强制性国家标准《聚乙烯吹塑农用地面覆盖薄膜》宣贯力度,引导企业按标准组织生产,加大研发和应用力度,加大可降解地膜示范推广
黑龙江省	2022 年 1 月	《关于深入开展 2022 年全省农村人居环境整治提升村庄清洁行动的通知》	做好农资农药包装物、农膜等农业生产废弃物科学回收和安全贮存工作

资料来源:辽宁省农业农村厅、吉林省农业农村厅、黑龙江省农业农村厅。

(四)畜禽及水产养殖污染治理政策

2022 年 3 月辽宁省发布《2022 年度全省农业生态环境保护和污染防治工作要点》,明确要推进畜禽粪污资源化利用,加强兽医实验室生物安全管理,推进病死畜禽无害化处理。2022 年 5 月吉林省颁发《吉林省全域统筹推进畜禽粪污资源化利用实施方案》,明确要全力推进畜禽粪污资源化利用,尽快实现种养结合,加快农牧循环,为实现畜牧绿色可持续发展奠定制度基础。2017 年 12 月黑龙江省发布《黑龙江省畜禽养殖废弃物资源化利用工作方案》,明确全面推进畜禽养殖废弃物资源化利用。相关政策文件及其主要内容如表 4 所示。

表 4　畜禽及水产养殖污染治理政策

省份	时间	文件名称	相关政策内容
辽宁省	2022 年 3 月	《2022 年度全省农业生态环境保护和污染防治工作要点》	全省规模养殖场粪污处理设施装备配套率稳定在 95.8% 以上,畜禽粪污综合利用率稳定在 77% 以上。建立健全病死畜禽无害化处理体系,养殖环节病死猪集中无害化处理率达到 90% 以上。改善渔港水域环境质量,提高渔港污染防治能力

续表

省份	时间	文件名称	相关政策内容
吉林省	2022 年 5 月	《吉林省全域统筹推进畜禽粪污资源化利用实施方案》	到 2025 年,全省备案规模养殖场粪污处理设施基本配套,畜禽粪污集中收集堆放设施覆盖率力争达到 90%,全省畜禽粪污综合利用率稳定在 85%以上
黑龙江省	2017 年 12 月	《黑龙江省畜禽养殖废弃物资源化利用工作方案》	建立科学规范、权责清晰、约束有力的畜禽养殖废弃物资源化利用制度,构建种养循环发展机制

资料来源:辽宁省农业农村厅、吉林省农业农村厅、黑龙江省农业农村厅。

二 东北三省农业生态环境发展现状

(一)化肥施用情况

2016~2020 年,东北三省农用化肥施用(折纯)量总体呈下降趋势,辽宁省农用化肥折纯量由 2016 年的 148.06 万吨下降至 2020 年的 137.57 万吨,下降 7.1%。吉林省农用化肥折纯量由 2016 年的 233.61 万吨下降至 2020 年的 225.29 万吨,下降 3.6%。2020 年黑龙江省化肥折纯量为 224.22 万吨,较 2016 年减少 11.3%,亩均化肥折纯量为 10 公斤,仅为全国平均水平的 1/2 左右。2016~2020 年东北三省农用化肥折纯总量情况如表 5 所示。

表 5　2016~2020 年东北三省农用化肥施用情况

单位:万吨

省份	2016 年	2017 年	2018 年	2019 年	2020 年
辽宁省	148.06	145.47	145.02	139.91	137.57
吉林省	233.61	231.02	228.30	227.06	225.29
黑龙江省	252.75	251.20	245.64	223.27	224.22

资料来源:国家统计局。

东北三省各类施用化肥中，农用氮肥、农用钾肥、农用磷肥折纯量呈年平均下降趋势，辽宁农业氮肥折纯量由 2016 年的 60.69 万吨降至 2020 年的 47.19 万吨，吉林由 2016 年的 66.87 万吨降至 2020 年的 50.20 万吨，黑龙江由 2016 年的 87.10 万吨降至 2020 年的 71.94 万吨。农用磷肥与钾肥折纯量在总化肥施用量中占比相对较小，2016~2020 年二者均呈现下降趋势。辽宁（除 2019 年外）与吉林农用复合肥折纯量占总施用量的比例逐年加大，且呈现上升态势，辽宁农业复合肥折纯量由 2016 年的 65.19 万吨上升至 2020 年的 70.43 万吨，吉林由 2016 年的 144.58 万吨上升至 2020 年的 156.78 万吨，黑龙江农用复合肥折纯量相对平稳且略有下降，由 78.58 万吨降至 76.39 万吨。总体来看，东北三省各类农用化肥施用呈现逐年下降趋势，表明近几年三省对化肥施用的管控起到了良好成效（见图 1）。

（二）农药使用情况

东北三省持续优化绿色食品产业发展条件，开展农药减量增效行动。2015~2019 年辽宁省主要农作物化肥农药施用量实现"四连降"，化肥农药利用率均达到 39% 以上，病虫害绿色防控覆盖率、专业化统防统治覆盖率分别达到 30%、40%。吉林省围绕农药减施增效、减量控害的发展目标，农药施用实现连年下降，由政府引导变为意识自觉。黑龙江省六年来农药施用量呈现逐年减少的趋势，2020 年的农药施用量较 2016 减少 21729 吨，降幅达 26.3%。特别是 2017 年之后，农药施用量明显下降，年均降幅在 5.5%~14.3%（见表 6）。综合来看，各类农药的施用量中除草剂用量较高，杀虫剂用量相对较小，且生物制剂占比逐年加大，这与三省积极推广绿色防控和开展以绿色防控措施为主的统防统治密切相关。

辽宁省 2022 年省财政安排资金 400 万元，在抚顺、本溪、锦州、葫芦岛等 4 个市 5 个县开展农药包装废弃物回收试点，在农药经营单位、村屯、种植基地等设立回收站点，回收田间遗存和新产生的农药包装废弃物，适时开展农药包装废弃物回收处理工作，探索适合辽宁农药包装废弃物回收模式与工作机制。吉林省积极鼓励农民拾取清理农药包装废弃物，回收点按照

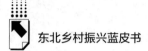
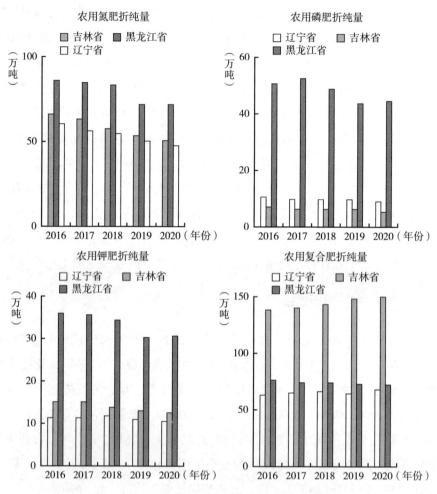

图 1　2016~2020 年东北三省各类化肥施用情况

资料来源：国家统计局。

表 6　2015~2020 年东北三省农药施用情况

单位：万吨

省份	2015 年	2016 年	2017 年	2018 年	2019 年	2020 年
辽宁省	5.99	5.63	5.75	5.51	5.11	——
吉林省	6.23	5.85	5.63	5.10	4.87	——
黑龙江省	8.29	8.25	8.32	7.42	6.43	6.07

资料来源：国家统计局。

每公斤 0.05~0.1 元的价格进行回收，一麻袋几十块钱既补贴了农民日常生活，又降低了农业面源污染。2021 年黑龙江省回收农药包装废弃物 5321吨，回收率达 84%，分别比 2019 年、2020 年增加 38 个和 14 个百分点。截至 2021 年底，黑龙江已建立农药包装废弃物县级储运站 139 个、村屯回收点 8269 个、农药门店回收点 5179 个。

（三）农膜使用情况

2015~2019 年，东北三省农用塑料薄膜使用量均呈现下降趋势，农膜使用正在逐步得到有效控制。辽宁省农膜使用量由 2015 年的 141942 吨降至2019 年的 113505 吨，下降 20%。吉林省由 2015 年的 59164 吨降至 2019 年的 53130 吨，下降 10.20%。黑龙江省由 2015 年的 83097 吨降至 2019 年的71831 吨，下降 13.56%（见表 7）。

表 7　2015~2019 年东北三省农用塑料薄膜使用情况

单位：吨

省份	2015 年	2016 年	2017 年	2018 年	2019 年
辽宁省	141942	137273	124791	117975	113505
吉林省	59164	59565	60752	56216	53130
黑龙江省	83097	82575	79770	77431	71831

资料来源：国家统计局。

辽宁省以村屯废弃农膜回收点为支撑，以乡镇农膜回收站为中转，建立县级中心回收站的农膜处理体系，通过专业车辆转运，进行农膜无害化处置，防止在回收存放过程中产生二次污染，截至 2020 年 11 月，废弃农膜回收率达到 85.97%。吉林省 2019 年启动地膜治理示范县建设，通过 2 年的时间，实现示范县推广使用标准地膜、回收加工体系进一步完善，当季地膜回收率达到 80% 以上，率先基本实现地膜资源化利用。黑龙江省通过抓好试点带动，加快推动地膜回收利用，开展肥料废弃包装物与废旧地膜回收利用行动，2020 年农膜回收率达到 85%。

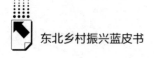

（四）畜禽养殖情况

辽宁省将畜禽养殖废弃物处理和资源化工作纳入绩效考核指标体系，推进以畜禽养殖业粪便污水治理以及病死动物无害化处理为主要内容的生态畜牧业发展，2020 年畜禽粪污综合利用率高于 75%，现有畜禽规模养殖场粪污处理设施装备配套率达 95%。吉林省畜禽粪肥末端利用通道基本打通，实现畜牧大县畜禽粪污资源化利用整县推进项目全覆盖。截至 2019 年，吉林省畜禽粪污综合利用率达 88.8%，规模养殖场粪污处理设施装备配套率达 96.3%，高出全国平均水平 3.3 个百分点，大型规模养殖场达 100%，高出全国平均水平 4 个百分点。黑龙江突出整县推动，加强畜禽粪污资源化利用。在 26 个畜牧大县实施整县推进粪污设施建设升级改造，在 51 个非畜牧大县 423 个规模养殖场实施污染治理，划定禁养区和依法关闭、搬迁禁养区内规模化养殖场。2020 年黑龙江省畜禽粪污综合利用率达 80.1%，规模养殖场粪污处理设施装备配套率达到 97%。

三　东北三省农业生态环境治理的关键问题

（一）农用化肥施用结构明显失衡

东北三省农业生态环境治理仍然存在农用化肥施用方面的问题。一是化肥施用强度相对而言仍然较高，2016～2020 年化肥施用量高于全国平均水平（辽宁除外），各类肥料利用率低，与国际先进水平相比差距更为明显。一高一低的化肥施用，既增加了农业生产成本，又消耗了大量资源和能源，造成土壤和地下水污染。二是施肥结构仍然不尽合理。长期以来的生产惯性，使农民普遍养成了重氮肥轻磷肥钾肥、重复合肥轻配方肥、重化肥轻有机肥的施肥习惯，与世界化肥施用量平均比例（氮肥∶磷肥∶钾肥 = 1∶0.42∶0.42，2019 年）比较而言，施肥结构明显失衡。三是农民环保意识不强，各类技术指导与扶持引导政策尚不健全。

（二）农药科学使用认知仍然不足

东北三省农药减量虽然在有序推进，但总体仍不理想，尚未形成生产、市场、推广的一体化发展格局，科技创新在绿色农业发展中的引领与支撑作用不足。从各类农药使用数量来看，各类除草剂数量使用仍居高不下，乙草胺、莠去津、氟磺胺草醚、灭草松、丁草胺、噁草酮、丙草胺、异丙甲草胺和莎稗磷等均在大量使用。生物农药受限于成本高、见效慢，用量略有提升但仍不明朗，农户认可度不高。受认知与"视野"所限，一些农户在农药采购与使用中对提供的科学方案关注度不够，仍然以压低农药采购成本为主要取向，低成本农药与低水平方案的碰撞，往往导致药害问题，或者严重影响药效，各类问题频发，降低农药使用效率。

（三）农膜回收利用率仍然不高

近几年，东北三省废旧农膜回收处理取得较为有效的进展，但是仍然存在一些问题。东北三省农膜生产产能较低，目前全国农膜产能主要集中于华北，其占比高达60%左右。东北农膜生产企业主要集中在吉林，规模企业仅有4个，黑龙江企业小而散，辽宁生产稳定性不强。农膜企业在降低成本的同时也降低了抗拉强度，为农膜回收带来难度，且容易残留在土壤中造成二次污染。农民回收意识有待提高，人工捡拾难度较大，往往做表面文章应付检查。资源利用率仍有待提升，回收加工企业少，造成残膜资源的浪费。

（四）畜禽养殖污染监管机制不足

近年来，东北三省畜禽养殖业发展迅速，但相应的监管机制不到位，环境污染和风险突出。个别规模养殖场畜禽粪污处理中心被闲置或者弃置，污水处理设施擅自停止运行，处于停运状态，高浓度废水通过管道直接输送到污水暂存池内，污水暂存池防渗膜破损严重，且有偷排高浓度废水现象，废水化学需氧量浓度极高，超标排污，一方面造成国家财政专项资金的极大浪

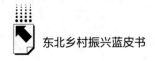

费，另一方面对环境带来极大的危害。切实加大执法监管力度，建立健全长效监管机制，确保畜禽养殖业能够健康、可持续发展势在必行。

四 东北三省农业生态环境治理对策建议

（一）增强各类主体生态环保意识

充分发挥利用各类媒介媒体的宣传功能，大力开展绿色发展理念与生态环保环境治理的相关宣传与教育工作。加强企业、个人及各类相关人员的环保理念与环保意识，为各级政府和相关人员营造一种良好的社会舆论环境。尤其是各类农业经营主体，无论是种植户还是养殖户，各类媒体要对这些重点人群开展针对性强的宣传普及教育，使他们尽早形成绿色发展、绿色生产、环境保护人人有责的理念与意识，合理掌握与运用绿色生产经营技术，切实担负起农业生态环境保护的责任。

（二）选择合理适用的污染防治技术

各类涉农科研院校要充分发挥科技创新在绿色农业发展中的引领作用，切实加强农业各类污染防治技术研究与推广，针对不同类型的农业污染，具体问题具体分析，合理审慎选择污染防治技术。针对种植业中的化肥使用，要充分利用测土配方技术，大力推广有机肥、生物肥。农药使用中要尽量选用高效低毒产品，合理选择使用时机，深施缓释，切实实现减量增效。采用各类经济手段引导回收各类废弃包装物。提升各类处理中心的使用效率，推进畜禽养殖粪污无害化、资源化利用。

（三）完善管理标准制度加强监管

在国家相关农业生态环境法律法规基础上，结合东北三省实际，持续调整与完善相关政策法规、监督管理和技术体系，建立健全各类强制性标准与制度，切实保护农业生态环境。科学确定化肥施用量约束性指标，加强专业化指导，切实提高利用效率。因地制宜完善农膜使用标准，对于不合格农膜生产企业，加大取缔力度，杜绝农户选用。在优化畜禽养殖空间布局的同时，加大监管力度，以地定畜，提升无害化、资源化处理能力与水平。

（四）加大基础设施建设投入

东北三省各级财政部门要不断加大政策支持与资金投入力度，加快补齐农业生态环境基础设施建设的短板。加大高标准农田投入，突出建设重点，改善农田基础设施薄弱环节，配套完善灌排设施。优化扶持建设畜禽粪污收集处理、生态缓冲带、生态拦截沟渠等工程设施，实现农业面源污染有效治理。提升各类预测预警水平与能力，实现提前预警与定量监测。加大农作物秸秆综合利用设施的建设力度，充分利用第三方服务机构，提升处理能力与水平。创新投入方式，积极引导吸引社会资本参与农业环境保护基础设施建设、管护，构建长效运行机制。

B.8
吉林省农村居民消费升级研究

杜春晶*

摘　要： 双循环战略下，消费升级是实现经济内循环极为关键的推动力。
　　　　　吉林省农村居民消费升级关系吉林省经济双循环新发展格局战略
　　　　　的实施，也是扩大内需的必要途径。吉林省农村市场具有很大的
　　　　　消费潜力，很多消费需求还未得到很好的满足，广阔的农村消费
　　　　　市场是供需循环中非常重要的一环，将为实施扩大内需战略提供
　　　　　新的动力。推动吉林省农村居民消费升级，应丰富农民增收渠
　　　　　道，提升农村居民消费能力；吸引农民回乡就业创业，壮大农村
　　　　　市场消费主体；发展新业态新模式，拓展农村市场消费空间；改
　　　　　善农村消费环境，释放农村居民消费潜力。

关键词： 农村居民　农村市场　消费升级　吉林省

　　"十四五"规划明确提出构建以国内大循环为主体、国内国际双循环相
互促进的新发展格局，其目的是使中国经济在未来能够更具韧性以抵御更多
的国际、国内风险，其中消费升级是实现经济内循环的极为关键的推动力。
吉林省农村居民消费升级关系吉林省经济双循环新发展格局战略的实施，同
时也是扩大吉林省居民消费内需的重要途径。乡村振兴战略、脱贫攻坚等多
种相关举措夯实了吉林省农村居民消费升级的基础。深度挖掘吉林省农村市
场的消费潜力，最大限度释放吉林省农村市场的活力，发挥吉林省大规模农

＊　杜春晶，长春光华学院管理学院副教授，主要研究方向为市场营销。

村消费市场优势，有利于最终实现吉林省农村居民消费升级，将为实施双循环、扩大内需战略提供新动力。

一 吉林省农村居民消费现状

吉林省是农业大省，农业人口比较多，根据第七次全国人口普查数据，吉林省农村居民为8994439人，广大的农村消费市场是非常重要的市场。吉林省农村居民收入连年增长，城乡居民收入比进一步缩小，吉林省农村市场具有很大的消费潜力。吉林省广阔的农村消费市场是供需循环中非常重要的一环。经过多年的经济发展，吉林省农村居民的消费能力和消费水平逐年提升，消费结构持续优化。

（一）吉林省农村居民的消费水平逐年提升

从吉林省农村居民人均消费支出情况和吉林省农村居民人均生活性消费支出情况两个方面对吉林省农村居民的消费水平现状进行全面分析可以发现，吉林省农村居民人均消费支出逐年上升，人均生活消费支出持续增加。

从图1可以看出，与2015年吉林省农村居民人均消费支出20132元相比，此后的5年均呈明显上升趋势。2020年吉林省农村居民人均消费支出较2015年增加了7950元，上升到了28082元，呈逐渐提高的良好态势。吉林省农村居民人均生活性消费支出由2015年的8783.31元增长到2020年11863.56元，增长了为3080.25元，消费水平持续提升。

（二）吉林省农村居民的消费结构持续改善

吉林省乡村振兴战略的持续推进和深入实施，使得吉林省农村市场对生产资料、生活资料的需求不断地发生着变化，农村居民的消费需求从单一的吃、穿、用向多元的消费形态转变，吉林省农村居民追求文化、教育、娱乐、培训、医疗保健等更高层次的消费。吉林省农村居民消费结构的持续改善和逐步升级，将成为拉动吉林省农村居民消费市场升级的巨大动力。

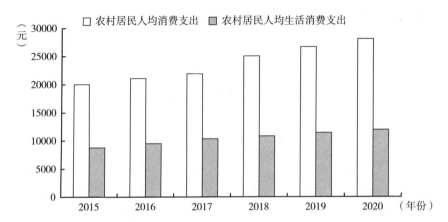

图1　2015~2020年吉林省农村居民人均消费支出与人均生活消费支出

资料来源:《吉林统计年鉴》(2016~2021年)。

1.吉林省农村居民人均生存型产品消费支出占比下降

消费升级在消费层次的反映,是居民不同类别、不同属性的消费项目上支出的不同比重。学者们用食品类消费支出比重和非食品类支出比重的升降来反映这种消费层次的变化,食品类消费支出比重的下降抑或非食品类消费支出比重的上升,都可以被看作吉林省农村居民消费升级的一种重要表现。2015~2020年吉林省农村居民家庭恩格尔系数如图2所示。

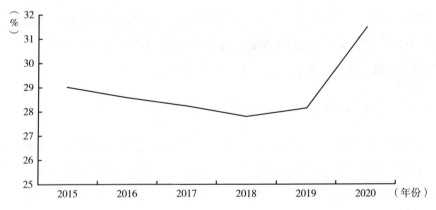

图2　2015~2020年吉林省农村居民家庭恩格尔系数

资料来源:《吉林统计年鉴》(2016~2021年)。

一般来说，恩格尔系数在 30% 以下的家庭被视为富裕家庭，吉林省家庭消费的恩格尔系数除 2020 年以外全部低于 30%，大部分呈下降趋势，但是 2020 年由新冠疫情导致 6 年来首次超过 30%。

2. 吉林省农村居民发展型产品消费支出占比提升

随着吉林经济社会的进一步发展，以及吉林农村居民生活收入水平的进一步提升，农村居民的基础生活需要得以基本满足，耐用消费品消费得到了快速发展，吉林农村居民可以有条件购置衣着、生活必需品，也可以享受良好的教育资源，吉林农村居民发展型产品消费支出占比得以进一步提高。

3. 吉林省农村居民享受型产品消费支出占比提升

随着信息化的发展以及供给侧结构性改革的推进，吉林省农村居民在居住、交通通信、医疗保健等类别产品上的消费支出占比呈逐年上升的良好趋势。表 1 是吉林省农村居民人均享受型产品消费支出的情况一览，说明吉林省农村居民的消费从生存型消费升级到更高层次的享受型消费，在吉林省广大的农村地区，住宅、健康、娱乐、旅游等成为吉林省农村居民新的消费增长点。并且随着供给侧结构性改革的持续推进、乡村振兴战略的进一步实施以及吉林省农民脱贫攻坚成果的巩固，吉林省农村居民消费品质不断升级。

表 1　2016～2020 年吉林省农村居民人均享受型产品消费支出

单位：元

项目	2016 年	2017 年	2018 年	2019 年	2020 年
居住	1817.10	1837.28	1917.17	1833.74	1992.68
医疗保健	1230.49	1399.57	1450.87	1736.94	1568.50
娱乐、旅游等其他产品和服务	203.87	214.08	232.42	276.43	289.85

资料来源：《吉林统计年鉴》（2017～2021 年）。

（三）吉林省农村居民的消费能力逐年提升

农村居民的消费能力是由农村居民的收入水平决定的，因此本研究使用三个指标，即吉林省农村居民人均可支配收入、吉林省农村居民人均现金收

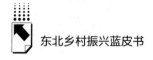

入、吉林省农村居民可支配收入来源来衡量吉林省农村居民的消费能力。

1. 吉林省农村居民可支配收入和现金收入总额逐年增长

吉林省农村居民收入逐年增长，生活质量持续改善，收入的增长带来消费能力的提升。2016~2020 年吉林省农村居民人均可支配收入和人均现金收入情况如表 2 所示。

表 2　2016~2020 年吉林省农村居民人均可支配收入和人均现金收入

单位：元

项目	2016 年	2017 年	2018 年	2019 年	2020 年
农村居民人均可支配收入	12122.94	12950.44	13748.17	14936.05	16067.03
农村居民人均现金收入	19073.33	20458.73	21390.93	23610.03	25808.82

资料来源：《吉林统计年鉴》（2017~2021 年）。

从表 2 可以看出，农村居民人均可支配收入和人均现金收入逐年上升。吉林省农村居民人均可支配收入由 2016 年的 12122.94 元上升至 2020 年的 16067.03 元，吉林省农村居民人均现金收入由 2016 年的 19073.33 元上升至 2020 年的 25808.82 元。吉林省农村居民人均可支配收入和人均现金收入的提升催生了新的消费热点，促进了多元化消费的发展。随着现金收入和可支配收入的不断提高，在农村居民消费中吃穿用等日常生活支出越来越少，农村居民有了更多的收入进行其他类型的消费，向享受型产品、个人发展等方面进行消费升级。这些类型的消费品往往具有比较大的收入弹性，随着吉林省农村居民收入增加和政府持续降税减费，吉林省农村居民的消费能力将得到进一步的提升，吉林省农村居民增加在享受型产品、发展型产品等方面的消费支出，促使吉林省农村居民消费格局发生新变化。

2. 吉林省农村居民收入来源不断拓宽

促进农民增收是实现吉林省农村居民消费升级非常重要的一环，吉林省普惠金融、农村电子商务、"产业+就业"等不断拓宽农村居民的收入来源渠道。从吉林省农村居民收入来源上看，2020 年吉林省农村居民可支配收入中的工资性收入为4018.8元，主要来自外出劳务收入。2020年吉林省农村居民可支配收入中的经营性收入为9141.1元，主要包括农业生产如种粮、饲养畜禽等农业生产经营收入和非农业生产经营收入。吉林省农村家庭的可支配收入主要来源于农民的工资性收入和经营性收入，吉林省农民的财产性收入和转移性收入占比相对于工资性收入和经营性收入则比较小。

二　吉林省农村居民消费存在的问题

（一）吉林省农村居民消费增速放缓、总体规模不大

1. 吉林省农村居民消费增长速度放缓

2016~2019年吉林省农村消费品零售额逐年上升，从2016年的755.91亿元上升至2019年的867.92亿元。2020年由于新冠肺炎疫情，全国经济受到影响，吉林省全社会消费品零售总额为3823.95亿元，其中，城镇消费品零售额为3425.79亿元，同比下降9.3%；农村消费品零售额为398.16亿元，同比下降8.4%，首次出现大幅度下降（见表3）。

表3　2016~2020年吉林省社会消费品零售额及增速

单位：亿元，%

年份	全社会消费品零售总额	增速	城镇消费品零售额	增速	农村消费品零售额	增速
2016	7310.42	9.9	6554.51	9.5	755.91	13.2
2017	7855.75	7.5	7043.77	7.5	811.99	7.4
2018	7520.37	4.8	6680.20	4.8	840.17	4.9
2019	7777.23	3.4	6909.32	3.4	867.92	3.3
2020	3823.95	-9.2	3425.79	-9.3	398.16	-8.4

资料来源：《吉林省国民经济和社会发展统计公报》（2017~2021年）。

从表3中我们可以看出，除2020年新冠疫情特殊情况外，从2016年到2019年，吉林省全社会消费品零售总额、城镇消费品零售额、农村消费品

零售额三个指标总体是呈上升趋势的，但是增速却是降低的。

2. 吉林省农村居民消费总体规模较小

从总量上看，吉林省农村居民消费品零售额不大，相较于吉林省城镇居民消费品零售额，吉林省农村居民要远小于吉林省城镇居民。

表 4 为 2015~2020 年吉林省居民人均消费支出情况。从表中看可以，同期比较两者的统计数据，吉林省城镇居民的人均消费支出均大于农村居民的人均消费支出。比较两者的数值，前者约是后者数值的 2 倍。我们把吉林省农村居民人均消费支出数据与全国农村居民人均消费支出数据进行对比，得出吉林省农村居民的人均消费也比较低。从总体上来说，吉林省农村居民消费总体规模较小。

表 4　2015~2020 年吉林省居民人均消费支出情况

单位：元

年份	城镇居民人均消费支出	农村居民人均消费支出
2015	17972.62	8783.31
2016	19166.38	9521.40
2017	20051.24	10279.40
2018	22393.71	10826.24
2019	23394.28	11456.59
2020	21623.22	11863.56

资料来源：《吉林统计年鉴》（2016~2021 年）。

3. 吉林省农村居民消费主力大量流失

家庭成员的年龄结构决定了生活消费结构的各项支出比例的不同，处于不同年龄阶段的家庭成员，其消费需求是不同的。老年人较多的家庭往往食物支出占比较高，而娱乐、享受型产品的支出比较小；有学生的家庭往往在教育费用、文教娱乐等方面的支出比例会比较高；年轻人比较多的家庭在享受型、发展型、服务型的消费支出占比会比较高。2018~2020 年，吉林省农村人口数量呈下降趋势，由 2018 年的 1324.7 万人下降至 2020 年的 1310.6

万人，消费主体减少。很多农村居民进城务工，吉林省农村大量青壮年劳动力流向城市，留守在农村的多是消费能力比较低的老人和小孩，结果是常年居住在吉林省农村的人口呈现出老人和幼儿两极化。而且农村老年人的消费观念保留了传统思想，消费行为较为保守，生活节省，吉林省农村居民即使具备了一定的消费能力，但是也往往不愿意消费，注重储蓄。在这种情况下形成的消费习惯和消费心理也不利于吉林省农村居民的消费升级。吉林省农村居民消费市场的产品同质化严重，对高档产品、差异化产品的需求小，在某种程度上也不利于吉林省农村居民需求的扩大和新型消费热点的形成。新型消费多是以"80后"和"90后"年轻一代为主，年轻一代农村居民进城务工造成消费外溢，主要消费主力的流失使得农村新型消费受阻，农村居民在城镇的消费较多，而降低了在当地农村市场的消费。

（二）吉林省农村居民消费层次偏低、存在城乡差距

1.吉林省农村居民消费结构较城镇居民仍有一定的改进空间

从表5可以看出，除了2020年由于新冠疫情，吉林省农村居民恩格尔系数在2016~2019年这4年均小于30%，由此可以得出，吉林省农村居民的消费形态趋优。但是整体大于城镇居民恩格尔系数，说明吉林省农村居民消费结构较城镇居民仍有改进空间。

表5 2016~2020年吉林省居民恩格尔系数

单位：%

年份	城镇居民恩格尔系数	农村居民恩格尔系数
2016	25.96	28.59
2017	25.8	28.2
2018	24.9	27.8
2019	23.4	28.1
2020	27.9	31.4

资料来源：《吉林省国民经济和社会发展统计公报》（2017~2021年）。

随着吉林省现代服务向农村延伸，吉林省农村居民对文化、健康、知识等的需求逐步凸显，吉林省农村居民在衣食住行等方面的消费支出占比总体是下降的，但是在其他方面的支出，如交通通信、教育文化娱乐、医疗保健等则是连年上升。尤其是移动互联技术在农村的进一步普及，改变了吉林省农村居民的消费习惯、消费行为等。但是，吉林省农村家庭的主要支出费用仍然是日常生活消费支出，消费的层次偏低，未来消费结构还具有较大的调整空间。

2.新模式新业态供给不足

电子商务等新模式、新业态从城市向农村下沉，但"互联网+"的融合不够深入，存在着新业态下沉慢、供给不足、专业人才短缺等问题，难以引领吉林省农村居民的消费升级。首先，在吉林省农村，虽然农村电子商务的开展增加了农民的收入，便利了农村居民的消费，但信息技术应用场景在在线教育、工作、生活等领域的覆盖面还比较小，新业态下沉比较缓慢。其次，电子商务企业和物流企业在吉林省农村的商业网点比较小、规模不大、布局分散、基础设施相对滞后，尚未形成成熟有序的农村消费，某种程度上制约了吉林省农村居民的多样化消费需求。最后，农村电商人才比较匮乏，人才引进难、留住更难，吉林省高校电商培养的相关电商人才流入南方城市比较多，专业人才流失严重。专业人才的匮乏制约了吉林省农村居民的消费活力。

（三）吉林省农村居民消费能力有限、潜力亟待释放

1.吉林省农村居民收入相对规模较小

改革开放以来，吉林省农村居民的相关收入有了较大程度的提高，但相对吉林省城镇居民的消费能力，吉林省农村居民的消费能力还是显得有些不足，农村市场消费潜力亟待释放。2020年吉林省城镇居民人均可支配收入为33396元，农村居民人均可支配收入为16067元，相比往年均有所增长。但吉林省农村居民可支配收入还是远低于城镇居民可支配收入。图3是全国与吉林省农村居民人均可支配收入的横向对比情况，从图中可以看出，从2015年到2020年，吉林省农村居民人均可支配收入均低于全国农村居民人

均可支配收入。这表明,吉林省农村居民购买力相对有限,在很大程度上约束了吉林省农村居民消费水平的提高,使得吉林省农村居民的消费能力远小于城镇居民的消费能力,吉林省存在着比较大的城乡差距。过大的城乡消费差距不利于吉林省农村居民市场实现消费升级。

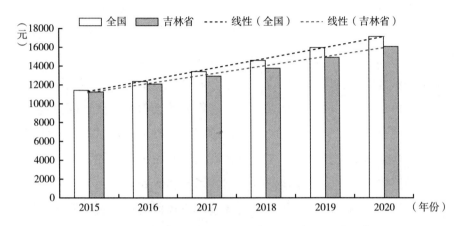

图3 2015~2020年全国及吉林省农村居民人均可支配收入

资料来源:《吉林省国民经济和社会发展统计公报》(2016~2021年)。

2.吉林省农村居民增收渠道不够丰富

吉林省要实现农村市场的消费升级,就要提高吉林省农村居民的相关收入。吉林省农民的收入来源主要是农产品销售收入和务工收入,但是这两部分收入具有很大的波动性,农业生产受天气、市场风险和自然风险的影响和制约。例如,新冠疫情使得进城务工的农民收入减少,大风使得农产品种植受到影响,非洲猪瘟使得养殖户收入受到影响。可支配收入相对较低极大程度上降低了农民的消费能力,难以支撑新型消费扩容。吉林省部分农村产业基础比较薄弱,吉林省农村居民人口从2015的1230.56万人下降到2020年的896.43万人。而且农民的收入一部分要依赖外出务工,60岁以上农村居民占比逐年增大。尽管近年来吉林省各级政府出台了一系列惠农利民政策,如乡村振兴战略、贫困农民精准扶贫等,但是各个部门在政策的落地和执行上也存在着"堵点"。由于各种客观因素的影响和制约,吉林省农村居民增

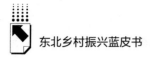

收渠道少也导致农村居民增收难度加大。吉林省农村居民收入增长较慢、总量不高制约着吉林省农村居民消费升级。

3.吉林省农村市场消费环境欠佳

基础设施不健全、社会保障制度不完善、农村消费市场管理不规范等问题使得吉林省农村消费环境欠佳，难以使吉林省农村居民释放消费潜力。相比于吉林省城镇，农村的基础设施不健全，如水电网基础比较差，流通体系不完善，农产品流通问题突出。农村物流配送时间长、成本高，增加了经营者的经营成本，导致经营者在农村经营的意愿不高，而且也导致农村居民缺乏长期的消费预期。吉林省农村社会保障制度不断完善，如农村合作医疗、低保补助等相关社会保障政策解除了农村居民的一些消费之忧，但是总体上仍然滞后，对于吉林省农村居民来说，储蓄的愿望超过了消费的愿望，这种消费预期的降低制约了吉林省农村居民消费升级。吉林省农村消费市场管理不规范，缺乏有效的市场监管，使农村消费市场充斥着大量"假货"、残次商品，影响了吉林省农村居民的消费积极性和消费升级。

三　推动吉林省农村居民消费升级的对策

（一）丰富农民增收渠道，提升农村居民消费能力

1.丰富吉林省农村居民增收渠道

只有农民的收入增加了、负担减少了，农民才有消费能力，才能实现消费升级。要丰富农村居民的增收渠道。吉林省各级政府加大扶持力度，深入持续推进乡村振兴战略，多举措提供更多的就业机会。要使农村居民增收，离不开吉林省政府的支持和扶持，政府部门可以出台更多的优惠政策，提供资金、技术、金融等方面的支持，如资金补贴、低息贷款、重点扶持企业等，在农村电商、数字养殖、数字种植等方面更加有针对性地对农村居民进行相关培训。除了政府，也要鼓励吉林省相关企业积极探索如

何给农民提供更多的就业机会。产品销售的生产、运输和终端都需要人力，企业可以探索雇用当地的农民从事相关工作，对于一些需要特殊技能的工作，企业可以联合政府相关部门进行精准培训。企业也可以考虑在农村地区设立销售网点，由当地的农村居民进行经营，提高农村居民的收入。

2. 提高吉林省农村居民可支配收入

通过对吉林省历年农民的可支配收入的数据分析得出，在吉林省农村居民可支配收入来源中，相比于另外两种来源，工资性收入和经营性收入占比较高。浙江等发达省份的农村居民工资性收入占比和数量远超吉林省，对于吉林省来说，农村居民的工资性收入尚有很大的提升空间，可以有所作为。农村市场中，产品的生产、运输、销售、售后都需要人，鼓励相关企业雇用所在地区的农村居民，政府、行业和高校可以提供就业培训，通过大力发展电子商务等多举措增加吉林省农村居民的工资性收入。通过鼓励吉林省农村居民回乡创业、提供电子商务技能培训等措施提高吉林省农村居民的经营性收入。

（二）吸引农村人才回乡就业创业，壮大农村市场消费主体

1. 用乡情吸引人才

农村消费主体外流是吉林省农村居民消费升级的"堵点"之一，因此，找到吉林省农村居民消费升级的内生动力，多举措吸引更多农村青年回乡就业、创业、安居，是解决吉林省农村消费主体不足、农村居民消费升级的关键之处。根据农村年轻居民的心理需求，运用"乡情"打动人心，对自主创业的人员进行媒体宣传、表彰，在乡村文旅融合、现代农业、农村电商等方面加强政策引导和支持，吸引各类农村人才回乡创业，用乡情吸引人才。

2. 用事业留住人才

重点关注农村青年优先发展，可以借助大型知名电商平台、物流企业、电商服务企业等第三方力量，提供优质的创业相关服务。降低农村青

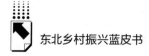
年回乡创业的资金、技术门槛，不断鼓励和培养更多优秀的吉林省农村青年回乡创业。鼓励农村居民回乡创业，加大回乡创业的资金支持力度，可以考虑设置专项基金，专款用于吉林省农村电商培训、租金补贴等。提供相关的金融服务，对返乡创业的税收方面给予一定的优惠，减免一些服务性的收费，同时积极引入社会资本，全方位拓宽吉林省农村电商创业的融资渠道。

3. 用培训提高人才

加强吉林省农村居民的职业技能培训，依托各种平台，做好在电子商务、数字种植、数字养殖、乡村旅游等方面的培训，培养新型职业农民，提高农村居民回乡就业、创业的能力，用培训提高人才。加强数字营销技能培训，提高线上营销的能力。增强农村地区冷链运输能力，推广"生鲜电商+冷链"的模式，促进与市场的紧密结合。完善吉林省乡村网络基础设施，加强农产品线上销售的供应链管理。

（三）发展新业态新模式，拓展农村市场消费空间

1. 培育吉林省数字营销新业态

培育吉林省农村消费新业态、新模式，通过新的供应体系重塑吉林省农村市场和农村居民的消费习惯。新业态、新模式需要打破产业的边界，纵向贯通生产、加工和销售，横向融合农村文化旅游。统计数据显示，2022年1~2月的吉林省农村网络零售额为56.78亿元，增速高于全国，农业多元价值凸显，有利于实现城乡产业优势互补。为了拓展吉林省农村市场消费空间，要把新业态、新模式作为实现吉林省农村居民消费升级的重要突破口，丰富更多业态类型。

2. 构建吉林省农村电商新模式

鼓励吉林省农村居民和相关企业开展社交电商、直播电商、社群营销、短视频营销、微营销等数字营销新业态，为农村消费者提供全方位的消费体验。社交电商的社交属性和营销方式、短视频营销、直播电商对农村居民具有吸引力。农村居民的闲暇时间比较多，特别是疫情的发生，推动了农村电

商新模式在农村的普及和应用，有利于农产品品牌建设、构建农村供应链管理模式。

（四）改善农村消费环境，释放农村居民消费潜力

基础设施的改善能够增进吉林省农村居民消费的便利性，提升吉林省农村居民的消费意愿；社会保障的不断完善能削弱吉林省农村居民的储蓄动机，降低消费顾虑，提高吉林省农村居民的消费水平；市场监管的不断深入能降低吉林省农村居民的交易成本，使得吉林省农村居民愿消费、敢消费，不断优化吉林省农村居民的消费结构。

1. 加强吉林省农村基础设施建设

在加强农村基础建设方面，吉林省政府要继续推进乡村道路建设"硬措施"和信息基础建设"软措施"，各级乡镇政府全力打通物流配送的"最后一米"，在重点乡镇和商贸市场加快布局 5G 等数字化消费网络，加快推进农产品生产、加工、销售等基础设施的智能化升级。

2. 健全吉林省农村社会保障体系

在完善吉林省医疗、养老等社会保障制度方面，持续深入提升吉林省农村公共服务能力，加强吉林省农村合作医疗服务质量和水平，在人才、医疗设施、资源配置、制度建设、医疗共享等方面深化农村医疗改革，让农村居民消除由于害怕大病而进行储蓄、不敢消费的心理。加大农村养老保险知识和政策的宣传力度，拓展保险基金构成渠道，减轻农村居民个人的缴费负担，明确各级政府的财政投入比例，提高吉林省参保农村居民的待遇水平。

3. 加大吉林省农村市场监管力度

在有效进行市场监督方面，各级政府部门要大力整治农村消费市场秩序，加强假冒伪劣产品监管，加大惩戒侵犯消费者隐私权行为的力度，坚守产品质量安全，消除吉林省农村居民消费的后顾之忧，释放农村居民的消费潜力。

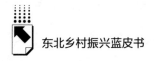
参考文献

［1］徐玲：《吉林省农村居民生活消费变化及影响因素研究》，博士学位论文，吉林农业大学，2017。

［2］李小玉、陶虹娇、徐蒙：《"双循环"背景下加快培育农村新型消费研究——以江西省为例》，《企业经济》2021年第8期。

［3］游凯云：《我国农村消费特征演变及市场开拓路径分析》，《商业经济研究》2021年第6期。

［4］张玲：《内循环背景下实现消费升级的路径研究》，《统计与管理》2021年第8期。

［5］《吉林统计年鉴》（2015~2020年）。

［6］《吉林省国民经济和社会发展统计公报》（2015~2020年）。

［7］万天昊、闫旭、王子玥：《全面脱贫背景下农村居民消费升级研究》，《农场经济管理》2021年第5期。

B.9
吉林省乡村旅游高质量发展对策研究

李绍琦*

摘　要： 吉林省乡村旅游高质量发展是吉林省发展乡村旅游的必然选择，对于吉林省乡村旅游的发展具有重要的促进作用。本研究在深入分析吉林省乡村旅游发展状况和高质量发展面临的形势的基础上，指出吉林省乡村旅游高质量发展存在的问题，并提出吉林省乡村旅游高质量发展对策：形成数量到质量的转变，加强人才引育建设，推进乡村产业绿色循环形态塑造，加强基础设施建设。

关键词： 乡村旅游　科技创新　绿色循环　吉林省

一　吉林省乡村旅游发展状况

（一）吉林省高质量发展乡村旅游的基础条件分析

1.政策支持力度不断加大

为了促使吉林省旅游更好更快地发展，吉林省相继出台了《关于加快推进吉林省全域旅游发展的实施方案》《吉林省乡村旅游扶贫规划》《长通白延吉长避暑休闲冰雪旅游大环线发展规划》等政策。为应对新冠疫情对吉林省旅游行业的影响，又迅速出台了《关于有效应对疫情支持文旅企业

---

* 李绍琦，长春光华学院管理学院讲师，主要研究方向为旅游规划。

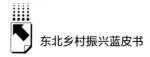
发展的 13 条政策措施》。为支持乡村旅游高质量发展，2021 年吉林省政府出台了《关于推进乡村旅游高质量发展的实施意见》。

2. 乡村旅游发展势头良好

吉林省乡村旅游目前已经进入快速发展的阶段，全省各地区为发展乡村旅游开发了各种旅游产品，如观光型乡村旅游，以绿色景观和田园风光为主题；主题乡村旅游，以农庄旅游为主，包括农家乐、观光果园、菜园、渔场等；以康体疗养和健身娱乐为主题的康乐型乡村旅游。吉林省乡村旅游的发展，在一定程度上为解决"三农"问题提供了有力的经济支持。同时由于疫情防控常态化时期旅游方式的改变，乡村旅游更加成为居民外出休闲的首选。总体上，吉林省乡村旅游产品种类丰富、特色鲜明，利用吉林省特有的乡村农业生态资源和乡村文化优势，形成了具有吉林特色的乡村旅游市场。

3. 吉林省乡村旅游资源种类繁多

吉林省乡村旅游资源按地域可以分为东部地区、中部地区和西部地区。东部地区以延边朝鲜族自治州、通化市和白山市为代表，山地居多，气候湿润，有着独特的自然环境，并且其文化底蕴丰厚，孕育了朝鲜族文化、满族文化等，因此该地区的乡村旅游与其他地区不同，有其独有的文化特色。中部地区以长春市、吉林市、四平市和辽源市为代表，平原居多，属于半湿润气候。该地区有远近闻名的水稻带、大豆带、玉米带，是世界著名的三大"黄金玉米带"之一，也是中国传统的大粮仓。由于农耕历史浓厚，交通便利，城市化显著，该地区常开发农家乐、采摘园等乡村旅游产品，带动当地农村经济的发展。西部地区以白城市和松原市为代表，地域位置属于欧亚大草原的最东端，是具有冬捕活动与冰雪风光特色的草原文明，如查干湖就凸显了当地原始渔猎部落文化，形成了当地独特的乡村旅游产品。

4. 旅游市场广阔

国家大力推进旅游业的发展，乡村旅游作为旅游行业中的一种独特的体验型旅游方式，受到广大城镇居民的青睐。随着吉林省城镇化的迅速推进和人口规模的不断扩大，生活经济水平的不断提高，越来越多的城市居民利用闲暇时间到农村进行旅游,体验农村生活,享用农家美食,感受乡村本土文化。乡村旅游目标市场不再局限于中老年人,露营经济迎来乡村旅游振兴新机遇,年轻一代消费群体的崛起使旅游市场发生变化,乡村民宿和乡村露营服务受到青睐。相较于常规的休闲旅游和度假,乡村露营在地点上偏向于外郊,有别于传统原始的农家院体验,因此更加吸引年轻人的加入,吉林省乡村旅游市场更加广阔。

(二)吉林省乡村旅游主要成就

1. 形成"一环双线三带十区多点"新格局

对接"一主六双"产业空间布局,打造"环城、沿路、依江、邻景"乡村旅游产业集群,形成"一环双线三带十区多点"的全省乡村旅游空间发展新格局。吉林省文化和旅游厅推出了 10 条乡村旅游精品线路,涵盖吉林省内各市州重点乡村、乡村旅游经营单位,包括采摘休闲体验线路、冬季赏雪线路、民俗文化体验线路等。吉林省把发展乡村旅游作为打造全省旅游版图的重要内容和助力乡村振兴的重要手段。经过几年的努力,全省乡村旅游持续升温,发展潜力不断显现。通过多措并举发展乡村旅游,不断推进乡村旅游精品化、特色化、规模化,形成了以冰雪旅游为代表的"白色"、以农耕文化为依托的"黑色"、以生态旅游为基调的"绿色"、以丰收时节为特征的"金色"、以弘扬抗联精神为主要文化内涵的"红色"等"五色"产品体系,全省乡村旅游呈现多业态、多元化发展态势。

2. 建设美丽乡村,打造多个乡村旅游精品

截至目前,吉林省已认定长春市九台区龙嘉街道红光村等 27 个村为美丽休闲乡村,吉林市桦甸市等 4 个县(市、区)为休闲农业和乡村旅游示范县(市、区)。建设美丽休闲乡村,继续打造休闲农业和乡村旅游精品,为全省休闲农业全面振兴和农业农村现代化作出新贡献。

3. 深度挖掘农产品文化内涵,带动当地经济发展

深挖农产品文化内涵,把农民加工生产的特色土特产品等转化为特色旅

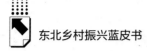

游商品，融入乡村旅游业发展。采用线下旅游线上购物的方式，直播带货，有效带动了当地经济的发展。

4.乡村旅游成为农民脱贫致富的重要手段

乡村旅游业作为农民脱贫致富的富民产业，调动了农民群众发展乡村旅游的积极性。2021年五一期间，全省81家高等级（4A级、5A级）乡村旅游经营单位开放72家，共接待游客71.27万人次，同比增长170.17%；实现旅游收入2073.66万元，同比增长257.69%。长春马鞍山村接待3.54万人次，同比增长119.8%，收入同比增长123.6%；百年梨园接待3.17万人次；和龙金达莱村5月1日迎来近5万人次游客，到5月17日的民宿都已预订满；吉林市乡野人家接待4万人次；吉林市富饶农场接待2万人次，同比增长400%。吉林省人民政府发布的《关于推进乡村旅游高质量发展的实施意见》指出，到2025年，全省乡村旅游接待人次年均增长20%以上；实现旅游收入550亿元，年均增长25%以上。乡村旅游带动就业人员突破300万人，全省10个县、乡、村旅游综合收入占当地地区生产总值的比重超过10%，乡村旅游成为当地的主导产业和农民致富增收的重要渠道，广大农民在乡村旅游业发展中得到了实惠。

二　吉林省乡村旅游高质量发展面临的形势

（一）旅游主体结构的变化

2022年3月，吉林省经历了较为严重的本土疫情，在新冠肺炎疫情发生之前，旅游主体主要是旅游团、商务会议旅游等。疫情过后，人们对外出旅游的需求高涨，但由于考虑到疫情的影响，人们出行对卫生安全、私密性的要求骤然提高，传统的散客拼团出游的方式受到冷落，取而代之的是由游客自发组织的小团体成为旅游新主流，如自驾游、包车游、定制游等。旅游主体从以往的陌生拼团散客变为亲子游、亲友游等小团体熟人旅游。此外，由于高涨的旅游热情，旅游群体的年龄构成呈现出明显的年轻化趋势，符合年轻人消费心理的旅游产品逐渐成为时下最受欢迎的产品，因此出现了当前较为流行的"露营经济"。

（二）疫情后微度假旅游成为主流

微度假的提出其实早于疫情发生之前，是为适应居民对出游不需烦琐准备、舟车劳顿就能畅享度假生活的需求而提出的"身边的度假"理念，尤其是周末及 2.5 天弹性休假制度实施后，以观光、游憩、休闲、体验为主要目的，以近距离、短期为特征的新型度假模式更加盛行。由于新冠疫情的影响，人们对长线乘坐公共交通出行这种不确定因素太多的出游方式产生了谨慎选择的心理，对于短线可自驾或包车行的本地游、省内游、郊游、亲子游等微度假的旅游需求反而增长，这些微度假旅游有着私密性高、安全性高、准备时间周期短、随时可出游、参与度与体验性强等特点，满足游客的多样化、个性化、品质化需求，复合、多元的产品符合家庭、全龄段出行的休闲度假属性。因此，微度假产品是以一站式组合性综合产品，通常以"特色住宿+景区+其他休闲项目"的形式出现。由于这些特点，一众微度假旅游目的地中既有乡村美景特点，又能参与互动的乡村旅游成为大众首选。

（三）康养旅游逐渐被大众认知

康养旅游是西方社会日益流行的健康旅游，属于健康旅游的范畴。国外康养旅游起源于 14 世纪初建立的温泉度假村。1959 年，美国首先创造了"康养"一词，指出"康养"体现了高度的健康，是特定环境下身体、精神和状态的总和。虽然经过多年的发展，但国内康养旅游仅占整个旅游市场总交易规模的 1% 左右。2020 年，新冠疫情让"健康才是真刚需"逐渐被从"60 后"到"90 后"的全年龄层人群接纳，以大健康为基础的生活观念和生活方式的转变受到了前所未有的关注。2022 年吉林省疫情后激发了大量居民对康养旅游、养生旅游、户外休闲旅游和乡村旅游的需求，乡村旅游、度假和医疗保健成为吉林省旅游消费的主力军。

（四）网络营销便捷化激发需求

由于旅游主体结构的变化，年轻人逐渐成为旅游消费的主力军，旅游产品购买方式由原来传统旅行社购买逐步转变为网络自主购买，网上预约、网上购票、网络购买优惠、网络预售、做攻略、本地土特产直播带货等网络营销方式逐渐增多，利用好网络营销平台成为乡村旅游发展中非常重要的一个环节。

三 吉林省乡村旅游高质量发展存在的问题

（一）吉林省乡村旅游缺少整体规划，同质化严重

乡村旅游的魅力在于能带给人们不同于日常生活的新鲜感与体验感。吉林省乡村旅游的开发到目前为止只有一小部分能够达到以片区为单位进行规划，但绝大多数开发乡村旅游的居民由于资金投入、意识层面等问题，仍停留在吃农家饭、自主烧烤、采摘品尝、观赏田间景色、农事体验等项目，各自经营，甚至形成竞争关系。这种容易被"克隆"的乡村旅游产品的重复性导致游客审美疲劳，降低乡村旅游的复购率，长此以往势必会影响乡村旅游的良性发展。

（二）吉林省乡村旅游整体接待水平较低，从业人员素质有待提升

乡村旅游的发展离不开旅游从业人员提供的服务。近些年吉林省乡村旅游发展迅猛，其主要服务群体大多集中在村民及企业经营管理人员。一方面，到目前为止，吉林省乡村旅游管理工作方面得不到重视，农业部门、旅游部门以及当地的村委会等部门协调性较差，缺少整体的管理体制，制约了当地乡村旅游的发展；另一方面，一部分人由于缺乏旅游相关专业知识，没有经过严格的服务培训教育，服务意识、经营管理理念缺乏，乡村旅游整体的接待水平不高，服务质量难以达到城镇游客的需求，从而使游客的满意度

降低，进而导致游客的重游率大打折扣。但在这个过程中我们不能否认当地村民对于游客的热情真挚，但由于整体受教育程度低、文化素质不高，在意识上会出现服务分歧，最终影响整体的服务质量。

（三）吉林省乡村旅游资源的保护意识薄弱，生态环境遭受一定程度破坏

乡村旅游和生态环境保护是一种相辅相成的关系，没有好的生态资源，乡村旅游的发展质量也不会很高。首先，吉林省乡村旅游由于缺乏有效的监管，大部分的乡村旅游经营者都缺乏环境保护的意识，粗放管理甚至无人管理。以吉林省长白山为例，开发乡村旅游是激活长白山旅游的一项重要举措，但由于开发过程中旅游建筑项目及基础设施建设的影响，为了游客的舒适度和景区的可进入性，修建住宿地、廊桥等人工景观，占用林地，大范围地破坏了长白山的山体植被。其次，吉林省乡村旅游发展中的"农家乐"旅游产品，游客缺少保护环境的意识，随意丢弃烟头、塑料袋、塑料瓶等对生态环境破坏力度大的垃圾，都会造成生态环境的污染。再次，乡村旅游会对大气产生一定的污染，由于乡村旅游在地域上离城镇较远，多数游客以自驾或包车的形式前往，一定程度上汽车的尾气、噪声污染都会对当地的生态造成破坏。最后，对当地生态水体造成污染，未经处理的废水直接排入小溪河流，导致水体污染、水质下降，甚至有一些乡村旅游为了增加旅游项目，在附近的水域开发水上活动，垂钓、划船等，使得水源中的动植物也受到影响。

（四）吉林省基础设施建设不够完善，影响乡村旅游高质量发展

受到当地经济水平的限制，很多吉林省农村旅游基础设施建设不够完善，其体现在两个方面。一方面是通信设施、住宿、交通等基础设施建设问题。首先，互联网已经逐渐成为现代人不可缺少的设施，由于农村的基站铺设范围不够广，可能出现手机无法联网的情况，网络信号不好会影响游客的游览体验。其次，乡村旅游由于其体量小，每到旺季可能会出现接待能力不

足的现象。最后，农村公路的铺设一定程度上改善了基本的交通状况，但某些乡村旅游路线道路太窄，制约了乡村旅游的发展。另一方面则是餐饮、厕所等方面的卫生问题。2015年，中国开始在全国大力推行"旅游厕所革命"，到2017年最终实现旅游景区、旅游线路沿线、交通集散点、旅游餐馆、旅游娱乐场所、休闲步行区等的厕所全部达到三星级标准，并达到"数量充足、卫生文明、实用免费、有效管理"的要求。虽然吉林省各地区按照要求，从2015开始陆续进行了"旅游厕所革命"，但除旅游景区的公共厕所有较大改善以外，乡村旅游的基础建设还是较为落后。

四 吉林省乡村旅游高质量发展的对策

（一）吉林省乡村旅游要形成数量到质量的转变，实现乡村旅游高质量发展

1. 建设乡村特色品牌集群，打造品质乡村旅游

文化赋予乡村旅游发展内涵，可以说文化是旅游的灵魂，更能突出各个乡村旅游的独特特色。对于乡村旅游来说，"乡土味""民俗特色"是其发展的内核。因此，首先可以通过对乡村旅游因地制宜的科学化设计，从本身特色出发，融入当地居民农村生活，可打造培育乡村旅游景区精品、乡村旅游民宿精品、乡村旅游农副产品精品及部分极具当地特色的旅游头部产品。利用美食、民俗文化、森林康养等当地旅游资源可推出适合本地特色的美食品尝、乡土风情、度假养生等乡村旅游产品。其次，为了提升乡村旅游产品的服务品质，要对当地旅游空间结构进行优化。景区的旅游空间结构不是一成不变的，它受景区内外两大因素的影响，即旅游市场需求的变化和旅游景区生命周期的发展。因此，为了打造让群众满意的品质旅游，可以集合当地资源与周边地区形成集聚性乡村旅游区域，形成产业集聚，带动整个区域的开发。集群释放流量效应，从而打造该地区旅游产品的品牌形象。

2.促进乡村旅游业态融合发展

业态融合是现代乡村旅游的大势所趋，也是城市消费需求的热点所在，因此建设农业公园、休闲农场、乡村营地、乡村公园、乡村主题艺术村、高科技农园等一批多业态融合的乡村旅游产品迫在眉睫。结合吉林省旅游资源的发展重点，如冰雪旅游、红色旅游、康养旅游等一系列旅游资源，共同开发极具特色的吉林省乡村旅游。首先，可以利用现有乡村旅游资源在冬季进行开发，如黑龙江"雪乡"，冬天游客可以体验东北冰雪风光，夏天则可以体验绿意盎然的原始森林和漂流。吉林省可借鉴此案例进行开发，实现"四季乡村旅游"。其次，以"红色文化"为核心，开发一系列爱国主义教育基地，利用红色资源优势，结合乡村旅游的特点，建立红色研学基地。最后，依托吉林省特色森林资源，开发乡村康养系列产品，建设一批乡村营地、乡村森林公园等基础设施齐全的乡村旅游产品，为游客提供集休闲、娱乐、康养于一体的乡村旅游。在此基础上可以推动吉林省中医药与康养旅游的结合，开发整合中医药特色养生保健资源，建设一批以中医药康养、保健养生为主题的乡村旅游产品。

（二）加强人才引育建设，促进吉林省乡村旅游高质量发展

1.政策精准落地，吸引专业优质人才

要通过政策引导，充分调动各地政府加强对乡村旅游人才工作的重视，调动旅游与农业融合发展的积极性，通过制定落实精准化吸引人才政策，把物流、人流、资金流、信息流汇聚到乡村旅游发展中。政策扶持重点要关注两个方面。一是人才的匹配度。发展乡村旅游除了需要经营规划类人才，还需要农业、建筑、艺术、手工、民俗等各个行业的当地传承人与创新者。只有帮助村民留乡致富，才能真正发展乡村旅游。二是政策的匹配度。人才政策应当关注人才队伍建设的各个环节，既要招引集聚人才，也要服务好人才的成长和创新，让他们在乡村旅游事业中能够发光发热，从而吸引更多的有志之士投身乡村旅游发展，助力乡村全面振兴。

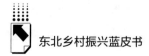
2. 加强乡村旅游从业人员培训，提升乡村人才素质

第一，从旅游专业性角度普及旅游产业知识，加强对乡村旅游从业者服务意识、服务能力的培养，提高村民的综合从业素质。要挖掘更加熟悉当地情况、更具乡土情感的本土人才，鼓励村民各施所能参与乡村旅游发展，形成在乡村内部人才带头发展旅游产业的"头雁效应"。

第二，乡村可利用区位、环境优势，与旅游企业、旅游院校和机构等合作，引进专家规划、开发旅游项目，为乡村旅游发展出谋划策。抓好培训资源整合，积极整合农业高校、科研院所、职业院校等涉乡村旅游教育培训资源，布点建设乡村振兴人才实习实训基地，采取"订单培养"等方式，开展乡村旅游专技人才、高素质农民、创新创业人才等专项培训，提升乡村旅游人才技术技能水平和发展带动能力。

（三）推进吉林省乡村产业绿色循环形态塑造，与乡村旅游业互惠互利

乡村生态旅游与社会绿色发展、循环发展、低碳发展、环境保护等概念的关系非常紧密。乡村生态旅游是绿色经济发展的一种体现，也是吉林省乡村产业绿色发展非常重要的环节。因此，要想推进吉林省乡村产业绿色循环形态塑造，以实现乡村旅游业互利互惠，就应多维度地发展乡村绿色经济，加强对乡村旅游生态资源的保护与开发，挖掘其特色旅游资源，并科学合理地进行因地制宜的开发，让村民在发展乡村旅游的过程中注重走绿色经济的可持续发展之路。要想实现绿色循环的发展目标，首先必须在指导思想上进行转变，坚持保护自然、尊重大自然规律、顺应事物发展规律的基本理念，使人类的活动行为能够控制在自然承受的限度之内，实现人与自然和谐共处。其次，需要加强对绿色循环低碳发展的顶层设计，形成有利于社会绿色发展、乡村旅游生态建设的管理体制，制定有利于社会绿色发展、乡村旅游生态建设的一系列政策。政府要对绿色发展做出更加精准的定位，避免出现政府及市场管控失灵，降低绿色发展的风险与成本，使吉林省乡村旅游可持续发展有据可依。最后，优化乡村空间开发格局。由于乡村土地多以种植农

作物为主体，其非均衡性和土地脆弱性尤为明显，科学地布局生活空间、旅游空间、生产空间，降低能源资源浪费、合理减少排放污染物尤为重要。

（四）加强基础设施建设，全面提高服务质量

吉林省农村基础设施发展不完善阻碍了乡村旅游的发展，因此不能放松对基础设施建设的投入。第一，对有条件发展乡村旅游的地区，政府应率先发展旅游公路、观光公路、乡村风景街道，在地区之间建立高水平道路网络，实现各乡村旅游地区之间不间断连接，加快提升地区乡村旅游的通达性，提高地区的可进入性。第二，已经或即将发展成乡村旅游的场地要对污水处理、集中供水、停车场、游客服务中心、旅游指示牌等环节进行科学落实，改善当地旅游服务功能，提高乡村旅游总体水平，加快乡村旅游服务建设。第三，积极投入基站铺设，解决网络信号不佳的问题。依托互联网，围绕旅游服务意识、服务标准、服务质量、服务流程等多个层面深入消费者的各个环节，加快吉林省乡村旅游向数字化、信息化、网络化、智能化转型，提高乡村旅游整体的旅游体验和服务质量。第四，发展旅游想要留住客人，就必须提高旅游业接待档次和水平，继续抓好当地酒店民宿建设。可以借助市场的力量，在政府主导下加快建成一批风情浓郁、特色鲜明、功能配套完善的高端民宿。建立翔实的客户数据库，提供个性化服务。

产业发展篇

Industry Development Reports

B.10
东北三省数字农业发展现状及对策研究

张纯荣*

摘　要： 数字农业作为全球农业发展的战略方向，已经成为 21 世纪农业
现代化的必然选择。我国地处东北的黑龙江、吉林、辽宁三省都
是产粮大省，近年来在政府的大力推动下，东北三省数字农业发
展建设已取得了较为显著的成效，数字农业技术服务体系日趋成
熟，各县市因地制宜探索出多种数字农业推广与普及模式，但与
此同时，在政策法规、平台建设、示范推广和人才队伍建设等方
面也仍然面临许多问题。本研究通过调查分析，剖析了东北三省
数字农业发展取得的成效及存在的问题，提出促进东北三省数字
农业发展的对策建议：完善政府主导的数字化农业顶层设计，加
强组织协调；构建数字农业行业标准，提升科研创新能力；创新
数字农业服务模式，完善农业大数据平台；加强数字农业应用推
广，打造农业数字化营销渠道；培育新型农业主体，加强数字农

* 张纯荣，长春光华学院管理学院副院长、教授，主要研究方向为农村电商、数字营销。

业人才队伍建设，以助力东北振兴。

关键词： 数字农业　现代农业　东北三省

数字农业是以现代数字信息和现代网络农业知识技术为主要核心技术基础，通过大数据分析、物联网、云计算等将数字农业网络信息技术与数字农业相关技术成果进行有机融合，进而实现数字农业技术生产经营全过程的生产目标自动感知、信息自动捕捉、分析生产决策、定量生产投入、精准生产服务的新型数字农业技术生产经营模式。中共中央、国务院高度重视我国的数字农业发展，2018 年在《关于实施乡村振兴战略的意见》中首次提出大力发展数字农业，其后又相继出台了《乡村振兴战略规划（2018～2022年）》《数字农业农村发展规划（2019～2025 年）》等一系列文件，为农业现代化建设指明了方向，也为新时代数字农业的发展提供了基本遵循。

一　东北三省数字农业发展现状

东北地区是世界三大黑土地分布区之一，具有良好的种植优势，单位面积粮食产量较高，在全国 13 个粮食主产区中，黑、吉、辽三省占据三席。在数字技术飞速发展的背景下，近年来东北三省把握数字农业发展机遇，以数字技术引领农业发展，促进农业高质量发展，逐步实现传统农业大省向创新农业强省的跨越。

（一）产业基础扎实，产量稳定增长

东北三省地处温带大陆，属大陆性季风气候，气候复杂多样，四季分明，雨热同期，年均无霜期为 135 天左右。东北地区整体气候偏干燥，其东部的降水量相对较多，达 800 毫米以上，西部地区降水量最少，约为 400 毫米。这种气候能够满足种类繁多的农作物一年一熟制生长。且东北平原土壤

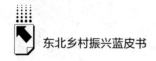
肥沃，是世界上仅有的三大黑土地区之一。这些得天独厚的自然资源优势是东北三省出产优质农产品的重要基础条件。

近年来，黑、吉、辽三省的粮食综合生产能力稳中有进，粮食总产量占全国的1/5以上，商品粮约占全国的1/4，粮食调出量约占全国的1/3，是保障国家粮食安全的"压舱石"。在农村居民收入方面，2019年东北三省农村居民人均可支配收入达46026元，同比实际增长9.04%。农村居民平均消费支出为35982元，同比实际增长6.78%。农业农村的良好发展，为东北地区数字农业的发展提供了有力支撑。

随着经济的发展，近年来东北三省涌现出一批大中型农业知名企业和集团公司，这些企业具有较强的综合实力和竞争优势，在国内具有较强的知名度。例如，在2018年"中国农民丰收节"中，五常大米、九三大豆、梅河大米、长白山人参、北镇葡萄、鞍山南果梨等12个东北地区的农产品品牌入选"100个农产品品牌"。

（二）政府大力推动，发展环境利好

最近几年，国家为振兴东北老工业基地出台了一系列政策举措。在此背景下，东北三省抓住机遇大力推动乡村互联网建设，开通网络基础设施"最后一公里"，初步实现农村宽带入村。截至2020年底，东北三省互联网宽带接入用户达到2871.8万户，比2019年底增加174.8万户。移动互联网用户数达到9268.86万户，比2018年底增加101.77万户。移动通信网络技术的日益广泛使用为东北地区的数字农业农村建设的快速发展奠定了重要基础。

与此同时，东北三省政府高度重视农业现代化，通过政策指导的方式逐步提升数字农业的比重。东北三省先后出台了多部促进数字农业农村发展的政策文件，如《"数字龙江"发展规划（2019~2025年）》《"数字吉林"建设规划》《数字辽宁发展规划（2.0版）》《吉林省实施数字农业创新工程推动农业高质量发展的实施意见》《辽宁省人民政府关于推进农业现代化建设的实施意见》等。综观这些政府出台的文件，都具有明显的帮扶数字

农业的特征，数字农业云平台改造、农业生产数字化建设、农业农村基础数据资源建设、农业产业数字化建设等十余项工程被列为重点任务，这也必将帮助东北三省在接下来的发展过程中将具有数字化特征的农业生产方式落实到每一个环节之中，提升数字农业能力。

（三）农业数据资源建设成效显著

东北三省通过推进农业数据资源汇聚与共享，在农业数据资源建设方面取得了较为显著的成效。从省域、县域层面探索数据资源目录和分类编码体系构建，通过多种途径采集归集农业自然资源和重要种质资源，以及新型农业经营主体等数据。例如，黑龙江省形成了涵盖全省 9 个城市和 36 个县区的"三电合一"综合信息化平台，并且为实现农村经营主体与农村政府部门间更好的相互配合，在黑龙江省范围内设置了基本上涵盖全省的近 100 个信息收集点和 2000 余个农民调查点，建立了纵横交叉的农村信息网，实现了以多维度、多方式推进农村信息化发展。吉林省自 2013 年以来一直在推进省级智慧农业建设示范工程，建立完善了吉林省智慧农村建设综合技术服务支撑平台，并自主研发建立了吉林省水稻和玉米 2 个农业物联网综合技术支撑服务体系，以建设现代农业为主题，围绕智慧农业建设和数字乡村建设两条主线，促进信息化与农业现代化的全面融合，取得了较好成绩。

（四）数字农业技术服务体系日趋成熟

近年来，东北三省现代农业信息服务体系逐步完善，通过农业数据平台建设促进了农业数据信息互联互通，农业产业转型升级也初显成效，具体表现为以下三个方面。

一是农业生产过程的信息化、精细化管理水平不断提升。数字农业应用越来越普遍，采用数字技术的特色农产品栽培、精深加工、农旅融合等项目广泛开展。例如，黑龙江省北大荒国家农业产业数字化先导区，推广"数字技术+农业生产"应用模式，2022 年无人农机作业面积已达 20 多万亩，节省了人力物力支出，提高了生产效率。以北大荒七星农场为例，该农场的

80 亩"5G 无人农场"项目，其使用的拖拉机、插秧机都是无人驾驶，农机作业视频监控、农机远程控制、农机数据和作业轨迹实时展示等，实现了全天候、全过程、全空间无人化生产作业，应用面积节省人力、物力支出 25%，节约田间作业时间 50% 以上。

二是东北三省农业物联网技术推广与应用工作成效十分显著，初步探索完成实现了农业示范性标准化生产基地核心功能区范围和国家重点农产品生产保护区范围的农业实时数据的收集处理与农业空间数据可视化。例如，吉林省目前的农业物联网示范应用的示范点总量就已经达到 82 个，包括玉米、水稻和蔬菜物联网示范应用的示范点达到 26 个，每个省级示范点目前都能够自行联网获取到 14 项环境数据指标，包含了视频图像、气温变化与空气相对湿度、土壤温度变化与空气湿度、降水量变化与日光照度，还可以自动对采集数据进行统计分析处理，并可以通过系统人工输入条件数据，实现农业条件（土壤湿度、幼苗、虫灾、疾病等）农业信息数据的综合分析、查询、预警处理，农业生产技术指导与管理服务，以及主要农产品质量的全程信息追溯。依靠长农网和长光卫星公司技术，整合"互联网、卫星网、电话网"三大网络，将农村互联网信息资源共享服务、农村远程教育技术服务、智能化的农民专家制度建设服务系统与农村电话语音服务、农村固网短信技术服务系统整合为一，推进农村"12316"和"三农"信息综合服务平台系统的升级改造。

三是利用现代信息技术，完善农产品数字化营销服务体系。通过推动涉农电子商务平台建设，助力互联网创业，重塑农产品流通链。例如，辽宁省自 2019 年以来推动益农社建设发展，全省益农社数量稳定在 9800 个左右，政府还通过农商联超加挂了农业农村部信息服务进村社入户服务项目，为辖区所有农民合作社统一配备安装了触摸屏平板电脑、壁挂式自助转账自助机或农行专用 POS 机等信息化服务硬件设施，并免费植入移动、电信、保险、银行等业务代办服务，依托益农社开展"线上+线下"销售，使益农社真正成为农村电子商务的集散地，年均收入近亿元，深受农民群众欢迎。吉林省长春市双阳和伊通，围绕村级信息服务站的建设、村级信息工作者的建设、

"12316"的标准化改造、组织管理和运行机制的创新，在农业公益事业、电子商务、便民服务、培训和体验服务等领域受到群众的一致好评。

（五）各市县因地制宜探索出多种数字农业推广与普及模式

东北三省各市、县按照经济条件的不同，采用了不同的数字农业推广普及模式，逐步扩大本地农业和农业企业的外部影响力，拓宽吸引外来投资的渠道。各地的数字农业成果普及与应用推广概括起来主要有以下几种。

一是"代理+互联网信息网+代理"模式，由代理人归集单个农户手中的信息，并进行集中整理、分析，再通过网络发布出去，进而让更多代理人直接组织生产、购销活动，这是农业产业化发展的一条捷径。

二是"协会+信息网络+协会"模式，为提高农户生产的组织化程度，通过各类农业产业协会获取各类信息，指导农民进行生产，生产的产品再由这个农业产业协会的成员单位自上而下销售出去，从而形成完整的工业化协作系统。

三是"龙头企业+信息网+龙头企业"形成的"企业+基地+农户"的产业化发展模式，例如扶余市作为产粮大县，通过这种方式挂靠了8家较大的粮食企业，建设棚膜蔬菜基地，建立国家级棚膜蔬菜示范园，努力打造东北地区最大的绿色蔬菜生产基地，同时当地还联合新洋丰、史丹利、红四方三大化肥企业，建设复合肥生产基地，复合肥生产能力将达到220万吨，为吉林省农业发展提供产业支撑，具有强大的生命力和广阔的发展前景。

（六）农产品数字化营销平台建设取得显著进展

东北三省在数字化营销平台建设方面发展成效亦颇为显著。政府相关部门、企业及各类机构网站建设日趋完善，通过网站发布农产品买卖双方的供求信息，在对农产品市场行情的分析、报价、行业趋势预测等信息的发布方面也有了极大提高，促进了数字化营销平台作用的发挥。随着冷链物流的发展，鲜活农产品数字化营销的能力也日益增强。例如，延边州龙井市，其有着"中国苹果梨之乡"的美誉，在调研中发现，近几年网络营销比例逐年增大，已有近60％的水果储存公司采用不同层次的网络销售，如在线浏览信息、在线订购、在线咨询、在线支付等。针对大多数生鲜农产品含较多水分，或是体积较大、产销地相对分散等问题，物流系统也在逐步完善，以有效满足其运输过程中所要求的特殊条件，实现农产品在农业信息平台上的全流程网络营销，既包括促进供需信息的推广、发布和收集、网络宣传，还包括促成产品交易、完善顾客诉求等，对农民创收形成了有效的提升作用。

二 东北三省数字农业发展现存问题分析

近年来，东北三省农业农村发展持续向好，在推进数字农业高质量发展的过程中已取得了一定的成效，但通过调研发现在东北三省深化数字农业发展的进程中，依然存在着诸多亟待破解的瓶颈。

（一）数字农业政策法规不够完善

东北三省先后分别出台了前述多部省级层面的数字农业发展政策文件，但调研发现在县域数字农业发展层面目前出台的专项规划和具体实施方案还较少，具体表现为以下几个方面。第一，在涉及县域农业农村发展建设规划、交通通信、技术服务等众多涉及数字农业建设的领域，目前所释放出来的政策合力还有待提升。第二，推动数字农业高质量发展必须具备大量的资金，但目前社会多元投入的金融机制还未形成，数字农业发展的资金瓶颈尚未破解。第三，区域范围内的数据信息共享基础制度建设不够完善，没有统一的数据规范制度，各种涉农数据信息不能有效归集和统一管理，涉农信息资源开放共享交易制度、涉农行政审批制度和涉农行政执法一体化综合服务等制度建设还有较大的改进空间。

（二）数字农业行业标准与技术尚不成熟

数字化农业系统以及数字化农业产业水平需要一个科学、系统的评价标准。调研发现，近年来我国东部地区数字农业标准化程度快速提升，而东北三省则在标准化建设方面相对落后。由于农业数字化标准的缺失，数字化农业技术和产品品控等各个环节都可能存在安全隐患。

另外，行业标准的缺失也不利于培养消费者信任度和忠诚度，制约了农产品的品牌建设和市场竞争力的培育。综观欧美等发达国家，始终高度重视农产品标准化，在农产品加工及流通环节都有相应的实施标准与措施。比较发现，东北三省农产品生产企业的食品质量、包装、运输储存等各方面质量的各项管理和制度尚不健全，缺少专业且科学的品质检验和衡量标准。因此，在数字农业发展的过程中，有必要解决数字农业政策法规和数字农业产业标准的制定问题。

（三）数字农业信息服务模式创新能力较弱

数字农业信息服务模式创新涵盖数字农业基础数据资源建设、数字农业技术创新、数字农业投入模式创新以及数字农业营销渠道创新等。东北三省的数字农业信息服务模式的创新能力并不突出。

第一，有关基础数据资源建设方面。互联网经济、大数据、人工智能和实体经济的融合度不高、整合程度不够，相关的一些实体的农业信息基础经济并没有获得相应的网络数据资源。第二，有关数字农业技术创新方面。在农业数字化以及智能化生产方面，技术手段落后，相关的配套设施并没有融合到一起。比如气象资源以及溯源等技术，没有形成良好的模式，大部分核心技术不能够本土化，导致了很多情况的限制。第三，数字农业营销渠道方面。农产品上行渠道不通畅，在农产品的高附加值营销方面以及定制化生产方面还需要很大程度的加强。

（四）数字农业推广及应用示范效应不明显

就目前来看，各个领域对于推广数字农业应用的情况并不在多数，应用不广泛，在很多环节方面还不畅通，除了在农业生产环节应用数字化以外，其他环节比如数字分析、灾害预警、品控、溯源、营销渠道等方面的应用并

不普遍。

在应用示范方面，东北三省的数字农业正处于刚刚起步的初级阶段，没有较多成型的示范企业，数字农业建设试点企业非常少，导致很多企业对这种数字农业建设的问题缺乏了解。农业示范试点的缺乏，不能很好地发挥试点的示范效应，导致数字农业推广难。

（五）数字农业专业人才匮乏

数字农业涉及农业、信息技术等多个领域的相关知识，急需各相关领域的专门人才，而近几年东北三省整体上农业人口流失严重，许多农村青年进城务工，留在农村务农的青年越来越少。同时，现阶段东北三省对具备农业规划与管理能力的专门人才吸引力不足，这也导致了专业人才流失严重，高素质人才相对短缺。但发展数字农业，需要新一代的力量，需要拥有一支掌握理论知识和熟练应用技术的人才队伍，他们不仅是劳动力，更是技术人才，对于东北农村而言，这类农业劳动力短缺问题，成了发展数字农业的最大障碍。

三 东北三省数字农业发展对策建议

东北三省具有人口密度低、农业经营规模大的特点，适宜大规模机械化生产，具备推广数字农业的基本条件。根据东北三省现有的数字农业发展基础，提出以下对策建议。

（一）完善政府主导的数字化农业顶层设计，加强组织协调

1. 加强顶层设计

数字农业的发展需要多部门协调、共同推进，因此需要政府主导完善顶层设计，根据县域发展实际条件分析优势劣势，并据此制定专项规划和实施方案。例如，以政府为主导，构建区域农产品数据资源的开放共享合作机制，横向协调区域各部门之间实现数据信息资源的有效互联和互通，并逐步实现更大区域范围的农产品数据资源集成共享和深度融合，形成一个可共享

使用的农产品标准数据库，让这些数据资源产生巨大合力。

2. 发挥行业协会组织协调作用

加强农村产业协会、农村电子商务协会、供销农业生产合作协会、农村信息和科技服务协会等有关专业社团和行业协会建设，充分发挥行业协会组织在研究制订行业发展战略计划、建设行业技术标准体系、开展行业科技信息咨询与服务工作等各方面的行业组织和协调服务功能，为各行业企业发展提供更多有效的信息技术服务支持渠道以及开展有关的其他业务。同时，也要加快数字农业关键技术研发和成果转化，引导科研机构、研发型企业、高校等的社会各界人员广泛参与。

（二）构建数字农业行业标准，提升科研创新能力

1. 实施标准引领和认证工程

数字农业技术的广泛应用，需要各层面拥有统一的标准。首先，在相关数据资源库的建设方面，必须进行大范围的农业基本信息标准化，统一信息分类规范和编码体系，为资源共享奠定基本保障。通过相关数据信息标准化构建，实现农产品数据收集、保存、分析、管理与服务规范，农产品大数据平台和系统技术标准、数据访问与交换规范，以便为数字农业信息网提供数据互联共享。其次，关于农产品的种植、培育、采集等过程，也要建立与农业生产过程、产品品质、工艺管理有关的规范，如品种选用、肥料使用、农药使用等规范，明确产品的品类与质量等级的划分标准，增加买卖双方的信息透明度，增加消费者信任度。

2. 提升数字农业科技研发创新能力

数字农业的推广与应用高度依赖关键技术的研发，而高效低成本、绿色生态循环是未来农业发展永无止境的追寻方向，特别是在农产品物联网智能管理、传感器、遥控等技术领域，要引导更多的农产品经营主体自主建立数字农业科研机构，进一步创新农产品科技成果转化机制，推进技术转化。健全"农、科、教、产、学、研"联盟，以"产业+团队+项目+基地"模式深化数字农业技术推广体系改革。

（三）创新数字农业服务模式，完善农业大数据平台

1. 促进数字农业产业链建设

建立数字农业产业系统，提高我国数字农业总产出。以发展东北三省优质玉米、水稻、参茸产业等传统优势特色产业集群为发展重点，培育东北百亿级数字农业产业链经济。挖掘东北三省"白山黑水"的历史文化特色，以数字化为载体，发展东北特色乡村旅游、生态康养、创意观光农业等农业新业态。以农业资金供应服务、农业作业服务、农业科技营销信息咨询与服务以及农业电商信息服务、农村流通信息化建设服务、高新技术咨询服务等为发展重点，培育数字农业农村综合服务经济。

2. 加强数字农业技术的应用示范及推广

积极支持数字农业龙头公司做大和做强，真正发挥体现出农业龙头公司应有的引导示范带动作用，从政府服务购买、投融资、基地项目建设、知识产权的保护运用等各方面为农业龙头公司提供各种支持和政策，实现数字农业建设的以点带面。

3. 加快数字农业网络平台建设

第一，明确数据分类标准，同步建立起多个基础数据库，如农机信息数据库、科技信息数据库等。第二，借助大数据、云计算等技术促进"信息共享"，完成数字化的田间管理过程。第三，促进数字化营销，将农产品包装、运输、销售等流通过程各个环节形成的数据汇总集成，通过信息共享与即时传输，支撑数字农业发展。打造集农业生产、流通、质量监管于一体的信息平台，借助大数据等技术，整合相关的信息平台，构建数字农业智能化网络，根据技术的发展，不断丰富网络节点，逐渐形成一个系统性的数字农业信息网。

（四）加强数字农业应用推广，建立农业数字化营销渠道

1. 营造农业数字化应用新场景

以数字化的手段提升农村生活方式，完善农村党务党建、医疗卫生、文

化教育、政务便民服务等领域的数字化服务体系建设，开拓和升级农业农村数字化应用新场景。例如，在医疗健康领域，可以探索"远程会诊""在线预约挂号"等互联网医疗服务；在文化教育领域，可以通过数字化方式积极推动优质教育资源和文化服务，建设数字图书馆、文化馆，推广在线和远程教育。发展数字化服务的新模式能够扩展优质教育和文化资源覆盖面，实现更为广泛的普惠共享，同时也能够促进各县域特色文化的传播，提升东北特色文化在全国乃至世界的影响力。

2.完善农产品营销大数据平台

运用数字化手段整合区域优质农业资源，聚合地域优势力量，着力打造高知名农产品营销大数据平台，推动地域优质特色农产品品牌建设。吸纳培育并重点集聚一批数字农业领域内的优秀领军企业，通过优势企业资源整合、抱团创新发展，促进本区域数字农业产业生态圈的建设，培育发展数字农业新业态。

（五）培育新型农业主体，加强数字农业人才队伍建设

1.培育新型农业主体

规划开展新型农村主体提升工程，优化农村从业人员结构，推进知识型、技能型、创新型农村经营者团队建设，培养规范化的农业合作社、示范家庭农场、农业骨干龙头企业、专业化的市场化金融服务机构。强化农村龙头企业、农民合作社、专业化市场化金融服务机构等对中小农户的引导作用，制定健全的支持政策，推动农民与数字农村发展的有机联系。

2.建设数字农业人才队伍

第一，将数字农业所涉及的基本知识和必要技术纳入新型农业经营主体培训、职业农民培训等成熟的农业农村培训体系，全面提高农村居民的数字农业意识。第二，单独设置数字农民培训，建立数字农民培训课程体系，通过培训试点，进一步探索培训标准，在县域范围内推行。第三，在县域范围内建设数字农业专家库，不断吸纳高端人才，充实专家队伍。

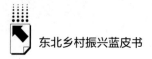
参考文献

［1］周清波、吴文斌、宋茜：《数字农业研究现状和发展趋势分析》，《中国农业信息》2018 年第 1 期。

［2］《数字乡村发展战略纲要》，《人民日报》2019 年 5 月 17 日。

［3］农业农村部信息中心课题组：《数字农业的发展趋势与推进路径》，《中国农业文摘-农业工程》2020 年第 5 期。

［4］吴玉宇：《发展数字农业》，《中国社会科学报》2020 年 9 月 2 日。

［5］吕小刚：《数字农业推动农业高质量发展的思路和对策》，《农业经济》2020 年第 9 期。

［6］汪旭晖、赵博、王新：《数字农业模式创新研究——基于网易味央猪的案例》，《农业经济问题》2020 年第 8 期。

［7］彭诗言、朱柏翰：《吉林省农产品区域品牌发展保障体系建构》，《北华大学学报》（社会科学版）2021 年第 1 期。

［8］慎丹：《东北地区农产品电商集聚与区域经济发展的互动关系研究》，博士学位论文，吉林大学，2021。

［9］《全面实施乡村振兴战略高水平推进农业农村现代化行动计划（2018~2022年）》，《浙江日报》2018 年 9 月 14 日。

［10］辽宁省农业农村厅：《创新机制整合资源进一步提升信息进村入户工程服务水平》，《农业工程技术》2018 年第 36 期。

B.11
东北三省乡村文化产业振兴问题研究

张　通*

摘　要： 近些年，随着经济和科技实力的稳步提升，我国的国际影响力显著提高，国家文化软实力的重要性愈发凸显。中国的文化软实力需要结合中国的国情，发展具有中国特色的文化产业。而国家提出乡村振兴战略是结合我国地域特点，适应国情所需，因此，如何有效发展乡村文化产业成为当前的重点问题。东北三省是国家重要的工业基地，经济形式以工业与农业为主，忽视了文化产业的发展，就谈不上农村地区文化产业的发展，加之近年来东北人口外流严重，从而导致乡村文化产业发展整体偏弱且无特色，并出现了一系列发展问题。本研究主要针对东北三省乡村文化产业振兴的现状，分析在乡村文化产业发展上出现的问题，并针对这些问题提出建议与对策：完善产业顶层设计，构建乡村文化产业服务体系；发挥特色带动作用，打造乡村文化产业生态圈；融合数字媒体技术，助力乡村文化数字化建设；健全人才引进制度，做好乡村人才保护和引进；发扬民族文化优势，科学进行地域文化资源保护与开发，以期为东北三省乡村文化产业发展和乡村文化振兴提供借鉴。

关键词： 乡村文化产业　乡村振兴　民族文化　东北三省

---

* 张通，长春光华学院电影学院副院长，主要研究方向为数字媒体艺术。

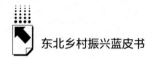

东北三省的乡村振兴战略主要依托乡村文化的建设，发展乡村文化建设是助力新型城镇化建设、社会主义新农村建设以及生态文明建设的有效途径。因此，重视乡村振兴发展，挖掘东北三省乡村文化特色，着力推进乡村文化建设，是乡村振兴的重要议题，具有重要的实践指导价值。

一 东北三省乡村文化产业发展问题

（一）乡村文化产业实力整体偏弱

1. 乡村文化产业发展驱动力不足

东北乡村文化产业发展区域位置在东北三省城乡地带，众所周知，农民为乡村文化产业从业者的主要群体，其绝大多数生产经营活动以农业及养殖业为主，文化从业者稀少、缺乏。随着近年来东北三省城市化步伐的加快，加之南方经济的快速发展，逐步形成"城市吸引力"和"南方吸引力"等人口流向问题，致使东北农村人口数量出现负增长现象。我国第七次人口普查数据显示，东北三省总人口较十年前减少近 1101 万人，平均出生率仅为0.608%，这表示东北三省人口结构比例已出现不均衡，巨大的人口缺失造成愿意从事乡村文化的人更是少之又少。此外，东北三省尚未具备强有力的经济驱动，2021 年，辽宁省地区生产总值为 27584.1 亿元，国内排名第 17位；黑龙江省地区生产总值为 14879.2 亿元，国内排名第 25 位；吉林省地区生产总值为 13235.52 亿元，国内排名第 26 位。加之特殊的高寒地理位置等各种不利的物候条件，使其乡村文化的开发及文化市场化受到多方面的制约。更明显的是，由于缺少相应的文化产业启动资金，陈旧落后的乡村文化活动设施得不到及时更新换代，无法提供更健全的配套乡村文化服务。人力、物力、自然条件等方面的不足造成了东北乡村文化产业缺乏新鲜活力，这也是本区域文化产业实力总体偏弱的重要原因之一。

2. 文化产业民族品牌创新力缺乏

要想把文化产品推向世界，首先要创建有地域特色的文化产品，在这一点上东北三省尚缺乏有足够影响力的文化产品，地域文化包装推广力度还不够，比如吉林省长白山文化、吉林市松花江流域水文化、黑龙江省北大荒冰雪文化、辽宁省二人转文化等老百姓虽然了解但尚未形成文化符号。而地方文化产业品牌的背后需要有地方政府的助推和传承，以及有文化产业实力的文化相关企业运营创新，但是东北三省能做到把文化产品推向文化市场的中小型企业的实力还不够强大，其文化品牌的创新竞争力仍不足。

根据国家统计局和华经产业研究院整理的数据，我国2021年规模以上文化及相关产业企业分区域营业收入及占比情况，从整体来看，全国呈增长发展趋势。从数据上来分析，东北三省在全国的文化产业营业收入比重过低，增速过慢（见表1）。由此可见，东北三省文化产业要走的路还很长，农村文化产业的发展还需要探索新的有效路径。

表1 2021年文化及相关产业企业分区域营业收入情况

单位：亿元，%

项目	东部地区	中部地区	西部地区	东北三省
营业收入	90429	17036	10557	1042
同比增速	16.5	14.9	13.7	11.0

资料来源：国家统计局和华经产业研究院。

（二）乡村文化产业资源少且结构相对单一

1. 乡村文化资源与市场需求有差距

乡村文化资源是以地方文化特色为基础，地方特性决定乡村文化开发的定位和方向，无论是生产和经营还是传承和开发，均以当地农民为主导。乡村文化资源一般分为自然文化、地域内非物质文化、农民日常生产生活中喜闻乐见的文化三大类。自然文化为当地的自然风光，是大自然在时间中沉淀的自然风貌文化以及农村在原始自然文化的基础上从事的相关经营性开发文化；地域内非物质文化是在历史实践过程中将地域文化精神进行凝练，是创

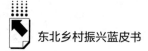

作的精神文化，如地方戏剧、戏曲、歌舞等；农民日常生产生活中为满足农民日常精神性需求的文化，通常是喜闻乐见的庙会、集市等。要想文化资源与市场需求更好地接轨，其重要的表现形式为文化资源产业化，即文化资源走向市场。以黑龙江省为例，乡村文化资源长期以来都面临着不能够满足文化产业发展的整体需要，当地城乡政府一味盲目地进行乡村文化资源的开发与扶持，不做文化市场与文化产业调研，从而导致乡村文化产品与市场存在差距，缺乏市场的精准定位与产品推广运营。加之在文化产业中对外招商引资比较困难，仅仅本省文化企业做文化产品输出是远远不够的，无法满足社会各方面对于乡村文化的需求。

2. 乡村文化产业点状分布，规模体系待整合

东北三省以广阔的黑土地著称，人少地多、地大物博，自然村屯分布不均衡，点状分布且距离较远，不容易管理，配套设施不健全，由于所处的地理位置偏远和不集中，村与村之间信息缺乏联络。例如，有的村落尚未建成基层服务点和文化广场大院，缺乏文化配套设施等。无论是数量还是质量均不能提供相应的公共文化资源，文化娱乐设施的数量不够充足，文化娱乐的活动形式不足，在这样的文化条件下，农民群众的支持度和参与度很难得到提高和保证。除此之外，部分集中村落有当地相应的小规模文化产业，但仅仅是满足当地文化精神需求，无法形成有规模有体系的文化产业，且缺少与周边城乡村落的文化联动，呈相对孤立的各自发展形式，最终造成了东北三省乡村文化产业点状分布且规模有待整合的局面。

（三）乡村文化产业基础建设薄弱

1. 乡村公益性文化场所数量较少

乡村公益性文化场所是文化建设中不可忽视的方面，近年来，辽宁省先后实施了文化共享工程进乡村的相关工作，全省现有 300 平方米以上的乡镇综合文化站 821 个、县级电子阅览室 73 个、乡镇电子阅览室 574 个，省文化共享工程模拟频道覆盖涉农县区 260 万户，已建立较为健全的农村公共文化服务网络体系。但在一些经济薄弱的乡村，其文化建设投入不足，公益性文化事业发展滞后，乡村公益性文化场所少甚至没有，即便是小型的文化广场也是根据村落地貌和领导重视程度而建设。农村文化大院、文化小广场是乡村公益性文化场所的典型代表，一般是由村委会牵头、政府主导、农民自办的一种公益性综合文化传播点。农村文化大院一般利用村委会或村民服务中心等场地进行文化建设，建设图书室、活动室等，但整体以经济水平为参照。当前东北三省各乡村经济发展水平参差不齐，形成了乡村文化过度聚集、分布不均的现象。经济薄弱的乡村其乡村文化建设不设立文化点，基础设施投入不足，无法构成乡村文化发展的基础条件，致使农民缺乏参与乡村公共文化活动的兴趣，加之当今自媒体发展迅速，农民也热痴于网络媒体。文化场地缺乏、设施不足，文化活动单一，无法营造乡村文化氛围，形成乡村文化吸引力，成为乡村文化发展的阻碍。

2. 乡村文化产业从业人员不足

人力资本对经济增长影响巨大，当前东北三省人才净流出缺口较大，人才储备不足和人才流失问题较严重，人才的缺失阻碍各行业的发展，大大制约了东北三省的经济发展。同时，乡村各项设施建设较为落后，其营商环境基础薄弱，产业发展缓慢，工作岗位不足。而在固有观念中不认可农民的职业性，甚至看低农民的身份，将回乡创业视为无奈之选。因此，受各方人为观念和客观条件的影响导致乡村文化建设无法更好地开展，乡村文化产业从业人员极度缺乏。加之近年来新冠疫情的影响，经济压力不断增加，城市的优质生活和保障机制优势凸显，对于乡村文化产业从业人员也有极强的吸引力。相较于其他区域文化产业集聚效应带来的强劲发展，东北三省的区域差距逐步扩大带来的人才流失隐患问题较为严重。

（四）乡村文化消费与文化产业互动不足

随着我国经济的整体发展，我国农民消费也呈现逐步增长的趋势。根据国家统计局统计数据，2021 年我国农村居民人均可支配收入为 18931 元，较上年名义增长 9.7%，高于城镇居民 2.6 个百分点。全国局势向好得益于产业带动和就业创业拉动，而经济发展也拉动了各行业的消费。其中教育文

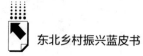
化娱乐消费占人均消费支出的 10.3%，较上年名义增长 25.7%，可见人们
对于教育文化娱乐消费投入增加，文化消费意识逐步增强（见表 2）。

表 2　2021 年全国农村居民人均收入和支出情况

单位：元，%

指标	绝对量	比上年名义增长
农村居民人均可支配收入（按收入来源分）	18931	9.7
工资性收入	7958	14.1
经营性净收入	6566	8.0
财产净收入	469	12.1
转移净收入	3937	7.5
农村居民人均消费支出（按消费类别分）	15916	16.1
食品烟酒	5200	16.1
衣着	859	20.6
居住	3315	11.9
生活用品及服务	900	17.3
交通通信	2132	15.8
教育文化娱乐	1645	25.7
医疗保健	1580	11.4
其他用品及服务	284	26.5

资料来源：国家统计局。

通过对比东北三省 2021 年居民消费价格涨幅情况可以发现，东北三省
人们对于教育文化和娱乐的消费整体在增长，但涨幅不大，相较于其他种类
消费并不突出，与全国居民消费平均涨幅相比也明显较小（见表 3）。

表 3　2021 年东北三省居民消费价格涨幅情况

单位：%

指标	黑龙江省	吉林省	辽宁省
居民消费价格	0.6	0.6	1.1
城市	0.6	0.5	1.1
农村	0.8	1.0	0.7
食品烟酒	-0.5	-0.3	0.3

指标	黑龙江省	吉林省	辽宁省
衣着	0.8	0.1	0.5
居住	0.3	1.3	0.6
生活用品及服务	−0.2	−0.1	−0.1
交通和通信	4.0	3.8	4.7
教育文化和娱乐	0.5	0.4	2.3
医疗保健	1.1	0	−0.2
其他用品和服务	−0.6	−1.9	−0.7

资料来源：辽宁省统计局、吉林省统计局、黑龙江省统计局。

东北三省人民文化消费占比并不高。例如黑龙江省，自2010年至2020年十年间由最初的10.4%下降到9.7%，究其根本原因是乡村文化尚未形成健全的产业链，农村产业结构无法有效升级换代，乡村文化消费与文化产业互动不足，缺乏后劲，无法形成可持续发展的样态。

乡村文化的产业链是指乡村各个产业部门之间产生的价值链、企业链、供需链和空间链四个维度的概念。① 乡村文化产生的价值通过乡村文化企业推广到文化市场，然后通过供需链和空间链把这些文化产品变成消费者所需要的文化产品。乡村文化产业需要通过挖掘传统的乡村经济潜能才能有效地促进经济的发展，但东北三省对传统乡村经济的挖掘不足，缺乏后续有效的产业板块对接，导致无法形成系统的产业链，对乡村旅游发展不能产生巨大的推动力。乡村文化的消费过程变得孤立互不相干，彼此缺乏有机的联系和互动的环节。

（五）乡村文化产业竞争力薄弱

乡村文化产品是乡村文化产业的核心，其涉及的范围广泛，涵盖不同门类和多领域的经营体系，可塑性强且发展潜力巨大。然而，当前东北三省乡村文化产业基础相对薄弱，相关体制和机制仍不完善，加之乡村文化产品核

---

① 《今天，跟着央视一起走进壮美而温情的吉林》，央视新闻客户端，2021年5月19日。

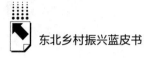

心竞争力不足，致使乡村文化产业发展缓慢。虽然互联网的发展为乡村信息获取拓宽了渠道，但文化水平的限制、年轻人口过少和人才资源匮乏等致使能够有效获取网络信息仍是难事。另外，乡村文化无法融入互联网时代，故步自封，导致一些地区文化产业发展难以跟上时代的步伐，相关市场需求信息无法及时获取，加之文化产品种类和宣传方式单一，造成了乡村旅游内容和形式等多方面的不足。如东北秧歌、吉剧等，缺乏时代元素的融入和创新，使乡村文化产品缺乏核心竞争力，难以满足受众不断变化的文化消费需求，导致乡村文化产业链缺失或断裂。

（六）乡村文化产业从业人员数量匮乏且素质有待提升

近年来，东北三省人口净流出规模总数较大，人口流失势必会加重东北当地劳动力短缺现象和社会抚养负担，进而制约创新能力和经济增长潜力。当前的乡村生活条件、生产环境、职务晋升等各方面缺乏强大的吸引力，很难留住优秀人才，人才队伍储备不足、质量不高，建设缓慢且缺乏系统性。

乡村文化振兴关键在人，高素质人才往往能够为行业发展带来长远影响，乡村文化产业也需要具有"工匠精神"的从业者。中共中央办公厅、国务院办公厅于 2021 年 2 月印发的《关于加快推进乡村人才振兴的意见》中，针对乡村人才振兴提出了意见建议，这对于现有乡村文化从业人员来说是重要的信号：一方面，对于新一代乡村文化从业人员提出了高素质高技能的要求；另一方面，对现有乡村文化人才的素质和技能提出了更高的要求。然而目前乡村手艺人正处于新老交替的断层时期，随着进城务工人员激增，世代生活在农村中的手艺人数量也开始减少，喜欢并愿意致力于传统手工艺传播和发展的年轻人数量减少。而已经掌握独特艺术技能的骨干已经变老，师傅带徒弟的观念越来越淡薄，导致传统文化面临后继乏人甚至后续无人的状态。与此同时，由于乡村手工艺人中大多数都是没有经过长期专业培训的人员，并不具备达标的专业素质和文化素质。

（七）乡村文化产业现有文化资源保护和开发力度不够

当前的乡村文化产业针对现有文化产业存在认识不足、缺乏保护的现象，特别是传统村落文化资源的保护方面，对于其稀缺性和不可再生性认识不足。传统村落的空巢化和老龄化问题严重，自然地貌和原始建筑等破败严重，唯有少数被列为历史文化名村的村落得到保护。但同时农村的无序性规划，在新农村建设过程中导致的自主性破坏，推倒重建、村落迁移等，加之商业化的过度开发形成的"旅游性破坏"，过分追求经济价值不断破坏生态环境，使一些重要的乡土文化资源遭受破坏。相应的保护措施和政策均不到位，地方性保护又具有较强的局限性。由于缺乏乡村文化资源的保护，原有的特色民俗文化也濒临消亡，传统民间艺术技艺也面临后继乏人而失传的危机。另外，乡村文化资源的开发要更加注重地域化的文化表达。东北三省少数民族文化较丰富，散落各省，而省市间缺乏乡村文化联动开发意识。对于乡村文化的互联网挖掘和宣传力度不够，没有较好地抓住互联网的新时代浪潮，缺乏网络记忆度。

二 东北三省乡村文化产业振兴发展路径

（一）以网红经济为亮点，乡村电商产业与新媒体有机结合

在国家实施文化产业数字化战略驱动下，数字化时代的号角吹到的乡村，乡村文化产业数字化成为乡村文化建设的重点。传统文化行业在疫情冲击下幡然觉醒，加速数字化转型的步伐，尝试各类"云游"活动，"云看展""云旅游"等新业态带来强劲增长动能。另外，数字电商也是助农扶贫的有效举措，以此催生的网红直播带货热潮，发挥了东北三省电商直播卖货的优势。相对标准的普通话发音，言语间东北独特的幽默感，东北人粗犷直率的性格和天然的社会活动能力，使东北网红经济具有得天独厚的优势。以辽宁省为例，位于辽宁营口市老边区的"娘娘家"电商直播基地就是一道靓丽的风景。快手网红"娘娘家"的主播房雪在该基地直播带货量最多达每日3万余单，每天的销售额最多达到80万元。我国3.3万多家从事直播的企业，就包括4414家辽宁省的企业。另外，若想东北的网络直播带货模

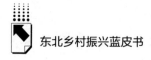

式形成长久的热效应，还需要政府和相关部门提供政策上和资金上的扶持才能走得更远。

（二）以冰雪文化为特色，乡村冰雪产业与体育业深入融合

东北三省有着漫长寒冷的冬季和温暖短暂的夏季，冬季地表积雪时间长，这些地理和气候的特殊性，造就基于冰雪旅游和冰雪体育主题的文化亮点。冰雪体育旅游是国内旅游产业的新兴力量，是以冰雪体育活动为主打内容，吸引游客反复消费的一种体验式旅游门类，深度挖掘东北冰雪文化，将乡村冰雪产业与体育业深入融合具有巨大发展空间。近年来，哈尔滨市将冰雪旅游作为主营项目，不断推出各类冰雪文化活动和冰雪运动，整合营销冰雪项目形成极品牌效应，连续多年蝉联全国冬季最热旅游城市的榜首。因此，东北三省应借势环境优势，形成冰雪文化的整体品牌效应，优化冰雪旅游结构，开发冰雪度假产品，形成有影响力的冰雪旅游度假区，加强冰雪体育场地和设施建设，政府加大冰雪旅游的支持力度，抓住春节过后良好冰雪状况持续开展冰雪旅游，发挥冰雪文化的最大价值，促使乡村冰雪产业与体育业深入融合，带动乡村文化产业发展。

（三）以红色文化为主题，乡村旅游产业与乡村文化产业紧密对接

当前我国红色旅游持续升温，从 2004 年到 2019 年每年参加的红色旅游人次已从 1.4 亿增长到了 14.1 亿。2021 年仅端午节三天假期，全网红色旅游景区门票销售同比增长近 60%，这说明红色旅游已然成为旅游消费的一个核心增长点。随着全国红色旅游资源不断扩充，东北三省丰富的红色资源既能成为红色旅游业的亮点，亦能为传承红色精神、拉动地方产业发展和助推乡村振兴提供重要途径。

东北三省古称"关东"，无数革命先烈为了中华民族的独立和解放事业献出了生命，围绕东北抗联精神的相关红色旅游景点遍布东北三省，其中吉林省就有 11 个红色旅游景点被评为"100 个红色旅游景区推荐"，近几年，吉林省已然成为红色旅游的亮点，包括"抗联精神传承线""抗联烽火铭记

线""致敬国门线"在内的三条主体路线总共涵盖 16 个全国的红色经典景点，还有 269 处革命旧址、133 处抗联旧址，以及 6000 余件（套）馆藏革命文物。据不完全统计，2016 年到 2020 年，吉林省红色景区总共接待游客 2465 万人次，为吉林省创收 36079 万元，这足以证明吉林省的特色红色旅游品牌已然打响。

以各地丰富的红色文化为主题，打造各地红色旅游品牌，并配套设置红色文旅的相应设施，将红色文旅与乡村文化产业紧密对接，整合区域内所有旅游景区，串联旅游景区并编制精品线路，围绕"重温红色历史""体验民俗风情"等主题形成一体化网络传播长效机制。同时，配套设计红色文创产品、DIY 红色创意空间，开展 VR 沉浸式体验活动等。

（四）以地域文化为载体，乡村非遗产业与文创业创新契合

我国拥有近 90 万项非遗资源，种类丰富，涉猎面广，大多分布于乡村，既是乡村文化的重要组成部分，也是当地乡土文化的重要载体。东北三省民族非遗文化丰富多样，八个民族在这片黑土地上流传了各色文化、各类传奇的民间故事和传说，热闹的东北大秧歌、朗朗上口的东北二人转、记录民族精神的满族说部、朝鲜舞等各类丰富的民族文化耳熟能详。东北三省民族文化特色鲜明，但对其传承、保护和利用却很单一，从全国来看西南地区纳西族的东巴文化在地理优势的基础上拉动上下游产业协同开发文化资源，每年经济价值转化近百亿元。反观东北三省的满族文化，虽然其悠久的历史能够追溯到远古时代新石器晚期，但对其保护和开发却常年乏力。随着近年来乡村振兴战略的提出，让非遗带动文化产业建设，探索"非遗+产业"的乡村振兴新路径是大的方向。以乡村非遗产业与文创业创新契合为切入点，以乡村历史文化资源和创意生产要素为基础，塑造乡村地域品牌，利用非遗文化促进乡村文化产业发展，必将是特色长远的发展道路。

三 东北三省乡村文化产业振兴对策建议

东北三省乡村文化产业振兴需要发挥三省联动作用，共同推进东北乡村

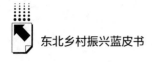

文化产业发展，构建东北三省乡村文化市场体系，规范和完善乡村文化建设路径，努力打造东北三省特色乡村文化品牌。

（一）完善产业顶层设计，构建乡村文化产业服务体系

各级政府部门应提高对乡村文化建设的认识，重视乡村文化建设的顶层设计，从地域全局着手制定发展规划，研讨乡村文化建设的各类事项。以东北三省乡村文化特色化发展为目标，制定相应的文化建设和文化事业发展规划；形成乡村文化专项管理制度，专人组织领导；增加建设投入，逐步更新基础设施；监管各组织环节，不断完善保障措施。将推广乡村文化作为工作导向，把面向社会服务当作宗旨，将工作中心放在探寻东北传统文化上，从政府角度引领乡村文化产业并提供有力保障，逐步构建优质特色的乡村文化产业体系。

（二）发挥特色带动作用，打造乡村文化产业生态圈

东北三省应整合文化资源，形成区域协同制度，培育地方特色，深挖乡村文化建设拉动地方经济发展，形成东北三省文化发展的内循环，构建乡村文化产业生态圈。

乡村文化产业的核心是民间传统文化和特有的文化资源，需要做到对乡村产品和产业结构进行调整，努力保持乡民收入的稳定和长效。东北三省地域文化资源特色突出，以此为契机挖掘乡村旅游资源，实现乡村旅游资源的经济价值和文化价值最大化。开展各类地方特色乡村文化艺术节，拉动农产品销售和推广；挖掘数字时代下的乡村文化，依托网络和现代科技，传播和弘扬中华优秀传统文化，进一步提升乡村文化软实力和竞争力。

（三）融合数字媒体技术，助力乡村文化数字化建设

乡村文化融合数字媒体技术，形成乡村文化与互联网、大数据、5G 等技术的多项融合，催生多种新型业态，是加快乡村文化振兴和促进乡村文化

建设快速发展的有效途径。① 国家大力支持中小企业数字化转型，乡村文化建设中的中小企业必将得益于此项举措，融合数字媒体技术的乡村文化建设将步入崭新的数字时代。

一方面，东北三省数字媒体技术的融合要因地制宜，融合的方式和载体要多样，要能够满足农民的多元文化需求，以乡村文化和农民为对象，打造所在乡村的"网红打卡产品"。同时，也要引入新潮的文化内容，满足年青一代的文化消费需求。与此同时，对于文创企业、艺术家、非遗传承人等鼓励其积极参与乡村数字文创产品的产制和宣传中来，扩大群众影响力。

另一方面，巧用融媒体技术，助力传统文化产业的转型升级，使乡村原有传统文化产业数字化、网络化、智能化发展，能够多向整合文化资源，形成标志性文化符号，促进当地文化资源的 IP 化开发，将社交电商、"粉丝经济"虚拟现实购物等营销模式引用到数字文化产业中，形成乡村文化产业的数字化发展新业态。②

（四）健全人才引进制度，做好乡村人才保护和引进

东北三省无论是人才引进还是人才保护，均须结合地方区域发展特色，以东北三省文化产业中特色文化项目为重点，逐步开展人才建设工作。

一是制定优越的人才引进政策，提供宽松的职位晋级环境，吸纳各领域人才到乡村基层文化机构任职。二是将乡村人才建档，人才制度最好是由专业人才统筹，以合理高效地发挥人才引领作用，根据不同村子的需求，把整合后的人才队伍派到适合的技术指导服务岗位上去。三是建立灵活的人才服务乡村制度。④建立轮岗服务制度，鼓励符合条件的企事业单位文化产业优秀人才到乡村和涉农企业创新创业，健全乡村人才保障机制，提升乡镇文化站专业人员的工资待遇，明确其归属问题，加强专业教育与培训，用科学的"内循环"机制来管理人才。四是提高乡村人才综合素质，开展多样化技能

---

① 《关于加强乡村文化建设助推乡村振兴战略的建议》，《黑龙江日报》2019 年 3 月 16 日。
② 杨吉华：《数字乡村：如何开启乡村文化振兴新篇章》，《安徽农业大学学报》（社会科学版）2019 年第 6 期。

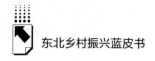

培养。在培养岗位人才专业技能的同时，结合时代和地方需要增加多项技能培养。如农业生产经营人才可以同时学习乡村治理、乡村公共服务等内容，充分利用人才资源，促进乡村文化产业知识内容的共享。

（五）发扬民族文化优势，科学进行地域文化资源保护与开发

东北地域辽阔，生态多样，是多民族聚居的地方，历史上许多有重要影响的民族在此诞生，是中华文化的重要组成部分。例如，满族文化、高句丽文化等多样的民族文化共存延绵至今，并保存了其鲜明的地域性。东北民族文化在经历诸多历史事件后凝结为特殊的文化符号，成为现代文化传播的特殊标志和地域优势。

东北地域的民族文化需要在保护下开发利用，无论是自然地貌还是民风民俗，应带有敬畏之心传承保护，摒弃以商业价值为目的的开发，才能使淳朴的东北民族文化长远发展。

首先，要凝聚各方力量，整合政府、企业、地方、农民个体等多方力量，与民众紧密联系在一起，实现文化产业链条的稳定发展。一方面借助政府的管理和支持以及指导意见，保障文化资源开发工作顺利开展，整合市场信息，落实责任监督管理机制，发挥政府带头作用；另一方面，深化东北区域乡村旅游协作，推动区域旅游的统筹协调和持续发展，例如冰雪文化和满族文化的区域联动。

其次，东北乡村文化产业要提升文化资源的时代价值，就要不断挖掘文化内涵，从实践需求出发，开发重点文化项目，因地制宜地落实发展管理目标，严把管理和控制工作。例如，加强民族文化的互动，借助餐饮业的调整机制，满族民俗文化内容和餐饮文化结合，推出沉浸式满族文化用餐、满族美食体验等项目，合理开展产品结构优化。另外，红色文化和冰雪文化的联动也是融合资源文化和实际生活，从而发挥资源利用优势的方法，从真正意义上满足东北乡村文化传承的思想要求。

最后，整合技术手段，创新传承东北乡村文化。在东北三省民俗文化资源开发利用工作中，要跳脱出传统的思维框架，积极应用数字技术和云技

术，搭建更有效的宣传平台。例如，设立微信公众平台、直播"云旅游"、沉浸式 AR 体验等，让人们更好地理解东北乡村文化资源的内核，并通过体验科技感而感受新时代的东北乡村文化魅力。

总之，东北三省乡村文化产业尚处于积累经验、不断前行的阶段。厘清当前东北三省乡村文化发展现状，准确定位自身文化特色，不断挖掘自身的地域文化优势，形成乡村文化项目协作和产业联动。在东北三省乡村文化资源开发利用的过程中，要融合多种途径和各方力量，打造良好的发展平台，发挥信息化技术的优势，促进人们全面了解东北乡村文化内涵，积极推进东北乡村文化管理工作发展进程，为东北三省文化产业工作顺利开展以及文化产业赋能乡村经济奠定坚实基础。

参考文献

［1］《今天，跟着央视一起走进壮美而温情的吉林》，央视新闻客户端，2021 年 5 月 19 日。

［2］国家发展改革委：《"上云用数赋智"行动助中小微企业转型》，央视网，2020 年 4 月 10 日。

［3］杨吉华：《数字乡村：如何开启乡村文化振兴新篇章》，《安徽农业大学学报》（社会科学版）2019 年第 6 期。

［4］《关于加强乡村文化建设助推乡村振兴战略的建议》，《黑龙江日报》2019 年 3 月 16 日。

B.12
辽宁省优化农业科技服务供给研究

李志国*

摘　要： 农业科技的良好应用是实现农业现代化的重要支撑，因此，需要不断优化农业科技服务供给。实践中，辽宁省农业科技服务以政府、科研机构及高校为供给主体，已经或多或少地显示出效率不足问题，而社会化、市场化是农业科技服务供给的发展趋势，也是其优化的方向。本研究针对农业科技推广服务体系不断拓展、农业科技特派体系不断完善、持续开展新型职业农民培训、科研院所创新农业科技服务模式、农业产学研联盟发挥带动作用的现状，对存在的问题进行了分析：农业科技推广体系职能弱化，农业科技服务供给的需求导向性不足，农业科技服务供给协同性不足，农业科技服务供给的市场化发育不足。结合农业科技服务供给发展趋势，提出优化全省农业科技服务供给的对策建议：以提高服务能力为核心加强农业科技推广体系建设，搭建农业科技服务供需信息化平台，加强农业科技服务供给社会化市场化建设，加强对农业科技服务供给的政策和资金支持，创新农业科技服务供需主体的利益联结机制，强化对农业科技服务效果的考核与评估，以期对研究和实践有所裨益。

关键词： 农业科技　科技服务　农业现代化

＊ 李志国，辽宁社会科学院农村发展研究所研究员，主要研究方向为乡村振兴、县域经济。

科技是农业现代化的重要支撑，辽宁省重视农业科技服务工作，曾经创造了农村科技特派和选派科技副职等工作模式，在全国推广后产生了巨大的经济和社会效益。随着农村生产力发展和生产关系变革，农业科技服务应该与时俱进，顺应农业科技发展方向，满足农业科技服务需求，不断优化供给，提高服务效能。当前，辽宁农业科技服务供给主体为"一主多元"结构，即以政府科技推广机构为主体，以科研机构及高校、农业经营和服务主体（农民合作社、龙头企业、家庭农场、专业农户等）、农业科技产业园区（农业科技示范展示基地）、社会团体（相关协会、联盟）等为支撑，需求主体是小农户、各类新型农业经营主体和服务主体。实践中，这些科技服务供给主体取得了很大的工作绩效，但也越来越不适应时代发展的趋势，需要进行社会化、市场化方向调整。

一 辽宁农业科技服务供给的现状与成效

以职责分工和社会需求为依据和导向，辽宁省有关部门、机构建立了相应的农业科技服务供给体系、模式，有效开展了农业科技服务工作，取得了可观的成绩。

（一）农业科技推广服务体系不断拓展

全省农业农村部门实施基层农业科技推广体系改革与建设补助项目，"十三五"以来，组织编制内基层农业科技人员连续不少于 5 天脱产业务培训 3.5 万余人次，建设农业科技示范基地 1680 余个次，遴选培育农业科技示范主体 16.5 万个次，构建了"专家+农业科技人员+示范基地+示范主体+辐射带动户"的链式推广服务模式，助推全省农业主推技术到位率达到 95%以上。省农业农村厅、省财政厅牵头省农科院和沈阳农业大学，开展重大农业科技推广服务试点，围绕玉米、水稻建立"科研试验基地+区域示范基地+基层推广服务体系+农户"的链条式农业科技推广服务模式，建设科研试验基地 2 个、区域示范基地 28 个，组建省、县、乡三级科技骨干服务

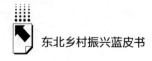

团队 798 人，对接县级农业技术推广中心 39 个、乡级推广服务站 88 个、种粮大户和专业合作社 385 个。省林业厅在建省级林业技术推广示范基地 67个，示范面积 2.5 万亩。

（二）农业科技特派体系不断完善

辽宁省在全国首创了科技特派团、特派组、特派员和农民技术员培养"四位一体"的农村科技特派工作模式。自 2002 年以来，省级科技特派团累计派驻科技人员 5492 人，开展服务 5 万余人次，示范新品种新技术 366项，建立示范点（示范基地）127 个。特别是脱贫攻坚战以来，省科技厅会同省农科院、沈阳农业大学等科研单位，深入实施科技特派行动，实现了省级科技特派团对全省 41 个涉农县和 15 个省级扶贫开发重点县的全覆盖，先后派出 77 支科技特派团助力县域特色产业发展，为全省打赢脱贫攻坚战提供了强有力的科技支撑。

（三）持续开展新型职业农民培训

省科技厅依托沈阳农业大学、中国农业科学院果树研究所、辽宁农业职业技术学院等 9 家单位，组织实施农民技术员培养工程，采取线上视频培训、线下现场实践方式，每年培训农民技术员 2000 人以上，目前累计培养农民技术员 2.5 万人。省林业厅 2021 年聘任"林草乡土专家"38 人，举办林草业技术培训班和科技培训班 41 期，培训人员 2380 人次，开展线上培训1 次，培训人员 7.75 万人次。省现代农业生产基地建设工程中心实施现代青年农场主培训计划，远程培训 5800 余名学员，辐射带动农民 5 万多人。辽宁省农科院组建由 300 多位专家组成的 15 个乡村振兴专家讲师团，创新"点餐式""订单式"培训模式，为全省培养大批农技推广人员、乡土能人、致富能手和种粮大户；与省妇联联合推出"乡村振兴巾帼行动"服务直通车现场直播课堂，年均线上培训 300 余万人次。

（四）科研院所创新农业科技服务模式

省农科院通过科技示范基地加快科技成果推广，在全省建立了 5 个现代农业示范区和 10 个科技强镇，建立科技示范区、示范基地 1089 个，科技扶持的 3 个村被确定为全国乡村振兴科技引领示范村，9 个村入选 2021 年全国一村一品示范村镇，2 个产业基地入选国家现代农业产业园；通过院地科技共建建设科技服务网络，自 1982 年在全国首创选派科技副职支持地方经济发展机制，已累计选派 58 名科技副职，组建 45 个省市县乡各级农业专家共同参与的专家服务团队，科技共建的铁岭县入选 2021 年国家农业现代化示范区，灯塔市入选全国农业科技先行县；开展"专家进企业""专家入百社"服务行动，选派 90 个专家服务团队和 50 余个科技特派团为企业、产业基地、新型农业经营主体提供人才和科技支持。沈阳农业大学创新科技顾问（科技挂职）服务模式，先后选派 400 余名科技人员挂职服务农村农业生产第一线，逐渐形成了"科技顾问（科技挂职）+政府+企业（合作社）+农户"农业科技推广服务模式；创新专家团队驻村服务模式，"十三五"以来，选派 73 个专家团队，建立了"首席专家+科研团队+村支部+合作社（农户）"农业科技推广服务模式；创新"四化同步"高素质农民培养农业科技推广服务模式，创建了"农业企业家职业化+农民技术员专业化+青年农民现代化+分布式培训实用化"高素质农民培养农技推广服务模式，在全省建立了 500 多个依托优秀农民学员的分布式服务站；创新基地示范推广服务模式，发挥基地"科技成果先行转化+展示窗口+技术推广+现场观摩培训"功能。省现代农业生产基地建设工程中心与中科院应用生态研究所合作，推广保护性耕作技术，规划在全省 800 万亩耕地应用。辽宁草莓科学技术研究院（原东港市草莓研究所）采取与省内外科研单位技术合作、派专家前往实地技术指导、举办技术培训班等形式，全力推广草莓新品种与新技术，做大做强东港草莓品牌。

（五）农业产学研联盟发挥带动作用

全省组建农业领域实质性产学研联盟 136 家，带动上下游企业 70 余家、高校院所 30 余家，促进创新平台建设 57 个，引进省外科技人才 72 人。2021 年，省级星创天地新增备案 31 家。目前，全省共有星创天地 167 家，其中国家级 60 家、省级 107 家。

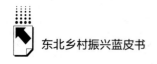

二 辽宁农业科技服务供给问题分析

全省农业科技服务在取得大量成就的同时，也暴露出或隐藏着一些问题，其中，科技服务的供给能力、需求导向、各方协同、市场发育等方面问题尤为突出，科技服务供给的效率有待提高。

（一）农业科技推广体系职能弱化

2018年事业单位改革后，全省各级现有农业科技推广机构991个、农业科技推广人员10365人，机构减少58.6%，人员数量减少23%，机构、人员的减少，使农业科技推广的供给力量更加薄弱。农业科技推广机构管理主体也由原来全部归农业农村部门管理，调整为59.3%的归各级政府管理，40.7%的归各级农业农村部门管理，管理主体与自身职责的错位，让很多农业科技推广机构业务难以顺畅开展。此外，农业科技推广机构普遍存在队伍青黄不接、专业能力不强、主动服务不够、经费保障不足等问题。

（二）农业科技服务供给的需求导向性不足

农业科技服务既需要以农业科技发展方向或者说以供给为导向全面提升农业生产现代化水平，也需要以农业生产经营者需求为导向，把需求方的具体要求、接受度和满意度作为农业科技服务的标尺，供给与需求导向有机结合是理想的状态。不过，农业科技服务实践中，存在不少供给与需求错位的情况，有些先进技术因"水土不服"等难以落地，而一些急需的实用技术又难以获得。整体上，农业科技供需服务均需加强，尤其在需求导向方面应有更大更多作为。

（三）农业科技服务供给协同性不足

当前，全省各类农业科技服务供给主体相对独立，各类服务方式或途径缺乏联通，尚未形成开放竞争、多元互补、协同高效的连接纽带和服务手段，这一问题的产生既源于农业科技本身比较分散，也有系统、部门、主体之间配合程度不高的原因。此外，由于某些服务方式资金支持的持续性和示范项目建设的稳定性有待提高，影响了相应供需主体之间服务的积极性和连续性，制约了供需方的有效衔接和有机融合。

（四）农业科技服务供给的市场化发育不足

随着农业组织形式和生产方式发生深刻变化，在公益性科技服务供给能力有限的情况下，农业转型升级和高质量发展对经营性、市场化科技服务的需求越来越强烈。目前，全省经营性农业科技服务供给主体的发育程度不高，输出技术服务的新型农业经营和服务主体数量相对有限，而且普遍规模偏小，所提供的农业科技水平不高，与发达地区相比有较大差距。而且由于农业科技服务市场化环境尚不完善，部分新型农业经营主体在以产销、技术带动小农户的过程中，存在以自身强势地位挤压后者的倾向。

三 未来农业科技服务供给的发展趋势

农业科技服务的发展，既受国家农业农村大政方针影响，还受农业科技发展方向影响，更受农业生产组织方式和农产品市场需求变化影响。综合研判，未来农业科技服务供给将会加速增长、载体拓展、方式创新，社会化、市场化水平大幅提升。

（一）农业科技服务供给加速增长

粮食安全的要求、人们对食物品类的升级需求，以及农业科技尤其是信息化、数字化技术的广泛应用，是农业科技加速应用的主要催化剂。在种植业领域，随着国际形势的变化，"保障粮食安全，端牢中国饭碗"在国家安全体系中的重要性日益凸显，国家的战略举措是"藏粮于地、藏粮于技"，加大对耕地、种子、农业生产技术、农业生产者积极性的保护和发展力度，基于此，围绕主粮生产的科技研发、推广和应用都将进入快车道。在设施和

特色农业等领域，随着消费者对食物品质和种类需求的日益增长，客观上拓展了设施和特色农业的发展空间，通常设施和特色农业需要更多的科技投入与运用，发展设施和特色农业也是农业提升附加值的重要途径，大量乡村振兴成功案例是建立在选准做强设施和特色农业基础上的，围绕设施和特色农业的科技发展和应用将会层出不穷、空间广阔。在林牧副渔等领域，随着市场需求的升级和相应技术的进步，生产者将会有更大动力和能力改善产品结构与品质，当然科技应用在其中会起到关键性支撑和推动作用。当前，在信息化、数字化技术浪潮下，智慧农业、数字农业等产业模式和生产方式正在越来越多地被应用于农业生产，相关科技将会引领未来农业发展方向，农业科技服务供给和需求主体应该充分关注并融入这一趋势。

（二）农业科技服务供给载体拓展

农业科技服务供给载体包括平台、主体和渠道三个层面，未来，随着农业生产组织方式的变革，农业科技服务供给载体将不断拓宽。在服务供给平台层面，包括现代农业示范区、现代农业产业园、农业高新技术产业示范区、农业科技园区、产业强镇、科技小院等在内的平台将会在科技服务方面发挥更大作用，这些平台也将致力于提升自身科技服务能力与水平。当然，园区以外为涉农企业、家庭农场、农民合作社，以及小农户提供科技服务的供给平台也将更加丰富和完善。在服务供给主体层面，政府各级农技推广机构、科研院所和涉农高校等，作为公益类服务主体，将会不断加强服务能力建设，创新服务方式，提升科技服务水平；涉农企业、农民组织、专业化服务公司、供销社等经营性服务主体，将会获得更多政策扶持和服务空间，从而在创新服务方式过程中实现自我发展。当然，在政策引导下，公益类服务主体和经营性服务主体将会加强合作与协同，在互补中提升服务效能。在服务供给渠道层面，信息化是未来农业科技服务最突出的特征，因此畅通服务信息渠道是各级各类科技服务主体尤其需要重视的事项。

（三）农业科技服务供给方式创新

根据农业科技发展需要和农业生产者需求创新服务方式，是对各类农业科技服务供给主体的普遍要求。创新农业科技服务供给方式要在链条化、融合化、信息化等方向寻求新模式、新方法。在链条化方面，基于农业生产周期较长和农业产业链条较多等特点，对农业科技服务提出全周期全链条要求，当前很多服务链条着眼于串联生产和服务主体，未来更应围绕产业链汇聚相关科技服务要素，以打造更具竞争力的产业链。在融合化方面，基于农业生产主体和科技服务主体的多元特点，通过科学合理的方式将各类科技服务供给主体和科技需求主体更紧密地联系起来，使科技服务供给方的能力信息能够准确便捷地传递到需求方，使科技服务需求主体的诉求信息能够完整及时地传递到供给主体，是提升农业科技服务供给水平必须解决的课题，而其有效解决，将强力助推农业现代化进程。在信息化方面，信息化既是农业科技的既有形态，又是农业科技服务供给尤为重要的渠道，也是创新农业科技服务供给方式不可或缺的依托，怎样强调也不过分，并且具有无限的潜力可挖。

（四）农业科技服务供给更加社会化市场化

当前，大多数地区农业科技服务的社会化市场化程度不高，未来需要发挥市场和市场机制在农业科技服务资源配置中的决定性作用，政府更好发挥统筹资源、政策保障等作用。首先，服务供给主体运作将更加市场化，农业科技服务供给主体的公益属性和经营属性界限会逐步消除，所谓公益类主体也要遵循市场规律，所谓经营性主体也要担起社会职责。其次，科技服务资金投入将更加多元化，如采取政府购买服务等方式创新政府财政投入机制，制定激励政策引导社会资本投入农业科技社会化服务，采取科技创新券等制度创新和加大金融支持力度。最后，服务绩效评估将更加市场化，按照企业化的运营方式，完善农业科技服务责任制度，普遍建立起以服务对象满意度为主要指标的考评体系，并将其与激励与分配挂钩。

四 优化辽宁农业科技服务供给的对策建议

根据辽宁农业科技服务供给基础与特色，针对农业科技服务供给存在的

问题，结合农业科技服务供给未来的发展趋势，提出优化全省农业科技服务供给的对策建议如下。

（一）以提高服务能力为核心加强农业科技推广体系建设

作为政府提供农业科技服务的主力军，针对全省农业科技推广体系存在的问题，对其进行重塑是当务之急，而提升服务能力则是改革的核心要求。一应理顺农业科技推广机构管理体制，县以上统一由各级农业农村部门管理，乡镇农业技术推广站可在县级农业科技推广部门业务指导体制下由乡镇管理，并确保有专门岗位和专门人员负责。二应切实加强农业科技推广队伍建设，支持基层农业科技人员脱产进修、在职研修以提升服务能力，择优选拔水平和能力符合岗位要求的人员，探索"定向招生、定向培养、定向就业"方式吸引青年人才加入基层农业科技推广队伍。三应完善业绩考评与激励机制，对工作实绩显见和服务对象满意度靠前，尤其是扎根一线、作出突出贡献的农业科技人员，在职称评聘、评先评优、绩效激励、职务晋升等方面予以倾斜，开展"最美农业科技员"等评选活动。

（二）搭建农业科技服务供需信息化平台

针对农业科技服务需求导向性不足问题，建设服务供需信息化平台是有效的解决办法，实现这样一个平台功能可以有若干渠道或选项。一是依托"中国农业科技推广信息平台"等全国性平台，宣传引导农业科技服务需求方在平台发布求助信息，动员鼓励省内农业科技服务供给机构、专家、工作人员在平台为本地求助答疑解惑，乃至提供跟踪接续服务。二是建设"辽宁省农业科技服务综合平台"之类的省级平台，在明确目标基础上科学设计平台内容、模块，把农业科技供需对接和信息互动作为重要建设内容。三是建设维护好官方网站、微信公众号和微信群等载体，展示农业科技供给机构的服务能力，畅通农业科技需求方的求助渠道，可以考虑在乡镇、村屯发展农业科技信息网格员。不论采取何种渠道或选项，总体目标是有效提升农业科技服务供给信息化水平，破解供需对接障碍。

（三）加强农业科技服务供给社会化市场化建设

2020 年，科技部等七部门联合印发《关于加强农业科技社会化服务体系建设的若干意见》，对推进农业科技推广机构服务创新、强化高校与科研院所服务功能、壮大市场化社会化科技服务力量、提升农业科技服务综合集成能力提出指导性意见。就辽宁省而言，需要根据实际情况研究贯彻落实相关要求，针对农业科技服务供给协同性和市场发育不足问题，有两方面任务显得更加紧要。一是应着力整合农业科技服务供给资源，可以考虑在机制层面建立农业科技服务联席会议制度，在政策层面出台全省农业科技社会化服务体系建设指导性文件，在载体层面增强农业科技园区、农业科技示范展示基地对区域的示范带动效应，在主体层面加强农业科技推广机构人员与科技特派员等的交流合作，在工具层面建设全省农业科技服务信息化平台或完善相关机构信息发布沟通机制，以实现农业科技服务资源的信息互通、资源共享、项目互补、基地共建。二是应着力加强农业科技服务市场化建设，在政策和典型方面营造环境，建立完善农业科技推广服务后补助机制，开展农业科技服务企业建设试点示范，鼓励更多有条件的龙头企业等新型农业经营和服务主体，技术源头联系农业科技研发推广机构，技术应用带动更多小农户等农业主体，成为农业科技服务供给的生力军。

（四）加强对农业科技服务供给的政策和资金支持

乡村振兴战略的落实，维护国家粮食安全的责任，客观上都要求全省加强农业科技服务供给的政策和资金支持。一要健全农业科技服务供给的政策支持，整合各类现有扶持政策，破旧立新、查漏补缺，把公益性服务与经营性服务融合发展、专项服务与综合服务有机结合，构建开放竞争、多元互补、部门联动、协同高效的农业科技社会化服务体系，促进政产学研用深度融合作为政策导向。二要加强农业科技服务供给的资金支持，除争取和用好国家农业科技服务各渠道扶持资金外，建议设立省级重点农业技术推广专项和乡村振兴科技示范专项资金，建立长期稳定的财政资金支持体系。

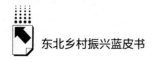
（五）创新农业科技服务供需主体的利益联结机制

实践中，全省农业科技供需主体已经形成很多联结模式，比较完整的链条是"研发推广机构+产研基地+新型农业经营服务主体+农户"。当然，各种模式的主导方和参与方有所不同，未来需要从创新、拓展、规范等角度，通过利益联结机制激发各类主体积极主动性，以放大农业科技应用的领域和效果。一是创新，在利益分配、联结形式、公司治理、联盟架构等方面积极探索，鼓励公益性服务主体以技术增值服务、参股经营等方式与需方共商建立利益共同体，鼓励企业等经营主体以"技物结合""技术托管"等创新服务模式与农户建立紧密的利益联结机制。二是拓展，链条前端面向各类国际国内资源（如申请国家农业科技示范类项目），后端面向显在和潜在消费群体（如发展认养农业等）。三是规范，主要是防止和纠正某些不良农业科技的应用，发现和调解利益联结各方的利益失衡。

（六）强化对农业科技服务效果的考核与评估

无论是公益性的农业科技推广服务，还是互利共赢的农业科技市场化服务，都应该更加重视服务效果和需方满意度，将其作为考核、激励、投入、付酬的主要依据。一是公益性的推广服务要加强绩效评估，实施补助经费与评价结论紧密关联的支持机制，建立实际贡献与收入分配相互匹配激励机制，将农业科技服务成效作为职称评聘和工作考核的重要参考。二是经营性的市场化服务要明晰科技贡献率，并将其作为农业科技服务过程中利益分配的重要依据。

参考文献

［1］董文翰：《农业科技推广中存在的问题及对策》，《农机与农艺》2021 年第24 期。

［2］邢鹏：《乡村振兴背景下完善农业科技推广机制研究》，《农业经济》2020 年第 10 期。

［3］谢培庚、贺艺、张智优、周芃成：《湖南"互联网+"农业科技推广与普及探析》，《湖南农业科学》2020 年第 4 期。

［4］闫锡泰：《农业科技推广体系建设存在的问题及对策》，《现代农业科技》2020 年第 23 期。

［5］谌国钧：《现代农业背景下农业科技推广人才培养策略》，《南方农业》2021 年第 2 期。

B.13
吉林省乡村人才队伍建设研究

顾晓琳*

摘　要： 乡村振兴战略是党的十九大提出的一项重大战略决策，也是决胜全面建成小康社会、全面建设社会主义现代化国家的重大历史任务。实施乡村振兴战略关键靠人、核心靠人才。目前，吉林省乡村地区存在人才总量不足，人才结构不合理，劳动力整体素质偏低，人才培养工作机制不完善，乡村工作机会少、收入低、难以保留和引进人才，缺少高素质教育资源等短板。本研究通过梳理分析在乡村振兴战略下当前乡村人才振兴面临这些短板的原因，提出营造有利于吉林省人才振兴的政策环境、建立完善的人才培养机制和加快建设农村基础设施等建议，以求让人才振兴更好地为乡村振兴战略提供支持。

关键词： 乡村振兴　乡村人才　队伍建设　吉林省

乡村人才，通常是指具备一定的技能和知识，有能力、有意愿投身乡村的教育、文化等多个领域的人。他们在乡村建设中具有一定的带头作用，能够为乡村发展提供服务或作出贡献。我们需要充分利用好乡村人才，发挥其引领作用，在其带领下促进乡村建设的高质、高效发展，实现乡村振兴。在乡村振兴的过程中，乡村人才的引进和利用能够起到积极作用。因此，应首先着重分析和查找乡村人才队伍建设存在的问题，从而有针对性地确定人才

---
* 顾晓琳，长春光华学院科研处副处长，教授，主要研究方向为跨文化交际和人才培养。

的建设方向，这样才能更加高效地培养和开发乡村本土人才，落实、抓稳乡村振兴的重要任务。吉林省一直是一个农业大省，在这片黑土地上，2020年乡村人口为 896.43 万人，占总人口的 37.36%，① 因此，要想顺利实现乡村振兴，必须获得乡村人才的技术与智力支持。

一　吉林省乡村人才队伍建设现状

（一）相关部门人才振兴的合力初步形成

乡村人才发展事业不仅仅是农业主管部门的工作，还包括教育厅、人力资源与社会保障厅、商务厅、科学技术厅等政府部门的大力合作与统筹布局。

吉林省于 2018 年印发了《中共吉林省委 吉林省人民政府关于实施乡村振兴战略的意见》，涵盖了实施乡村振兴战略的指导性意见，其中包含一些重要的举措，如三次产业融合举措、农业现代化的推进、生态文明发展、乡风文明建设、治理体系完善、民生保障、脱贫攻坚、制度改革、投融资体制、人才支撑等方面。该意见提出，应全面推进和实施乡村振兴工程，力求在 2020 年将乡村振兴工作推进到新的高度，基本建立和形成政策体系和制度框架，使乡村振兴取得显著的进展。此外，为了实现全面推进乡村振兴的落地见效，还应大力推动乡村振兴人才队伍的建设，打造出一支政治过硬、作风过硬、本领过硬的人才队伍。

吉林省于 2021 年 5 月发布了《关于激发人才活力支持人才服务乡村振兴的政策措施》。该措施主要围绕以下四个方面展开：第一，要培育和打造农业农村生产经营领域及第二、第三产业领域的人才；第二，要留住和用好乡村公共服务、治理方面的人才；第三，要大力引进科技人才，重点培养农业人才；第四，要加强乡村人才振兴体制的建立和健全，并就以上四个方面

---

① 《吉林统计年鉴 2020》。

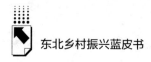

具体提出了 22 条政策措施。该文件的发布，有助于吸引更多数量、更高质量的各类人才来到吉林，扎根乡村，为乡村振兴注入更多活力。

2022 年 4 月吉林省人社厅发布了《关于做好 2022 年全省专业技术人员职称制度改革、职称评聘工作等有关事宜的通知》，提出推动乡村振兴人才职称评审工作常态化。进一步完善乡村人才职称评价办法和保障措施，根据省内乡村实际，在指标分配上采取结合地区市县经济发展状况、人口数量和分布、乡村振兴实体、地区财政收入情况、组织和个体户状况等，切实达成每年评审 2000 名乡村人才职称这一目标，并且要力求评得准、评得好、评得实。对于从事肉牛的养殖、繁殖、改良、育种、加工、营销和疫病防治等相关工作的肉牛产业技术人才，应将其纳入年度乡村人才振兴职称评审计划，将每年评审 2000 名乡村人才职称指标适当向肉牛产业倾斜。

2022 年吉林省乡村振兴局印发了《2022 年全省乡村振兴系统培训工作方案》，提出计划在 2022 年 9 月底前实现市州分管领导、县（市、区）党政正职和分管领导、乡村干部、乡村振兴局系统干部、行业部门新任职干部、驻村干部、农村骨干人才全部培训一遍。该方案还提出要培育"六个一批"人才，即"培育一批乡村公共服务人才、一批农村二三产业发展人才、一批农业生产经营人才、一批就业创业引领人才、一批农业农村科技人才，一批乡村治理人才"，从而大力提升农村基层人才实战能力。

（二）乡村人才队伍培育力度不断加大

近几年吉林省对于乡村人才的培育力度逐渐加大，实行了一系列有针对性的、系统的培训措施，力图逐渐提高农民素质。各地正逐步构建起更大规模、更好秩序、更有效率的教育培训体系，完善好教育培训制度，提升教育培训的质量，为乡村人才发展提供多样化的保障机制；鼓励乡村职业教育与成人教育人才积极与企业、社会组织开展科学研究、技术开发等工作，并予以资金上的支持。

各地乡村人才振兴的措施多种多样，逐渐涌现出一些重要抓手和一批示范基地，形成了"政府统筹、教育牵头、部门接通、共同参与、分工负责"

的涉农人才培养培训机制。紧紧围绕县域主导产业、特色产业和现代农业，优化职业教育专业设置，以产业发展带动专业建设，培养了一批企业急需的技术技能型人才；面向农民工、退伍军人等重点人群，开展就业创业等职业技能培训。例如，延边州为有效解决地区农村劳动力大量外流导致的"农村凋敝"和"企业用工荒"问题，人社局通过推进"想就业找人社、缺人才找人社"服务创新提升工程，深入开展"春风行动"等系列活动，提高"两员一师"队伍创业就业指导能力，推进公共就业标准化服务，全面提升就业服务质量。开展各类招聘活动 95 次，提供就业创业服务 5000 余人次，组织参加培训 2072 人次。

（三）乡村人才队伍引进举措逐步实施

为解决乡村人才紧缺问题，截至目前，吉林省各地方政府陆续推出了一系列引进人才的举措，努力实现引进人才政策的系统性和科学性。国家对于乡村发展的各项政策正逐渐在吉林省乡村落地生根，开花结果。推进"引进人才"工程，顺应当地人才发展趋势，汇聚乡村发展中坚力量。以优惠政策的方式吸纳更多优秀的人才加入乡村经济建设中，诸如房屋补助等，要将其作为长期发展的目标体系，防止政策中断而影响人才工作的积极性。

二 吉林省乡村人才队伍建设面临的困境与问题

（一）吉林省乡村人才总数较低

1.乡村人才严重流失

吉林省城市化进程加快，城乡发展严重失衡，在城市里有更多的工作岗位和更好的教育医疗及居住条件，农村人口开始大批地进入城镇，对农村土地的依赖大幅度下降。而且城镇的教育、医疗、运输等方面都要优于农村，很多进城务工人员放弃了返回农村的想法，导致乡村人才流失极其严重。同时很多年轻人从农村考学到城市，然后在城里就业定居落户，这也导致了乡

村大量的劳动人口减少。

根据第七次全国人口普查数据，2018~2020年吉林省乡村人口逐年下降，乡村人口占比呈每年近1个百分点的下降趋势（见表1）。吉林省乡村人口的流失导致乡村人才随之流失。

表1　2018~2020年吉林省乡村人口在总人口中的占比情况

单位：万人，%

年份	吉林省总人口	乡村总人口	乡村人口占比
2018	2484.35	972.62	39.15
2019	2447.52	939.11	38.37
2020	2399.44	896.43	37.44

资料来源：《吉林统计年鉴2020》。

2. 引进外来人才较少

在农村不断发展的过程中，人才是最宝贵的财富，而在农村的建设发展中，最主要的经济基础就是人才。然而可以看出，吉林省各个乡镇在推动农村发展方面都采取了多种措施来吸引优秀的人才，但收效甚微，乡村建设存在严重的人才短缺问题。加之农村条件不好、生活环境差，缺少政策、资金、制度、基础设施等，导致农村吸引不来人，也留不住人。在农村工作一段时间后，更多的年轻人会选择回城工作。据统计，最近几年吉林省乡村高校毕业生的续聘率仅为50%左右，其中半数以上的毕业生返回城市，选择其他职业或转岗。

（二）吉林省乡村人才结构不合理

1. 老龄化问题严重

从吉林省农业生产的人口构成来看，从事体力劳动的主要是老年人，农村人口老龄化现象十分突出，年轻人与农业生产脱节严重，导致吉林省农业劳动力"青黄不接"。

吉林省35岁以上乡村人口为463.69万人，中老年人口达到了乡村人口的一半以上（见表2）。同时，老年人对新技术、新理念、新想法的认知水平也会下降，知识更新跟不上社会发展的步伐，这就导致了农村科技创新能力偏低，发展空间受到很大的限制，各种农业生产的开展难以进行，致使乡村不能向高质量、高层次水平发展。

表2　2020年吉林省乡村人口部分年龄段情况

单位：万人，%

	18~34 岁	35~60 岁	60 岁以上
人口数	142. 7	304.04	159.65
占比	15.92	33.92	17.81

资料来源：《吉林统计年鉴2020》。

2. 第二、第三产业人才不足

吉林省农村专业技术人员不能起到充分的引领作用。此外，以生态技术为主体的现代农业、高技术工业以及农产品深加工等科技含量高产业的人才更是稀缺，从事市场营销和一些新兴产业或行业的人才更是凤毛麟角，而这些人才正是目前吉林省农村急缺的人才。第二、第三产业人才的不足直接导致农村整体经济发展滞后，生产出的农产品无法按时售出，服务落后，无法产生良好的经济效益，直接阻碍乡村振兴的发展。

（三）吉林省乡村教育发展落后

1. 乡村公共基础设施建设落后、教学环境较差

吉林省农村和乡镇中小学的教育设施尚有一定程度上的差距，这将直接影响农村基础教育服务的均衡发展进程，近年来吉林省各地政府对农村教育问题给予了极大的关注，并加大了对农村教育的投资力度，但是仍然有一些乡村学校缺少多媒体教室、图书馆和教学仪器等教学硬件设施，一些学校缺少教学师资和培训场所，使城乡之间的教学质量不能得到充分的平衡。另外，在"互联网+"的教学实施阶段中，使用的多媒体手段较少。疫情发生以来，教师与学生之间缺少沟通、不能及时得到技术支援等问题日益凸显。

2. 乡村教师队伍人数少、素质有待提高

目前，乡村教师的职业承诺、职业认同与职业情感都与城市教师有较大的差异。乡村教师的单向性流动导致了农村义务教育工作人员的不稳定。截至 2020 年底全省共有教师 376754 人，其中乡村教师 46330 人，占全省教师的 12.3%，可见乡村教师人数较少。[①] 这就需要加强乡村师资队伍建设，主动完善乡村教师的生活补贴政策，落实好乡村教师的待遇增长机制，吸引乡村教师的回流。

3. 乡村义务教育生源不稳定

近年来，吉林省大量义务教育阶段农村在读生随父母亲迁入城市就读，导致乡村教育生源急剧减少。

从表 3 可以看出，乡村学校入学人数比毕业人数大幅度减少，小学和初中学生入学比例急剧下降，随迁子女进城就读总体呈上升趋势，农村生源单项流动性加大，义务教育资源分配失衡。

表 3 2020 年吉林省乡村学校招生数和毕业生数情况

单位：人

小学		初中		高中	
毕业生数	招生数	毕业生数	招生数	毕业生数	招生数
39153	21777	39680	30966	3246	4391

资料来源：《吉林统计年鉴 2020》。

4. 乡村义务教育经费短缺

近几年，吉林省财政较多地投入乡村学校的发展建设项目，而在办学软件和教师队伍建设上的投入还不能得到充分的保障，农村教育经费还达不到发展的要求。乡村教育经费的不足直接影响乡村义务教育的发展和教育基础设施的建设，"十四五"期间，吉林省可以通过提高财政拨款比例、合理分配资金投入，循序渐进提高乡村教育投资，促进教育均衡发展。

---

① 《吉林统计年鉴 2020》。

（四）乡村人才综合素质偏低

1. 乡村地区义务教育水平较低

农村人口的文化素养普遍偏低。目前的农村科技人员学历水平一般低于中学水平。受社会经济环境制约，农村科技人员大多未受过较高的教育，职业技能基本来自实际工作，而且许多农村人才对专业知识及技能缺乏学习的热情。很多地方举办的技术培训往往只是形式上的内容，无论是培训人员还是受培训人员对此都没有给予足够的关注和重视，因而无法真正发挥其应有的效果。但是，如今的农业已经进入了一个全新的发展阶段，是一项对技术含量要求很高的高科技行业，而非"听天由命"的传统行业，因此需要一支管理能力强、专业素质高的人才队伍，让农民彻底脱离依赖自然生活的状况，转变人们对农业农村落后的传统观念。

2. 基层干部素质有待提升

基层干部是农村基层组织的主体，是农村建设的直接参与者，基层干部的能力和素质将对农村建设的质量与进程产生重要的作用。吉林省基层干部素质不高体现在基层干部缺乏科学的人才观，不重视人才引进机制；不了解当前人才发展状况和人才竞争的重要性，缺乏责任意识。基层干部服务观念薄弱，对人才储备缺乏足够的关注，不能为引进的人才提供较为完善的生活保障和较大的晋升机会，无法吸引到优秀的人才。

三　吉林省乡村人才队伍建设对策建议

（一）健全乡村人才队伍建设长效机制

1. 鼓励人才双向流动，统筹城乡公共服务

随着新一轮的户口改革，缩小与户籍相关的城乡差别，已成为当前迫切需要解决的问题。要逐渐放宽对农村劳动力转移的体制性制约，大力支持城镇高素质人才进入农村自主创业。同时，建立领导型人才引入制度，创建有

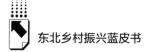
关机构，定期深入高校、农科院校，为农业技术推广、运营和管理提供专业技术人员，通过适当的聘任和共同投资来增强农村培养人才的能力，为引进建设农村的人才提供待遇保证及稳定的工作。大力支持农村以教育、卫生等为重点的民生领域引入专业技术人员，推进吉林省乡村卫生和教育工作的发展，这完全切合吉林省乡村振兴战略的发展方向。

2. 鼓励下乡返乡创业，完善有效留人机制

近几年，一大批返乡青年扎根乡村，取得了一定的成绩。接下来可以点带面，树立先进典型带动更多有为青年返乡创业，助力乡村振兴事业发展。

调查显示，吉林省青年返乡创业者创业时间 1 年以内的占比高达80.59%，2 年的占比 16.27%，3 年及以上的分别占比 1.7%、1.44%，且青年返乡创业大部分人员为初创业者，创业水平还有待提高。

吉林省各地可以从体制上改善企业的创业创新环境，逐步构建防范和预警机制，涵盖生产经营和社会风险，强化农村企业家的政策保障与风险的赔偿，从而建立起乡村创业健康发展和人才下乡返乡的综合保障制度，为推进乡村人才振兴提供多元化保护机制。鼓励吉林省各地制定支持农村发展的城镇青年返乡创业扶持措施，加大对回乡创业人才的扶持力度，可适度增加高校毕业生回乡就业保障和房屋补助。同时，随着中央一号文件的贯彻执行，将会有更多的返乡人才投入农村建设这份伟大的事业中。

3. 优化人才保障制度，完善教育培训机制

为提高农村教育培训效果，吉林省需要根据不同地区的具体条件，全面考虑目前的各类专业人才培养需要，科学制定培训指标体系及系列培训计划，提高培训的针对性和计划性。目前吉林省共有职业技术培训学校 1213所，其中农村成人文化技术培训学校 128 所，占总数的 10.55%，数量远远达不到需求。

在具体的执行过程中除要增加培训学校的数量之外，还需建立一个完整的培训体系，创建完整的流程制度，确保培训目标的全方位保障，包括培训内容的制定、培训成效的检查等一系列环节。强化教师队伍建设，对各种类型的农民进行分类训练。要把专项经费用于专项培训中，防止浪费或滥用培

训经费。同时，对文化层次较低的农民进行考试，可以进行一些基本的教育和学习，文化程度较高的人要努力提高自己的学习能力。用好的领头人带动努力上进的乡亲，互相学习、相互激励、共同努力，造就一批擅长经营管理的技术骨干。

4. 增加人力资本投资，激发主体积极性

乡村人才资源开发务必坚持"谁投资，谁获益；谁管理，谁激励"的原则。一是健全地方政府投资的激励制度，加大监管力度。地方政府负责发展和培养本土的人才，这是其职责和义务，因此一定要做好本地的人力资源投资。二是优化企业和社会团体组织的投资激励机制与社会责任。企业和社会团体组织对农村人力资源的投入可以说是一种有效的补充，对国有企业、社会团体组织的投资应该给予一些政策上的支持和保证，激励其社会担当的积极性。农村家庭与个人的投入是农村人力资源培育的内在动力，唯有家庭与个人切实认识到自身能力提升的重要性，才能成功地使农村人力资源形成三方面的合力，进而取得良好效果。

（二）筑牢乡村人才教育基础

1. 建设师资队伍，缩小城乡教师能力差距

一是拓展城乡地区学校对口帮扶功能，多鼓励城乡教师的双向"挂职"工作。选派乡村教师中有发展潜力的年轻教师到城市先进学校中跟班学习，为其提供最优的学习机会和展示平台。同时选拔城市中具有较高教学能力水平的优秀教师到乡村支教，为乡村教育带去先进的教学理念。并且在县乡之间力求做到资源共享，充分发挥优秀校长和教师的作用，带动其他教学团队。在音、体、美等学科中尝试推行教师走教制度。

二是采取学习奖励与研究奖励相结合、多元奖励与自主激励相结合等多种方式支持乡村教师个人素质和教育水平的提升。实行乡村学校编制配备的倾斜政策，考虑为乡村学校优先配备合格教师。

三是制定乡村教师的待遇递增机制，将乡村补贴和年终奖金定为免税收入，鼓励乡村教师在文明实践站（所）和各级志愿者组织从事兼职文化宣

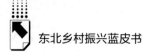

传等社会化的服务工作。对于已退休的城区校长和教师，以及已退休的具有丰富教学经验的优秀乡村教师，政府可以对他们实行返聘，或将他们邀请到乡村学校中去进行辅导，从而解决乡村教师师资不足和教学经验欠缺的问题。

2. 优化教育基础设施，创造良好学习环境

提升基础教育设施建设是发展乡村振兴的第一步，是实现农村现代化的重要步骤。吉林省各地乡村政府和教育部门应号召全社会的社会团体和人士对乡村教育捐资助力，从而在乡村教育方面能加大投资力度，在发展规划、资金投入和资源分配上保证乡村教育的"三个优先"，充分保障乡村教师团体的待遇和福利，同时也保证优质学位对乡村学子的精准供给。力求实现教育资源在乡镇地区的均等化，投资改善学校的办学环境，完善学校教室、操场、学生宿舍和食堂等设施，优化乡村小规模校舍和寄宿制学校的条件。

3. 增加基础教育投入，积极拓展社会力量办学

一是采取多元化的筹资方式，以"中央+省市+区县"三级财政资金为主体，大力鼓励吉林省内社会各界资本的投入，用于农村义务教育阶段改造升级基础设施之用。二是建立对于专项资金的管理制度和相应的配套监督机制，基于区域差异实行对口资金援助以及人才帮扶措施。三是加强乡镇基层政府、村党支部（村委会）与社会团体之间的联系，积极促进多方合作办学。

4. 完善"互联网+教育"，城乡共享优质资源

一是加强网络教学中硬件设备的更新和软件升级，加大面向乡村教师群体的网络教育的实训力度，组织各个教育机构和社会各界组织定期向农村学校提供咨询服务和指导培训。二是鼓励乡村学校自主开发"互联网+教育"相结合的教学素材和实践课程，加大对新型职业农民、乡村规划人才、乡村卫生健康人才和农村基层党组织负责人等群体的网络培训力度。三是建立乡村网络教育平台分享机制，扩大网络教育平台的乡村覆盖面和普及度。大力鼓励和引导城乡企业和各类社会组织为乡村网络教育建设出资出力，为乡村网络教育的进一步发展贡献自己的力量。乡村学校需要完善网络基础设施。为提高教师的教学水平、促进教学优质资源的共享，学校应建设多媒体网络教室，使乡村教师的信息化教学能力得到提升，让乡村教师有条件充分利用网络化教学设备和平台，在优质课程资源共享中真正受益。

（三）优化乡村涉农培育生态

1.系统开展农民职业培训，培育乡村复合型人才

通过多种层次、多个类型的技能培训，提升农民现代农业科学知识储备，提高实用技术，从而实现农村农业增产、农民增收、农村增富的三个发展目标。

一是办好乡镇地区的学历职业教育。在县里开办县级职教中心和涉农的乡村职业院校，借此实现在乡镇地区发展农业职业教育的目的。为乡村居民能接受学历职业教育创造现实条件，在学习方式中可采用弹性学习制度、农教理实融合和半农半读等学习模式，促使乡村居民自愿参与到学历职业教育的学习中来。

二是实现切合实际的职业人才培养。充分考察了解各地区的农业实际情况，因地制宜制订人才培养计划。在以农耕为主的地区，培养的人才应具有现代化农业生产技能；在以放牧为主的地区，培养的人才应掌握先进的养殖技术；在以农产品销售为主的地区，培养的人才应当是懂得乡村经济学和乡村管理学的经营型人才。

三是组织乡村人才参加农业数字化和农业规模化等现代化发展知识的培训，为发展数字乡村、智慧农业注入农业现代化科技人才。实现"政府+院校+企业""院校+企业+农户""院校+合作社"等多种人才培养方式，鼓励和支持涉农高等院校、科研院所与农业科技公司、家庭农场和示范合作社进行全领域、全方位合作，为共同努力培养高素质复合型农业人才队伍提供智力上和产业上的支撑。

2.均衡调整各类资源，扩大农村成人培训生源

为达到培育新型农民的目标，吉林省各乡镇县应在乡村组织分级分类的涉农职业培训。各级政府应当了解本地乡村劳动力的人数和状况，搞清楚本地农民实际需要的培训类型，制订完善的培训计划，分级分批地对本地劳动

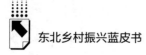

力就作物种植、畜牧业养殖、农副产品生产加工和互联网运营等多方面技能组织培训。对于思想过于僵化的农民群体要对其积极进行引导，充分利用政策倾斜和福利办法等激发农民参培参训的积极性。同时应根据农民的需求适当调整培训内容，保证培训内容能切实解决农民的困难，而不只是流于形式。

3.优选基层干部人才，培育高素质乡村干部队伍

认真完成乡村干部选举工作。在选举的过程中，应充分重视候选人选举资格条件的规定，真实掌握各候选人的情况，正确引导村民进行公正选举，真正选出愿意为村民服务、廉洁奉公、勤劳踏实、具有实干精神和有责任有担当的候选人。通过国家规定的规范选举程序，鼓励以下群体参与村委会的选举：具有丰富种植经验的能手、返乡创业农民、退役军人、大学生"村官"、回乡发展毕业生、事业或者机关单位退休干部等，依靠这些力量，村镇县共同构建强有力的领导班子。

不断加大对基层干部及农村党员的培训力度，将优秀大学生、复转退伍军人等群体纳入村两委后备干部选举的储备库，从而提高村镇基层干部的政治素养和工作水平。通过提高村镇干部待遇的方式激发其工作积极性，在此基础上，也要推进"第一书记"、乡村振兴协理员等人才的驻村常态化。实施针对乡村干部的教育培训工程。依托省市各级党校（行政学院），对乡村干部进行"主题培训与专题培训""课堂培训与实地教学""集中授课与讨论交流"相结合的培育，通过政治理论、领导方法和政策法规方面的培训，使现有乡村干部和后备干部的政治素质和管理能力不断提高，使其执行策略和依法办事的自觉性不断增强。

（四）发挥乡村人才引领作用

1.打破陈旧固有观念，发挥"草根"人才优势

使乡村农民相信自身的"草根"优势。在吉林省地区，充分发挥"草根"人才独特的优势和长处。在吉林省乡村中，寻找和挖掘那些具有较强凝聚力、很有威望、具有很强的人际交往能力的"草根"人才，使其起到

一定的示范引领作用，从而带动周边村民，让村民形成地区发展的合力，使大家都能主动参与到乡村建设中去。

2. 构建乡村地区人才库，搭建多元帮扶互助平台

一是在吉林省县、乡建设统一的乡村人才库，以县级单位为主体加强备案管理，探索推进"政府+民间"的共同引才模式，从而实现区域化乡村建设人才的综合利用。

二是搭建运行规范的乡村人才振兴工作平台，建立健全用于人才平台专项管理的办法，为复转退伍军人、返乡创业农民工、农村枢纽型治理人才、新乡贤等人才群体提供全方位、便利化服务。

三是推动返乡创业就业。优化返乡创业经济发展环境，切实深化"放管服"改革，陆续制定出更有益的就业政策，搭建平台吸引创业人员返乡工作，为外出务工人员返乡创业就业创造良好氛围。针对外出务工经商人员，在县乡建立信息库，有条件的县市应积极设立返乡创业工作站；坚决鼓励和支持返乡人员在所在县乡发展特色农业、农村电商和乡村旅游等产业。

四是欢迎各界人士参与服务乡村行动。吸引支持党政干部、企业家、专家学者、技能人才、医生教师、退伍军人和返乡农民工等，通过包村包项目、投资兴业、助学助教、行医办学、咨询服务、捐资捐物、担任志愿者等各种方式为乡村振兴作出贡献。

五是开展"一帮一"的主题活动，组织帮助困难户同示范户组成"致富社区"，为共同发展贡献其力量，从而达到相互帮扶、共同进步的目的。这种帮扶方式，人们在接受帮扶时没有心理负担，在和帮扶人员共同参与到工作的过程中，最大限度地扩大了帮扶工作的影响力。这样做可以让所有农民实现共同进步，为迈向致富之路和共谋美好生活的目标共同努力。

3. 充分发掘乡村"传统乡贤"，吸引"新乡贤"回流工作

近年来，人们提出了一个新名词——"新乡贤"，它代表了一类特殊群体，即有外出打工的经历，但在退休或年迈时回归乡村的一类人群。这其中包括退休干部、体制内工作者、经济建设能手和返乡农民工等。地方政府应尤其重视"新乡贤"的回流工作，应当鼓励这一类群体将外出工作所积累的

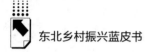

丰富经验和所学到的宝贵知识贡献给乡村的发展与建设。这不仅能让乡村人才实现"外出—返乡"的良性循环，也能让"新乡贤"发挥余热、报效故乡。

传统乡贤与"新乡贤"有所不同，他们长期在乡村居住，没有外出务工的经历。由于传统乡贤长期的农村生活经历，他们熟知当地的风土人情，了解那里的生产实际情况，深知乡村地区的生活方式，比其他人更懂得生产生活的诀窍。然而传统乡贤具有隐蔽性的特点，很难被人识别。各地政府应尽量发掘并重视这一群体，并鼓励他们担当村民的干部和代表，参与乡村建设，成为农民和政府之间的纽带，帮助乡村经济得到发展，促进乡村政策得以落实。

4. 找寻非物质文化遗产继承人，弘扬乡村优秀传统文化

近年来，吉林省一直以保护非物质文化遗产代表性项目和传承人为核心，积极促进保护工作制度化、规范化建设，省、市、县三级非物质文化遗产保护名录体系逐渐完善，推广活动内容更加丰富、人才队伍不断扩大。截至 2021 年末，全省共有联合国教科文组织人类非物质文化遗产代表作名录项目 2 项、国家级非遗项目 55 项、省级非遗项目 433 项、市级非遗项目1089 项、县级非遗项目 1050 项，共有国家级代表性传承人 21 名、省级代表性传承人 330 名、市级代表性传承人 809 名、县级代表性传承人 927 名。积极挖掘各村镇非遗文化遗产和非遗文化遗产传承人，充分发挥他们的作用，在乡村打造文化品牌，让传承人带领村民振兴乡村文化。

参考文献

［1］王弢、李勇坚、张健：《2020~2021 年中国乡村人才振兴报告》，载孙若风等主编《中国乡村振兴发展报告（2021）》，社会科学文献出版社，2022。

［2］王晶晶：《新时代乡村人才振兴的困境及对策思考》，《人才资源开发》2022 年第 4 期。

［3］石续：《乡村振兴战略下乡村人才队伍建设的思考》，《三农论坛》2022 年第2 期。

［4］何世平：《乡村振兴战略背景下乡村人才队伍建设的思考》，《南方论坛》2022年第3期。

［5］韩晓、韩广富：《乡村人才振兴战略：价值意蕴、现实困境及路径选择》，《安徽行政学院学报》2022年第2期。

［6］孙琦、朱晓玲、王志虎、王嘉伟、王悦、张翼：《乡村人才队伍建设研究》，《合作经济与科技》2022年第4期。

［7］母亚茹、吴虹：《乡村人才队伍建设思考》，《合作经济与科技》2022年第3期。

［8］刘少春、刘天浩：《教育精准帮扶促进乡村人才振兴的实施路径——以湖南省为例》，《山西农经》2021年第6期。

［9］李晋南：《加快推进乡村人才振兴的思考与建议》，《山西农经》2021年第6期。

［10］于丽卫、冯小翠、田旭：《农村籍大学生回乡创业行为研究——基于推拉理论和资源禀赋理论视角》，《农场经济管理》2015年第1期。

B.14
吉林省农产品品牌发展研究

张　晓[*]

摘　要： 农产品品牌建设在推进现代农业发展、助力乡村振兴方面发挥了重要作用，吉林省丰沛的农业资源，为农村产业振兴奠定了雄厚的基础，更为以特色农业、特色农产品，尤其是特色农业产业链为基础的"吉字号"品牌提供了巨大的发展空间。本研究在深入分析吉林省农产品品牌发展现状的基础上，提出吉林省农产品品牌发展过程中存在的政府监管力度不够；企业品牌意识淡薄，品牌定位不准确；农户品牌观念薄弱，品牌规模小；消费者对农产品品牌认知度低，忠诚度更低；行业协会作用发挥不明显等问题，并针对这些问题，为持续推进吉林省农产品品牌体系优化升级，全面提升农产品品牌知名度提出建议：政府的品牌强农与乡村振兴有效衔接，农产品企业走好品牌化发展道路，农户提高品牌意识，强化消费者的品牌认同。

关键词： 农产品　品牌建设　乡村振兴　吉林省

"十四五"时期，吉林省的农业工作重心是全面推进乡村振兴。农产品的品牌建设是一条有力的纽带，通过品牌的共建共享形成品牌驱动的资源集群。品牌建设驱动农业产业质量提高，也驱动农村振兴发展，使之良性循环。同时，在双循环新格局下，加强农业品牌建设，有利于激发吉林省农村

---

[*] 张晓，长春光华学院管理学院市场营销系主任，副教授，主要研究方向为农产品营销、品牌管理。

的消费潜力。推进农产品品牌建设，有利于优化农产品品种，提高农产品质量，解决各类农产品冷链物流仓储保鲜设施不足的问题，促进农业产业链全面升级，加快吉林省农村现代化进程。

一 吉林省农产品品牌发展现状

（一）农产品资源丰富，品牌基础扎实

吉林省农业资源丰富，一直是重要的商品粮生产基地，人均粮食拥有量连年居全国首位。吉林省著名的特色农产品市场需求逐年增长，"绿色、优质"成为吉林省农产品的品牌名片。吉林省独特的资源区位优势也成为发展农业品牌的基础。在吉林省多年的农业发展中，水稻以及绿豆等杂粮农作物也在农产品市场上崭露头角。受农业产业化龙头企业快速发展的影响，吉林省特色农产品品种和注册农业地理标志农产品数量也大幅度增加，为吉林省农业品牌优势发展奠定了坚实的基础。

近年来，随着品牌建设工程在吉林省的全面铺开，"绿色农业"模式迅速占领了市场。截至 2021 年底，全省共创建国家级特优区 10 个，居东北三省第 1 位。吉林省农业产业和消费转型升级将由绿色优质农产品品牌引领。吉林省优质农产品建设项目如表 1 所示。

表 1 吉林省优质农产品建设项目

单位：个

绿色优质农产品建设项目	数量
国家级特优区	10
省级特优区	32
市级特优区	70
农产品质量安全县	23
使用绿色有机地标企业	485
使用绿色有机地标产品	1349

续表

绿色优质农产品建设项目	数量
全国绿色食品原料标准化基地	23
全国有机农产品基地	1
全国绿色食品发展园区	1
全国有机农业发展园区	1
良好农业规范（GAP）认证	2

随着人民生活水平的提高，消费者对农产品营养价值、品质质量等要求也越来越高，中国的农业发展进入了一个新的发展阶段。消费者对农产品功能要求的不断变化，促进了吉林省区域农业经济的不断发展，农业企业和农户也在为丰富农产品的价值和功效不懈努力着。国家对产业结构的调整，使得吉林省区域特色凸显出来，一批优质特色农产品进入大众视野，优势农产品区域布局规划的颁布，将进一步促进特色农业的发展。

（二）"吉字号"农产品品牌矩阵初步形成

1."吉字号"品牌农产品质量不断提升

目前，吉林省特色农产品在国内外享有盛誉，需求量逐年递增，发展形势向好。根据《特色农产品区域布局规划（2013~2020年）》的统计整理，吉林省共有27种农副产品被列入其中，吉林省特色农产品满足了消费者日益增长的营养、绿色和健康需求。"吉字号"农产品在国内外的销售量都在迅速增长。同时，吉林省农产品品牌价值也日益提高。截至2020年底，吉林省拥有企业品牌188个、产品品牌267个，重点培育市级以上区域公用品牌达79个，其中，吉林省有机农产品有效使用"三品一标"数量已达160个。此外，有1198种绿色食品和24种地理标志农产品也均使用"三品一标"。吉林省728家企业被纳入国家追溯平台，189家检测机构被纳入国家追溯平台管理的监管机构。由此可见，吉林省农产品品牌质量日益提高。

2. 农产品品牌保护意识逐步增强

据统计，吉林省目前拥有农产品公共品牌 27 个（见表 2）。在 2021 年中国农产品品牌排行榜中，吉林省四大产品荣获中国农产品百强区域公共品牌荣誉；在中国农产品贸易博览会上，吉林省 25 个农产品品牌获得金牌荣誉，其中"吉林农嫂"鲜玉米和扶余花生受到高度赞扬。截至目前，吉林省入选国家名特优新农产品目录企业达 48 家，进入中国农业品牌公共服务平台的产业化龙头企业达 592 家。

表 2　吉林省农产品公共品牌

序号	公共品牌名称	所属地区
1	吉林长白山香菇	吉林省
2	吉林长白山灵芝	吉林省
3	吉林长白山黑木耳	吉林省
4	双阳梅花鹿	长春市
5	哈拉海珠葱	长春市
6	榆树大米	长春市
7	华家甜瓜	长春市
8	黄松甸灵芝	吉林市
9	万昌大米	吉林市
10	舒兰大米	吉林市
11	永吉柞蚕蛹虫草	吉林市
12	梅河大米	通化市
13	集安边条参	通化市
14	新开河贡米	通化市
15	集安蜂蜜	通化市
16	集安五味子	通化市
17	集安山葡萄	通化市
18	长白山人参	白山市
19	靖宇林下参	白山市
20	靖宇平贝母	白山市
21	靖宇西洋参	白山市
22	大安香瓜	白城市
23	洮南绿豆	白城市
24	洮南辣椒	白城市

续表

序号	公共品牌名称	所属地区
25	大安花生	白城市
26	大安黄菇娘	白城市
27	汪清黑木耳	延边朝鲜族自治州

资料来源：中国农业品牌公共服务平台。

《农产品地理标志管理办法》的出台，标志着吉林省农产品品牌发展进入一个新阶段。我国地理标志产品的授予条件相对严苛，除了要鉴定产品的质量品质外，还要更加注意保护本地区的历史文化，划定本地区的具体产地。截至 2021 年，吉林省共有 83 种地理标志农产品通过了"地名"和"商品名"的评定，并受到地理标志的保护。随着吉林省对品牌建设的日益重视，越来越多的农产品被纳入地理标志保护范围。① 截至 2020 年底，吉林省已有 45 个农产品商标被列入原国家工商行政管理总局发布的中国注册地理标志名录。保护农产品的地理标志有利于增加农民收入，更有利于实现吉林省农业的产业化和规模化，提高农产品在国际市场上的竞争力。为了加快吉林省农业产业化进程，实现农业高质量发展，保护地理标志农产品品牌也变得更为重要。

二　吉林省农产品品牌发展中存在的问题

（一）政府监管力度不够

1. 品牌监管的力度不够

在农产品生产加工和销售领域，相关法律法规不健全，品牌监管力度不够，导致吉林省农产品品牌市场不规范，出现超范围经营、产品过保质期、

---

① 农业农村部市场与信息化司、中国农业大学主编《中国农业品牌发展报告（2021）》，中国农业大学出版社，2021，第3~4页。

假冒伪劣现象等。面对企业诚信打折和农产品牌发展环境不良的情况，政府和有关部门还应当共同努力，对吉林省农产品品牌市场进行监管，加强品牌认证管理体系建设，共同维护吉林省农产品品牌发展的环境。

2. 政府统一规划的落实不到位

近年来吉林省农产品产业发展迅速，但由于产业规模不够大、农民市场观念淡薄，专业化、标准化的局面尚未完全形成，农产品市场竞争仍处于弱势地位，与南方部分省份和黑龙江省相比还存在一定差距，竞争优势不明显。同时，吉林省各地区农产品发展水平严重不平衡。

以黑木耳为例，吉林省中部蛟河、敦化、汪清等县（市）已形成农产品产业带，县域经济发达，年产量保持在 60 万吨左右。黄松店等乡镇率先把农产品产业发展成为当地的支柱产业。通化、白山地区也以农产品著称，年产量约 40 万吨，产值超过 10 亿元。但在吉林省西部农民较少的地区，农产品只有零星分布，尚未形成产业带的规模。从吉林省的总体环境来看，目前区域农产品公共品牌的整体管理模式比较分散，黑木耳产业以零散黑木耳小规模生产为主，各地区没有统一的公共品牌农产品生产标准，大型农产品加工企业少，产品转化和增值能力薄弱，产业链不完善，缺乏规范化管理和有效的产业经营模式。

（二）企业品牌意识淡薄，品牌定位不准确

1. 农产品企业品牌观念不强

在吉林省农业品牌市场的发展过程中，许多企业对品牌发展的重视程度不够，过分追求产量而品牌意识薄弱，这是农业大省吉林省农业品牌发展滞后的重要原因之一。吉林省农产品市场发展规划性不强，相对较为随意。部分农业产业化龙头企业，特别是大型农产品加工企业对营销手段、品牌市场建设和品牌定位等方面的关注度不高，包括龙头企业经营者在内的生产经营者品牌发展意识薄弱。市场上也有一些农业企业重视品牌认证，但忽视农业品牌的培育，导致农产品在品牌发展过程中的经营能力和投入有限，还有一些企业借力区域农产品品牌发展，而对自身品牌投入不足，导致企业文化、

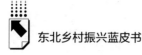

品牌特色和认知出现缺失，进而无法立足于品牌市场。农产品品牌只停留在品牌注册层面，而没有赋予产品和品牌更深层次的文化内涵，是吉林省农产品企业的共性问题，并导致农产品消费者对购买的忠诚度下降，不能够形成固定的品牌消费群体。

2.区域公共品牌的利用效率低

大多数企业对区域农产品公共品牌重视不够，不能有效利用和开发区域资源，致使吉林省农产品区域公共品牌的发展仍处于产品交易的初级阶段。吉林省大多数已经加入区域农产品公共品牌的企业认为，由于区域公共品牌的区域性，公司销售的产品可以获得更好的声誉和消费者的信任，不需要进行额外的宣传，甚至不需要追求更高的产品质量。吉林省农产品市场上仍然存在一些无品牌产品，质量不能得到充分保障，已成为吉林省农产品品牌发展的又一制约因素。

（三）农户品牌观念薄弱，品牌规模小

小、多、乱是吉林省农产品品牌发展中存在的最普遍问题，甚至由于品牌观念的淡薄，同类产品往往出现恶性竞争的情况。农户在整个农产品生产链条中的品牌意识薄弱、经营方式不当、投入不足是造成这一问题的原因。由于吉林省大多数农民没有受过高等教育，农民的综合文化素养相对较低，不能熟练掌握规范化的生产加工技术，甚至忽视市场力量和长远利益带来的区域公共品牌。吉林省提出农业品牌整合战略后，对吉林省许多小型农业品牌进行重组，打造吉林省区域农产品品牌，以谋求吉林省农产品品牌的长远发展。目前，小规模农业品牌大量存在，其产品质量不高、品牌竞争力弱、知名度不高，缺乏具有影响力的农产品品牌，难以带动吉林省整个品牌市场的发展，多数农民对品牌概念的理解还处于初级阶段，适应市场发展的能力还不高。

（四）消费者对农产品品牌认知度低，忠诚度更低

我国农产品品牌营销起步较晚，消费者对农产品品牌的普遍认识程度不

高，加之农产品是特殊商品，一些满足人们需求的特殊属性受信息不对称的影响较大，因此，虽然目前吉林省农产品品牌数量众多，但是消费者的品牌意识还较低。

（五）行业协会作用发挥不明显

随着当前消费者生活水平的提高，消费意识也逐渐呈现多样化发展。吉林省农产品区域公共品牌要在农产品市场上寻求突破性发展，需要产品创新。吉林省农产品区域公共品牌虽然为全省许多中小企业所共享，新农产品的研发需要各企业自身的努力，但由于对先进种植方法的忽视和对区域公共品牌的依赖，中小企业在运用新机器和培育新技术手段方面存在滞后。行业协会作为政府、企业和农民之间的桥梁，有义务站在农业科技应用的前沿，获取全省农民种植和企业加工信息，及时更新全省种植技术，依托吉林省政府，对农产品胚胎种植和加工开展创新研究，培育优于其他省市的优良农产品品种。然而，吉林省尚未成立全国性的农产品行业协会，现有的几个行业协会存在诸多不完善之处。一是整个组织不活跃，在省内生存意识淡薄。二是行业协会组织松散、成员少。三是资金不足，导致组织内员工动力不足，协会职能不突出，不能发挥实效。可以看出，吉林省农产品行业协会得不到发展的主要原因是上级监督不力，组织松散，技术人员短缺，造成行业科研能力不足。

三　提升吉林省农产品品牌发展能力的对策

（一）政府的品牌强农与乡村振兴有效衔接

加强农产品品牌建设的规划和对接，在品牌规划、建设标准等方面重点协助品牌建设需求大的地区打造区域特色品牌IP。

1."三品一标"成为农业品牌建设新起点

通过落实"三品一标"来夯实吉林省农产品的品牌发展基础。建立吉

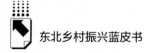

林省农业品牌的建设标准，积极培育吉林省农产品的品牌文化，开展品牌营销，使吉林省农业企业品牌和产品品牌联动发展。加快对绿色食品和有机农产品认证，加强地理标志农产品的商标注册和授权管理，使中欧地标互认互保成为吉林省农产品品牌建设的新机遇。

2.进一步加大服务扶持力度

政府要不断整合各方面优势，从吉林省农业发展全局出发，一方面积极完善基础设施，促进吉林省农产品品牌建设；另一方面要有计划地对农民进行技术培训，加强农业产业企业间的交流与合作，进而完善农产品市场体系，同时加大对农产品品牌知识产权的保护力度，促进吉林省农产品品牌市场的发展。

3.制定农业产业规划，完善政策法规

为使吉林省农产品品牌的建设和发展更符合时代要求，应积极制定相适应的农业产业规划和品牌建设发展目标，确定吉林省农产品品牌的发展方向，对区域品牌加大制度保护和政策扶持力度。农业产业的发展规划要做到因地制宜、制定合理、科学规划，不能盲目发展。针对吉林省农产品品牌发展中存在的问题，还应在吸取经验教训的基础上，进一步完善法律法规，从而为吉林省农产品的品牌发展提供良好的营商环境。一是要规范农产品生产方面的相关规章制度。二是要实现农产品的创新生产，提升科技含量。三是加大资金扶持力度，提高农业企业的专业化水平。

4.加大农产品市场管理力度

政府部门要充分发挥市场管理者的作用，不断完善相关制度，促进市场竞争环境的有序合理发展。一方面，政府要承担相应的责任，对吉林省农产品品牌市场进行大力监管，确保建立良好的营商环境，对违法行为进行坚决打击；另一方面，通过建立产品准入制度，维护市场的和谐发展，实现政府对市场的监督职能。通过对不法行为和不合格品牌的打击和制裁，实现吉林省农产品品牌的高质量发展。

5.积极引导农产品的规范化与标准化生产

农业管理部门要积极推进吉林省农产品品牌的规范化和制度化，要严把

农产品质量安全关，积极发挥政府的监管作用。通过农产品的标准化生产使农业科技实现落地，增强农产品的竞争力。加强农业标准规范。加强现有农产品品牌维护、质量检验和标准体系完善，与农业相关部门合作，因地制宜制定精细农业、低碳农业和农产品可追溯管理的地方标准和规范；在现有标准下结合实际情况，加强优势领域的新突破，提高企业在国际行业中的话语权。

完善奖惩制度。在农产品品牌评级过程中，政府可以对获得一定荣誉称号的企业进行奖励。在政府组织的建设项目中，在竞争优势相近的情况下，应优先考虑吉林省使用名牌产品的企业，将农业体系标准化与培育吉林省农产品优秀区域公共品牌相结合，授权使用公共品牌，建立门槛制度和淘汰机制，加强农产品质量管理，从根本上提高品牌质量。

6.用好数字资源，加速消费升级

吉林省农产品品牌建设要与数字经济时代发展相融合，并有效结合智能化，积极利用各电商平台、社交媒体等数字资源，使农产品的营销渠道不断拓宽。同时，还应当树立一批典型企业和农业品牌，刺激和扩大未来农产品品牌消费。还要注重科技创新，以改革创新赋能，不断推动实现产业升级、品种升级、渠道升级，让信息化、数字化、智能化成为现代农业的新特征。要充分利用互联网、电子商务和新媒体等多种手段，宣传推介农产品品牌，不断优化和拓宽农产品产销渠道。

（二）农产品企业走好品牌化发展道路

企业作为经营者，品牌是对消费者最大的刺激和促进。农业企业要建立企业品牌，发挥其在营销中的核心作用，促进其他要素的协调发展。在吉林省农产品品牌发展过程中，要提高现有农业产业化龙头企业知名品牌的影响力，提高农业企业的品牌意识，同时引导其逐步扩大企业规模。此外，作为品牌发展的主体，农业企业还应立足农产品质量，加强监管和品控，避免产品质量参差不齐。

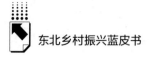
1. 完善农产品品牌管理体系以提高品牌影响力

第一，参加展览。每年参加"东北亚博览会"和"农业博览会"等特色展会，利用展会的"第三方认证价值"的客观权威性，保持曝光，也通过面对面的形式展示自己的形象和实力，让市民和游客自觉认同企业品牌。第二，关注消费者预期。吉林省农业企业要时刻关注市场需求的变化，收集可能导致消费需求和消费习惯变化的因素，及时调整营销策略，提高满足消费者期望的能力。第三，强化品牌高度。企业可以申请吉林省公共农产品品牌，使自身品牌与吉林省形象共同发展，强化自身品牌高度，加深消费者印象，引导消费者建立品牌反应和品牌共振，减少消费者对品牌的不确定性。

随着企业自身的不断发展，品牌的数量也在不断增加。有必要对吉林省农产品品牌进行动态管理，发挥知名品牌、区域品牌的引领效用。在农产品品牌建设中，品牌的设计、商标注册、品牌的运营与维护等方面都要进行有效合理的管理，尤其是一些具有吉林省特色的区域品牌，要持续进行品牌投入，实时进行品牌维护，提升品牌影响力，促进消费者对产品的信任。

2. 狠抓农产品生产，提升农产品安全性与品质

质量是商品的基础。农产品作为特殊商品，其质量更是消费者选择的关键属性。因此，农产品的安全和质量成为农业企业生产的要素，也是吉林省农业发展的重中之重。在农产品品牌营销的道路上，赢得消费者的信任、使农产品的消费者从潜在顾客变成现实顾客，从一次性购买变成忠诚客户是个递进过程，农产品的质量和安全性作为衡量食品安全的主要测试指标深受人们关注。因此，企业必须树立质量安全观念，着力提高农产品的质量，按国家标准严格执行，重视产品的品牌价值；从提高农产品质量和品牌含量入手，进而使农产品品牌的价值得以提高；建立良好的合作关系，主要是农业企业与农户之间要建立良好的合作供销关系，及时引导、培训和监督农民的生产行为，确保土壤质量，明确农民与农业生产原料采购等相关问题的责任，以保证稳定的合作关系；加速农业生产的技术创新，提高农产品的附加值，结合农业企业自身条件进一步研究市场、分析市场，推出适应社会市场需求的农产品，以保证吉林省农产品品牌体系的和谐发展，创造企业价值，

增加农民收入。

3. 基于市场需求进行品牌定位

第一，农业企业应该依托市场需求，提升自己的品牌意识，不断丰富品牌理念，创造企业的品牌产品。第二，塑造鲜明的农产品个性，树立独特的品牌形象，突出农产品的核心价值，将企业的品牌形象打造成为地区产品形象的代表，甚至发展成为区域品牌。

4. 结合数字化时代特点进行品牌创新

随着我国农业品牌强农战略的不断推进，我国农产品的品牌创建与发展速度迅猛，农产品商标注册量呈逐年递增趋势。据统计，2020年我国品牌农产品在电商平台的成交量达5600万单，交易额突破42亿元。目前，我国品牌农产品的消费群体主要是"75后"、"80后"和"90后"，消费群体数量逐年增加。2020年，品牌农产品消费者人数达到4200万。

（三）农户提高品牌意识

1. 传统经营模式的改变及其技术的提高

目前吉林省农民进行农业生产时仍然以自我为中心，生产力水平不高，产品质量不够稳定，技术设备的先进程度还有待提升，农产品质量得不到保障，不利于吉林省农业经济的发展。因此，应该转变农业生产的传统模式。解决这一问题的办法是建立专业合作社，专业合作社是联系分散劳动生产和市场的集体生产模式，它的建立也促进了生产力、专业化和分工，有利于品牌的发展和农民的积极性。此外，为了提高农民素质，还需要不断培训农民提高生产技能和品牌意识，为提升吉林省农产品的品牌质量打下良好的基础。

2. 培养农户的品牌意识

农民是农产品的供给者和来源。只有提高农产品的生产质量，才能更好地提高农产品的品牌形象。农户的管理水平和生产水平直接影响最终产品的质量。农民在品牌体系中的作用是不言而喻的。一方面，组织农户积极学习新的科学种植理念，不断提高农业原料的产量和质量；另一方面，可以定期

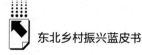

组织农业发展专家到农村开展品牌建设讲座，提高农民的整体品牌素养，加强品牌理念的培育。另外，还可以组织农业经理人和农民代表参观、学习品牌建设成功的地区，提高品牌意识。

3. 提高农户产品质量安全意识

农产品的质量是吉林省农产品品牌建设和发展的基础，农产品质量的一个重要方面就是农产品的安全性。当前，农产品的质量安全已成为我国农业发展的重要课题，农民作为农产品的生产者，必须充分重视农产品的安全性。农产品的质量安全关系其是否能够进入市场，进而关系农民收入。

（四）强化消费者的品牌认同

在农产品品牌发展研究中发现，能够决定消费者购买行为的关键因素是消费者的内在认同。关于打造农产品的品牌，首要任务就是在品牌和消费者之间建立情感联系。讲好农产品的品牌故事，树立农产品的品牌价值观。农业品牌的故事可以从起源、历史文化、气候条件、神话和传说等材料入手，加工成一个故事，以吸引消费者留下来，这样产品就可以与内容产生共鸣。吉林省的人参、玉米、梅花鹿、各种谷物等农产品也可以设计成各种精神形象，让消费者在选择时感到真实、形象、有底蕴，自然更容易接受，也更容易维持品牌与消费者的关系。

参考文献

[1] 农业农村部市场与信息化司、中国农业大学主编《中国农业品牌发展报告（2021）》，中国农业大学出版社，2021。

[2] 朱媛玲：《区域市场品牌分布格局与市场绩效关系研究——来自吉林农业市场的实证研究》，《山西农经》2017 年第 12 期。

[3] 郭小宇：《我省推进品牌农业建设成效显著》，《吉林日报》（农村版）2021 年9 月 11 日。

[4] 冯超：《我省农业品牌建设成绩斐然》，《吉林日报》2021 年 3 月 18 日。

B.15
吉林省农产品物流产业发展问题研究

刘英杰*

摘　要： 关于农产品物流的研究一直是"三农"问题的重要内容，也是当前乡村振兴的重点。现代物流的快速发展使人们看到了物流的时间效应和空间效应。农产品在运输和储存过程中的损耗严重制约着农户的收入和从业者的收益。传统的农产品物流供应中渠道较长，处于农户与消费者中间的多层级角色很大程度上影响着农产品物流供应的整体效率，也不同程度地引发农产品物流损耗、农产品供需不匹配、食品安全隐患等一系列问题。针对以上问题，提出吉林省农产品物流产业发展对策：加强基础设施建设，加强信息技术应用，系统推进农产品物流领域人才建设，规范管理农产品物流。

关键词： 农产品　物流运输　物流管理　冷链运输　仓储

我国的数字经济贸易随着互联网的发展而迅猛发展，越来越成为推动经济增长的新引擎。随着我国服务贸易数字化、智能化、网络化水平的不断提升，近日发布的《"十四五"服务贸易发展规划》提出"加快服务贸易数字化进程"，并首次将"数字贸易"列入服务贸易发展规划。随着全球数字化贸易的快速发展、不断创新，数字化贸易已成为推动全球经济贸易复苏、优化全球经济贸易格局的关键。

---

* 刘英杰，长春光华学院教师，主要研究方向为物流与供应链管理、跨境电商物流管理。

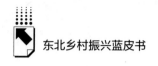
一　吉林省农产品物流产业发展现状

吉林省所处位置是俄罗斯、朝鲜、日本、韩国、蒙古国与中国东北部所构成的东北亚几何中心地带。吉林省的生态自然条件非常适合种植各种农作物，比如水稻、大豆、玉米等。吉林省是我国重要的商品粮基地，每年新产粮食省外销达 300 亿斤以上。玉米作为吉林省重要的粮食作物，深加工企业的产品外销可以折合原粮 170 亿斤以上。仅以上两项，吉林省外销粮食就能达到 500 亿斤左右，农产品物流在其中起着重要的作用。

与工业品相比，农产品有着自身的特质。农产品一般具有新鲜的活性，商品寿命期短，保鲜困难，对于运输时间和储存条件有着较高要求。农产品的单位价值比较小，数量品种较多，在包装储运环节有一定难度。农产品还具有很强的季节性、区域性和分散性的特点。农产品的种植一般是"分散—集中—分散"的流通结构，即农户进行"分散"生产种植，待农作物收获后要拿到市场出售时，由经营者进行"集中"收购、储藏、运输、加工等环节，再经批发、零售等环节，最终"分散"到消费者手中。

二　吉林省农产品物流产业发展机遇与存在的问题

（一）发展机遇

1."十四五"时期的机遇

2021 年是我国"十四五"规划开局之年。"十四五"规划中的一个重要内容就是"坚持农业农村优先发展，全面推进乡村振兴"。农业产业化是我国传统农业向现代化发展的必由之路，发展农业产业化可以加速我国乡村振兴的步伐。新发展格局为农业农村现代化提供新空间，农业产业化的发展进一步提升了对于我国农产品物流体系的要求。2022 年 5 月，吉林省出台政策，将围绕产业谋划，扶持发展农产品加工业加快推进产业链现代化。另外，吉林省重点投入基础设施建设，将在仓储保鲜、冷链物流、物流通道畅通方面助力乡村振兴。[①] 构建双循环新发展格局带动作用逐步彰显，有利于吉林省抓住国内大市场优势和建设更高水平开放型经济新体制契机，深入推进农业供给侧结构性改革，补齐农业农村在发展过程中的短板，从提高产品质量和市场竞争力入手，努力形成粮食安全和现代农业高效运作的统一结合，开创农业农村发展新局面。

2. 国家粮食安全需要的发展机遇

在过去的很长一段时间里，长三角和珠三角都是我国重要的粮食基地。随着时代的发展，长三角和珠三角已经蜕变为现代的工业城市，这也促使吉林省承担起全国粮食生产重要基地的重任。这种分化最终导致了"南粮北运"向"北粮南运"的转变，并且这一格局仍在进一步发展。

相关部门统计结果显示，吉林省的自给率大于100%。该数据说明，吉林省实现了粮食供应自足之外尚有余。缺粮的省份主要集中在珠三角、长三角等沿海省份。根据《中国经济周刊》统计，目前国内最缺粮的8个省份是上海、北京、天津、广东、浙江、福建、青海、海南，上海缺粮情况最为严重，自给率不到13%，属于严重不足。除此之外的其他省份，大多数也是供求失衡，需求比重大于甚至远大于产出比重。吉林省是"北粮南运"粮食外调的最主要省份之一。[②] 习近平总书记五年三次视察吉林，围绕保障粮食安全、保护利用好黑土地等做出一系列重要指示，为吉林全面推进乡村振兴，维护国家粮食安全，加快推进农业农村现代化指明了前进的方向，提出了根本遵循。2021年吉林粮食产量首次突破800亿斤，达到807.8亿斤，商品粮占到90%。随着"北粮南运"的不断深化，为稳住大国粮仓的使命贡献了吉林省的一份力量。

---

① 赵雨涵：《农业产业化发展与农产品物流体系改善策略》，《广东蚕业》2021年第8期。

② 周怀宗：《北粮南运，中国粮食大迁徙背后的隐忧》，《新京报》2022年2月22日。

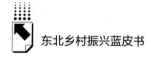
3. 新形势下农产品消费升级需求的机遇

在新的消费形式下，消费者越来越关注农产品的消费升级。[①] 过去人们主要想吃得好，现在他们更想吃得美味健康。消费者经历了三鹿奶粉、地沟油、苏丹红等事件后，食品安全在消费升级中得到全社会的关注。农产品有着丰富的营养价值，但不易保存，这就使得在运输、包装、仓储等方面对于相关企业要求越来越苛刻。这些都推动着吉林省第三方物流企业的转型升级，不但要体现在设备条件上，还要体现在管理水平上。然而，无论是专业物流设备还是冷链制冷等技术，都是吉林省农产品物流业薄弱之处，形成了农产品的质量安全隐患。[②] 近几年的互联网及电子商务发展十分迅速，农产品市场在其中有着巨大的发展潜力。

（二）存在的问题

1. 粮食贸易物流集约化程度低

物流产业发展方兴未艾，物流的发展促进了社会商品从供应端向需求端的转移，在转移的过程中实现了社会价值的增值。农产品的供应具有地域的集中性和种植的分散性，而需求也具有一定的广泛性。农产品物流的发展初期无法实现规模经济，具有个体性和分散性的特点。[③] 随着社会经济的发展和互联网的广泛应用，在乡村振兴的大背景下，农产品物流产业化发展呈现出空前的紧迫性和社会属性。由于吉林省面积广阔，人口密度小，村镇之间、市县之间的农作物栽种分散，监管部门想要实施全面监管难度非常大。另外，农产品物流从经营到销售的整个过程很难实现系统化、标准化和专业化管理。农产品冷链运输作业标准化、机械化作业水平低，人力作业占主要地位，无法给予农产品安全保障。吉林省农产品物流产业化发展将有助于吉林省乡村经济发展，有效提高农户农产品收入并为社会提供优质的、价格合

---

① 刘英杰：《共享物流模式下促进吉林省跨境电商发展的有效措施》，《物流时代周刊》2022年第3期。

② 吴祺轩：《农产品冷链物流标准体系建设分析》，《标准实践》2021年第9期。

③ 曲剑：《吉林省农产品物流SWOT及对策分析》，《劳动保障世界》2017年第2期。

理的、营养丰富的农产品，满足消费者的消费升级需求。[1]

2. 冷链运输程度低

吉林省土地资源丰富，自然条件优渥，但是村镇之间相对距离较长，不同的县市之间的道路、水域等条件都不相同，农产品播种条件不同，农产品大多以个体种植为主，规模小，农产品源头收购困难。冷链条件运输无论是在技术层面还是在运营管理层面与传统物流运输都有着极大的不同。冷链物流需要在仓储和运输环节完全进行温度的监控和控制，不能也不允许出现"断链"和"冷链不冷"的情况。[2] 但是，现有村镇之间、市县之间运输路线的选择少、运输路线缺少全面合理的设计等，农产品在陆路转运和仓储环节中占用大量时间。吉林省农产品装卸搬运采用机械化作业的比例很小，绝大多数还是以人力作业为主，人力作业和机械化作业的稳定性和安全性是完全不同的。[3] 一方面，人力作业无法实现标准化作业，并且货物在装卸搬运或移动过程中发生掉落或损坏的概率非常大；另一方面，人工作业的工作效率也无法和机械化作业相比，无法达到机械化装卸的效率和准确性。

日本、美国、英国都是物流业发展走在前面的国家，与这些国家相比，我国国内的冷库库存量人均仅为 0.07 立方米。互联网经济和电子商务的快速发展为各行各业都提供了无限的可能性，农产品物流也迎来发展的新时期。吉林省冷链无论是仓储数量还是仓储条件都无法满足当前的发展需求。因此，在冷链仓储的选址和规划方面一定要做到全面考虑。农产品对于仓储的条件和技术要求很高。不同种类的农产品所需的温度、湿度及通风条件都不相同，一定要做好农产品在库的保管与养护来保障商品在库质量。但是，吉林省目前的仓储条件还无法达到这些要求。

吉林省农产品很大比例都是由小微企业供应的，甚至有很多的个体农户参与到物流过程之中。农产品作为商品属性进入流通领域后，包装材料的选用、使用以及质量都无法做到统一规范和标准化。因此，包装对于农产品的

① 陈聪：《电子商务环境下农产品物流管理创新策略》，《中国管理信息化》2021 年第 9 期。
② 吴祺轩：《农产品冷链物流标准体系建设分析》，《标准实践》2021 年第 9 期。
③ 曲剑：《吉林省农产品物流 SWOT 及对策分析》，《劳动保障世界》2017 年第 2 期。

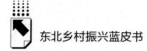

保护与销售功能也是不一样的，对于农产品在长途运输、在库保管及后期销售和配送环节的影响也不尽相同。因此，在这些环节，农产品容易受到磕碰、碰撞及污染，农产品的新鲜感、口感及卫生情况都会存在差异。这些都会引发农产品物流的成本上升和质量下降，值得行业人员思考。

3. 仓储能力不足

农产品的自身特点导致农产品的储存对于仓储条件要求较高，吉林省现有仓储条件无法满足。一是吉林省发展不均衡，一些有规模的大型企业资源丰富，仓储条件较好，但大部分农产品仓储参与者是小微型企业，并无合理、专业的储存物流设施设备。二是物流仓储能力不足，在库管理不能满足农产品实现价值增值。吉林省农产品仓储企业经营管理意识比较传统，缺少现代化思维。

吉林省农产品冷链发展非常晚，目前还没有系统的技术和相关理论指导。生鲜农产品在运输和储存环节都需要有一定的温度和湿度的控制技术来保持商品的原品质。对于冷藏、冷冻等技术应用吉林省起步非常晚，并且应用范围有限，使得在运输和仓储环节的应用成本非常高。并且冷链技术的应用还在很大程度上受限于环境、操作水平等外部客观条件，这些都是冷链应用发展缓慢的影响因素。种种原因导致吉林省冷链建设与发展速度缓慢，技术更新条件有限。

近几年互联网经济发展迅速，农产品交易已经不仅发生在线下，线上也在如火如荼地进行。网络购物的出现及快速发展导致现有的法律法规无法全面精准覆盖到所有方面。吉林省农产品物流作业涉及环节众多，有着非常大的可操作性和可提升空间。冷链"断链"是发展的瓶颈，目前吉林省冷链"断链"还普遍存在。要有相应的解决办法避免冷链"断链"，保证冷链全程的连续性。

4. 信息化程度低

在乡村振兴大背景下，信息技术在逐步渗透乡村振兴发展的各个方面。互联网经济快速发展，从吉林省对于农产品物流信息的处理能力来看，当前的状态已不能适应不断变化的市场和客户需求。吉林省农产品物流从农产品的生产到储存、运输、加工和销售，都需要及时处理和发布物流信息。农民获得信息的能力有限，不能通过现有手段及时了解想要的信息，技术开发能力不足无法建立创新销售渠道，也很难实现冷链车辆资源、农产品货源及市场需求的信息匹配。吉林省的农产品物流冷链流通模式有通过供货方提供物流条件实现的，有借助第三方来实现流通运营的，有通过批发、经销这类中间商实现的，还有以多角色参与的合作联盟形式实现的。首先，这几种模式下的运营暂时都无法实现资源共享、信息共享，组织之间没有实现深度合作，竞争仍然存在。其次，吉林省道路情况和交通情况复杂，在运输与配送环节的道路选择及路线规划上还存在一定的不合理性，冷链物流运输的时效性得不到保障。最后，无法实现信息的时效性。不同于一般商品，农产品有着易腐坏、保存周期短的特点，有着较高的时效性。消费者对于能够及时、准确地满足需求的供方能够建立良好的消费体验，形成再次消费。但是，目前的冷链运输信息并不能及时反映农产品物流情况，也无法被消费者准确获取。

吉林省并没有对农产品物流信息做到有效管理。我国相关数据显示，目前38.8%的农村非互联网用户无法实现互联网访问。他们没有计算机和网络，19.7%的是由于缺乏计算机和其他互联网设备，3.5%的是由于缺乏本地网络连接条件。与此同时，农村地区购买计算机和使用网络设备也面临着相当大的购买成本，这在客观上限制了农村地区互联网接入的实现。①

5. 农产品方面的物流人才缺乏

一方面，农村地区的一些农民没有接受高等教育。他们通过辛勤劳动培养出来的大多数受过教育、知识渊博的下一代也远离家乡，在外面辛勤劳动，不愿回家发展农业。教育水平低的人留在农村地区，虽然他们拥有熟练的传统技术，但他们无法跟上时代的变化，无法通过掌握新的技术知识来更好地创造收入。很多从事农产品物流领域的企业并没有合理的专业运营

①　杨浩军、汤梦瑶：《双循环新发展格局下物流业的发展对策研究》，《中小企业管理与科技》（下旬刊）2021年第9期。

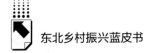

人才。

另一方面，当地人的传统观念相当严重。老一辈农民仍然保留着他们的旧观念，不想更新。他们相信，只有努力工作，才能有好收成。然而，事实告诉我们，仅仅努力是不够的。只有跟上时代的发展，掌握新技术、把握新方向，才能在新的道路上越走越远。比如电子商务，很多人不懂电子商务，甚至拒绝电子商务。他们认为网上的信息是不可信任的，资料是不可靠的，互联网上都是骗人的。他们跟不上时代，也无法像其他人一样享受更便捷的服务。

三 吉林省农产品物流产业发展对策

（一）加强基础设施建设

首先，要抓好基础设施建设。政府不但要提高关注度，还要继续加大资金投入。不但要完善公路、铁路、航空、航运等与农产品流通密切相关的交通运输条件，还要在税收、金融支持等方面采取优惠政策。同时，不断完善流通过程中农产品畅通无阻的交通网络和通信设施建设。研究开发运输技术和手段，将传统仓储设备改造与现代仓储设备改造相结合。整合农产品物流资源，合理规划和科学布局农产品资源，打造适合吉林省发展的农产品物流基础设施。[①] 其次，完善吉林省农产品物流设施，如采购温控系统、防潮系统、集装箱、运输车辆、托盘、叉车、升降平台等设施。最后，要加大对物流研发的投入；建立一批基础设施工程，例如农产品物流基地、保鲜冷库、信息平台等；加强后勤技术标准、计量标准、数据传输标准等建设；强化运行服务标准，强化质量安全标准。

（二）加强信息技术应用

第一，要加快建立健全"农产品信息转让"等公共信息平台。农产品

---

① 高伟：《基于供应链一体化的农产品物流资源整合探究》，《行业视角》2021年第9期。

供应链中的有关主体通过互联网等媒体，能够及时掌握市场供求、交易、价格等情况，从而降低农产品生产、市场营销等环节成本，降低信息不对称性。[1] 政府要组织相关部门开发物流软件，将物流和信息联系起来，与生产、流通、消费等信息结合起来，使物流信息资源开发和使用程度越来越高。

第二，要提升农产品冷链物流信息准确度。通过从种植、包装到可视化的农产品运输，可以提高消费者对销售品牌的忠诚度，从而使其成为稳定、忠实的消费者。市场必须及时公布某一特定农产品的交易价格，收集和及时公布市场急需的农产品信息，完善网络信息系统建设，完善组织建设，提高物流交易效率，才能正确引导农民和农贸市场从业人员。

第三，政府机关要将信息资源与政府进行集成。当前市面上的农产品资讯平台杂乱无章。通过对农产品多方位信息网站进行汇总与筛选，整合形成一个汇聚农民的综合、准确、权威信息网站平台，积极构建完善农产品资源共享系统。

（三）系统推进农产品物流领域人才建设

从当前农产品物流发展情况看，行业内从业人员综合素质不高，专业性也有待加强。

一是要积极引导高校和科研院所的专业培育能力，建立以农产品物流为核心的学科系统，积极培育熟悉了解农产品物流管理、供应链管理，能够了解行业发展的管理专业技术人员。[2] 相关政府部门可以主动与部分高校合作设立农产品物流等相关专业，这样可以定向培育熟悉了解农产品物流的优秀人才。要充分发挥优秀高校在科学有效培养专业人才中的主体作用。

二是要给予社会及行业相关机构支持和鼓励。对所需要的物流人才开展

---

① 韩佳伟、李佳铖、任青山等：《农产品智慧物流发展研究》，《中国工程科学》2021年第4期。
② 刘英杰：《共享物流模式下促进吉林省跨境电商发展的有效措施》，《物流时代周刊》2022年第3期。

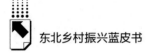

岗位培训，形成物流行业终身学习体系，加强物流人才的定期培训。政府要发挥主观能动性与企业开展合作，聘请相关物流领域人员对农产品物流从业人员进行培训，这样可以从业务水平和职业技能的角度提高物流人员的能力。政府还可以规定物流企业员工的资质考核，使其定期培训新员工，淘汰不合格的物流人员。

三是要开阔眼界，放眼国际。努力发现国内其他省份及国际先进经验，通过了解自身学科特点，形成本省的物流从业人员资格认证系统。同时，吉林省各级政府应优先为高校农产品物流学科注入力量，重点加大物流科研投入，加强吉林省农产品物流领域专业人才的培养。

（四）规范管理农产品物流

1.农产品冷链的装卸环节

农产品的装卸搬运环节是非常重要的。农产品本身具有非标准化和不规则性，在装卸搬运过程中一定要严格按照操作规范谨慎对待。在操作过程中要尽量全程在农产品所需温度、湿度、通风环境等客观条件符合要求的环境中进行作业，以保障农产品物流全环节都处于冷链环境中，以有效降低农产品物流过程中的损耗和破损。另外，要选用适合的装卸搬运工具，有效提高装卸搬运环节的机械化水平。

2.农产品冷链的仓储环节

农产品对于仓储条件是有一定技术要求的。不同的农产品对于储存条件需求不同，吉林省要想实现农产品物流的转型升级必须实现农产品的储存条件的科学控制，利用先进的理念和优质的管理对农产品在仓储环节所需的温度、湿度以及通风情况做好整体把控，以有效提高农产品仓储质量。对于果蔬类农产品可以采用气调库进行储存，气调库在储存过程中可以通过技术手段释放气体成分，对果蔬类的自熟现象起到有效的抑制，从而提高仓储质量。

3.农产品冷链的加工包装环节

农产品和一般商品不同，其外形不规则、难以统一，这为实现标准化、统一化包装增加了难度。要想在农产品冷链加工包装环节提高效率和效益，一定要实现标准化操作和程序化操作。在进行加工包装环节之前可以增加一个筛选和拣选环节，在这个环节对农产品进行预筛选，这样在进入下面的加工包装环节即可实现标准化作业，严格按照设计好的流程和程序实现规模化操作，以提高作业效率，实现规模经济。包装材料的选用一定要考虑到农产品的食用性特点，选择健康、安全、绿色的材料，好的包装材料能够为农产品后续的运输、仓储、配送等环节起到良好的保护及宣传作用。

4. 农产品冷链的配送环节

根据下单规则，提前一天下单，当天发货。一定要提前依据客户订单，合理规划运输及配送路线，对订单进行合理规划，有效缩短路途时间。要选用环保安全、绿色的包装材料，农产品多是以入口食品为主，包装材料选用得安全、环保会提高农产品质量。冷链配送要能够实现精准配送，其前提是构建农产品冷链的信息网络，有效利用共享信息平台，合理分配配送资源，提高用户体验，留住客户，实现价值增值。

参考文献

[1] 曲剑：《吉林省农产品物流 SWOT 及对策分析》，《劳动保障世界》2017 年第 2 期。

[2] 刘英杰：《共享物流模式下促进吉林省跨境电商发展的有效措施》，《物流时代周刊》2022 年第 3 期。

[3] 赵雨涵：《农业产业化发展与农产品物流体系改善策略》，《广东蚕业》2021 年第 8 期。

[4] 吴祺轩：《农产品冷链物流标准体系建设分析》，《标准实践》2021 年第 9 期。

[5] 高伟：《基于供应链一体化的农产品物流资源整合探究》，《行业视角》2021 年第 9 期。

[6] 韩佳伟、李佳铖、任青山等：《农产品智慧物流发展研究》，《中国工程科学》2021 年第 4 期。

[7] 陈聪：《电子商务环境下农产品物流管理创新策略》，《中国管理信息化》2021 年第 9 期。

［8］杨浩军、汤梦瑶：《双循环新发展格局下物流业的发展对策研究》，《中小企业管理与科技》（下旬刊）2021 年第 9 期。

［9］周怀宗：《北粮南运，中国粮食大迁徙背后的隐忧》，《新京报》2022 年 2 月22 日。

美丽乡村篇

Beautiful Countryside Reports

B.16

东北三省美丽乡村建设研究

肖国东*

摘　要： 美丽乡村建设，对于贯彻落实乡村振兴战略意义重大。近年来，东北三省美丽乡村建设成效显著，人居环境综合整治不断改善，农村公共文化服务质量不断提高，乡村治理体系不断完善，乡村旅游、乡村民宿蓬勃兴起，目前东北三省共有24个乡村入选2021年中国美丽休闲乡村名单，38个乡村通过2010～2017年中国美丽休闲乡村监测。但在美丽乡村建设中仍然存在建设资金来源渠道单一、政策引导作用发挥不足、基础设施长效管护机制有待完善、部门间协调工作机制有待加强等问题。持续推进东北三省美丽乡村建设，应科学制定美丽乡村规划，并与住房建设、土地利用、乡村社会发展等规划有效衔接；加强政策资金的引导作用，广泛吸纳社会资金参与美丽乡村建设；完善乡村环境治理机制，打造生态宜居美丽乡村；提升广大农民的环保意识，充分发

---

* 肖国东，博士，吉林省社会科学院经济研究所副研究员，主要研究方向为数量经济、产业经济。

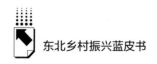
挥农民建设美丽乡村的主体作用；构建现代乡村产业体系，促进农村经济可持续发展。

关键词： 美丽乡村　乡村建设　农村经济　东北三省

一　东北三省美丽乡村建设基本情况

（一）美丽休闲乡村建设不断加快

为加快建设一批美丽休闲乡村，2022 年 1 月农业农村部发布《关于公布 2021 年中国美丽休闲乡村名单和 2010～2017 年中国美丽休闲乡村监测合格名单的通知》，其中辽宁省 8 个乡村入选 2021 年中国美丽休闲乡村，19 个乡村通过 2010～2017 年中国美丽休闲乡村监测；吉林省 8 个乡村入选 2021 年中国美丽休闲乡村，19 个乡村通过 2010～2017 年中国美丽休闲乡村监测；黑龙江省 8 个乡村入选 2021 年中国美丽休闲乡村，10 个乡村通过 2010～2017 年中国美丽休闲乡村监测（见表 1、表 2）。

表 1　2021 年东北三省中国美丽休闲乡村名单

辽宁省	吉林省	黑龙江省
沈阳市法库县和平乡和平村	长春市双阳区太平镇小石村	牡丹江市宁安市渤海镇上官地村
大连市金普新区大魏家街道后石村	吉林市桦甸市桦郊乡晓光村	佳木斯市同江市街津口乡渔业村
大连市长海县大长山岛镇杨家村	辽源市东丰县东丰镇今胜村	哈尔滨市五常市民乐朝鲜族乡民乐村
鞍山市岫岩县沙河镇贾家堡村	通化市通化县石湖镇公益村	双鸭山市饶河县四排乡四排赫哲族村
本溪市本溪县小市镇谢家崴子村	白山市长白朝鲜族自治县十四道沟镇望天鹅新村	绥化市安达市太平庄镇双兴村

续表

辽宁省	吉林省	黑龙江省
营口市鲅鱼圈区熊岳镇望儿山村	松原市前郭尔罗斯蒙古族自治县查干湖镇西索恩图村	黑河市爱辉区瑷珲镇外三道沟村
阜新市彰武县大德镇大德村	白城市大安市叉干镇民乐村	大庆市大同区林源镇长林村
铁岭市西丰县振兴镇沙河村	延边朝鲜族自治州和龙市东城镇光东村	伊春市嘉荫县向阳乡雪水温村

表 2　2010~2017 年东北三省中国美丽休闲乡村监测合格名单

辽宁省	吉林省	黑龙江省
沈阳市沈北新区财落街道曙光村	长春市九台区波泥河街道平安堡村	哈尔滨市五常市二河乡新庄村
沈阳市新民市前当堡镇蒲河新村	长春市农安县合隆镇陈家店村	齐齐哈尔市梅里斯达斡尔族区雅尔塞镇哈拉新村
大连市旅顺口区龙头街道王家村	长春市榆树市土桥镇皮信村	齐齐哈尔市依安县新兴镇新合村
大连市金州区石河街道石河社区	长春市德惠市布海镇十三家子村	齐齐哈尔市甘南县兴十四镇兴十四村
大连市瓦房店市谢屯镇前进村	吉林市昌邑区孤店子镇大荒地村	鹤岗市绥滨县忠仁镇中兴村
大连市瓦房店市西杨乡渤海村	吉林市丰满区江南乡孟家村	伊春市嘉荫县红光乡燎原村
大连市庄河市王家镇东滩村	吉林市桦甸市红石砬子镇色洛河村	佳木斯市同江市八岔乡八岔村
大连市庄河市仙人洞镇马道口村	四平市梨树县霍家店街道霍家店村	牡丹江市东宁市道河镇洞庭村
鞍山市千山风景名胜区上石桥村	辽源市东辽县安石镇朝阳村	绥化市肇东市西八里镇飞跃村
鞍山市海城市接文镇三家堡村	通化市通化县东来乡鹿圈子村	大兴安岭地区漠河市北极镇北极村
抚顺市新宾县永陵镇赫图阿拉村	通化市通化县石湖镇老岭村	—
丹东市东港市孤山镇大鹿岛村	白山市长白朝鲜族自治县马鹿沟镇果园村	—
丹东市东港市北井子镇獐岛村	白山市临江市花山镇珍珠门村	—

辽宁省	吉林省	黑龙江省
丹东市凤城市凤山街道大梨树村	延边朝鲜族自治州延吉市依兰镇春兴村	—
阜新市阜新蒙古族自治县东梁镇吐呼鲁村	延边朝鲜族自治州敦化市雁鸣湖镇小山嘴子村	—
盘锦市大洼区唐家镇北窑村	延边朝鲜族自治州珲春市敬信镇防川村	—
盘锦市大洼区王家街道石庙子村	延边朝鲜族自治州龙井市东盛涌镇东明村	—
盘锦市盘山县太平街道新村村	延边朝鲜族自治州和龙市西城镇金达莱村	—
葫芦岛市兴城市菊花街道北村	延边朝鲜族自治州安图县万宝镇红旗村	—

（二）人居环境综合整治不断改善

"十三五"以来，辽宁省农村人居环境综合整治以治理农村生活污水、垃圾、养殖粪便和保护农村饮用水源为重点，完成 2200 个行政村环境综合整治。开展"千村美丽、万村整洁"专项行动，建成 656 个省级美丽示范村。85.7%的行政村已经实现农村生活垃圾处置体系覆盖。目前，吉林省共创建美丽庭院、干净人家 20 万户，"三 A"级标准示范村 2000 个，共拆除废弃建筑物 12.4 万处，迁移柴草垛 23.6 万个。2020 年全省共动用车辆 62.4 万辆，动员干部群众 395.3 万余人次，清理整治庭院 307.4 万个；清理农村生活垃圾 440.3 万吨，村庄清洁行动覆盖面达到 100%，95%以上的行政村基本实现清洁干净目标，垃圾收运处置体系实现县域全覆盖。黑龙江省实施《全省农村人居环境整治三年行动方案》以来，农村环境质量提升，农村群众幸福感和获得感显著提升。全省已有 8672 个村完成农村生活垃圾收转运体系建设，占比达 96.67%；7983 个行政村已开展生活垃圾分类，占比 88.99%。农村生活污水治理梯次推进。启动实施 222 个村屯 15594 户水源地生活污水集中收集处理工程，村容村貌明显提升。

（三）公共文化服务质量不断提高

"十三五"以来，辽宁省新建 1000 个农村文化广场，在 6 个贫困县实施广播电视"户户通"工程，农村基层综合性文化服务体系建设不断加快。2020 年吉林省出台了《吉林省基本公共文化服务指导标准》，全省 86 个示范点全部按标准建设完成；全省 297 个贫困边境县行政村基层综合文化服务中心建设任务已完成 295 个，完成率为 99.3%。全省已建成农村文化小广场7900 个，实现了国贫县行政村农村文化小广场全覆盖、少数民族县全覆盖、省贫县行政村覆盖 80%。同时，在全国率先出台了乡镇数字影院建设扶持政策，累计安排电影专项资金 2850 万元。同时，全省农家书屋建设已实现行政村 100% 全覆盖。黑龙江省深入实施文化惠民工程，健全完善公共文化服务体系，有效整合资源，创新体制机制，为农民提供多元化、深层次的文化服务保障。结合新农村建设、城镇化和美丽乡村建设，建成体育健身场所67 处，安装健身器材 363 个，建成文化广场 49 个、乡镇综合文化站 8 个、农家书屋 67 个、篮球场 90 个，建设"道德讲堂"20 个，村综合性文化服务中心覆盖率达到 82%。持续开展红色文艺轻骑兵、金色田野、结对送文化品牌活动，深受群众欢迎。组织开展文化科技卫生"三下乡"活动 150多场（次）、送戏下乡 100 多场（次）、送电影下乡 120 多场（次）。

（四）乡村治理体系不断完善

辽宁省整顿软弱涣散村党组织 1616 个。通过村级组织运行经费全部纳入财政预算，标准每村每年提高到 10 万元。吉林省加强基层治理，通过持续提升村民自治能力，推进村务公开工作规范化、程序化、制度化，健全村级议事协商机构和民主听证、议事、咨询等制度，乡风文明建设取得积极成效，县级及以上文明村、文明乡镇占比分别为 50.5%、70.9%，建立乡镇法治辅导站 1413 个，培养农村"法律明白人"22 万余人。黑龙江省出台了抓

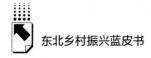

党建促乡村振兴30条具体措施。通过招聘大学生到村（社区）任职，培养乡村振兴人才，选派优秀年轻干部到乡（镇）一线。向脱贫村等重点村选派（轮换）工作队2454个、第一书记703名、驻村干部8065名。

（五）乡村旅游步伐不断加快

辽宁省乡村旅游、乡村民宿蓬勃兴起，打造一批在北方具有示范意义的优秀品牌和成功案例，成为辽宁旅游新名片。目前，全省12234个行政村中，具备发展乡村旅游基础且已形成一定规模的行政村有1311个，全省乡村旅游经营单位（业户）近1万家（户）。2019年以来，入选全国乡村旅游重点村30家，入选省级乡村旅游重点村66家。近年来，吉林省乡村旅游持续升温，形成了特色，积蓄了潜力，为打造乡村旅游"升级版"奠定了坚实基础。2019年吉林省乡村旅游接待人次和旅游收入增速均高于吉林省旅游业平均增速。"十三五"期间，黑龙江省新增10个现代农业庄园、10个乡村旅游创客基地、30个乡村旅游特色小镇、100个省级乡村旅游点、100个民宿客栈、300个乡村农家乐示范户。形成各类型产品互动协调的乡村旅游发展格局，乡村旅游在全省美丽乡村建设、产业扶贫、一二三产业融合发展中的地位更加突出、作用更加明显。

二 东北三省美丽乡村建设面临的主要问题

（一）建设资金来源渠道单一

美丽乡村建设是项系统工程，资金需求量较大，但目前东北三省美丽乡村建设资金不仅缺乏，而且来源相对单一。目前东北三省美丽乡村建设以政策性资金投入为主，社会资金较少。政策性资金投入有限，很多资金需要村镇政府筹集，但村镇政府筹集能力有限，仅能建个广场、公园等，很难深入开展美丽乡村建设。同时，美丽乡村建设还有很多公益性项目，其项目回报率较低，导致较难吸引社会资金参与建设。缺乏对社会资金参与美丽乡村建设的引导举措和政策,导致社会资金参与建设的积极性不高。尤其是经济不发达的地区,整合资金难度较大,基础设施建设资金持续投入不足,缺乏后续维护资金,同时县级、乡级政府筹措资金困难重重,相关美丽乡村建设工程进展较慢。

(二)政策引导作用发挥不足

建设美丽乡村,农民是主体。但一些基层干部组织引导工作落实不到位,导致部分乡村的村民参与美丽乡村建设的积极性不高,群众的主体作用不能充分发挥,相关建设工作开展难度加大。此外,一些乡镇缺乏调查研究,对美丽乡村建设指导不足,盲目跟风模仿其他村落的建设模式,缺乏特色,模式单一,乡村环境整治采用循环农业和生态治理方法较少。目前仍然存在一些农民的治理意识不强,还没有认识到美丽乡村建设的重要性,建言献策的就更少。同时较多村民群体对各类整治工作不熟悉,主动参与环境保护、设施维护的意识不强。

(三)基础设施长效管护机制有待完善

美丽乡村建设中,基础设施建设对象多是在村内的道路、路灯、文化广场、危房等路面上实施,部分乡镇对地下污水设施、供水供电设施等关注不够,也缺乏科学规划,重视地面建设,轻视地下建设,这给后续建设可能带来一系列问题。同时,已建基础设施的管理和维护机制并不完善,导致基础设施的建、管、用衔接不畅,管理维护主体不明确等一系列问题。虽然乡村综合环境治理取得了较大成效,但有些乡镇脏乱差现象时有发生,主要是由于缺乏与基础设施建设相匹配的管护机制。环境综合整治工程中,污水处理厂、垃圾中转站、农村安全饮水工程等设施比较完备,但是有些乡村经济基础薄弱,村集体经济不强,出现了基础设施建设以后不能得到有效维护,导致设施建成使用一段时间后损坏情况比较严重,浪费公共资源。

(四)部门间协调工作机制有待加强

美丽乡村建设是一项系统化整体化工程,涉及多个部门,但部门间缺乏

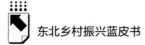
协调沟通，协调机制也不健全，导致各个部门实施的建设项目分散不能形成合力，难以达到预期效果。例如，环保部门的"生态村"、宣传部门的"文明村"、林业部门的"美丽林场"等，均为各个部门的示范村建设，但有的与美丽乡村示范村建设一致，有的与美丽乡村示范村建设不一致，导致部分乡镇不能有效整合资源，美丽乡村建设也不能纵深推进。此外，部分乡镇缺乏科学合理的整体性规划，在落实美丽乡村建设过程中，缺乏科学合理的分工，牵头部门和管理部门也不统一，有的乡镇由农业部门牵头负责，有的乡镇由城乡建设部门牵头负责，还有的地方由宣传部门牵头负责，导致各部门建设各自部门的示范村，部门间缺乏长期协调工作机制，难以形成美丽乡村建设合力。

三 东北三省美丽乡村建设的对策建议

（一）规划引领，科学建设美丽乡村

美丽乡村建设是项系统工程，需要制定科学的规划，因地制宜，分步实施，合理布局乡村住宅、耕地、道路和公共服务等设施，引领各个部门协同推进各项建设工程。多规合一，做好衔接工作。美丽乡村规划应与住房建设规划、土地利用规划、乡村社会发展等规划衔接，避免土地等资源浪费。不能只顾短期利益，还应做好短期目标与长期目标的衔接，落实好规划总体工作。还应因地制宜，集约利用。广泛征求村民的意见，保障相关规划设计能够与当地的情况相适应。乡村建设规划要突出特色，注重文化传承。依据乡村实际情况，科学编制美丽乡村建设规划。依托自然生态，保留乡土气息，深入挖掘历史、文化、产业等资源，打造乡村特色亮点。因地制宜推进农旅融合、文旅融合，做强做大乡村旅游。建设文明乡风，要持续增进民生福祉，坚持产业项目联农带农，坚持生态保护、绿色发展、民生改善相统一，不断增强群众获得感、幸福感。

（二）政策引导，加大资金支持力度

多方筹措资金对于美丽乡村建设至关重要。加强政策资金的引导作用，鼓励、引导社会各界、群众参与美丽乡村建设。壮大村集体经济收入，拓宽投融资渠道。盘活村集体资产资源，壮大村集体经济收入，弥补管护资金缺口。加强部门间联合，争取资金支持。加强与银行对接，获得贷款支持。同时鼓励群众参与美丽乡村建设，分配相关利益，使农民受益，在农民创收的同时贡献一份力量。坚持政策引领和考核激励共融，推进美丽乡村示范村建设。将绩效评价结果与预算安排、试点村名额分配挂钩，以每年的试点村验收考评结果为依据，采取"基础名额+奖罚名额"确定试点村名额，对达到典型示范村标准的给予资金和名额奖励，引导县市集中力量打造精品村。增加生态补偿资金投入。

（三）多方参与，发挥农民主体作用

通过宣传，提高农民环保意识。借助广播、电视、报纸、图书等传统媒体以及网络新媒体开展多种形式的环保宣传活动，扩大宣传范围，加强环保教育。使农民树立"绿水青山就是金山银山，冰天雪地也是金山银山"的环保意识，让农民自觉树立保护环境的理念。尊重村民的意愿，将村民满意度和认可度作为建设的最终目标，开展环境卫生评比、环境保护知识竞赛等文化活动，调动农民参与美丽乡村建设的积极性和主动性。增强乡村环境宜居性对人口和投资的吸引力，鼓励广大青年大学生、进城务工人员投身美丽乡村建设。

（四）生态宜居，构建现代乡村产业体系

树立循环经济发展理念，调整农村产业结构，大力发展特色生态农业。积极在农村推广普及新能源技术，积极利用高新技术手段对一些企业落后的生产方式进行改革，积极走绿色生产之路，减少农村环境污染，真正促进农村实现可持续健康发展。通过发展生态农业，建设生态农业产业

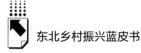
园、生态产业链，打造一村一品，推进精深加工产业，构建循环经济发展体系。

（五）长效监管，完善乡村环境治理机制

创新环境综合治理机制。明确工作要求，建立管护机制。建立完善设施管护工作制度，规范管护流程，细化责任到人，严格考核兑现，强化管护工作跟进和落实。防止"重建设轻管理、只建设不监管"的现象发生。从生产方式转变、新型城镇化建设、村镇建设、产业发展等方面入手，完善相关机制，建立与之相匹配的农村环境治理监督机制。构建多部门协作，农民广泛参与的环境监控体系，通过完善的环境治理机制，提升农村环境质量，保障美丽乡村建设工作能够有效开展。

参考文献

［1］杜志刚：《乡村振兴背景下美丽乡村建设路径探讨》，《南方农业》2022年第6期。

［2］齐新华：《乡村振兴战略视阈下美丽乡村建设路径探析》，《农村实用技术》2021年第10期。

［3］龙军：《乡村振兴战略下建设生态宜居美丽乡村的分析与实践》，《中国国情国力》2021年第10期。

［4］鹿风芍、齐鹏：《乡村振兴战略中美丽乡村建设优化策略研究》，《理论学刊》2020年第6期。

［5］张晶：《美丽乡村建设背景下传统村落保护与发展策略探析》，《城市发展研究》2020年第8期。

［6］吴清秀：《产业生态化与美丽乡村建设的互动发展思考》，《农业经济》2019年第9期。

东北传统村落人文景观保护与发展研究

周　慧*

摘　要： 传统村落是传承历史记忆、延续历史文脉的重要载体，是实施乡村振兴战略的重要抓手，保护传统村落人文景观对传承我国历史文化具有重要意义。本研究从东北特有的寒地气候出发，通过对东北传统村落人文景观的实践调查与村落特色文化的挖掘，从自然景观、物质形态人文景观、非物质形态人文景观特征，对东北传统村落人文景观规划布局进行研究分析，从打造东北村民宜居和乡土文化的人文景观、振兴东北传统村落旅游业为切入点，提出东北传统村落人文景观传承保护的思考和建议：挖掘传统村落乡土文化，重构物质人文景观新风貌；整合东北传统村落生产生活资源，活化非物质人文景观发展；引入南方传统村落创新机制，建设特色东北人文景观，以此激活东北传统村落旅游经济和提升村民幸福感，为今后传统村落人文景观保护提供一定的参考。

关键词： 乡村振兴　传统村落　人文景观保护　东北地区

一　东北传统村落人文景观保护现状

中国社会经济发展进入全面转型时期，研究表明，传统村落的自然、

* 周慧，长春光华学院艺术设计学院副院长、教授，设计学科带头人、硕士生导师、创艺设计工作室负责人，主要研究方向为设计学领域中环境设计理论和实践。

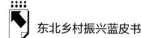
人文资源和文化价值具有较好的集约性、经济性和文化性，具有较高的保护价值和可持续性，具有社会、经济、艺术、科学、文化等多元属性。[①]具体来说，此类村庄的传统建筑基本保留完好，建筑造型也有着鲜明的特色，是值得重视的非物质文化遗产。2012年，我国有关部门对国内传统村落展开全面调查，按照保护价值列出了传统村落名录，与此同时政府部门也积极投身传统村落保护事业，使得我国传统村落得到良好保护。

中国北部是游牧文明，东北传统文化是在东北人民的共同自然环境和社会条件影响下形成的特有的地域文化。东北地区的传统村庄空间分布呈现出集中式的特点，总体上呈从东北到西南的扩展，标准差椭圆中心位于西南部的辽宁省法库县；传统村落主要集聚区域为辽宁省西部和吉林省东南部的山地与丘陵地区。通过对东北部传统村庄与行政区地图的重叠研究，发现东北地区的传统村庄存在着明显的不平衡性，表现为从辽宁省西南部到吉林省的东南区域，辽宁省传统村落数量>吉林省传统村落数量>黑龙江省传统村落数量。

由于工业化城市化发展，近年来东北地区城乡发展严重不均衡，造成大量农民流向城市、农村留守儿童等社会现象的出现。在此时期，东北传统村落呈现出日趋衰败的态势。国家统计局数据显示，我国城市常住人口从2012年到2018年增长了11255万人，而农村则减少了7821万人。2000年以后的18年里，我国有110万个以上的传统村落受到了不同程度的损坏，其中90%以上的村落甚至彻底消亡。[②]

自2020年起，面对新冠肺炎疫情、世界经济深度衰退以及我国经济社会发展风险增多等多重严重冲击，在稳固经济复苏基础、维护社会稳定中，我国乡村产业发展一直稳中有进，起着坚实的基础性支撑作用。习近平总书

① 住房和城乡建设部、文化部、国家文物局、财政部：《关于开展传统村落调查的通知》（建村〔2012〕58号）。
② 王亚好：《河北省传统村落景观要素特征及保护策略研究》，硕士学位论文，河北工业大学，2022。

记多次强调，要保护好传统村落、民族村寨、传统建筑，以多样化为美，打造各具特色的现代版"富春山居图"。①

（一）东北传统村落自然景观现状

东北地区地貌复杂，三面环山（山环水绕），平原中开，西、北、东三面被大兴安岭、小兴安岭、长白山环绕；中部是东北平原，向南敞开，最外环绕着黑龙江、乌苏里江、鸭绿江等河流。锦州市、辽宁西部的朝阳市都是高山丘陵地区，山区的存在阻碍了城市的发展和工业化、城镇化、大规模的区域发展以及大量的人员迁移，从而为乡村的形成与发展创造了有利的环境。白山市、吉林东部、延边朝鲜族自治州地处长白山林区，该区的自然条件和朝鲜族的文化因素是造成传统村庄的重要因素。

（二）东北传统村落物质景观现状

东北传统村落建筑在建造时都具有显著的、围合尺度较为开阔的景观特点，这是因为我国东北地区地广人稀，东北地区传统村落建筑的围合墙体与其他地区的建筑相比，尺寸差异性比较大，院落尺度主要满足人们生产、生活的空间需求。东北地区的传统村落空间形态无法像中原地区的村落建筑一样，设计为方正规整的样式，大多数村落建筑都是根据当地的地形条件，采用矩形设计方法，根据东北地区独特的气候条件，将水平横向延展设计理念作为本地区传统村落建筑物质景观设计的基础。

（三）东北传统村落非物质景观现状

受到传统文化与气候等诸多因素的影响，东北地区的传统村落建筑结构基本相似，村落的建筑在设计和建造过程中，为了达到避寒保温的目的，大多采用坐北向南的设计方式，建筑的墙体相比其他地区更加厚实。东北地区

---

① 《习近平的美丽乡村"话中画"》，求是网，http://www.qstheory.cn/society/2019-03/08/c_1124211065.htm。

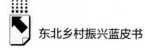
传统村落建筑装饰上采用张贴、悬挂等色彩图案表现形式，传统村落建筑中采用的彩画主要以苏式彩画为主，这种以吉祥图案为主要题材的彩画，不仅线条纤细优美，而且彩画的内容主要展示了东北地区的历史典故和祝福等。这种与民族文化密切相关的彩画，不仅与东北地区建筑形成了强烈的对比，而且寓意着人们对美好生活的向往和追求。

二 东北传统村落人文景观保护发展存在的主要问题

（一）传统村落交通滞后

区域经济发展水平普遍偏低，城镇化和工业化滞后。传统村落距离中心镇比较远，与中心镇的经济交通联系不够。东北传统村落空间布局不具有沿交通线分布的特征。

（二）传统村落文化有待抢救

东北传统乡村教育的不足问题，包括乡村公共基础设施建设存在偏差、乡村教师队伍素质有待提高、乡村教育经费投入不足、农村教育课程设置创新性与本土性缺失等问题；在提高农民综合素质方面，表现出培训资源匮乏、培训成效差等问题，使得农村普遍缺乏优秀的基层治理人才。近几年来，受政策支持以及人们对传统村落认识提高的影响，东北传统村落的生产生活条件和村容村貌都有所改善，但仍然与城市差距较大。

（三）传统村落生态保护不到位

传统村落文化需要通过人文景观、古建筑遗迹、名木古树等方式进行保护和挖掘，体现风土人情、传统故事、名人传记、村规、传统技艺等。无论是物质的还是非物质的，都是不可替代的无价之宝。但是现在传统村落由于资源匮乏、监管不力、农业环保意识缺失等多方面原因，传统村落面临点源污染与面源污染并存、乡村生态环境有待修复的问题。

（四）传统村落人才资源不充足

村落空心化严重，一些村落因地理位置偏僻，经济较为落后。为提高收入，大量村民外出务工，导致村落空心化问题严重，加速了农村具有人力资本的劳动力流失，尤其是农业技术、医疗、教育等方面的人才更是匮乏。

（五）过度开发人文景观，表现形式单一

要想全面推动传统村落振兴，就要调动农民的积极性，发挥传统村落的国土空间价值。做好乡村振兴规划，合理规划村落空间，做好区域边界的划分与管控，灵活调整管控强度，合理确定生态保护红线，合理分配基本农田和城镇开发土地。

（六）村民参与村落保护的积极性有待提高

乡村振兴的基础要素包括物质、人才、组织等多个方面，产业和人才是乡村振兴的两个核心维度，二者相辅相成、相互促进。在走访的过程中发现，村民参与传统村落保护的意识不强，大致而言有两种主要情况：一是很多村民对传统村落的文化自信和文化自觉意识不够，没有意识到自己的村落作为传统村落是值得自豪的事情，应该随着政府的政策指向，发掘自家的产业特点参与传统村落的建设；二是缺乏参与保护行动的渠道和机会，地方政府缺少落地的宣传。

三 东北传统村落人文景观传承和保护策略

习近平总书记指出，乡村振兴建设必须结合乡村的实际情况，根据乡村发展现状和已有资源，充分挖掘乡村可用资源，制定最契合的乡村振兴战略，不仅要带动乡村发展，还要保留乡村原有特色，在保护绿水青山的同时，还能给人带来"乡愁"。对传统的乡村改造，一定要做好风貌改造工作，同时也要改善乡村的生活环境，保留原有自然环境和山水格局，尽可能

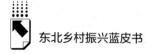

地让历史文化得到传承和发扬，真正让乡村变美，让传统乡村的产业更为深厚、灵魂更为立体、造型更为丰满。根据现阶段东北传统村落自然景观、聚落景观和人文景观存在的问题以及原因，要解决村落特色缺失的问题，需在建设过程中传承乡村景观的特征。

（一）挖掘传统村落乡土文化，重构物质人文景观新风貌

1. 加大东北农村公共基础设施建设力度

扩大基础设施覆盖范围，做到基础设施供给充足、质量过硬、配置均衡。以低碳、零碳排放为目标，构建新型农村能源系统，强化光能、风能设备等有利于节能减排的基础设施建设。

2. 着力补齐东北传统村落公共服务短板

整体提升公共服务能力，完善传统村落发展的"硬基础"与"软环境"。从完善社会保障制度、提供便民服务、推动文化传承发展等方面加快补齐农村公共服务短板。

3. 加大改善东北传统村落人居环境的工作力度

在实施乡村人居环境整治提升的过程中，重点解决前期人居环境整治工作中的遗留问题，增强农村居民环保的自觉意识，为人居环境改善营造良好的社会氛围。

4. 修缮原有东北传统村落建筑景观风貌

推进村容村貌提升工程，抓好"三横三纵"村落骨干道路、高速公路、旅游风光带沿线的环境整治，大力实施乡村整治出新工程，做好重点活动区域美化工作，示范带动传统村落人居环境的全面改善，推进传统村落土地有序流转，加快高标准农田建设，推进示范社区扩面工程。

5. 展现当下传统村落农耕文化景观风貌

利用乡村独有的青山绿水和乡风民俗，充分挖掘乡土文化资源的宝贵价值，有意识地将农民的生产生活生态融合起来，推动乡村文化产业特色化，改造传统村落，从而建设美丽乡村。对于本土特色鲜明的文化产业或产品，可深度挖掘其文化价值，彰显乡村特色，尽显其传统文化底蕴，优化乡村经

济结构，提升传统村落文化产业在乡村经济中的比重，促进农民本土就业，提高农民收入，让乡村享受到文化产业发展的红利。

（二）整合东北传统村落生产生活资源，活化非物质人文景观发展

东北传统村落空间分布类型为集聚型，整体呈现由东北向西南蔓延的特点；传统村落空间分布不均，辽宁省西南部和吉林省东南部两个高密度区域，主要集聚中心为锦州市、朝阳市和白山市。保护乡村美丽记忆，在选出村民代表共同商议的基础上，以老石碾、瓦罐、磨具等传统器具的革新运用，挖掘旧传统村庄的文化和记忆，搜集这类老物件，口述这类物件的变迁史，褒奖先进的文化保护者，提高民众对于传统文化的归属感与认同感，引导民众充分挖掘本土资源。[①] 每个传统村落都有自己的自然样貌、历史故事、风土人情，新的乡村建设与自然高度融合，依山傍水，围栏、水井、黄墙、红瓦，高低错落，自然别致。

充分运用本土特色材料，构建公共景观空间形态。根据《马丘比丘宪章》，保护古村文化在于保留传统村落的古朴生活气息，让传统习俗与淳朴的风土人情得到保留，同时与现代文明融合并焕发新生，并非局限于传统建筑的修缮与保护。[②] 把乡愁韵味汇入节点打造，利用乡土材料、植被等资源，完善道路、路灯、电线杆等基础设施，特别是要注重闲置建材、旧农具、老物件的收集使用，做到"修旧如旧、建新如旧"。

（三）引入南方传统村落创新机制，建设特色的东北人文景观

1. 推动活态传承，延伸传统人文景观

一方面，统筹城乡发展，参考南方优秀的传统村落构建方案，以发展传统村落经济为重点，加快村落布局中心、商业中心、特色中心建设，形成村落支持城镇建设、城镇反哺村落发展的良好局面；另一方面，要分类推进不

---

① 柯晓兰：《乡村振兴视域下传统村落保护发展研究——基于川东北传统村落的调查与思考》，《四川行政学院学报》2019 年第 4 期。

② 孙冬：《让旅游更好助力传统村落保护》，《发展导报》2017 年 12 月 12 日。

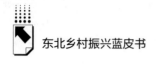

同农民群体的城镇化，实现农民有效转移。

统筹推进"五大振兴"。乡村产业振兴、人才振兴、文化振兴、生态振兴、组织振兴是不可分割的有机整体，相互联系、相互作用。产业振兴是乡村振兴战略实施的基础，也是地方经济发展和农民增收的动力。人才振兴则是实现乡村振兴战略的最关键因素。挖掘和弘扬优秀乡村文化，是提升农村社会文明水平、展现新时代农民新面貌的支撑点。绿水青山是无价之宝，良好的生态环境将成为乡村最大的财富。组织振兴是乡村振兴的根本保障。

2. 发展特色产业，建设新业态人文景观

做好新时代的"三农"工作。推动现代农业高质量发展，将传统村落打造成城乡居民安居乐业的热土，增进农民福祉，培育更多优秀的新型职业农民。

根据东北特色的生态环境和消费习惯，主要有三种休闲农业和乡村旅游新类型、新业态和新模式。一是生态旅游型，以自然景观、特色风貌和人文环境为主题，农户可向游客提供农家菜、民宿、农活体验等农村特色鲜明的服务。二是健康养生型，农户围绕健康养生展开设计，可面向游客提供食宿、康养、保健等服务。三是综合体验型，以"农家乐"为主题，提供食宿、游乐、采摘、购物等全方位体验。

综上所述，休闲农业能够促进生产要素的丰富和经济组织的扩大，促进产业结构的革新和升级，并促进传统农业的现代化，同时发展"三化"特点。休闲观光农业旅游和传统村落文化旅游项目在未来发展过程中将主动地抓住国内外游客品质需求日益提升变化的大趋势，从过去单一的休闲观光旅游业态发展逐渐扩展延伸至乡村人文旅游体验、生态涵养、农业文化科普教育等其他诸多方面，坚持走特色化、差异化、多样化的旅游发展新方向。一要更加注重凸显资源特色化，各地要致力于保护发展好本地文化特色资源，特别是要保护传统农业文化遗产、发展地方民风民俗资源、展现地方民族风情、弘扬红色传统文化，研制开发出一批富有浓郁地方特点和具有民族特色风味的现代旅游接待服务产品和商品。二要更加注重突出产品差异性，根据城乡各类旅游消费目标人群之间的产品差异化和消费差异化需要，划分传统村落旅游目标市场，发展好各类精品乡村特色旅游项目。三要更加注重突出多样化，通过推出生态园、农家乐、自然园区等全新服务，让游客感受传统乡村的现代生命力，多元产业才能实现良性竞争、共同发展。

3. 推动科技融合开发东北传统村落人文景观

随着信息化、网络化、创意产业的蓬勃发展，推动文化旅游和科技融合发展的步伐越来越快。文旅产品和旅游服务不断丰富，在不断赋予旅游业新的内涵方面有了新的突破，从而使新兴旅游产品进入旅游业市场，运用乡土文化语言，提升"非遗+科技"软景观特色。推动传统村落数字文化产业发展和组织实施"文化产业双创扶持计划""文化和旅游创客行动"等工作，着力培育传统村落文化新业态、新模式，积极推动乡村创业创新，服务乡村振兴。数字技术迅猛发展和"互联网+"的全面推进，可为传统村落建设增添新要素，为乡村经济增长带来新动能，也为农民增产增收增加新渠道。

近年来，一些重大旅游项目都离不开科技的支持，如各类主题公园、文化旅游、大型现场演出等。创新文旅融合产业结构，注重在农产品生产、农业加工和旅游业发展的基础上，进一步提高农产品质量的竞争优势，开展了包括绿色生产技术、生态品牌打造、农村电商与网络营销、绿色普惠金融、优质农产品加工物流、创意农业与乡村旅游项目开发等方面的人才储备培训，提升示范户、示范产业带动能力，增强传统村落特色产业带动作用，吸引更多城市人参与传统村落保护改造，在保护和开发乡村文化产业中扮演主角，推动现代农业产业与文化创意产业的蓬勃发展，通过创新模式推动传统村落活化发展，让传统村落发展获得源源不断的动力。在旅游景区资源开发方面，必须要有较为丰富的自然生态资源知识，只有具备科学技术才能够了解到传统村落景点的价值和更有效地开发利用。

参考文献

[1] 住房和城乡建设部、文化部、国家文物局、财政部：《关于开展传统村落调查

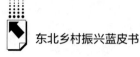

的通知》（建村〔2012〕58 号）。

［2］ 王亚妤：《河北省传统村落景观要素特征及保护策略研究》，硕士学位论文，河北工业大学，2022。

［3］《习近平的美丽乡村"话中画"》，求是网，http：//www.qstheory.cn/society/2019-03/08/c_1124211065.htm。

［4］ 住房城乡建设部、文化部、国家文物局、财政部：《关于切实加强中国传统村落保护的指导意见》（建村〔2014〕61 号）。

［5］ 柯晓兰：《乡村振兴视域下传统村落保护发展研究——基于川东北传统村落的调查与思考》，《四川行政学院学报》2019 年第 4 期。

［6］ 孙冬：《让旅游更好助力传统村落保护》，《发展导报》2017 年 12 月 12 日。

B.18
东北三省乡村教育振兴发展问题研究

许佰雁　樊圆圆*

摘　要： 目前，我国已完成全面脱贫任务，正向乡村振兴迈进。乡村振兴是全面建设社会主义现代化强国的重大战略，《乡村振兴战略规划（2018~2022年）》明确提出要"优先发展农村教育事业"。乡村振兴进程中，人才是关键性因素，而乡村人才缺失是制约乡村振兴的最大因素，因而乡村迫切需要教育振兴。东北三省作为我国重要的粮食生产基地，农村人口占比高，农业农村发展人才需求大，因而更需要率先振兴乡村教育。本研究从东北三省农村人口规模变化情况出发，详细分析了东北三省乡村教育的发展现状以及乡村教育振兴中存在的问题，结合全国各地优秀的乡村教育振兴经验，提出了东北三省乡村教育振兴的对策：实施乡村学校优化布局及办学条件提升工程；加强城乡学校集团化、一体化建设；加强乡村学校师资队伍建设；重视乡村留守儿童的教育与身心发展，提升家庭教育作用；发展农村职业教育优势，服务现代化农业。

关键词： 乡村振兴　乡村教育　乡村人才　东北三省

2021年2月25日，在全国脱贫攻坚总结表彰大会上，习近平总书记庄严宣告，经过全党全国各族人民共同努力，在迎来中国共产党成立一百周年

---

* 许佰雁，长春光华学院副教授，主要研究方向为教育教学；樊圆圆，长春北湖学校二级教师，主要研究方向为小学教学法。

的重要时刻，我国脱贫攻坚战取得了全面胜利。我们要切实做好巩固拓展脱贫攻坚成果同乡村振兴有效衔接各项工作，让脱贫基础更加稳固、成效更可持续。乡村振兴是实现中华民族伟大复兴的一项重大任务。[①]

当前我国人口老龄化加剧，人口出生率降低，特别是东北三省总人口逐年下降，出生率偏低。随着我国城镇化进程的加快，农村人口逐渐向城市流动，各种社会资源也向城市集中，其中也包括教育资源，进而导致乡村教育资源不断减少，特别是在偏远的乡村，适龄儿童逐年减少，乡村学校招生严重不足，很多乡村学校不断被合并，乡村学校数量持续减少。此外，乡村教师知识结构和年龄结构失衡，年轻的优秀乡村教师出于对薪酬待遇和职业发展的考虑，更偏好于大中城市的就业机会，乡村师资力量得不到保障。同时，乡村职业教育缺乏，农民提高职业技能的途径不足、意识淡薄。

2022年2月8日，《教育部2022年工作要点》发布，要求制定乡村教育振兴指导性文件，统筹管理县域内教育系统，发挥教育优势。把乡村教育融入乡村建设行动，更好发挥农村中小学的教育中心、文化中心作用。扩大实施中小学"银龄计划"。做好农村义务教育阶段学生营养改善计划实施工作，落实县级政府主体责任，抓好学生配餐服务。制定乡村教师人才资助计划，引导教师人才向乡村学校流动。大力发展农村职业教育，结合当地实际需求开设相关课程，提高农民的综合素质。

总之，乡村振兴必须教育振兴，最大限度做到教育公平，保证教育资源合理配置，逐步缩小城乡差距，用优质教育为乡村振兴注入更多发展活力和动力。乡村振兴必须拓展新思想、转变旧观念、探索新思路，依托本地资源，探索可持续发展之路。

一 东北三省乡村教育发展现状

东北三省总人口占全国的7%左右，乡村人口比例高于全国平均值。

[①] 袁利平、姜嘉伟：《关于教育服务乡村振兴战略的思考》，《武汉大学学报》（哲学社会科学版）2021年第1期。

东北三省农业产值占比高，农村人均耕地为全国的 3 倍；东北三省粮食产量占全国的比例高达 14.2%，猪牛羊禽肉产量占全国的 11.3%。因此，乡村振兴是东北振兴的基础。但乡村振兴不仅是乡村和乡村产业的振兴，也是乡村教育的振兴。只有办好乡村教育，才能更好地助力乡村振兴。[①]

我们统计了东北三省城市和乡村的多项对比数据，并分析产生差异的原因。

（一）东北三省人口变化引起的学生数量的变化

1. 东北三省总人口、乡村人口及出生率均呈逐年下降趋势

我们统计了 2018~2021 年东北三省的人口数据，分析发现东北三省总人口连年下降，平均每年下降 1.42%，且乡村人口下降率远远高于总人口下降率，乡村人口占比持续降低。近年来农村人口流失严重，农村人口减少比例较高。除了经济、产业、区域文化、气候等客观因素导致人口外流，更重要的是出生率下降，生育率低于全国平均水平（见表1）。

表1　2018~2021 年东北三省人口状况

单位：万人，%

年份	东北三省总人口	乡村总人口	平均出生率	乡村人口占比
2018	10003.25	4457.82	6.499	44.56
2019	9892.72	4326.21	6.389	43.73
2020	9736.34	4149.33	4.896	42.62
2021	9582.43	3979.68	3.752	41.53

注：平均出生率计算公式如下：

$$平均出生率 = \frac{\sum (各省总人数 \times 各省出生率)}{东北三省总人口数}$$

资料来源：2018~2021 年东北三省各省统计年鉴。

[①] 蔡秋梅、刘家麟：《东北三省 2009~2018 年义务教育资源配置均衡性分析》，《关东学刊》2021 年第 3 期。

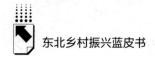

东北三省作为老工业基地，产业结构单一，所提供的就业机会较少，对劳动力的吸引力不够。而经济发达地区其区位优势和较高的薪酬待遇又对东北三省的劳动力形成巨大的吸引力，并提供了较多的就业岗位，从而造成了东北三省人口对外净流出的结果。

东北三省作为传统的老工业基地，工业化水平高，国有经济占比大，国有企业员工生活相对稳定。同时计划生育政策执行得好，生育一个子女的现象普遍，这就对下一代的生育观产生了较大影响。虽然东北三省历史上是人口流入区，但流入人口通常是个人或者小家庭的流动，大部分是来东北讨生活的，因而流入人口往往不是整个家族。这使得东北地区的家族观念比中原地区要薄弱得多，传统生育观念在区域内影响力低。近年来，我国陆续出台了一系列鼓励生育的政策，但对东北三省的人口出生率影响不大，可见东北三省的生育观念不如南方省份。

近年来，随着东北振兴战略的实施，东北城市化进程的推进，人口呈现出从农村到县城、从县城到大城市的流动规律。但整体来看，呈现出自北向南流动。有数据表明，相对于第六次人口普查数据，省会城市哈尔滨市人口增加了56万人，但乡村人口减少了119万人，城镇人口比重增加了9.48个百分点。第七次人口普查数据显示，省会城市长春市常住人口占全省的37.7%，这主要得益于长春市产业结构的调整，除了传统的重工业外，长春新兴起了光电、生物制药等新兴产业及附属产业，提供了大量的就业机会，吸引了省内其他地区的大量人口。相对于黑龙江省和吉林省，辽宁省的地理位置和区位优势明显，沈阳和大连市人口一直处于净流入状态，十年间人口净流入超百万人。

大城市的持续扩张，造成了农村人口的不断下降，适龄儿童数量持续降低，特别是九年义务教育阶段的学生数量持续降低。

2. 东北三省九年义务教育阶段在校生数量及招生数量逐年减少

随着东北三省总人口的变化，义务教育阶段的在校生人数及招生人数也呈现出不同程度的下降趋势。从数据来看，东北三省义务教育阶段在校生总数年均减少1.1%，乡村学校学生年均减少10.96%，且乡村学校学生人数占比持续下降，乡村学校规模越来越小。东北三省义务教育阶段招生总数年均减少2.93%，乡村学校招生年均减少13.52%，乡村学校生源流失严重，乡村学校招生占比也在逐年下降（见表2）。

表2　2018~2021年东北三省九年义务教育阶段在校生学生数量及招生情况

单位：人，%

年份	在校生总数	乡村学生人数	乡村学生人数占比	招生总数	乡村学校招生人数	乡村学校招生人数占比
2018	7462937	997605	13.37	1720418	195026	11.34
2019	7416465	897788	12.11	1705750	172024	10.08
2020	7317672	795173	10.87	1637988	147264	8.99
2021	7220195	704287	9.75	1572918	126068	8.01

资料来源：2018~2021年东北三省各省统计年鉴。

（二）东北三省乡村中小学校数量逐年减少、规模逐年变小

东北三省义务教育阶段学校数量呈现连年减少的趋势，年均减少444所，乡村学校年均减少421所，且减少的学校几乎都是乡村学校，进一步造成了乡村学校占比呈现下降趋势。究其原因，主要在于乡村适龄儿童大幅减少。乡村儿童也需要高质量的教育资源，因而纷纷就读于城镇学校，乡村学校不断被合并或缩小规模。现在农村人口出现两极分化：留守老人和留守儿童，农村年轻一代基本在城市务工，大部分适龄儿童随着父母在务工城市就读，更加剧了乡村学校规模的不断缩小甚至消失（见表3）。

表3　2018~2021年东北三省义务教育阶段中小学情况

单位：所，%

年份	中小学总数量	乡村学校数量	乡村学校占比
2018	12983	5831	44.91
2019	12513	5387	43.05
2020	12074	4961	41.09
2021	11650	4569	39.22

资料来源：2018~2021年东北三省各省统计年鉴。

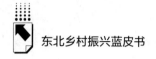
（三）乡村教师规模有扩大趋势，但占比却在下降

教育的主体是学生，而教育的根本在于教师。为了振兴乡村教育，近年来，东北三省各级政府陆续出台政策，加大义务教育阶段教师的培养和引进工作力度，极大地缓解了义务教育阶段教师数量不足的问题。特别是乡村学校教师，不再是一个教师教多门课程，而是基本配齐了各科教师。从近年来的教师数量变化趋势上来看，教师总数及乡村教师总数都在增加，但乡村教师占比却在下降。数据表明，乡村教师数量从 2018 年的126875 人减少到 2021 年的 116846 人，下降比例达到 7.9%。此外乡村教师的年龄结构也有很大的变化，目前乡村教师年龄普遍偏大，缺乏年轻的新生力量。这和乡村学校的消失、合并以及乡村教师的个人选择有密切关系（见表 4）。

表 4 2018~2021 年东北三省义务教育阶段教师情况

单位：人，%

年份	教师总数	乡村教师数量	乡村教师占比
2018	638639	126875	19.87
2019	615644	114944	18.67
2020	624908	115891	18.54
2021	634311	116846	18.42

资料来源：2018~2021 年东北三省各省统计年鉴。

（四）乡村学校基础设施建设投入越来越大

近年来，东北三省陆续加强乡村义务教育阶段学校的改造建设工作。黑龙江省为了大力推进义务教育阶段学校标准化建设，近三年累计投入 180 亿元，新建、改扩建学校 1800 多所；乡村学校校舍、体育场所、教学仪器设备、图书等资源得到了很好的补充，乡村学校办学条件得到了明显的改善。吉林省近几年全面改造了乡村学校的取暖设施，配备了冰雪运动教学设施设备；为了降低儿童青少年近视发生率，为所有乡村学校各配备了一台视力检测仪器。近年来，吉林省制定了《吉林省新基建"761"工程实施方案》，加强农村薄弱学校、乡镇寄宿制学校和乡村小规模学校建设，强化职业教育和应用型本科高校产教融合实训基地建设，谋划建设全省幼儿园项目221个、义务教育项目525个、高中教育项目89个、中等职业教育项目53个、高等教育项目130个。2012年以来，辽宁省累计投入600多亿元，先后实施了农村九年一贯制学校建设、全面改造、教育信息化建设等工程，七成以上的资金和项目投向了农村。新建、改扩建学校3565所，占现有学校的80%；新增校舍、运动场馆面积1320万平方米；全省城乡中小学实现校园网络全面覆盖，百兆光纤接入率超过80%；小学、初中生均图书分别达到30册和40册，所有学校每百名学生拥有计算机14台。乡村学校面貌变化大，学生的学习环境大大改善。

二 东北三省乡村教育振兴过程中存在的问题

（一）城乡融合发展有待进一步加强，优质教育资源分配不平衡

改革开放以来，中国的城市特别是东北的城市发展迎来了翻天覆地的变化。东北三省作为新中国的重工业基地，各种优质资源大量涌进城市。随着城市化进程的不断发展，城乡发展形成了巨大差距，医疗、教育、劳动力资源等都往城市集聚。城市的教育资源更加丰富，教育理念更加先进，资金投入更加充足，师资力量更加雄厚，基础设施更加完善，生源质量远远好于乡村学校。相比之下，乡村教育各方面都存在不足之处，师资力量薄弱、老化导致教师教育理念落后，教学水平偏低；教育经费投入较少，无法满足乡村学校的发展需求，导致乡村学校运转困难甚至停办。近年来，随着城市的不断扩张，农村年轻劳动力纷纷进入城市务工，这部分家庭适龄儿童一部分流向城市学校就读，一部分留在了乡村学校。乡村留守儿童数量也不容忽视，这部分学生家庭教育不健全，家校联系较少，学生管理难度较大等，都进一步加剧了资源分配的不平衡。

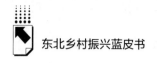

（二）城市名校集团化教育办学有待在乡村学校推广

为了切实加强党对教育工作的领导，坚持以新发展理念为引领，加强学校党的建设，落实立德树人根本任务，深化教育综合改革，推进依法治教，统筹推进县域内城乡义务教育一体化改革发展，通过统筹学校布局、统筹学校建设、统筹教师队伍建设、统筹经费投入使用、统筹解决特殊群体平等接受义务教育问题、统筹完善教育治理体系，着力解决"城镇挤、乡村弱"的问题，不断缩小县域内城乡义务教育阶段差距，全面提高教育质量，为实现义务教育更高水平均衡发展和基本实现教育现代化奠定坚实基础，为乡村振兴发展和全面建成小康社会提供有力支撑。

东北三省各省人民政府相继出台了有关推进义务教育办学模式改革促进城乡义务教育一体化发展的指导意见，一体化发展的思路主要集中为集团化办学，这一思路是在全国各地不断深化基础教育综合改革中的一项重要举措。目前来看，城市义务教育阶段学校的集团化办学模式开展得比较顺利，大大缓解了城市"择校热、教育资源不平衡"的局面。城市学校通过集团化办学、名校合作办学、开办分校等模式，达到了强校带动弱校、教育均衡发展的目标。反观乡村学校，虽也建设了集团学校，但大部分中小学校、集团主校也并不是城市名校，本身能起到的带头作用没有城市明显。因此，县域学校迫切需要城市名校带动，在县域集团中增加城市名校，特别是乡村学校更需要名校带动，以更好地吸引优质教育资源，达到教育的公平。

（三）乡村师资队伍建设不充分、教师数量不足额、生源不稳定现象严重

目前乡村学校面临着师资严重匮乏、年龄结构老化、创新意识不足、生源不稳定等多方面问题。首先，乡村学校一般规模较小，地理位置远离城市，教师的生活、工作环境都不如城市，教师接触的大部分都是当地农民，年轻教师更没有共同语言，因而乡村学校很难留住年轻教师。其次，

教师工作缺乏成就感，现在大部分家庭都很重视教育，千方百计把孩子送到更好的学校，这就导致了原来的乡村学校生源无论是数量还是质量都大大降低。学生成绩普遍较差，教师在各类评比中都处于弱势，使得教师没有成就感。最后，乡村教师在职称评聘、教育培训、绩效收入等方面都与城市学校存在较大差距。这就导致了乡村学校师资流失严重，教育活动进行不畅。

近年来，各地政府及教育主管部门也发布了乡村教师支持计划，比如在职称评定方面向乡村一线教师倾斜，取消很多限制，加大了乡村教师各种补助力度等。乡村教师流失问题虽然有所缓解，但根本问题还是没有得到解决。在乡村教师数量补充和城市教师支教力度方面还不够充分，乡村教师队伍建设还有待加强。

（四）基础设施及智能化信息化水平有待提升

乡村学校教育环境相对较差是东北三省基础教育最显著的特征和现状。东北地区农业占比高，大部分农村在思想建设、经济建设、文化产业发展等方面，都与城市存在较明显的差距，从而导致乡村教育经费投入远远不足，基础设施、智能设备配套设施难以得到改善，教学设施常年失修、配套设备老旧故障频发、信息化智能设备不足，不能满足正常的教学需求，学生不能及时获取优质教学资源。

（五）乡村教育主管部门对乡村教育振兴的支持力度需进一步加强

自国家提出乡村振兴战略以来，乡村教育振兴被提上日程。各省各级政府、教育主管部门及学生家长都持积极态度，特别是学生及家长都期待乡村教育能突飞猛进，改变教育落后、资源匮乏、信息闭塞的局面。乡村教育振兴的重担落在了直属教育主管部门身上，然而由于基础教育主管部门的资源有限，其对乡村教育的支持力度不够明显。比如在教育资金的投入、软硬件资源的配置上都存在问题，乡村学校大多继续沿袭传统的发展模式，乡村教育振兴发展较为缓慢。

（六）对乡村职业教育重视不够，农民获取专业知识的意识不强

农村成人文化技术培训学校是以农村成人为教育对象，以乡村振兴为目的，结合当地的工农业发展实际，坚持技能职业培训与提高劳动技能、消除农村贫困相结合，培养高技能农民，同时为农村富余劳动力提供工业技术支持、提升职业能力等。通过对东北三省农村成人文化技术培训学校的调查发现，此类培训学校数量连年下降，从 2018 年的 1623 所下降到 2021 年的不足 600 所。可见，学校的培训内容与农民的实际需求有较大差异，或是师资力量不足，专业水平不够，或是培训内容太高端，不符合当地实情，导致农民参与培训的积极性不高。东北三省农业人口占比较高，农作物种植单一，缺少经济作物的种植。又受到气候条件的限制，农民收入受农作物价格影响较大，因而农村成人文化技术培训学校亟须开展现代农业职业培训。通过与农业职业院校加强合作，按照"合作办学、优势互补、资源共享、共同发展"的建设原则，加强学校、企业、行业协会之间的全方位合作，促进农业职业教育向特色化、品牌化方向发展。

随着农村劳动力的减少，农业发展亟须从传统农业向智慧农业转型，这就需要高素质的农业人才，农民自然而然就是农业人才的主力军，亟须培训、培养一批地地道道的农业专家、人才。然而，一方面各级政府对乡村职业教育重视不够，缺少专业的师资和教学培训场所；另一方面东北农村年轻人大多不愿种地，农村劳动力主要是年龄偏大的农民，他们接受新知识特别是高科技现代化农业知识的能力不强，意愿也不强烈，严重影响了东北地区现代化农业的发展进程。

（七）农村留守儿童问题愈发突出，儿童身心健康问题日益严重，辍学率不断攀升

近年来，农村大量剩余劳动力为改善生活条件纷纷外出务工，有的是父母单方外出，有的是夫妻一起外出务工，孩子缺乏父母陪伴和教育，形成了诸多留守儿童问题。农村留守儿童由于父母无法常伴，身边缺乏父母的关爱，

容易产生诸多心理问题。比如，性格不开朗、爱攀比、脾气不好，极易养成不良习惯。而乡村学校对农村留守儿童的心理教育重视度不足，心理健康教育课程和心理咨询室缺乏。大多数留守儿童由爷爷奶奶看守，由于老人普遍存在溺爱心理，对留守儿童往往采取放任自流、强调物质满足而不是约束引导。留守儿童上课不专心，不按时完成作业、沉迷于网络游戏的现象普遍，有的甚至与社会上不良青年接触，更有甚者造成其他严重犯罪行为。由于缺乏正确的家庭教育引导，留守儿童的读书动力减弱，久而久之就产生了厌学、辍学的情绪，进而导致辍学率不断攀升。

三　东北三省乡村教育振兴的对策

各级政府要将教育作为实施乡村振兴战略的重要内容和基础工程，坚持乡村振兴、教育先行，努力加快乡村教育发展，补齐教育短板，提高教育质量，整体提升东北三省的教育发展质量和水平。

（一）实施乡村学校优化布局及办学条件提升工程

政府部门要根据国土资源规划、乡村布局、辖区人口、适龄儿童数量，合理规划乡村学校建设或合并，充分考虑学生利益，适时适地建设乡镇寄宿制学校或提供宿舍。乡村学校若需撤并，应充分考虑当地社会实际、当地群众意愿和经济负担，充分调研学校撤并方案，做好闲置校舍的再利用，可作为农业知识讲座和农村文化传播场所。统筹改善乡村学校基础设施，翻新校舍，增加必需的教学硬件设施，改善学生宿舍、食堂、取暖、运动场地、厕所等设施条件。完善交通和安全教育制度，开展校园周边环境综合治理，努力消除安全隐患。

（二）加强城乡学校集团化、一体化建设

加强城乡协作、以城带乡，推行城区学校和乡村学校一体化办学、协同发展、综合考评机制。依托城市中小学名校，采取"城市名校+乡村分校"

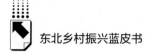

"城乡合作办学"等形式，开展集团化、一体化办学，打造城市带动乡村、名校带动弱校的教育模式，充分有效利用优质教育资源，均衡发展，切实缩小城乡教育差距。[①] 加强对城市名校的监督，督促其与乡村学校加强交流，在教育理念、教学方法、师资培训、资源共享等方面向乡村学校倾斜。鼓励乡村学校通过选派骨干教师去城市合作校进修学习，同时引进名校教师到乡村学校短期任教，充分发挥名校的优势资源，带动乡村学校高质量发展。乡村学校也要利用独特的乡村自然环境优势，建立优秀乡村田园课程和丰富的校本课程。吸引城市学生到乡村学校短期游学，共同交流进步。制定城乡帮扶政策，出台职称评审、职务晋升等相关政策，城市学校教师须有乡村学校任教时间限制，城市学校每学期要对口接受几名乡村学校教师进修，与城市学校同步管理。城市学校的评比需同步考核对口帮扶的乡村学校。

（三）加强乡村学校师资队伍建设

学校的教学质量主要依靠教师，因而乡村学校应大力发展师资队伍。首先，应加强对乡村学校教育带头人校长的培养。通过进修、培训、城市学校挂职锻炼等方式，培养一批品行兼优、教育理念先进的乡村学校带头人队伍，带动乡村教育水平不断提升。[②] 同时，责令县级教育主管部门制定相关政策，确保每个乡村学校校长都能得到提升。其次，大力引进城市优秀教师及公费师范生，补充乡村学校教师数量。尽快补足配齐音乐、体育、美术、科学等短缺学科教师。制定补助政策，鼓励相关教师通过多校兼职任教的方式，保证小规模学校开足开齐课程。同时要为寄宿制学校配齐后勤服务保障人员。进一步提高乡村教师待遇标准，增加乡镇工作补贴，为偏远乡村教师发放生活补助、交通补助、体检补助、住房补贴等。丰富乡村青年教师工作生活，组织妇联、工会等组织解决乡村教师生活、休闲娱乐、婚恋等困难。

---

① 孙德超、李扬：《试析乡村教育振兴——基于城乡教育资源共生的理论考察》，《教育研究》2020 年第 12 期。

② 田燕：《我国卓越乡村教师教育研究的进展与趋向》，《江苏第二师范学院学报》2021 年第 6 期。

优化乡村中小学教师职称评聘制度，在各级各类评比中乡村教师要单设比例，在各类表彰、奖励方面向乡村教师倾斜。

（四）重视乡村留守儿童的教育与身心发展，加强家庭教育作用

由县级教育主管部门成立乡村控辍保学机构办公室，设立专项资金，对特殊学生全部建档立卡。[①] 专项拨款建设特殊群体关爱学校，实现对乡村学校留守儿童关爱全覆盖，家校共育，发挥家庭教育的桥梁作用，方便教师及时了解留守儿童的家庭学习环境和状态，及时调整教育内容和方案。同时发挥乡村学校作为乡村文化中心的重要作用，积极参与乡村振兴战略。乡村学校要定期面向村民开放教育教学设施，充分挖掘村民优势，积极推进非遗文化传承，培养乡土文化导师。通过良好校风教育孩子，进而带动家庭，影响社会，引领乡村树立良好家风民风。充分发挥学校在家庭教育中的重要作用，完善家长委员会制度，强调家庭教育的重要性，制定家校共育计划，组织开展教师全员家访，提升家长科学的家庭教育理念和方法，达到家校共育的目的。

（五）发展农村职业教育优势，服务现代化农业

东北三省农业规模占比高，农村劳动力丰富，但由于地理气候因素影响，农业发展单一，现代化农业推广不够，其主要原因是农民的职业技能水平不高，职业技能培训学校没有发挥应有的功能。结合国内外农业职业教育发展情况，在东北三省应举办多元化的农业职业教育培训。由县级政府组织举办适合本地农业发展的农业培训中心，鼓励县办、乡办企业以及社会组织、个人兴办各类短期培训班。开设畜牧养殖技术、降低农业成本技术、有机农业技术、无人机驾驶与运用技术、农业信息技术、农家乐经营、农业旅游业等课程。政府加强对农业职业教育培训学校的支持和监管，对培训成果

---

① 王艳娜、梁意钰、吴政南：《农村留守儿童心理教育引导策略——基于农村学校视角》，《交流园地》2022 年第 3 期。

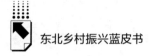
进行跟踪评估。同时把发展农业职业教育与精准扶贫结合起来，实行贫困家庭每户一人免费学习一门有助于提高家庭收入的培训技能。积极培训农民互联网电商知识，积极宣传和销售农产品，提高农民收入。

参考文献

［1］袁利平、姜嘉伟：《关于教育服务乡村振兴战略的思考》，《武汉大学学报》（哲学社会科学版）2021年第1期。

［2］蔡秋梅、刘家麟：《东北三省2009-2018年义务教育资源配置均衡性分析》，《关东学刊》2021年第3期。

［3］孙德超、李扬：《试析乡村教育振兴——基于城乡教育资源共生的理论考察》，《教育研究》2020年第12期。

［4］田燕：《我国卓越乡村教师教育研究的进展与趋向》，《江苏第二师范学院学报》2021年第6期。

［5］王艳娜、梁意钰、吴政南：《农村留守儿童心理教育引导策略——基于农村学校视角》，《交流园地》2022年第3期。

［6］宋宇、祁占勇：《乡村振兴战略视域下农村职业教育研究现状和未来展望——基于科学知识图谱的分析》，《武汉职业技术学院学报》2021年第4期。

B.19
东北地区乡村治理问题研究

崔菁菁*

摘　要： 本报告针对东北地区乡村社会发展的客观实际，从乡村人口基数大流失严重、乡村基础设施日渐完善、乡村经济中农业地位越来越高、乡村社会风气有待加强四个方面梳理了东北地区乡村社会发展现状。通过网络互动以及走进东北乡村进行实地考察，找到了东北地区乡村治理中存在治理内容不均衡、治理实效认可度不高、治理主体软弱、权责不清、治理规划不到位、长效机制不健全等问题并展开分析，最后从"五位一体"动态系统治理、多管齐下健全治理机制、城乡治理统筹推进、强化基层治理能力四个方面提出东北地区乡村治理现代化的发展建议。

关键词： 乡村社会　乡村治理　乡村文化　东北地区

一　东北地区乡村社会发展现状

（一）乡村人口基数大，流失严重

东北地区约有 4000 个乡镇、5 万个行政村，6000 万乡村人口。据统计，2013~2019 年东北三省人口合计净流出规模约 164 万人。人口流失在东北地区十分普遍，以农村地区表现尤为严重。

* 崔菁菁，长春师范大学副教授，主要研究方向为乡村振兴、创新创业。

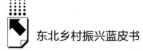

东北地区幅员辽阔，加之多样性地貌影响，农村居民居住相对分散，交通等基础设施建设有一定困难，相对条件落后。另外，由于纬度相对较高，整个东北地区四季极为分明，尤其是冬季相对于低纬度地区漫长且寒冷，很多东北人向往相对温暖的南方，进而产生人口迁移流动。东北地区本就是我国"计划生育"时期的先进区域，加之受现在年轻人生育观念、生育行为等因素的影响，人口自然增长率较低，明显低于全国平均水平。东北地区作为老工业基地、农业基地，目前正处于经济结构调整期。相对开放、发达的东部沿海城市所提供的多样化发展机会和就业前景，对东北地区的人口尤其是人才产生了巨大的吸引力。随着城镇化的推动，农村人口流向城市的速度、比率都日益加大，流失人口以工作能力较强的青壮年为主，这致使东北农村地区空心化、老龄化日益严重，人口结构失衡严重，留守儿童、空巢老人成为东北地区乡村社会较为普遍的存在，进而引发了一系列社会问题，使得东北地区乡村治理复杂程度明显增加。

（二）乡村基础设施日渐完善

东北地区农村各类基础设施建设不断完善，截至 2020 年，除个别极偏远地区外，基本已实现行政村屯有线电视全覆盖、文化活动广场以及图书室等全覆盖、农村电网以及手机通信网络全覆盖；东北地区正在逐步实现乡镇和建制村通硬化路、通客车全覆盖，正推进快递服务全覆盖。

另外，东北地区正在积极进行乡村厕所改造、垃圾与生活污水集中处理等工作，并取得了一定的成效。但总体来看，集中处理率仍明显低于东中西部地区。

（三）乡村经济中农业地位越来越高，农民收入显著提高

2021 年，东北地区生产总值 55699 亿元，同比增长 6.1%。东北地区的农业发展地位越来越高。就东北三省而言，2020 年农业产值占比 14.2%，比全国总体农业产值占比 7.7% 高出 6.5 个百分点；2020 年东北三省粮食产

量占全国的比例高达 14.2%，猪牛羊禽肉产量占全国的 11.3%。农业经济的深化发展为东北地区乡村治理工作的开展奠定了物质基础。2016～2021年，东北地区中黑龙江省农村居民收入增幅最大，人均可支配收入由 2016年的 11832 元增至 2021 年的 17889 元，增加了 6057 元，增长 51.2%，年均增长 8.5%。

目前，东北地区已基本形成以玉米等粮食作物种植为主、以各类区域农特产品种植为辅的农业体系，但是由于受东北地区农村环境资源特点影响，东北地区农业经济发展中仍存在着现代化、产业化不足，农民素质低，农民组织化、职业化程度仍不高等问题，这进一步造成农业产业链延伸困难、农产品附加值难以提高、农民收入受限等问题。

（四）乡村社会风气有待加强

随着脱贫攻坚战取得胜利，实现全面小康，目前东北地区农民物质生活水平明显提高，乡村物质文明建设成效显著。相对地，乡风文明建设仍有待进一步加强。乡村内精神文明宣传标语到处可见，乡村文化广场、图书馆等也逐渐建立，但是村民关注和利用情况却不十分乐观。另外，一些不良风气在东北地区仍然较为常见。一是乡村内部缺乏凝聚力，公共财物、设施破坏严重等现象仍然频发。东北地区农村现有居民多为原中东部、华北地区居民"闯关东"进入，往往是独自融入原有乡村，或三两逐渐组建家庭形成了现有村落。因此，东北乡村缺少内部凝聚力及集体道德约束，导致目前东北地区乡村内部打架斗殴、偷盗行为尤其偷盗公共财物等现象仍然频发。乡村公共设施人人使用，但是无人维护，更多关注的都是自家庭院的状况。二是诸多不良的社会风气仍蔓延在东北地区乡村社会。由于东北地区的特殊地理环境，冬季较为漫长，而乡村社会可供农民娱乐消遣的文化活动场所及项目又十分匮乏，聚在一起打牌赌博成为东北地区农民农闲时消磨时间的主要方式。久而久之，很多人沉迷其中，摒弃劳动致富观念。另外，除了封建迷信行为仍存在之外，东北地区乡村婚丧嫁娶攀比之风较为严重。

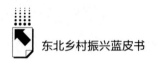
二 东北地区乡村治理中存在的主要问题分析

通过网络平台互动以及走进东北乡村进行实地考察的方式，对东北地区乡村治理问题展开调研，发现东北地区乡村治理中的问题主要集中在以下三个方面。

（一）治理内容不均衡，治理实效认可度不高

调查走访中发现，受区域发展环境影响，目前东北地区乡村治理仍以经济发展为主，相对在政治、文化、社会方面的治理未能跟上脚步。与此同时，在调查中村民还表现出对治理实效缺乏认可，普遍认为治理效果还行或一般，甚至有部分认为不太好，几乎没有村民认为治理效果良好。

乡村社会治理是我国社会治理的基石，乡村治理应是一个交织着经济、文化、民族、历史乃至地理等诸多因素的乡村建设的过程，目前来看，东北地区的乡村治理内容仍不均衡，以强调经济建设为主，对其他方面的关注程度略显不足。即使是经济方面，乡村治理方向也更倾向于政绩数据的提升，对内生发展动力关注度不够。具体来说，随着脱贫攻坚战的全面胜利，乡村振兴工作的深入开展，贫困户脱了贫，村民收入普遍有了大幅度提高，但很明显农业生产力提升程度并不高，多数乡村农业现代化水平也并未有明显提高。在文化建设方面，乡村图书馆、文化广场建设普及程度虽然有所提高，但文化活动仍主要集中在乡镇中，受交通问题影响，农民参与程度不高。文娱活动不足，也是导致农村赌博等不良社会风气普遍存在的关键因素。缺乏对生态治理的关注，东北地区村民环境保护意识不强，污水、垃圾乱扔、乱倒十分普遍，焚烧秸秆、肆意放牧等旧习屡禁不止。看病难、养老难、教育资源匮乏，目前仍然是东北地区乡村难以彻底解决的重要问题，教育、养老尤其是医疗等社会服务的加强，应成为东北地区乡村社会治理的重中之重。而随着东北乡村中痼习留存、教育渗透力缺失，东北地区乡村青少年在伦理道德等方面的建设也亟待加强。在走访过程中，很多村民都表示，对村务不

十分了解，村务信息公开缺少基本规范，对村干部的监督体制也不十分了解，村民自治制度还不十分完善。

走访中发现，近年来，虽然随着现代化农机的普及，生产方式有所改善，农业生产力有所提高，生存条件以及生活水平也有所提高，无论是在家庭整体收入方面，还是在个人衣食住行等方面，需求基本都得到了有效满足，有了基础保障，但是教育、卫生、文化等公共服务不足的问题仍然十分突出，农村道路、环境基础设施条件虽有所提高，但城乡差距仍然巨大。很多村民对自己所在的乡村村容村貌仍然用"脏、乱、差"来评价，特别是一些相对较为偏远的山村，由于受关注程度不高，村民故步自封更为严重，垃圾乱倒、污水乱排等陋习延续，致使垃圾山、污水滩等仍然到处可见，群众的生活质量和幸福感很难有所提升。与此同时，很多村民表示，村里仍然存在着"大仙"，由于医疗服务滞后，村民去找他们看病的愚昧行为十分普遍。社会主义核心价值观的标语到处可见，很多村民却表示并不十分清楚其中的深层次内涵，村内对相关知识的普及教育缺乏。

（二）治理主体软弱，权责不清

调查走访中发现，东北地区村民普遍认为乡村治理应该依靠乡镇政府和村干部，少部分村民会提及应该依靠自己，几乎没有村民提及民间组织和乡村企业。这充分体现出东北地区村民并不清楚自身应是乡村治理的主体，村民民主自治意识十分薄弱。

目前东北地区农村的大量青壮年人口纷纷进入城市或南迁寻找更多的就业机会，老人、孩子还有部分妇女等留守人员已逐渐成为东北农村人口的主体，自身生存发展仍需要别人帮助，对乡村发展问题的关注和帮助则少之又少。另外，由于城乡教育资源配置的不均衡，农民享受到的教育资源、设施不足，受教育水平相对较低，这又造成村民参与乡村治理能力的不足；东北地区长期以农业发展为主，自生性社会企业较少，而受经济发展、道路交通以及信息交流困难等多种因素影响，外界社会企业几乎不会或很少到东北乡村投资发展，偶有公益性社会组织基于扶贫等原因参与到东北乡村治理中

去，但多数是针对少数极贫穷或偏远地区。乡村治理必须以乡村社会生活实践为基础，农民作为实践的主体，也必然是乡村治理的主体。目前来看，东北地区乡村地区治理的主体在数量和能力上都无法满足治理需求，必然阻碍乡村治理进程。

通过对东北地区村民走访调查发现，东北地区乡村治理主体的软弱性还体现在治理主体观念落后、关系不协调两个方面。一是治理主体观念落后。东北乡村地区"空心化"日益严重，学习能力较强的精英外流，年轻劳动力不足，留守农民多数素质不高，村干部选举中选贤不足，最终获选的多为村中长辈，年龄普遍偏大，同时文化程度不高。东北地区受地域特色影响，冬季时间较长，长期形成的旧有生活习惯、沿袭的传统生产方式习惯可谓根深蒂固，小农意识浓厚，非主体性意识突出，农民社会化组织体系形成困难。二是治理主体关系不协调。东北地区乡村治理目前主要依靠村两委，但现在并未有明确的法律法规对村两委的职责权限进行具体区分，导致多数乡村中村主任与村支书的关系并不十分融洽。还有部分地区村两委较为和谐，但多数仅按市县镇政府要求履行基本职责，未对乡村发展真正负起责任，有时也会造成村两委与村民们之间的矛盾。东北地区乡村治理中，治理权责不清、自治参与度不足、能力欠缺、社会组织的参与度不高，使得乡村治理缺少推动力。

（三）治理规划不到位，长效机制不健全

乡村治理是一项复杂的系统工程，需要多元主体协调一致共同努力才能很好地完成。这就要求乡村治理必须要有明确的规划以及长效的机制，东北地区的乡村治理在这两点上都有所欠缺。

东北地区乡村治理规划工作并不十分到位。其一，东北地区乡村治理规划工作没有真正地做到因地制宜。目前东北地区乡村治理缺乏自身规划，基本依赖于国家指引，乡村对资源的依赖较大，东、中、西部地区环境差异明显，乡村基础差别较大；东北地区乡村治理应充分考虑乡情以及乡风，真正做到从东北乡村实际出发。受东北地区经济社会发展状况影响，目前东北地

区乡村治理规划工作中还是更为注重经济效益，较为忽视其他社会效益。而且在乡镇基层乡村治理规划中，跟风现象更是十分严重。其二，东北地区乡村治理规划几乎全部由政府主导完成，基本没有让村民参与到规划制定工作中去，这必然导致规划与实际需求之间存在差异，规划很难完全体现村民发展意志，规划中村民缺乏参与感，后期自然也很难积极参与到具体过程中去。依据市场运行的客观规律，在产业结构调整中农民作为供给方才是真正的主体，但是在很多乡村实际中，乡镇政府领导会按照自己的意愿主观地指挥农民，造成乡村产业结构调整陷入困境。

长效治理机制是乡村治理长期动态过程稳定、持续、有效运行的基本保障。但是目前东北地区乡村治理的长效机制并未完全建立，无论是在治理运行机制还是监督保障机制上，都还有待于进一步完善。一是多元主体共同治理的运行机制未完全形成。目前东北地区乡村治理过程中仍然以乡镇政府、村两委的正式行政组织为主，村民的自觉参与程度不高，一方面导致了治理工作中存在着为"政绩"现象，另一方面也导致真正的治理效果可持续性不强。二是基本保障与监督检查机制不健全。乡村治理是一个需要大量人财物投入的过程，尤其是常态化运行过程中技术的支持与保障。东北地区受经济因素等限制，尤其是在偏远山区，乡村治理工作的开展面临着严重的资源短缺问题。由于治理的过程中没有对村干部的权力形成有效的监督与制约机制，村干部以权谋私的腐败行为时有发生，对干群关系造成了极大的破坏。

三 完善东北地区乡村治理的策略建议

（一）加强"五位一体"动态系统治理

乡村治理是一个复杂的动态系统，这个系统由"经济、政治、社会、文化、生态"共同构成，形成了一个有机结合的整体，系统中的每一个部分都是不可或缺的，处于不同的层次，环环相扣，共生发展，因此东北地区乡村治理必须要从动态发展的角度进行整体的统一分析和建构。

一是要继续为加强东北地区乡村经济建设打牢乡村治理基础。乡村社会中的矛盾和冲突基本都与经济利益息息相关，这在东北地区农村社会表现更为突出。东北地区普遍经济实力不强，乡村地区表现则更为突出，要促进东北地区发展尤其是乡村发展，必须重视经济发展。乡村经济的发展离不开农业的深化发展、农产品附加值提升、产业链延长，与第二、第三产业融合发展，只有通过多种途径推动乡村经济振兴，才能真正实现乡村地区的"产业兴旺"。东北地区乡村治理必须围绕经济发展，经济发展不能仅以政府为推手，更多地要依靠企业和新型经营主体推动，因此应建立多方联动机制，促使政府政策引导、企业有效运行、农民创富增收。

二是要着力强化乡村政治建设落实国家治理民主化要求。乡村治理是国家治理在乡村实践中的微观体现，是国家治理的民主化进程在乡村的落实。党的领导作为核心，是协调东北地区乡村治理"主体"与"客体"的关键。东北地区乡村治理必须要加强政治建设能力，提高主体参与度，必须持续深化、加强党在基层中的领导地位，这是提高东北地区乡村居民的获得感和幸福感的基础，也是实现东北地区乡村治理有效和建设和谐乡村的前提。

三是要促进乡村治理社会化协作强化多元发展。乡村治理不只是乡村自身的事情，更需要全社会共同参与，乡村治理应由社会化协作完成，乡村治理主体越是多元化，乡村治理的进程就越快、实效就越好。多元化的发展、社会化的协作，不仅可以为东北地区乡村治理提供新鲜血液，更是东北地区乡村治理的强心剂。多元主体、新生力量的加入，往往是城乡要素流动和均衡后社会精英群体反哺乡村的过程，是有识之士回馈东北地区乡村建设的过程，必然会显著推动东北地区乡村发展。

四是要完善乡村文化建设用价值引领乡村发展。故步自封是对东北地区尤其是乡村的刻板印象，说到底是乡村文化中"守旧"思想的固化表现。因此，东北地区乡村治理更需要通过文化的创造力，鼓励、支持创新思维，并将这些创新思维融入乡村治理过程。

五是要保障乡村生态建设。东北地区经济的加速发展，一二三产业深度融合，农产品深加工、乡村文旅产业快速发展，在一定程度上提高了农民的收益，但也可能对生态造成影响。东北地区近年来均不同程度地对冬季冰雪资源进行了深入开发，这使得东北冬季原有的生态复苏期受到影响，对原有生态也可能存在着不良影响。因此，在推动乡村经济发展的同时，更要鼓励关注循环农业等循环经济和无污染的现代化工业发展，以政府的引导和乡村群众的自我约束共同实现东北乡村的"生态宜居"。

东北地区乡村治理必须以"五位一体"的全面建设为基础，实现动态化、系统化，促进乡村治理在产生问题的同时解决问题。

（二）多管齐下健全治理机制

一是要完善东北地区乡村治理基本制度体系。乡村的发展需要从制度层面进行规范引导，目前东北地区乡村治理制度无论是在治理运行机制，还是基本保障与监督保障机制上都还不够完善。制度体系的建立要因地制宜，制度的好坏将直接决定乡村社会发展的好坏。治理运行机制中要充分发挥多元主体作用，明确责任义务。在基本保障机制中，要充分利用外部有效可利用资源。在监督保障机制中，要建立有效的意见反馈通路。不仅如此，还要建立激励奖励机制，鼓励按照因地制宜、因事制宜的方式建立乡村治理绩效激励机制。可以把乡村治理实效纳入各地方乡村振兴工作考核，一方面评选出东北地区乡村治理的先进示范进行推广，另一方面对那些"有想法、敢做事、做实事"的乡村治理能人予以奖励、鼓励。

二是要建立现代化的乡村治理平台创新制度基础。乡村治理需要创新精神，而制度层面的创新、体制机制上的创新是乡村治理创新发展的关键。当然，乡村治理体制机制的创新发展必须要与现有的体制机制相互协调，尤其是在处理一些长期历史遗留问题的时候。建立起一个综合的、全面的乡村治理平台以适应现代信息化发展，强化东北地区乡村治理制度迈向现代化是十分必要的。平台的建立、信息的共享和快速传递，利于将财权、事权下放，让乡镇政府拥有更多的自主权，更好地进行乡村治理决策。

三是要遵循规律，循序渐进。乡村治理是一个动态的、因时因事不断变化的过程，因此东北地区乡村治理机制必须是可调节的，并逐渐完善的。在制度建立的过程中，可通过推出建设试点探索路径建设，从省级层面鼓励各市县因地制宜地设计机制，从市县层面鼓励乡村开展现代化乡村治理试点，通过试点摸索，找到适合东北地区乡村治理的有效办法，并予以示范推广。

（三）城乡治理统筹推进

乡村治理是具有时代特征的、动态的、渐进的过程，这一过程与城市化进程以及城市中的社会治理息息相关。东北地区城镇化程度日益提高，乡村治理也必须考虑到城乡一体化问题，做到城乡统筹。

一是必须抓住机遇，在加快城市化进程的同时，推动城市反哺乡村，促进城乡资源流动，协调城乡社会事业的共同发展。城市化进程加速了东北地区的社会基础设施建设、公共服务建设，但同时也促使人们更加意识到城乡之间的差距，城乡之间的加速交流促使乡村人口生产、生活需求日益提高，但满足程度相对于城市来说并不高。东北地区乡村治理必须进一步加强乡村公共设施建设，促进公共服务更好地在城乡之间流动，促使城乡发展机会均等。应当积极推动城市人口返乡、返资、返智，通过社会资本融入，推进乡村治理。

二是依靠城乡协调发展才能解决城市化带给农村的新问题。城市发展的速度快于农村地区、效果优于农村地区，这与城市治理的成功有着密切的关系，从一定程度上来说，城市治理的成功之路可以为农村治理提供参考。东北地区乡村治理可以借鉴优秀治理模式，并结合自身特点在产业结构调整等方面予以运用。这不仅可以为东北地区乡村治理带来新的方式方法，更可以为东北地区乡村治理带来更多的发展机遇。

（四）强化基层治理能力

乡村治理作为一项系统工程，需要多元主体共同协作，团结一致。一方面，需要各级政府、村两委、村民以及社会组织等各主体良性互动、优势结合；另一方面，需要不断推进权力下沉，储备力量，提高基层治理能力。

一是要提高东北地区乡村基层自治能力，以乡镇为轴心，加快推动"扩权强镇"建设。通过扩大乡镇自主权，激发乡镇财政自生力，强化乡镇政府的公共物品供给能力，以乡镇内生动力促进乡镇经济长期发展，进而带动乡村发展，推动乡村治理。

二是要将乡村治理人才队伍建设摆在重要位置，增加乡村干部的储备力量，建立起激励机制，调动乡村干部的主观能动性。继续鼓励大学生等人才回流乡村，创新返乡机制。

三是强化协调治理能力。鼓励培育乡村干部协调治理的意识，本着预防为主，及时发现问题，通过协调、化解矛盾，快速有效地解决问题。同时充分利用乡村治理平台，探索将"放管服"深化、细化入村屯，切实做好乡村服务工作。

参考文献

［1］《中华人民共和国村民委员会组织法》，2018 年 12 月 29 日修正。

［2］朱建建、顾若琳、袁柳：《"十四五"期间乡村治理数字化的框架与指标体系设计》，《统计与信息论坛》2021 年第 9 期。

［3］《加强村规民约工作 助推乡村治理现代化》，民政部官网，https：//mzzt. mca. gov. cn/article/zt_ cgmy/mtgz/202004/20200400026966. shtml。

文化旅游篇
Cultural Tourism Reports

B.20
东北三省乡村旅游发展问题研究

李菁菁*

摘　要： 乡村旅游是农村经济的重要组成部分，对于促进农村经济可持续发展，带动农民增收，推动农旅、文旅深度融合具有巨大的促进作用。乡村振兴战略实施以来，东北三省乡村旅游发展取得了明显成效：乡村旅游接待能力逐步增强、农民就业与收入不断提高、乡村生态环境有效改善等。但在乡村旅游发展过程中也面临管理机制不健全、基础设施较为薄弱、旅游产品缺乏创新、市场品牌意识淡薄、乡村旅游人才匮乏等制约因素，需要坚持政府政策引导、完善旅游基础配套设施、注重文旅融合、推动科技创新等手段，推进东北三省乡村旅游发展，助力东北三省乡村振兴。

关键词： 乡村旅游　乡村振兴　文旅融合　东北三省

---

* 李菁菁，长春光华学院副教授，主要研究方向为农村经济与电子商务。

乡村旅游是指依托于自然条件，依托于当地独特的农业生产、民族风情、田园风光，可持续经营的一种旅游。乡村旅游准入门槛较低、收益性较高，受到了各地政府的高度关注。2018 年中共中央、国务院印发的《乡村振兴战略规划（2018~2022 年）》，明确了乡村旅游发展的战略地位，有利于推动乡村旅游产业升级，有利于改善农村生态环境，有利于实现农民增收。

一　东北三省乡村旅游发展优势

（一）乡村旅游振兴政策密集出台

从 2015 年中央一号文件开始，我国一系列扶持乡村旅游的政策密集出台。2017 年、2018 年中央一号文件强调大力发展乡村旅游产业，乡村旅游是带动农民增产增收、拉动农村繁荣的新型支柱产业，推进乡村旅游从量化向质化转变，打造乡村旅游精品服务、精品景点、精品工程。2019 年中央一号文件强调壮大乡村产业，加强乡村旅游基础设施建设，拓宽农民增收渠道。2022 年国务院出台《"十四五"旅游业发展规划》，提出到 2025 年以红色文化和生态旅游资源为基础，大力发展乡村旅游产业，打赢脱贫攻坚战，巩固乡村振兴基础。

东北三省积极跟进，先后提出推动政策和举措。黑龙江省出台《黑龙江省乡村振兴战略规划》《黑龙江省乡村产业发展"十四五"规划》《黑龙江省休闲农业和乡村旅游发展"十四五"规划》等，找准乡村旅游发展方向，鼓励"康养旅游、休闲农业、文化体验"等多种乡村旅游产业类型发展，助推经营主体积极转型，开发个性化、特色化、多样化的旅游业态与产品。吉林省政府出台《关于推进乡村旅游高质量发展的实施意见》，全面落实习近平总书记视察吉林重要讲话精神，明确乡村旅游在扶贫攻坚中的积极作用，将乡村旅游规模做大、做强、做精、做足，为吉林全面振兴提供坚实的支撑。辽宁省出台《辽宁促进乡村旅游发展提质升级实施方案（2018年）》《关于促进乡村旅游可持续发展的实施方案》，旨在促进乡村发展、丰富业态种类、强化基础设施、加强政策扶持、加强宣传推广；印发《辽宁省进一步扩大旅游文化体育健康等领域消费实施方案》，提出依托红山文化、满族文化，建设特色乡村旅游小镇、休闲农庄、少数民族风情村，打造具有地域特色的生态休闲旅游产品，促进乡村旅游提质升级。实施乡村旅游后备箱计划，推动农产品向商品转变，政府给予政策简化，鼓励多方参与，共同推进辽宁省乡村旅游发展。

（二）东北三省乡村旅游资源丰富

东北三省作为农业大省，乡村旅游资源种类繁多，内容丰富，分布范围广，旅游资源类型涉及独特的民俗风情、浓郁的乡土文化、鼓舞人心的红色文化、传统的特色美食、优美的田园风光，这些都为东北三省乡村旅游业的发展提供了基础和保障。

黑龙江省与俄罗斯毗邻，拥有赫哲族、鄂伦春族、鄂温克族等少数民族文化资源，小兴安岭地区的原始森林、独特的冰雪文化。吉林省具有良好的气候条件和自然条件，东部地区林业资源丰富，具有独特的朝鲜族文化，中部地区农耕历史深厚，西部地区是典型的农牧结合带，具有浓厚的草原风情。辽宁省具有边境和沿海的双重身份，具有悠久的契丹文化、满族文化、红色文化、古人类遗址，丰富的民间掌故传说，久远的农耕文化，农村景观丰富多彩。中国旅游研究院发布的《2021 年上半年在线旅游资产指数（TPI）报告》指出，东北地区传统热门旅游城市位居 TPI 指数排行榜前五位的地区分别是哈尔滨、大连、沈阳、长春、大兴安岭。在景点 TPI 指数榜单中，长白山国家级自然保护区、白云山、北极村等自然风光与中街、沈阳故宫博物院、圣索菲亚大教堂等人文景点各据一半，景色秀美的长白山是游客最乐于探寻与分享之地。

东北三省虽都具有沃野千里的黑土地、壮丽雄美的自然风光、四季分明的气候条件，但东北三省地理位置相近、气候相似，旅游文化资源具有很大的相似性，如黑龙江省与吉林省冰雪资源类似，黑龙江大、小兴安岭山脉与吉林长白山山脉旅游资源相似，黑龙江中俄边境、吉林边境及辽宁边境旅游资源类似，在文化上，黑、吉、辽三省被冠以一个名字叫"东北文化"，满族文化、冰雪文化、白山黑水文化都成了东北三省通用文化。打造带有本省地域优势品牌，挖掘特色旅游资源，是东北三省乡村旅游发展的重中之重。

（三）乡村旅游接待能力逐步增强

旅游接待能力是满足游客个性化需求，提高游客满意度的一个重要指标。旅游接待能力的成熟也是乡村振兴"生态宜居"中对乡村基础配套设施、人文居住环境的要求，为乡村振兴保驾护航，助力经济快速发展。旅游接待能力主要包括景区接纳承载能力，餐饮、住宿接待能力，基础配套设施。旅游接待能力直接影响当地旅游质量的水平，也是当地旅游可持续发展的保障。

2020 年黑龙江省乡村旅游接待人数累计 2082 万人次，营业收入 41.7 亿元，农民在旅游产业发展中受益，农村经济产业链条进一步延伸，乡村新型服务业持续繁荣。2019 年吉林省乡村旅游接待人次同比增长 24.8%，旅游收入同比增长 35.7%，是全省旅游业平均增速的 2 倍。吉林省乡村旅游带动当地农民就业 300 万人次，乡村旅游收入超过当地地区生产总值的 10%。2019 年以来，辽宁省接待乡村旅游游客近 2 亿人次，乡村旅游带动 130 万农民就业。"十三五"以来，乡村旅游接待总人数 22510.8 万人次，乡村旅游总收入 1650 亿元，近两年平均增长 14.5%。

旅游产业是一个集中性、流动性和接触性较强的产业，疫情对旅游业造成了较大的冲击，东北三省乡村旅游接待人数在 2020 年均出现下滑现象，随着疫情防控政策不断优化调整，乡村旅游呈现正增长发展势头，旅游产业逐渐恢复活力。

（四）乡村旅游满足疫情期间人们对旅游的需求

疫情使旅游方式发生了变化，消费者在出游时更多考虑公共健康风险，因此短途、近郊等成为消费者出游的首选，复苏前景更加可观。游客倾向于本地休闲度假游，旅游目的地平均游憩半径缩短，此类旅游方式的特点在于能够有效控制游客迁移的时间和距离，或尽量减少旅游过程中的非必要人际

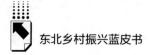

交往，因而在疫情防控方面具有明显优势。

乡村游专项调查显示，疫情发生后，国内游占据旅游市场的主要份额，而近郊游更是各地旅游的最新热点，近郊周边 20～150 公里被称为乡村游的黄金旅游带。2021 年上半年，东北三省 48.0% 的被调查者选择外出旅游，其中超过 70% 的人选择乡村游。2020 年游客出行方式选择自驾游的占比 41.8%，比 2018 年增长了 7%，家庭或与亲朋结伴旅游占比 33.5%，比 2018 年增长了 87%。[①] 游客出行方式倾向于家庭游、自驾游，与此相关的高速公路、服务区、停车场、民宿等基础服务项目迎来了空前发展。由于时间所限、疫情受限，乡村游满足游客回归自然外出游玩的渴望，采摘蔬果、农耕研学、烧烤野餐等休闲方式受到游客欢迎。

（五）数字经济快速发展为乡村旅游提供新契机

随着 2019 年中共中央、国务院发布《数字乡村发展战略纲要》、2020 年农业农村部发布《数字农业农村发展规划（2019～2025 年）》等一系列助力数字乡村发展的文件，乡村旅游在疫情发生后迎来了新的发展转机，利用旅游大数据、人工智能、人群画像、精准广告投放，加快乡村旅游数字化进程。2019 年黑龙江省发布《黑龙江省加快推进 5G 通信基础设施建设的实施方案》，鼓励建设旅游大数据监管服务平台、智慧农业休闲服务平台，实现智能化分析、旅游大数据收集、应急管理相结合的综合功能，为乡村旅游发展提供了有力支撑。吉林省早在 2003 年就提出了旅游信息化建设思路，2018 年成功举办智慧旅游与媒体融合高端研讨会，融合互联网、云技术等多种前沿技术，打造吉林省智慧旅游城市。2019 年吉林省发布《关于推进乡村旅游高质量发展的实施意见》，将推进智慧旅游发展作为重点执行任务，建设乡村旅游信息监管平台，促进线上旅游企业与线下乡村旅游帮扶合作，引导乡村旅游示范点开展网络营销，推进重点旅游村智慧项目建设，采取多种信息化手段加大智慧旅游建设。辽宁省实施"旅游+"策略，以大量

---

① 资料来源于中国旅游研究院。

旅游资金为基础，完善旅游消费信息服务平台，利用辽宁省重点实验室项目拉动优势，打造乡村旅游新业态，为乡村旅游保驾护航。

二　东北三省乡村旅游发展存在的问题

（一）管理机制不够健全，行业规范有待完善

乡村旅游项目多数都是依托本地的自然资源与传统文化而发展起来的，东北三省普遍存在发展初期缺乏科学、合理的项目规划，缺乏乡村旅游带头人，在开发上存在散、杂、乱等问题。第一，乡村旅游经营管理者大多是本地村民，文化水平有限，长远发展意识不足，没有接受过正规的旅游专业知识技能培训与现代技术培训，缺少对运营服务标准的监督与管理，制约乡村旅游经营水平的提升。第二，服务人员诞生于乡土、了解乡土，但对传统文化、乡土文化等知识欠缺，难以适应旅游市场的消费需求，使得乡村旅游住宿环境、卫生条件、服务质量存在不规范、不达标、不到位的情况，忽视了旅游者的感官享受，经营效益难以提升，难以形成规模经济的发展格局。第三，旅游管理部门需要与文化、交通、环保、水利等多个政府部门打交道，彼此之间缺乏协调互动，难以形成对乡村旅游领域的统一管理和规划。虽然我国中央和地方各级政府对乡村旅游进行了大力扶持，并在一定程度上对乡村旅游进行了管理，但是目前乡村旅游的发展并没有形成一套行之有效的管理机制，相应的发展环境和配套政策也需要不断完善。

乡村旅游经营管理水平参差不齐，乡村旅游行业服务标准体系不健全，缺乏有效的政策引导和行业规范，违规违法行为时有发生，很大程度上阻碍了乡村旅游的发展。可见，建立有效的乡村旅游开发、管理、运营、服务等全链条完善的保障机制，加强行业指导，要从政府、行业、企业、农户多方入手，协同发展，齐抓共管。

（二）基础设施较为薄弱，服务水平有待提高

原农业部发布的《全国休闲农业与乡村旅游星级示范企业（园区）创

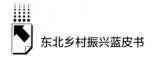

建标准》，从促进"三农"发展与经济经营效益、绿色生态环境、基础硬件设施、管理服务水平、安全卫生条件五个方面为乡村旅游示范企业打分，按照得分情况分为三星、四星、五星三个等级。截至 2020 年 11 月，全国休闲农业与乡村旅游星级企业（园区）共计 3396 家，2016 年及以前认定 1486 家，近两年认定速度放缓。2019 年认定 15 个省份 129 家星级企业（园区），吉林省以五星级 7 家、四星级 6 家、三星级 1 家合计 14 家位列第 4，辽宁省以五星级 3 家、四星级 1 家合计 4 家位列第 12，黑龙江省以三星级 1 家合计 1 家位列第 15。2020 年第一批星级企业（园区）认定 109 家，仅吉林省有上榜。2020 年 11 月文化旅游部公示我国休闲农业与乡村旅游重点村共计 998 个，新疆共有 56 个重点村，位列第 1。黑龙江、辽宁、吉林分别有重点村 31 个、30 个、26 个，分居全国第 20 位、第 21 位及第 26 位。

从以上数据可知，尽管东北三省积极改善乡村旅游基础设施，布施网络、铺设道路、改建公厕，实现大部分乡镇家家通网、村村通路，但与发展乡村旅游业的基础设施建设要求相比，乡村旅游基础设施相对落后，大多缺乏合理的规划，主要存在停车难、信号差、厕所少三大软肋。在旅游服务方面，主要存在两大影响因素。一是乡村旅游服务者服务意识欠缺。村民作为最主要的乡村旅游服务者，由于自身文化水平有限、服务意识欠缺，出现村民在服务过程中态度敷衍、缺乏热情，无法为游客提供舒心服务的情况。二是乡村旅游服务者服务不规范。很多乡村旅游服务者没有接受过正规、系统的旅游服务培训，对游客需求无法精准把握，在旅游服务中出现理解偏差、服务错位等情况，影响游客乡村旅游体验度。

（三）旅游产品缺乏创新，市场品牌意识淡薄

东北三省发展乡村旅游面临的最大障碍是乡村旅游产品缺乏创新，无法满足个体差异化需求。就目前情况而言，乡村旅游产品没有打造自身特色、难以吸引人，主要形式以吃农家饭、从事农活、住农家火炕、生火农家大锅为主。旅游经营者缺乏对设备的更新和传统文化的加工，营销手段单一，可以被大多数的企业低成本、低水平地复制，导致这些旅游产品难以吸引年轻

人前来消费，在经济持续低迷时期难以招徕中老年游客前往。这一现象在东北三省的乡村旅游项目中具有代表性，乡村旅游产品难以对消费者产生吸引力，乡村旅游产业很难顺利发展。

东北三省旅游产品缺乏创新，也缺乏旅游产品品牌意识。第一，缺乏品牌注册意识。虽然市场上有众多的乡村旅游产品，但缺乏注册商标或申请专利意识。真正可以称得上东北三省乡村旅游品牌的屈指可数，导致这一现象的深层次原因在于乡村旅游产品缺乏当地特色，旅游产品同质化严重，难以树立深得人心的品牌形象。第二，品牌形象不吸睛。乡村旅游产品主要集中在农家乐、果园采摘、观光生态园这些传统乡村旅游项目，没有采取有效的品牌包装提升自身形象，缺乏品牌形象代言。即使一些乡村旅游品牌注册了商标、申请了专利，但品牌保护意识不强，无法发挥品牌的牵引力。第三，营销宣传不到位。东北三省缺少能够带动全产业链发展的大品种、大品牌，品牌知名度比较低，国内影响力有限。品牌影响力低下，营销渠道单一，容易陷入恶性循环。

（四）复合人才相对匮乏，引进机制有待改进

随着疫情防控政策的优化调整，东北三省乡村旅游市场规模整体复苏表现明显，一些热门旅游景点的接待游客人数和旅游消费收入甚至还有同比增长的现象。旅游人数的增加，迫切需要既懂旅游又懂文化的复合型人才，显然乡村旅游从业人员无法满足目前的乡村旅游发展趋势。

在乡村旅游市场，其从业人员多是本地农民，从业者受教育程度较低，文化知识水平不高，综合素质参差不齐，在乡村旅游发展初期，这些从业人员的作用非常重要，但随着乡村旅游的升级和转型，乡村旅游从业人员已不能满足日益增长的市场需要，对乡村旅游新业态开展、旅游模式转型更是力不从心。另外，东北三省人口流失严重，常住人口逐年递减。2021年黑龙江省常住人口为3125万人，较上年减少46万人，其中乡村人口为1072万人，较上年减少19万人。2021年吉林省常住人口较上年减少24万人，其中乡村人口较上年减少26万人。2021年辽宁省常住人口较上年减少26万

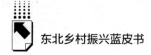

人，城镇人口有所增长，乡村人口减少 35 万人。2021 年东北三省常住人口合计减少 96 万人，其中乡村人口减少 80 万人。可见东北人口流失形势十分严峻，最为严重的是乡村地区。乡村本地人员的流失、专业人才的匮乏，影响了东北三省乡村旅游业的发展。

（五）科技创新力度不足，影响乡村旅游业快速发展

东北三省近年来研究与试验发展（R&D）经费投入虽稳步增长，但投入力度稍显不足。2021 年黑龙江省 R&D 经费投入 194.6 亿元，比上年增加 21.4 亿元，增长 12.4%，投入强度为 1.31%，比上年提高 0.05 个百分点，R&D 经费投入居全国第 22 位。2021 年吉林省 R&D 经费投入 183.7 亿元，比上年增加 21.2 亿元，增长 13.0%，投入强度为 1.39%，比上年提高 0.09 个百分点，R&D 经费投入居全国第 24 位。2021 年辽宁省 R&D 经费投入 600.4 亿元，比上年增加 51.4 亿元，同比增长 9.4%，投入强度为 2.18%，比上年下降 0.01 个百分点，R&D 经费投入居全国第 16 位。2021 年研究与试验发展（R&D）经费投入全国超过千亿元的有 11 个省（市），广东省以 4002.2 亿元位居第 1，东北三省在 R&D 经费投入上明显不足。2021 年研究与试验发展（R&D）经费投入强度全国平均水平为 2.44%，东北三省中辽宁省接近平均水平，但其他两省相差较远。

对比东北三省财政科技支出，2020 年黑龙江省财政科技支出 42.98 亿元，比上年增加 0.82 亿元，增长 1.9%。2020 年吉林省财政科技支出 39.94 亿元，比上年增加 0.76 亿元，增长 1.9%。2020 年辽宁省财政科技支出 72.71 亿元，比上年减少 1.32 亿元，下降 1.8%。2020 年黑龙江省、吉林省财政科技支出均有增长，辽宁省财政科技支出虽有减少，但依然占据东北三省首位。对比东北三省与其他省份，例如广东省 2020 年财政科技支出 855.73 亿元，浙江省 2020 年财政科技支出 472.13 亿元，则差距较大，财政科技支出明显不足。

东北三省科技创新投入、财政科技支出不足导致乡村旅游发展过程中的科技发展后劲不强，创新发展力度不够。经费不足导致旅游景点大多数只是

将天然的自然文化景观稍加改造和翻新维护，直接对外展示销售给乡村旅游产业消费者。具有乡村旅游内涵的旅游服务项目短缺，缺乏科技含量，产品附加值低，没有核心竞争力，对乡村旅游产业消费者来说缺乏吸引力，影响乡村旅游业的快速发展。

三　东北三省乡村旅游发展对策

（一）坚持政府政策引导，明确发展方向

一是全面系统规划。东北三省政府要从经济发展、生态环境保护以及协调利益相关者之间的关系等方面全面地、系统地进行乡村旅游规划。在制定计划前，充分考虑当地的实际情况，保证乡村旅游项目的合理性、有效性、准确性，同时完善与之配套的规章制度与行业标准，并且能够根据经济文化发展形势及时更新。二是整合各方资源。加强政府各部门间沟通合作，凝聚各方优势，简化审批手续，构建跨区域、跨部门合作机制，完善利益共享机制，齐心协力打破制约乡村旅游发展的瓶颈。三是鼓励多方资本加入。政府加大补贴力度，制定招商引资优惠政策，鼓励多方资本积极参与乡村旅游建设，结合东北三省特点，丰富乡村旅游多样化发展形式。四是跟踪发展动态。政府应成立乡村旅游专职部门，及时掌握乡村旅游发展动态，加大乡村旅游基础设施投入，加强对乡村旅游经营者、服务人员的管理，定期组织培训，提高乡村服务人员专业知识水平。加大对乡村旅游违规、违法者的治理力度，保障乡村旅游经营者切身利益，保证乡村旅游良好的经营秩序，打造乡村旅游高效率、品牌化运营模式。

东北三省应积极发挥地理位置优势，呈现区域特点，通过全面系统规划、整合各方资源、鼓励多方资本加入、跟踪发展动态等多个环节，开发具有东北特色的乡村旅游项目，增加核心竞争力，最终打造一体化、专业化的乡村旅游产业链。

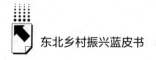
（二）完善基础配套设施，提高服务质量

推动东北三省乡村旅游的高品质发展，就要加强完善基础设施配套建设，进行规划化管理，提供标准化服务，使广大游客能在这里尽享、尽玩、尽用。充分发挥社会和金融机构等多种渠道的资金支持作用，加大对基础设施建设的扶持力度，改造农村公路，增设停车位，改善厕所环境，提高网络通信状况，完善园区住宿条件等基础设施，支持当地特色民俗、特色餐饮等配套设施建设。转变服务理念，诚信经营，满足游客的个性化要求。

在乡村旅游服务方面，将顾客满意度作为重要评价指标，完善旅游服务质量监管评价体系，定期对乡村旅游场所进行抽检，提升旅游服务者业务能力。拓展多种渠道了解游客诉求，通过设置旅游服务信箱、服务电话、公众号留言、填写调查问卷，了解游客旅游体验，将满意度、投诉率作为星级乡村旅游服务单位评选条件，对于星级服务单位给予政策、资金支持，定期考核和评价乡村旅游服务者，全面提升乡村旅游服务质量。

（三）注重文旅融合，推进知名品牌建设

乡村旅游全链条的发展需要将物质资源、文化资源等多种资源进行整合，从而实现乡村观光、休闲度假、文化体验等多种形式的协调发展。东北文化博大精深，由传统的萨满文化、医药文化、民间二人转、农耕文化等多种文化的精髓融合而成，相互影响、相互渗透，各具特色。结合东北当地独特的自然生态和人文环境，找到自身的发展定位，或是定位于传统村庄，或是定位于现代农田风光，或是定位于乡村小镇等，不断创新，最终达到因地制宜。产品开发中将本地文化优势与市场价值相结合，突出市场的价值规律，抓住游客的消费方式，以文旅融合的理念推进品牌创建和产品打造，深化国字号旅游品牌，增加文化内涵，以地方文化的魅力推动乡村旅游产品向特色化、品牌化、多元化迈进。

（四）培育复合人才，补齐乡村旅游短板

人才是乡村旅游可持续发展的重要组成部分，东北三省乡村旅游的发展需要一批懂农村懂农业懂旅游服务的复合型人才，发展乡村旅游要将"就地取材"与引进人才相结合，补充乡村旅游支撑力量，为乡村旅游带来更大的经济效益，其具体措施主要有以下三个方面。一是就地取才，发挥本土人才的作用，强化对本土乡村旅游人员的技能培训，深入挖掘，培育一批既懂农业又懂乡村旅游的"双能型"农民。同时对乡镇负责领导、乡村旅游示范村干部也要系统培训，提高他们的历史、文化、管理等方面的知识。二是引进人才，完善引进人才的激励政策、保障制度，鼓励省市专业人才支援，鼓励当地优秀旅游企业帮扶，将"走出去"与"引进来"有效结合，提高地方旅游服务意识，加强地方旅游管理制度建设。三是加强与技术部门的联系，构建以数字技术为支撑的乡村旅游产业。数字化是旅游行业摆脱依赖低成本人力，走向现代服务业的重要路径，在注重对乡村旅游人员的历史、文化、管理方面培训的同时，还要注重数字技术方面的培训，组织人员学习网络技术、网络营销方法，培养复合型旅游数字化人才。

（五）推动科技创新，助力乡村旅游升级

2021 年，习近平总书记在中央政治局会议上强调要把握数字经济的发展规律，促进数字经济的健康、有序发展。政府在加大投入研究与试验发展（R&D）经费及财政科技支出的同时，应多借助新生业态推进乡村旅游转型升级。一是借助在线平台提升乡村旅游数字化建设。东北三省乡村旅游企业要充分借助在线旅游优势，与在线旅游平台合作，增加营销渠道，借助旅游大数据了解当地旅游用户的所属区域、消费偏好等，从而进行个性化服务、精准化营销，探索信息化管理方式，实现利益最大化。二是借助短视频实现乡村旅游营销获客。短视频作为一种新型媒介，其长处在于其"短"，其魅力在于其"精"，其价值在于其"新"，具有传播速度快，灵活性强、持续时间短等特点，以其强大的发展动力走进了人们的视线。东北三省因其地域

特点，当地居民具有豪迈、热情、爽朗的性格，通过靠谱、坦诚、热情的东北人设，可以短时间达到火爆效果，打造网红乡村旅游景点，提升东北乡村新鲜度，帮助当地乡村旅游获取大量客流，创新乡村旅游发展新途径。

参考文献

［1］《黑龙江省乡村产业发展"十四五"规划》。

［2］《黑龙江省休闲农业和乡村旅游发展"十四五"规划》。

［3］《关于推进乡村旅游高质量发展的实施意见》。

［4］《辽宁省进一步扩大旅游文化体育健康养老教育培训等领域消费实施方案》。

［5］《2021年上半年在线旅游资产指数报告》，中国旅游研究院，2021年8月24日。

［6］吉林省、辽宁省、黑龙江省统计年鉴。

B.21

吉林省乡村旅游产业发展问题研究

殷嘉成*

摘　要： 2020 年以来，随着疫情的可控，乡村旅游产业也在逐步复苏，乡村旅游逐步成为吉林省旅游产业的重点开发方向，大力发展乡村旅游产业对于巩固脱贫攻坚成果、全面推进乡村振兴具有重要意义。本文以吉林省乡村旅游产业作为研究对象，分析吉林省乡村旅游产业的发展现状，总结当前旅游产业在推进乡村振兴过程中面临的主要问题，并提出推动乡村旅游产业发展的一系列措施：完善人才队伍建设，提高从业者服务意识；多渠道进行营销推广，寻找旅游品牌新亮点；突出旅游产品特色，通过创新引领行业发展；加快旅游产业数字化建设，推动旅游产业现代化进程，以期为进一步促进吉林省农村经济发展提供有益参考。

关键词： 旅游产业　乡村振兴　吉林省

一　引言

乡村兴则国家兴，乡村衰则国家衰。乡村振兴战略是以习近平同志为核心的党中央对"三农"工作提出的重大决策部署，贯穿我国社会主义现代化建设的全过程，实施乡村振兴战略也是实现两个一百年奋斗目标的必然要

---

* 殷嘉成，吉林工商学院财税学院助教，主要研究方向为农业经济。

求。其中旅游产业作为第三产业的新模式，在低碳经济时代逐步成为国家优先发展的绿色朝阳产业，吉林省作为农业大省，坚持"三农"优先发展的总方针，充分发挥吉林省乡村特色旅游资源优势，将旅游与文化、体育、农业、信息等产业相融合，通过不断发掘地方旅游潜力，将旅游资源转换为经济资源，将乡村旅游产业实力做强，打造吉林乡村旅游产业品牌，为吉林省旅游业的发展注入新动能，走出吉林乡村发展特色化道路，这样不仅带动了农村人口的就业和增收，并且促进了农村经济的高质量发展。深入研究吉林省乡村旅游产业对于全面推进吉林省乡村产业振兴，实现吉林省农村经济的转型升级具有重要意义。

二　吉林省乡村旅游产业发展现状

吉林省地处中国东北地区中部，属于温带大陆性季风气候，具有四季分明的气候特征。省内自然资源和文化资源丰富，省委省政府充分利用各类资源独特优势，打造吉林省旅游产业特色产品，逐渐形成了"五色"产品体系：冰雪旅游的白色、农耕文化的黑色、生态旅游的绿色、丰收特征的金色、抗联精神的红色。同时旅游产品也成为疫情恢复后第一个实现正增长的产品业态。

（一）乡村文化和自然资源具有多样性

吉林省拥有悠久的革命历史传统和厚重的红色文化底蕴，红色基因传承在白山松水之间，红色印记历经抗日战争、解放战争的洗礼愈加焕发出鲜艳色彩。抗日名将杨靖宇将军的陵园坐落在通化市，是全国红色旅游经典景区，年接待游客40余万人次；四保临江战役烈士陵园是白山市著名红色旅游景区，安葬着包括杜光华将军在内的712位为新中国建设奉献出宝贵生命的革命先烈；四平战役纪念馆作为中国第五大军事战役纪念馆，展出图片及文物1000余件，生动展现了战争年代先辈们的革命牺牲精神。同时吉林省作为一个多民族省份，民族民俗文化极具特色，如朝鲜族的农乐舞、象帽舞、长鼓舞，查干淖尔冬捕习俗，长白山满族剪纸和采参习俗，吉林乌拉满族民间音乐，蒙古族的"查干萨日"和骑射摔跤习俗等。通过不断整合少数民族的民俗资源，打造少数民族文化产业链，推出富含民俗特色的文化产品，推动少数民族文化走入大众视野。

吉林省乡村自然资源更为丰富，全省 70% 的旅游资源分布在广大的乡村地区，拥有着优美秀丽的自然风光、得天独厚的生态环境：长春市国家 5A 级景区净月潭，被誉为"净月神秀"，是集踏青、避暑、赏景、聚会于一体的理想去处，拥有 4 万株绿化乔木、6 万丛灌木、3 万平方米水生植物芦苇、2 万平方米千屈菜、10 万平方米宿根花卉等植物；同样作为 5A 级景区的长白山位于安图县，是中华十大名山之一，东北的第一高峰，被誉为"中国三大天然药材宝库之一""物种基因库"，生长着 2000 多种动植物，包括灵芝、北五味子、人参等药用植物以及东北虎和黑熊等濒危动物；通榆县国家 4A 级景区向海，区内有 20 多种树木、200 余种草本植物以及 173 种鸟类，是珍稀禽类的栖息地。此外，集安市的五女峰国家森林公园、珲春市的防川景区等边境风貌游览区、松原的查干湖景区、东辽县的鴜鹭湖景区也是省内生态环境良好的旅游风景区。[①]

（二）乡村基础设施建设逐渐完善

完善的基础设施条件、现代化的旅游模式以及优良的卫生环境是发展现代化乡村旅游的必要条件，吉林省不断加强乡村旅游高品质化建设，在交通、供水、供电、通信、防灾等方面的建设上进行了大量投入。乡村旅游定位在"乡村"上，吸引市场的特色在于生态自然与特色民俗。同时，自驾游一类家庭式出行方式使得游玩具有高度自主性，更加注重高品质体验，与乡村定位更加贴切。基于此，吉林省国省干道建设通达乡村旅游重点村和风景区，打通"最后一公里"的壁垒，新建多条高速公路并在长假期间免收过路费，打造特色旅游路线并在沿线设立咨询服务点、旅游驿站等，为解决

---

① 资料来源于吉林省文化和旅游厅。

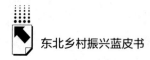

旅游停车难的问题统筹布局景区停车场建设。

此外，数字经济是伴随着时代的发展迅速崛起的一种新型经济模式，随着4G网络在农村范围内的普及，吉林省更加注重乡村旅游智慧管理和信息化建设，满足村民和游客对网络通信的要求，在信息服务设施建设上引进电子系统，实现信息服务的智能化，提高导游导航智能化水平，为加强服务品质还配备了虚拟旅游体验设施；对乡村旅游单位和重点村实行数字化管理，建立信息监管平台，同时利用互联网平台服务生产生活、餐饮购物、住宿体验，打造乡村互联网小镇；进一步加强旅游经营单位与国内知名OTA平台的合作，利用互联网等现代化手段推广吉林旅游品牌。

在乡村旅游卫生环境整治方面，吉林省整合各级部门力量，集合资金重点改善旅游村的人居环境，加速乡村环卫设施建设，保证垃圾桶数量充足、卫生方便，同时坚持以建设美丽宜居村庄为导向，推进农村厕所改造，开展厕所粪污治理。健全生活垃圾收运处置体系，严格对污水的管控，全面禁止污水的随意排放，建设污水处理厂，整体提升了乡村旅游游览环境。

（三）乡村旅游发展观念和模式成熟

吉林省深入发掘乡村旅游资源，充分利用乡村自然生态和特色文化优势打造吉林旅游品牌IP，成为集文化体验、自然观光、健康养老、冰雪休闲和避暑休闲于一体的综合性旅游胜地。同时吉林省是农业大省，随着现代人们生活节奏的加快以及生活水平的提高，发展休闲农业满足了城市居民的精神需求，吉林省明确市场定位，开发特色旅游产品，发展现代农业展示、生态旅游观光、农家生活体验、休闲度假康养等多种经营模式，推动旅游产品从物质到精神层面转变。

创新"休闲农业+文化旅游"的融合发展模式，利用文化旅游带动消费拉动经济的功能，将休闲农业与农产品、土特产品加工与销售结合在一起，创新消费新的增长点。在重点旅游村和度假区建立示范点，挖掘网红打卡地等乡村旅游消费场景，打造特色化和品牌化旅游主题，塑造精品形象，避免千篇一律的乡村旅游模式。2020 年吉林省休闲农业接待游客人次达 5000 万，主营业务收入达百亿元，推出乡村旅游产品 143 款。[①]

吉林省积极拓展乡村旅游新功能，将乡村旅游市场开发方向不仅定位在精神层面，而且将人们的健康需求摆在了同样重要的位置，吉林省康养资源独特，通过积极开发森林康养、温泉康养、阳光康养等产品宣传乡村旅游的养生养老功能。此外，吉林省还积极推进农村宅基地改革，将闲置土地资源进行集中利用，激发乡村旅游业活力，保证乡村旅游项目用地。一是将闲置土地住宅打造成结合乡村旅游的餐饮民宿、农业休闲、文化体验、农林牧渔生产活动等配套服务场地。二是推进农村产业结构优化升级，利用闲置土地建立农产品加工、仓储、物流体系，通过延长产业链条解决农民的就业和增收问题。吉林省据此进一步打造一批富有特色的精品旅游地，建设功能多样的休闲度假村：以"生态休闲+天定山旅游度假小镇"为特色的莲花山生态旅游度假区泉眼镇泉眼村，以"生态休闲+剑鹏马城"为特色的农安县华家镇战家村，以"生态休闲+北大湖滑雪度假区"为特色的永吉县北大湖镇草庙子村，以"满族风情+民宿+雾凇岛"为特色的龙潭区乌拉街满族镇韩屯村，以"生态观光+采摘+保南水库景区"为特色的伊通满族自治县河源镇保南村，以"朝鲜族文化+鸳鸯湖旅游度假"为特色的东辽县安石镇朝阳村，以"渔业与生态协调典范+查干湖"为特色的前郭尔罗斯蒙古族自治县查干湖渔场查干湖屯等。

（四）财政金融政策提供支持

吉林省出台《吉林省人民政府关于推进乡村旅游高质量发展的实施意见》，加快形成乡村旅游产业的财政保障、金融倾斜、社会参与的多元投入格局。

一是加强财税政策的引导作用。首先，统筹使用乡村振兴专项资金和财政涉农资金，提高资金使用效率，采用贴息等方式，支持乡村旅游项目的建

---

① 资料来源于吉林省农业农村厅。

设，同时安排省旅游发展资金，对 4A 级景区的村落和旅游经营单位按规定给予补助，对符合标准要求的民宿给予支持。其次，落实税收政策，对月营业额不超过 15 万元（含）的增值税小规模纳税人免征增值税；对小型微利企业年应纳税所得额不超过 100 万元的部分，减按 12.5% 计入应纳税所得额，按 20% 的税率缴纳企业所得税。简化乡村旅游项目审批流程和审批手续。在土地、消防、卫生等相关证照办理上，做到政策上倾斜、手续上简化，为乡村旅游发展创造良好的投资环境。

二是加强信贷资金的支撑作用，推动政府性担保融资，利用好征信信息平台，对征信状况良好的企业和个人提高金融机构的信贷额度，降低乡村旅游企业的融资成本，在可持续经营的前提下，对担保额度在 500 万元以内的小微企业，其担保费率降至 1% 以内；对担保额度在 500 万元以上的小微企业，其担保费率降至 1.5% 以内。此外，积极引导支持金融机构与乡村旅游企业合作，推出符合乡村旅游定位的金融产品。加大创业担保贷款支持力度，对乡村旅游创业并符合条件的个人创业者给予最高 20 万元创业担保贷款。创新担保方式，扩大创业担保贷款扶持范围，对符合条件的乡村旅游中小微企业给予最高 400 万元创业担保贷款。①

三是拓宽资金筹集渠道，加强政府与社会资本的合作，在风险可控的前提下，发行以政府信用为担保、以项目未来收益作为还款保证的地方债券，吸引社会资本进入乡村旅游产业项目建设。鼓励社会资本以租赁、承包等多种方式参与项目的建设，鼓励国有资本采用直接投资、联合开发等方式参与旅游资源的开发和项目的经营管理，鼓励保险机构推出乡村旅游保险产品，为乡村旅游产业的经营者与消费者提供保障，实现经营无忧、出行无忧。

三 吉林省乡村旅游产业存在的问题

吉林省乡村旅游产业在省委省政府的高度重视下取得了较为突出的成

---

① 《吉林省人民政府关于推进乡村旅游高质量发展的实施意见》。

就，"三农"事业得到了长足进步，农民的生活水平得到了进一步提高，但是在发展过程中依然客观存在着一些问题有待解决，主要包括以下几个方面。

（一）旅游管理人才流失，从业人员服务意识淡薄

一方面，吉林省为加强旅游人才队伍建设，出台多项鼓励政策引进高层次高学历管理人才，但是支持力度不足，人才流失现象并没有得到有效缓解。例如，虽然将旅游人才纳入了专业技术职称评审范围，但对人才的补助补贴过少，高级职称每年给予3000元补贴，中级职称每年给予2000元补贴，初级职称每年给予1000元补贴，这对于人才而言并没有足够的吸引力，经济和旅游大省对于人才的重视程度更高，给予的政策倾斜力度更大，无论是薪资待遇还是社会保障方面吉林省都没有竞争优势。2010～2020年十年间，吉林省常住人口净流出346万人，成为人口流失第二大省，吉林省籍的高校学生毕业以后建设农村的意愿不强，吉林省在农村建设方面所提供的平台与机会难以吸引优秀管理人才扎根。此外，目前高校的旅游管理专业人才培养机制存在着问题，整体上高校并不注重旅游专业的人才培养，课程设置上也存在缺陷，校企合作较少，理论与实践结合并不密切，学生毕业后不能很好地适应单位的工作。

另一方面，旅游市场"黑车""黑导""黑社""黑店"等现象屡见不鲜，2017年黑龙江雪乡黑店宰客事件和黑车竞驶致死事件导致外界对于东北地区的旅游环境产生了巨大质疑，甚至有自媒体发布文章告诫人们旅游不要去东北这样的偏僻之地，社会舆论的压力对乡村旅游打击是致命的。究其原因，大部分乡村旅游从业人员为本地村民，受教育程度较低，人员素质参差不齐，缺少旅游管理的专业知识和服务意识，经营者为了逐利而置法律法规于不顾。此外，政府部门与行业机构缺少常态化的监管与培训，行业培训尚未规范化系统化，惩戒机制不足以对经营者产生威慑效应，经营者法律意识淡薄，整体素质有待提高。

（二）市场宣传推广方式单一，旅游品牌不具备优势

吉林省自然资源较为丰富，温带大陆性气候四季分明，白山松水是吉林省独特印记，民俗艺术等非物质文化遗产在历史的沉淀中熠熠生辉，散发着东北民间风情的独特魅力。吉林省固然拥有丰富的文化和自然资源，但是如今时代"酒香也怕巷子深"，没有引人入胜的宣传，没有多渠道的推广，绿水青山也转换不成金山银山。目前吉林省宣传推广渠道过于单一，没有让人耳目一新的广告策划，旅游信息的传播途径大多是通过传统媒体，如广播电台、电视广告、报纸期刊，宣传范围具有局限性，面向的人群多为省内消费者。所介绍的景点大多是已经被熟知的长白山天池、净月潭、吉林雾凇等老牌景点，乡村旅游由于缺少对乡村休闲、乡村观光、乡村度假等产品的宣传和市场推广，外界缺少对于吉林省乡村旅游的认知。同时，由于对东北文化宣传较少，外界对于东北的刻板印象根深蒂固，认为东北民风彪悍，东北人不易相处，服务态度差，农村地区环境恶劣，卫生安全建设差，农村旱厕脏，垃圾遍地，房屋破旧，村容村貌不整，导致吉林省乡村旅游没能成为消费者的首选目标。

吉林省乡村旅游资源过于分散，旅游品牌缺少特色，导致品牌效应较弱，东北地区乡村旅游产业发展之路类似，主打特色也无外乎农家院、钓鱼、采摘、休闲观光等，相对于主要竞争对手黑龙江省和辽宁省来说，吉林省旅游品牌并不具备优势，度假休闲没有辽宁省的优势，冰雪旅游、边境旅游没有黑龙江的优势：辽宁省具有临海优势，拥有因《乡村爱情》而被熟知的象牙山风景区；黑龙江省位于我国最北端，毗邻俄罗斯，拥有漠河北极村景区和大兴安岭自然风景区等符合黑龙江地理位置优势定位的特色景区。

（三）旅游产品同质化程度较高，行业整体缺乏创新性

吉林省乡村旅游产品种类丰富多样，但是同质化现象较为严重，产品特色不突出导致可替代性较大。一是由于旅游产品缺少文化内涵的支撑，难以

引起人们内心的猎奇心理，吉林省少数民族众多，民俗和民间艺术有着悠久的发展史，同时作为清朝发源地，历史文化也足够丰富，但是缺少对文化的深入挖掘，没有形成吉林省乡村文化和旅游的深度融合，若仅仅单纯以度假休闲与观光作为主题，游客有更多的选择空间，吉林省则不具备优势。二是特产开发不足，吉林省的大米、木耳、人参、鹿茸等纯天然土特产，松花石、农民画、草编、剪纸等工艺品的开发仍然处于初级阶段，特色不突出，市场替代品多，产品未经深加工，附加价值大打折扣。此外，没有足够的营销手段和营销渠道，档次较低，未得到市场认可，虽然产品质量高但是经济效益的转化率低。三是全省各地的乡村旅游内容类似，无外乎吃农家饭、住火炕、采摘等传统内容，形式单一，缺少精品高质量旅游路线和旅游主题，旅游内容没有创意和创新，导致缺少游客的回访，再次游玩的积极性不高，没有形成旅游产业的闭环。

（四）旅游产业数字化建设落后，缺少现代化的设计规划

随着数字经济在现代经济中的重要性不断加深，数字化已成为乡村旅游产业发展的必然趋势，但是目前吉林省乡村旅游产业数字化建设不足，数字化的应用能力较弱。首先，在管理方面依然以传统管理方式为主，虽然智慧旅游已经在逐步推广，但是吉林省乡村广布且分散，人员信息繁杂，对于数字管理没有足够的经验可借鉴，监管难度较大，难以实现动态化管理，导致管理成本较高而效率较低。其次，在游客体验方面，5G、大数据、物联网等技术广泛应用以及 VR 技术、人工智能技术、全息镜像技术成熟，打破了原有的空间和时间限制，如今对于旅游的定义已不仅限于二维空间，但是吉林省在利用数字资源实现旅游现代化的进程中稍显不足，旅游与科技融合程度不高，数字应用无法渗入旅游体验方面。

四　推动吉林省乡村旅游产业发展的措施

为解决吉林省乡村旅游产业存在的问题，巩固脱贫攻坚成果，全面实现

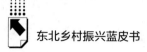
吉林省乡村振兴，引导旅游产业高质量发展，本文从以下几个角度提出相应的改进措施。

（一）完善人才队伍建设，提高从业者服务意识

为持续推进乡村振兴，发展乡村旅游产业，吸引旅游专业人才，加强乡村旅游管理建设，吉林省应完善人才引进激励机制，在职称评定、薪资待遇、社会保障、子女教育、住房补贴等方面给予人才保障；定期组织专家会谈，为进一步提高乡村旅游产业发展质量提供高层次平台，邀请省内外专家学者、政府相关部门、领头旅游企业、高校代表，商讨振兴乡村旅游产业的设计规划；政府应为回乡创业，投身乡村旅游事业发展的企业和个人提供金融信贷支持、税收优惠等政策；同时高校要积极承担社会责任，加快旅游管理专业建设，培养综合型旅游专业人才，加强校企合作，提高理论联系实际的能力，为毕业生提供更多就业岗位和机会，提高福利待遇和薪资水平。

旅游行业的乱象，实则是旅游行政管理部门没有尽职履责所引发的。客观来说，只要违法成本足够高，行业从业者以及经营者自然就会遵纪守法。一是需要监管部门通过常态化的监管来规范从业者和经营者的行为，提高执法部门的执法检查能力。二是旅游业协会要做好行业自律建设，加强对旅游行业从业人员的专业知识和技能培训，普及相关法律法规知识，提高其专业素质水平。三是提高旅游行业的准入门槛和标准，对于符合资质要求的经营者颁发经营许可证，从业者通过考试后颁发从业证书。四是相关行政部门对于投诉和举报要及时处理，对于违规经营者和从业者一经发现严肃处理，通报批评、顶格罚款并责令停业整改，严重者吊销从业资格证和经营许可证，以雷霆手段维护旅游消费者合法权益，树立良好形象，营造旅游市场健康环境。

（二）多渠道进行营销推广，寻找旅游品牌新亮点

首先，政府与企业应密切合作，聘请著名拍摄团队拍摄宣传片和精美图片，旨在突出吉林省乡村旅游特色，宣传吉林省乡村自然资源和人文风貌，

加大宣传片投放力度，在各大卫视、公交站与公交车、地铁站与地铁内播放。

其次，通过与微博、微信公众号等社交平台，抖音、快手等短视频平台合作进行广告推广；人气明星和网红在个人媒体平台进行宣传，利用名人效应和粉丝经济挖掘旅游消费新场景；邀请高人气综艺节目以省内乡村风景区和度假村作为取景地拍摄节目等方式提高吉林省乡村旅游产业的知名度。

最后，设立宣传专用社交和短视频媒体平台账号，专业团队进行内容设计和维护，通过录制小视频和上传图片进行日常宣传，展现吉林省美好自然风光和文化民俗活动，凸显吉林人民热情好客的性格特征，树立新时代吉林乡村良好村容村貌形象。

吉林省需要另辟蹊径，将乡村旅游品牌与黑龙江省和辽宁省区分开来，寻找适合吉林省农村旅游产业生根发芽的土壤。一是从旅游产品质量入手，经营者提供高品质衣食住行条件，倡导薄利多销原则，在保证产品质量的同时控制利润水平。二是从服务质量入手，既然产品本身特色不突出，那么就提高从业者和管理者服务水平，树立高品质服务的理念，以游客体验为服务宗旨，以高质量服务做大市场。通过口碑宣传，打造专属吉林省的乡村旅游特色品牌。

（三）突出旅游产品特色，通过创新引领行业发展

首先，吉林省需进一步发掘优秀乡村文化，对传统民俗和民间艺术的表现形式进行创新，将文化与旅游深度融合发展，以文化为载体，开展乡村旅游活动，建立特色文化产业基地，整合文化和旅游资源，打造吉林专属文化旅游产业链，培育特色民间工艺品产业，做好产品宣传工作，把优秀民俗文化和精美工艺品带进大众视野，走进现代人的生活。探索乡村旅游业态发展新模式，以回归原始自然为核心、以体验和参与为重点、以人文和艺术为表现形式，突出乡村旅游新功能，加快休闲度假、生态观光等传统业态形式的改造升级，依托政策、市场、产业、景区实现乡村旅游产业的可持续发展。

其次，鼓励农业企业和文化企业合作，深度开发农产品和工艺品，对产品进行深加工以提高产品附加值。此外，可以通过举办农博会的形式对商品

进行宣传，政府提供平台对接省内外的订单。

最后，改变乡村旅游粗放型经营方式，推进乡村旅游向精品化路线转变，加快培育不同类型的乡村旅游精品村、精品民宿、精品节庆、精品景点，支持游客的私人定制，不断创新乡村旅游内涵，扩展外延旅游方式，从而激发旅游市场活力。

（四）加快旅游产业数字化建设，推动旅游产业现代化进程

面对数字化建设不足的劣势，吉林省需加快搭建数字化管理平台进度，向乡村全域范围内展开，通过数字化管理完善乡村旅游产业治理体系，整合乡村旅游资源，将乡村范围内的从业人员、经营者、企业纳入管理平台系统，进行数字化处理，规范市场秩序，释放乡村旅游产业潜力。此外，数字化在沉浸式体验方面具备独特优势，加快科技与旅游产业的融合，引入先进科技设备，建设数字化旅游体验中心，借助虚拟现实、全息影像等技术手段呈现更加丰富的旅游产品、更加多样的互动体验，以游客的需求为服务宗旨，提供优质个性化服务，为乡村旅游产业赋予新的内涵和价值。

B.22
吉林省农旅融合发展问题研究

李茜燕 *

摘　要：　农业和旅游业融合发展作为乡村旅游的新业态，是推动农业农村发展的新动能，是实现乡村振兴的重要举措，也是新时期农业和旅游业转型升级发展的新方向。吉林省是农业大省，农业资源丰富多样，在全域旅游和产业融合背景下，吉林省农业与旅游业融合发展呈现出多业态、多元化发展态势。因此，应充分利用吉林省农业资源和旅游大发展的契机，从地域特色、利益分配机制、营销宣传、人才"引""育"等方面发力，推进吉林省农旅融合深度发展，使农旅融合成为促进吉林省农村产业结构升级、实现产业兴旺的重要手段。

关键词：　农旅融合　乡村振兴　产业融合　吉林省

　　农业的地域性和旅游产业的综合性，使二者具有天然的耦合性。农旅融合发展的结果不仅使农业的边界和价值不断拓展和提升，还丰富了旅游业态、延长了产业链条，同时也是解决"三农"问题、实现乡村振兴的重要举措。吉林省的农业资源和旅游资源都异常丰富，在产业融合和转型升级的背景下，如何找准农业和旅游业融合发展的契合点，将农业与旅游业多方位、全链条深度融合，是实现吉林省全面乡村振兴的关键所在。

＊ 李茜燕，长春光华学院教授，主要研究方向为旅游文化、旅游产业发展。

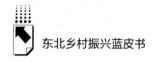

一 吉林省农旅融合发展现状

（一）农旅融合进入质量提升的新发展阶段

2006 年，吉林省政府印发了农业旅游发展的首个官方文件，即《关于发展乡村旅游的指导意见》。但在旅游实践中，农业和乡村旅游早已关联在一起，使得农业旅游成为农旅融合的最初形态。自 20 世纪 90 年代起，吉林省的农旅融合主要表现为简单的乡村观光游，旅游活动的内容主要是依托乡村自然风光而进行的郊游和观光游览活动，停留时间较短，重游概率也较小。这一时期乡村旅游基础设施和服务设施都极其不完善，旅游经营业主也都是以当地农民自主经营为主，比较典型的经营业态是以餐饮为主的农家乐。

随着乡村旅游的不断发展，吉林省旅游目的地数量急剧增加，农业和旅游业的边界都不断扩大，各要素的交叉和融合更加紧密和深入，真正意义上的农旅融合也随之产生，休闲农业游、生态农业游、观光农业游、田园综合体等形式相继出现。在乡村振兴战略的推动下，吉林省乡村旅游示范点、省级休闲农业示范企业等数量大幅度增加。

2018 年，随着"旅游+"融合发展理念的提出和全域旅游战略的实施推广，我国旅游业整体进入从高速增长向质量提升转变阶段。同年，吉林省文化和旅游厅发布了《大力推动乡村旅游发展的十七条政策措施》，其核心内容之一就是通过文旅融合，打造特色乡村旅游产品，强化标准的引领作用，探索特色乡村旅游发展模式，从农业和旅游要素融合的数量向融合的深度转变，更加注重旅游的文化内涵和旅游标准化，其实质是更加注重旅游质量的提升。农旅融合所产生的新产品、新业态、新市场以及新企业组织形式等更加多元。自此，吉林省农旅融合发展逐步迈向质量提升的新发展阶段。

（二）农旅融合发展的规模、效益仍处于中等发展水平

吉林省农业和旅游业融合发展虽经历了 30 年左右的时间，但从发展的

规模、效益、层次等方面综合来看，目前仍然处于中等发展水平。近两年来，吉林省大力发展乡村旅游，分级培育了一批精品村、精品民宿、精品线路。[①] 截至 2021 年底，吉林省共有星级乡村旅游示范点 254 个，全国乡村旅游重点村 33 个，全国乡村旅游重点镇 3 个，全国休闲农业重点县 2 个，中国美丽休闲乡村 45 个，吉林省休闲农业和乡村旅游星级示范企业（园区）81 家，乡村旅游及休闲农业企业近 4000 户，年接待旅游人次 4000 万，占年旅游接待人次的 19%，营业收入超 62 亿元，安排农民直接就业人数超 12 万人。2021 年，在经历新冠肺炎疫情之后，吉林省旅游接待人数恢复到 2019 年的 85% 以上，农旅融合发展也取得了显著的成绩：建设 11 个省级优质道地药材科技示范基地；5 个县市荣获 2021 中国最美县域，数量居全国第 1 位；出台支持人才服务乡村振兴政策措施，开展首批乡村振兴人才评选，授予乡村人才高级职称 300 人、初中级职称 1700 人；[②] 共有家庭农场 14.6 万户。2022 年，吉林省有 6 条旅游线路入选全国乡村旅游精品线路。但就农业旅游资源社会贡献率来看，吉林省远低于全国农业与乡村旅游发展较好的东部省份。

（三）农旅融合发展的经营业态趋于丰富多样

1. 休闲农庄类

休闲农庄类一般位于区位优势比较明显、交通便利的城市周边区域，以提供采摘、垂钓等休闲旅游活动内容为主，同时提供绿色有机农产品，并辅以餐饮、住宿、娱乐等服务。如圣鑫葡萄酒庄园、缘山湖农业园、龙井市万亩果园休闲农业园等。截至 2021 年底，吉林省共有休闲农庄、山庄 800 余个、农业采摘园 500 余个、农家乐 2500 余家。吉林市等 13 个市（县、区）被评为全国休闲农业与乡村旅游示范县。

---

① 韩俊：《吉林省政府工作报告》，2022 年 1 月。
② 中国科技发展战略研究小组、中国科学院大学中国创新创业管理研究中心：《中国区域创新能力评价报告（2021）》，科学技术文献出版社，2021。

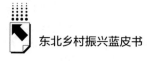

2. 农事体验类

农事体验类主要是应用当地丰富的农业资源，让游客在了解农业劳作和农耕文化的基础上，使用农业生产工具，亲自体验农业生产劳动和农产品加工制作，在体验和感受中领略农村乡土文化、享受劳动的快乐。同时，农事体验也是传承农耕文化的重要形式。目前，吉林省农事体验的具体形式以亲子类农事体验和家庭农院类居多。如长春宏禹农牧种植基地、德惠市宏瑞德休闲农业游专业合作社等。

3. 生态园区类

生态园区类是以自然生态为依托，以发展生态农业为主，同时增强农业的教育、观光、体验的功能，在此基础上为游客提供餐饮、住宿、娱乐等服务。从吉林省生态资源分布来看，东部和西部地区自然生态和农业生态资源丰富，因此生态园区主要集中在吉林省东部和西部。其中东部以森林、耕地生态园区为主，西部以草原、湿地、渔业、牧业生态区为主。吉林省目前有长白山、净月潭、六鼎山文化旅游区 3 个 5A 级生态旅游景区，4A 和 3A 级生态旅游区 40 余处。

4. 民俗风情类

民俗风情类主要是依托乡村特色的民俗，尤其是少数民族聚居地的民俗而设置的旅游区。吉林省是多民族省份，乡村民俗丰富多样，主要包括乡村的生活习俗、民间艺术、乡村节庆、乡村美食和乡村建筑。这种原汁原味的乡土气息和文化，是吸引旅游者来访的原动力。在吉林省入选的 45 个中国美丽休闲乡村中，就有以特色民俗风情著称的乡村，如龙井市光东朝鲜族民俗村等。

5. 田园综合体

田园综合体是 2017 年中央一号文件提出的乡村新型产业发展的路径之一，也是将农业、旅游业和田园社区融合发展的一种模式，其目的是"以旅兴农"，最终实现乡村振兴。这一模式一经提出，就受到吉林省委省政府的高度重视，2018 年发布的《中共吉林省委吉林省人民政府关于实施乡村振兴战略的意见》中指出，要加快培育农业农村发展新动能，推动农业现代化与城乡一体化互相促进，并选取 2 个田园综合体项目开展规划试点编制工作。2021 年 11 月，吉林市北大湖开发区被成功列入国家级田园综合体建设试点支持范围。此外，农安的陈家店、吉林的神农庄园、四平的北方巴厘岛等，都是吉林省"十四五"期间重点建设的田园综合体。

二 吉林省农旅融合发展存在的问题

（一）农旅融合发展的层次偏低

1. 农旅融合主要处于自发耦合状态

吉林省拥有丰富的农业生态资源，旅游业也逐渐从过去的边缘产业转为吉林省支柱性产业之一。但从吉林省农旅融合发展的历程来看，真正可称为农旅融合的不过 10 年左右的时间。这段时间，尽管吉林省农旅融合发展的速度较快、辐射面也较广，但从总体来看，农旅融合的效益和社会贡献率不高。这其中最重要的原因之一就是农旅融合的耦合度较低，农业和旅游业这两个系统和所包含的要素之间的相互作用、相互影响的程度较低，而且这种作用和影响主要靠农业和旅游业间的天然联系而产生，也就是两系统及要素自发耦合，使农业和旅游业的融合呈现出二者简单相加的较低发展层次。

2. 农旅融合产品文化特征凸显不足

吉林省是农业大省，不仅拥有丰富的农业资源，还拥有深厚的文化底蕴。吉林省的文化是农耕文化、渔猎文化、游牧文化相结合的物质文化，同时，吉林省也是多民族的省份，拥有丰富多样的少数民族民俗文化，这些文化相互交织、融合，形成独具吉林特色的本土文化，是吉林省农业和旅游业融合发展的重要支撑，也是吉林省农业和旅游业融合发展中凸显文化特色的关键。然而，在实际发展中，这些文化资源的挖掘和利用明显不足。现有的农旅融合产品主要依赖于自然农业资源和旅游服务而形成，在形式上以农家乐、采摘园、垂钓园等各种休闲农庄为主，忽略了本土文化在旅游产品以及

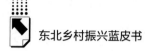

旅游商品中的融入。虽然在目前吉林省农旅融合的产品中有依托乡村特色民俗而形成的产品，但基本都在少数民族聚居地，而且绝大多数以少数民族饮食的形式表现出来，实际上就是少数民族的农家乐。总之，吉林省现有的农旅融合产品文化性、体验性、创新性明显不足，本土文化挖掘深度也不够，这直接影响了吉林省农旅融合的深层次发展。

（二）农旅融合主体作用不突出

1. 农旅融合中农民参与度不高

农业是农旅融合的基础性产业，农民是农业的主要从事者，是农旅融合的重要主体之一。农旅融合发展中，农民参与的积极性和参与度至关重要，直接影响农旅融合发展的成效。吉林省是传统的农业大省，农业人口占比达37.3%，尽管该比例有所降低，但仍高于全国农村人口比例1.2个百分点。目前，吉林省农旅融合发展产业规模不断扩大，农旅融合发展的业态不断丰富，农旅融合发展的区域覆盖面也越来越广，但真正参与到这些产业中的农民的数量却不多，究其原因主要有两个：一是农民受教育程度普遍较低，农民思想保守、小农意识较强，对农旅融合发展理解不到位，不敢冒险，沉于眼前安逸的生活状态；二是随着城镇化程度的提高，常年居住在农村的人口普遍以老年和儿童居多，与农旅融合发展所需的从业人员要求相距甚远。这两个原因直接导致农民参与农旅融合的程度较低，出现农旅融合"产业热、农民冷"的现象。

2. 农民专业合作社自主经营能力较差

农民专业合作社是新型农业经营主体的重要组成部分，也是农旅融合的主体之一。农民专业合作社是由农民自愿加入、民主管理的互助性经济组织，其最典型的特点就是农民既是合作社成员，也是服务对象，充分体现组织的互助功能。自2019年3月《吉林省农民专业合作社条例》颁布以来，规范和新建了大量农民专业合作社，并鼓励农民加入合作社。截至2020年，吉林省共有农民专业合作社8.5万家，农户入户率为39.4%。但就实际经营情况来看，吉林省大部分农民专业合作社还处于农产品初级生产和加工阶段，缺乏合理的规划和规范性的管理，合作社管理者多具有丰富的农业生产经验，但经营管理能力极度匮乏，尤其是利用新技术、新手段进行产品开发和市场推广时，更显得捉襟见肘，导致合作社产品销售和推广受限，市场竞争力缺乏，不仅增加合作社经营风险，而且直接影响合作社的效益和社员的信心。

3. 龙头企业带动能力有限

在农旅融合发展过程中，龙头企业在资金、技术以及市场推广方面都具有很大优势，并成为当地农旅融合发展的领头军。目前吉林省共有农旅企业近 4000 户、家庭农场 14.6 万户，但绝大多数都属于中小规模，综合竞争力较弱，辐射带动能力有限。2021 年，吉林省有 9 家企业入选农业产业化国家级重点龙头企业，但遗憾的是这 9 家新晋国家级的企业，涉及农旅融合的并不多。因此，这种国家级重点龙头企业对农旅融合发展的带动能力非常有限。

（三）农旅融合营销宣传力度不够

1. 宣传推广乏力

吉林省农业资源和农业产品都很丰富，绿色、有机、地理标志农产品认证数量达 1382 个，但广为人知的却很少，至于将这些农产品与旅游融合，成为旅游产品的一部分就更鲜为人知了。这说明吉林省在宣传推广上还不到位，依然恪守"酒香不怕巷子深"的传统营销理念，缺乏有针对性的宣传推广方案，在宣传资金上也存在严重的投入不足的问题。另外，在宣传推广方式上，没有针对目标市场的多样性和个性化，采用多样的宣传推广方式，在各种自媒体、新媒体广泛应用的背景下，仍然采用传统的靠游客口碑宣传和广告宣传，导致宣传速度慢、受众面狭小、维持时间短。尽管在某些区域也利用各类网站进行宣传，但力度还不够，而且这些网站多数都属于第三方，而不是自建网站，导致信息更新慢、特色不明显、版面受限制等问题。宣传推广力度不足，直接导致吉林省农旅产品的知名度和影响力不高。

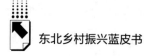

2.营销手段不精准

农旅融合产品的需求市场基本上是城市居民，从年龄结构上看，主要以45岁以下的人群为主，包括亲子游、研学游、家庭微度假游及单位团建等。因此，针对这些客户群体要进行市场细分，针对不同的细分市场采用不同的营销手段。尽管营销手段不同，但城市居民的共同特点就是离不开网络，因此应该充分运用互联网和新媒体进行营销，尤其是新媒体中目前使用量最大、老少皆宜的抖音、小红书等，要充分利用其流量优势，精心设计营销方案，做到精准营销。

（四）高层次专业人才不足

2018年中央一号文件提出，实施乡村振兴战略必须破解人才瓶颈制约，把人力资本开发放在首要位置，造就更多乡土人才，聚天下人才而用之。[①]可见，人才是产业发展的重要支撑。随着农业和旅游业的不断融合发展，对人才的需求也不断增加，不仅需要创新型专业人才进行农业旅游资源开发，也需要经营管理型人才进行规划和管理。目前，吉林省在农旅融合发展上还存在很大的人才缺口，致使吉林省农旅融合高质量发展以及深度融合缺乏智力支持，农旅融合发展的内生力不足。

1.经营管理人才不足

农旅融合发展必须以市场为导向，深度调研旅游消费者的需求，形成以满足消费者需求为核心、以当地农业资源为依托、以当地农旅项目为特色、以提高游客体验度和满意度为终极目标的经营理念。为此，需要大量懂规划、懂营销、懂产品开发创意、懂整合包装、懂市场运营等方面知识的高层次经营人才。但事实上，目前吉林省农旅企业的经营主体以农民专业合作社和农民为主，由于受自身专业素质和对旅游发展新事物的认知能力有限的影响，企业经营方式落后，经营能力明显不足。另外，从对企业的管理上看，同样存在着缺乏现代管理理念、不懂管理、不会管理的问题，致使在企业成

---

① 《中共中央 国务院关于实施乡村振兴战略的意见》，《人民日报》2018年2月5日。

员中形成亲族连带关系，在管理上更多靠的是威望和关系，而不是科学的方法。农旅企业专业性管理人才流入有限，产品开发、市场营销、资产运作等方面专业性人才缺失，导致农旅企业管理水平提升与农旅融合高速发展不匹配，整体软服务升格存在瓶颈。

2. 专业服务人才不足

农旅项目的服务人员多为当地长期从事农业生产的农民或其他领域的人员，且以中老年人居多。这部分人因受教育程度普遍较低，对旅游活动认识不够，不了解新型旅游消费需求，因此普遍缺乏服务意识。在服务技能上，虽然服务人员经过短期的培训，但服务流程不规范，没有专业人员对他们的服务质量进行监督和指导，标准化服务缺失，很多服务完全靠服务人员自悟，凭自己的理解和习惯提供旅游服务，致使旅游者体验感欠佳。

3. 高端创新性人才不足

农旅融合发展既是产业融合背景下旅游发展的新方式，也是乡村社会经济发展的重要方式。农旅融合发展不能停留在农业和旅游业的简单相加，不能重复过去的简单的农业观光，而是要将农业和旅游业的多种要素交叉融合，形成 1+1>2 的产业融合效果。因此，农旅融合要不断创新，包括理念创新、产品创新、营销创新、旅游者体验创新等。这就需要既有旅游专业知识，又有农业背景的高端复合型人才来进行农旅项目设计开发和营销推广，但就目前吉林省农旅融合发展的情况来看，这种高端的创新性人才非常缺乏，致使农旅项目缺乏特色，同质化严重，市场狭小。

三 吉林省农旅融合发展的对策

（一）突出地域特色，提升农旅融合发展的层次和水平

1. 强化保障，推动农旅深度融合

农旅融合是通过农业各要素和旅游各要素的深度耦合及协调发展而呈现出的新业态，这种新的业态的发展，需要各方予以保障，其中最重要的是来

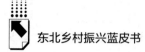

自政策、组织和资金方面的保障，这是推动农业和旅游业深度融合的强劲动力。

第一，政策保障。农旅融合作为跨界融合而产生的新业态，其发展规模、融合发展的深度及广度等都离不开政策的保障。此外，由于跨界融合，涉及的部门及要素非常多，如土地、税收、环境、基础设施建设、配套设施建设、社会资本招募及启动等。因此，政府在制定政策的时候，要全面考虑参与农旅融合的各个要素、各个部门间的分工与合作，协调他们在融合发展中的关系，充分发挥各自的优势和作用，使农旅融合发展效益最大化。

第二，组织保障。无论是旅游业还是农业，其发展都不可能完全靠企业和农户自发地遵守相关的行业或产业规定而获得发展，农旅融合发展同样如此。为了确保农旅融合快速、高效、规范化发展，必须建有相关的组织机构，对其发展及生产经营行为进行监督和指导，以便及时发现并解决其发展过程中出现的问题。这种组织机构或隶属于吉林省农业农村厅，或隶属于吉林省文化旅游厅，或成立半官方半民间的农旅协会组织，其宗旨就是促使农旅融合更好地发展。

第三，资金保障。为了确保农旅项目按期投放市场，确保农旅融合有序发展，政府要有计划地每年投入一定数量的资金，确保用于农旅项目的开发或农旅设施建设，并将这笔投入列入吉林省政府项目投资规划。同时，政府可制定优惠的政策，广泛吸收社会资本投资农旅项目，扩大招商引资渠道，加大对农旅融合项目的信贷支持力度，鼓励各类投资公司做好农旅融合项目的资金担保服务。

2. 充分挖掘地域文化，打造特色农旅项目

地域特色文化是体现产品品位和价值的关键要素，是打造具有垄断性、排他性农旅项目和产品的根源，也是实现农旅融合可持续发展的不竭动力。吉林省的本土文化尽管丰富多样，但都是紧紧围绕"白山松水"而产生的，这就使得吉林省的本土文化有着浓郁的地域特色。因此，吉林省在农旅融合发展中，应将独具特色的采参文化、放排文化、渔猎文化、移民文化、冰雪

文化、非遗柳编文化、剪纸文化、木版年画等融入农旅项目和产品的开发设计，打造独具特色的农旅项目，提高游客参与性和体验度。

（二）构建利益分配机制，提升经营主体的引领带动能力

1. 加强对农民的引导和教育，激发自主参与的积极性

要大力宣传农旅融合发展的方式和发展效果，着重讲清农旅融合发展带给农民的切身利益，并通过切实有效的帮扶活动，让农民真正看到农旅融合发展带来的红利，从而提高农民对农旅融合发展的认识，转变以往的小农意识和惰性思想，激发农民主动融入农旅融合产业发展的积极性，树立以农旅融合发展实现脱贫致富的信念。

2. 提高农旅融合经营主体的创新能力，增强辐射效应

农旅融合主体的创新能力是农旅产业可持续发展的不竭动力，不同的经营主体，其创新能力要求也不同。首先，对于农民主体来说，其既是农旅融合的主要受益者，也是农旅融合的经营者。因此，对农民这类主体的创新能力要求，主要侧重于思想观念的创新，即必须转变过去的小农思想和"等靠要"的观念，主动求变，积极参加学习和培训，不断提升自己的知识水平和业务能力，争做现代新农人，在农旅融合发展中发挥主体作用。其次，对于农民专业合作社主体来说，其尽管是一个互助性经济组织，但规模却远大于农民个体主体，在农旅融合发展中应该发挥更大的作用。对其创新能力要求，主要侧重于市场开拓、宣传推广方面，要协调好合作社成员与企业之间的利益关系，帮助合作社成员实现利益诉求，带领合作社成员共同致富。最后，对于龙头企业主体来说，主要是依靠市场开拓实力、资金实力、技术实力等方面的优势，创新农旅开发思路，创新农旅产品类型，打造农旅品牌，提高市场竞争力，充分发挥龙头企业的引领和带动作用，带领更多的经营主体或农户汇入农旅融合发展的大潮，在全面乡村振兴中发挥应有的作用。

3. 建立合理的利益分配机制，完善利益联结机制

无论哪种形式的经营主体，农民都是农旅融合发展中重要的利益主体。

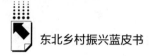

为此，必须建立一套科学合理的利益分配机制，尊重农民的主体地位，确保农民在农旅融合中的既得利益。可以采取"公司+农户""合作社+农户""村集体+合作社+企业+农户"等模式，可以让农户入股，年底依据入股份额获取分红和多次返利，也可以不入股，以工资或出租各类设施等形式获取一定的报酬，不断完善利益联结机制，确保农民在农旅融合发展中真正受益和持久受益。

（三）加大营销宣传力度，提升知名度和影响力

1.加大宣传力度，丰富宣传手段

首先，在思想上重视宣传，摒弃"酒香不怕巷子深"的传统观念，充分认识宣传的作用，积极进行宣传推广。其次，充分利用各种宣传手段和工具进行宣传，除了广播、电视、报纸等传统的传播媒介外，要充分利用互联网时代网络传播和新媒体传播的优势进行宣传，尤其是被广泛应用的自媒体等，应该成为农旅融合发展宣传的重要方式之一。最后，借助各种会议、活动进行宣传推广。比如，可以利用吉林省比较有名的雪博会、东北亚投资贸易博览会、农博会、长春电影节、雾凇冰雪节、通化人参节等宣传推广吉林省特色农旅项目，以此提升吉林省农旅项目的知名度和影响力。

2.创新营销方式，拓展营销渠道

随着互联网的普及和高速发展，利用互联网进行营销已成为当下营销活动的主流，尤其是在新冠疫情的影响下，旅游业转型发展的方向之一就是改变传统的营销方式，实行"线上+线下"营销的方式，不断拓展营销渠道。目前，随着"数字吉林"建设的不断推进，吉林省基础设施网络建设更加完善，全省已建成5G基站近9000个，使吉林省农村与城市间的网络连接越来越便利，通过"线上+线下"多路径结合的方式展现吉林省农旅融合项目成为农旅企业重要的营销方式。同时，可以借助第三方平台以及抖音、快手、短视频、微博、公众号等新兴时尚媒体，采用B2B、B2C、C2C等电子商务模式进行营销，使营销渠道多样化。

3. 以消费者为导向，进行精准营销

农旅融合产品的设计和生产，必须以消费者的需求为导向，不断优化产品的内容，力争为消费者提供适销对路的产品。而农旅产品的主要消费者是城市居民，他们在消费过程中广泛应用社交媒体。为此，农旅企业要充分利用大数据，对目标消费者的年龄、兴趣、爱好、消费习惯、消费能力和水平等信息进行收集和分析，从而将目标消费者群体进行细分，针对每一个细分市场的特点进行精准营销，从而避免营销的盲目性，提高营销成功率。

（四）加大专业人才的培养和引进力度，提升农旅融合发展内生力

1. 加强对村民的教育培训，提升村民整体素质

农村村民是乡村振兴战略的出发点和落脚点，也是农旅融合发展中重要的经营主体和受益者，在农旅融合发展的各个阶段、各个层面都发挥着重要作用。因此，农旅融合人才培养的首要任务就是提高村民对农旅融合发展的认知和自身素质。

首先，大力宣传农旅融合的发展意义和发展形式，宣讲国家乡村振兴战略关于农业与旅游业融合发展的相关内容，摆明农旅融合发展带给村民的利益，转变村民观念，提高村民对旅游的认识，引导村民积极参与农旅项目开发与经营。

其次，加强业务技能培训，提高村民业务能力和水平。可由当地政府或村委会牵头，定期聘请农旅专家对村民进行业务培训，包括最基本的一线服务规范、服务标准和服务技能，也包括小型经营主体的经营管理技能，通过培训规范村民的业务操作，提升村民的业务素质和服务能力。

最后，成立村一级的农旅融合发展讲习所，吸纳本村在农旅融合发展中表现突出的村民，不定期进行交流、经验分享，在全村形成村民自我组织、自主学习、共同提高的氛围，同时，讲习所的村民以其切身经历说服和带动其他村民投入农旅融合发展，扩大农旅融合发展规模。

2. 建立和完善人才培育和引进机制，打造高质量人才队伍

首先，建立和完善内部人才培养机制。通过专家培训、村民自学和农旅

融合发展讲习所，提升村民的业务素养和业务能力，在此基础上可以聘请专门机构对表现优异的村民进行考核，考核通过则可晋升为业务能手或管理者，并给予一定的津贴待遇，在完成自己的本职工作外，负责对其他村民进行培训。这样在村民内部不断循环选拔，以达到提升村民整体素质和能力的目的。

其次，建立和完善外部引人机制，吸引高质量人才加入。政府部门应该制定相应的政策，通过发放创业基金、信贷免息、税收减免、人才补贴、住房补贴、子女教育补贴等多种方式，吸引更多的高质量人才到乡村创业，汇入吉林省农旅融合发展大潮，以他们的学识、能力和创新思维，为吉林省农旅融合发展提供智力支持，提高吉林省农旅融合发展规划的整体性、科学性和农旅企业的经营管理水平。

最后，加强农旅企业和高等学校合作，联合培养高素质专业人才。高等学校是人才培养的主阵地，农旅企业要积极与高校合作，共同制定人才培养方案，根据农旅融合发展的要求，设置相关课程和教学内容。农旅企业可以接受高校学生和教师到企业进行实习，通过实习检验理论教学内容的先进性及与实践操作的符合度；同时，企业也可以在实习生中挑选优秀者，作为专业人才引进企业，提升企业专业人才的数量和质量。

总之，吉林省农业和旅游业融合发展，扩大了农业生产和旅游活动的可能性边界，是突破农业资源环境约束、全面实施乡村振兴战略的有力抓手和重要推动力。①农旅融合发展，不仅有利于增加吉林省农民的收入、促进农业和旅游业转型发展，也有利于丰富吉林省旅游业态和旅游活动内容。农旅融合已成为吉林省乡村社会经济发展的重要方式和乡村全面振兴的助推器。

---

① 黄祖辉：《改革开放四十年：中国农业产业组织的变革与前瞻》，《农业经济问题》2018 年第 11 期。

参考文献

［1］韩俊：《吉林省政府工作报告》，2022 年 1 月。

［2］中国科技发展战略研究小组、中国科学院大学中国创新创业管理研究中心：《中国区域创新能力评价报告（2021）》，科学技术文献出版社，2021。

［3］《吉林省委　吉林省人民政府关于实施乡村振兴战略的意见》，2018 年 2 月。

［4］李茜燕：《吉林省本土文化的保护与旅游开发》，《吉林省经济管理干部学院学报》2013 年第 6 期。

［5］《中共中央　国务院关于实施乡村振兴战略的意见》，《人民日报》2018 年 2 月 5 日。

［6］黄祖辉：《改革开放四十年：中国农业产业组织的变革与前瞻》，《农业经济问题》2018 年第 11 期。

乡村振兴案例篇
Rural Revitalization Case Reports

B.23
黑龙江省兰西县农业生产托管调查研究

赵　勤[*]

摘　要： 农业生产托管是引导小农户和现代农业发展有机衔接的有效路径。黑龙江省兰西县在农业生产托管上进行了积极探索，形成了农民合作社托管、村集体经济组织托管、能人整合资源托管、农资企业跨界托管、农业产业化企业托管、家庭农场灵活托管六种主要模式。农业生产托管，推进了土地规模经营，提高了现代农业生产水平，增加了各利益主体收入，分散了农业生产经营风险，增强了集体经济组织活力，为其他地区农业规模经营提供了有益借鉴。完善农业生产托管，要注重培育优化服务主体，延伸托管服务领域，不断加强规范化建设，做好宣传培训和典型示范，完善政策与加强监管。

关键词： 农业生产托管　土地规模经营　家庭农场　兰西县

---

* 赵勤，黑龙江省社会科学院农业和农村发展研究所所长、研究员，主要从事农业经济理论与政策、农村区域发展研究。

黑龙江省人均耕地面积明显高于全国平均水平，但一家一户的小生产仍然占相当比重，成为制约粮食增产、农民增收、产业提升的主要障碍。面对这些问题，黑龙江省绥化市兰西县通过探索实践，形成了农业生产托管的"兰西模式"。农业生产托管是农户等经营主体在不流转土地经营权的条件下，将农业生产中的耕、种、防、收等全部或部分作业环节委托给农业生产性服务组织完成的农业经营方式。[①] 兰西县通过农业生产托管这种社会化服务模式，把小农生产引入现代农业发展轨道，为解决好"谁来种地、如何种好地"蹚出了一条新路。

一　兰西县农业生产托管的由来与特点

兰西县是传统农业县，地处松嫩平原东南部，是黑龙江省会哈尔滨市的卫星城，是哈大绥一体化发展的重要节点城市，也是"全国产粮大县""全国生猪调出大县""中国东北民猪之乡""全国（蔬菜）绿色高产高效创建示范县""国家农业绿色发展先行区"。全县耕地面积262万亩，其中新型经营主体经营面积123万亩、小农户经营面积139万亩，农作物以玉米、水稻、大豆等品种为主；总人口31万人，其中农业人口约20万人。

（一）由来

家庭联产承包责任制极大地解放和发展了生产力，解决了农民的温饱问题，但一家一户经营规模小的问题始终没有得到很好的解决。特别是随着工业化、城镇化进程的加快，农业生产发展遇到了新的瓶颈。

1. "谁来种地"的问题越来越严峻

从兰西县农业从业人员结构看，"50后"的农业劳动力已经很少了，"60后""70后"是农业生产的主力军，"80后""90后""00后"绝大部分都离乡进城，农业生产人口老龄化问题已经很严重，面临着"谁来种地"

---

① 参见《农业部办公厅关于大力推进农业生产托管的指导意见》（农办经〔2017〕19号）。

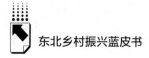
的难题。

2. "怎样种地"的问题越来越突出

一家一户的经营模式，耕地是碎片的，大机械用不上，科学种田也经常跟不上，农民在农资购买、农产品销售时也缺少谈判、议价能力，农业生产规模小、成本高、效益低的劣势集中显现。

3. 规模经营面临新的瓶颈问题

近些年应运而生的家庭农场、农业合作社等新型经营主体如雨后春笋般快速发展，在规模经营的过程中发挥了重要作用，但土地流转成本高、资金占用大、各种风险过于集中，农业生产的瓶颈问题也日益凸显。

4. 重"分"轻"统"问题未能解决

我国"统分结合，双层经营"的实践结果是"分"的积极性充分体现了，农民的温饱问题迎刃而解，但农村集体经济实力弱，"统"的功能发挥不够，一家一户的经营方式如何"适应市场经济、规模经济，始终没有得到很好的解决"①。

5. 保护黑土耕地迫在眉睫

由于长期过度垦殖、重用轻养、大水大肥及农化用品过量施用，东北黑土耕地沙化、盐碱化、水土流失、地力退化等问题较为严重，已经到了非治理不可的地步。黑土地保护事关国家粮食安全和生态安全这两个"国之大者"，是东北地区农业可持续发展面临的一大难题。统筹好粮食安全、农民增收和黑土地保护利用之间的关系，亟须农业生产经营方式创新。

自2017年起，兰西县农民从亲戚邻里小规模代耕、新型农业经营主体适度规模代耕中汲取灵感和经验，将原来的代耕代收不规范不稳定的生产关系转变为农业生产托管服务模式，在不流转土地经营权的条件下，一些小农户与合作社等服务组织签订托管合同，由服务组织代其进行农业生产，产出的粮食仍是归农民所有。这种农业生产托管，既节省了生产费用，又提高了

---

① 参见2013年3月8日习近平总书记在参加十二届全国人大一次会议江苏代表团审议时的讲话。

产出效益，一些农户尝到了甜头，也带动了更多农户参与其中。兰西县农业生产托管发展很快，到 2021 年底，全县全程托管面积达到 41.3 万亩，占土地面积的 16.5%。

（二）特点

调研发现，兰西农业生产托管主要有五个特点。

一是在不改变土地所有权、承包权、经营权的前提下，丰富了双层经营体制中"统"的内涵，创造了新的实现形式，破解了"谁来种地""如何种地"的现实难题。

二是通过专业化、规模化的农业社会化服务，调整建立新型的生产关系，实现农业生产经营方式的变革，促进了小农户与现代农业发展的有机衔接。

三是通过农业服务规模经营，发挥大机械优势，推广先进技术，保护好黑土地这一"耕地中的大熊猫"，真正做到了"藏粮于地、藏粮于技"。

四是在坚持和稳定家庭经营的基础上，进一步解放了劳动力、发展了生产力，为农业改革和发展"第二次飞跃"提供了基层实践。

五是托管服务组织无须较大资金投入，减轻了成本负担和风险压力，对可能出现的自然灾害和市场风险，则通过大灾险、互助金、粮食银行、期货等来化解，有效分散了农业生产经营风险。

以 2020 年玉米种植为例，农业生产全程托管生产亩均成本为 330 元，比农户自种每亩节约 50 元；农业生产托管亩均产量为 1300 斤，比农户自种增产 150 斤，比土地流转增产 100 斤；农业生产托管亩均收益为 970 元，比农户自种增加 200 元，比土地流转增加 570 元。实践证明，在农户自种、土地流转、生产托管三种经营方式中，生产托管的生产成本最低、亩均产量最高、农民纯收益最高。

二　兰西县农业生产托管的主要模式

从托管服务主体来看，兰西县农业生产托管主要形成了六种典型模式。

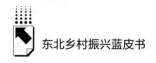

（一）农民合作社托管模式

农民合作社托管是兰西农业生产托管中最为典型的方式。2021 年，全县共有 59 个农民合作社参与农业生产托管服务，托管面积达到 54.9 万亩，占托管总面积的 78%。农民合作社特别是一些农机合作社能够有效整合农机、人才、土地资源，规避过去由流转土地经营带来的集中风险。2012 年成立的伟河农机合作社，总投资达到 2210 万元，拥有农机具 113 台套、烘干粮食设备 2 套，烘干能力为 600 吨/天，合作社自成立以来一直致力于玉米规模化种植。2018 年，伟河农机合作社开展了农业生产托管服务，2020 年全程托管面积达到 5.8 万亩，单环节托管面积达到 1.5 万亩，2021 年全程托管达到 6 万亩。与农户自耕相比，托管户亩均增产 150~200 斤，亩均增收 150 元左右，合作社托管服务亩均利润约为 30 元，年实现增收 150 余万元。此外，伟河农机合作社还利用自身仓储和烘干能力，优先收购托管农户粮食，发挥了"粮食银行"的作用。

（二）村集体经济组织托管模式

村集体经济组织有着先天的组织、引导、宣传优势，能更加方便地把农民土地集中起来，发展规模经营，服务收益还能壮大村集体经济。兰西是国家级贫困县，远大镇双太村是全县 2 个深度贫困村之一。2019 年，双太村书记欧阳双铁带领村级股份经济合作社开展农业生产托管服务，吸收 318 户村民入股，全程托管大豆 10380 亩。2020 年，全程托管面积达到 1.15 万亩，2021 年达到 1.24 万亩。托管比自种亩均多收入 130 元，比流转亩均多收入 315 元。村集体年均托管收入 20 万元，加上政策补助达到 70 万元；年释放劳动力 527 人，使其在外出务工的同时又保证自身土地收入，村集体和农户实现共赢增收。

（三）能人整合资源托管模式

一些乡贤、能人作为托管服务主体，通过市场化运作，有效整合农机、生资、人才、土地等资源，规避了过去因流转土地规模经营带来的集中风险。2015年，从兰西县兰河乡走出去的杜亚东，回乡成立瑞丰玉米种植合作社，小规模流转土地。2017年，用良好的个人威望和合理的联结机制，杜亚东将农户手中的耕地、合作社和种田大户的农机具、乡村的经纪人和种田能手整合到一起，为8000多亩耕地提供全程托管。2018年托管面积扩大到1.3万亩，2019年突破9万亩。2021年，合作社已经整合大型农机具230台（套）、农机手114人，拥有经纪人123人；托管服务范围涉及6个乡镇、15个村、100多个屯，托管面积达到10万亩以上，其中70%的为小农户。从实践看，无论是粮食产量还是质量都高于或好于农户自种，合作社年实现增收180万元左右。

（四）农资企业跨界托管模式

农资企业跨界提供托管服务，是兰西县托管主体出现的一个新变化。兰西县远大镇胜利村的王国庆，2007年就开始经营农资商店，每年利润约10万元。2016年7月，王国庆与他人联合创办了丰庆玉米种植合作社，共同经营1100余亩土地。2017年，合作社又流转了1000亩土地，一共经营2100亩土地。因土地流转投入大（约80万元），加上自然灾害损失，合作社2017年仅盈利6万元。2018年，合作社开始转型从事农业生产托管服务，当年托管面积为1600亩，实现托管利润4.8万元。2021年，合作社在玉米托管的基础上，扩展大豆托管，托管总面积达到1.33万亩，托管利润达40万元，托管服务费利润约40万元，加上每亩成本结余35元、托管补贴76元，全年实现利润180余万元。

（五）农业产业化企业托管模式

农业产业化企业是托管服务中最具引领和创新能力的服务主体，其通过产、加、销一体化生产，进一步延伸了托管服务产业链条，促进了一二三产业融合发展。上吉大丰和农业食品公司2017年在兰西落户，是一家集种植、加工和销售于一体的速冻玉米生产企业。公司依托大丰和等3家合作社，与

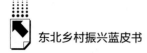

农民签订单，通过"龙头企业+合作社+农户"方式，为上百个农户提供托管服务。2020年，农户与合作社签订了1.3万亩种植订单，由公司提供种子、化肥和技术，合作社进行统一经营。按成品穗0.70元/穗、非成品穗400元/吨、秸秆70元/亩计算，农户亩均收入达到2090元，扣除费用，亩均纯收入达1745元，比种植传统玉米每亩多收入570元。此外，公司年用工800多人，人均收入1.8万元。

（六）家庭农场灵活托管模式

家庭农场是农业生产托管服务组织的重要组成部分。2018年，兰西县奋斗镇先锋村种田能手李志静投资480万元，注册登记了"志达家庭农场"。农场共有拖拉机5台、喷药机1台、灭茬机2台、免耕机2台，仓储、库房600平方米，主要从事玉米种植。2020年，在自种的同时，李志静在周边干起了生产托管，自种870亩，纯收入40万元，托管纯收入13万元，总计收入53万元。2021年，志达家庭农场托管服务农户扩大到110户，作业面积达7612亩，其中全程托管1396亩，单程或多环节托管6216亩。

三 兰西县农业生产托管取得的主要成效

在农户自发托管服务出现后，经过省、市、县、乡（镇）多层面实践探索，兰西县形成了相对规范、规模较大、农户广泛接受的农业生产托管模式。兰西农业生产托管一定程度上解决了"谁来种地""如何种地"的问题，即在不改变土地承包经营权的前提下，把一家一户做不好、做不了的环节交给托管服务组织，实行规模化、专业化、机械化、标准化作业，有效促进了生产要素的合理配置，提高了农业生产经营水平和产出效益，推进了小农户与现代农业的有机衔接。从实践看，兰西县农业生产托管取得了五方面成效。

（一）推进了土地规模经营

调研发现，兰西县土地规模经营有两次标志性的突破。一次是2010年左右推行农民合作社，土地经营规模面积从几百亩到上万亩不等。但1万亩是个"临界点"，土地流转费用一般的地块需要500万~600万元，好的地块需要700万~800万元，水田还要再高一些。第二次是在生产托管中体现出来的。农业生产托管让那些不愿种地、不会种地的农民逐渐退出农业生产，把土地交给专业服务组织经营，而托管服务组织不需要支付土地流转费用，能够以较小的成本扩大经营规模，推进了土地集中连片，形成了服务型的适度规模经营。很多服务主体的服务面积在两三年内从几百亩迅速扩大到2万~3万亩并稳定下来，一些发展快的服务主体做到了5万~6万亩，最典型的是瑞丰玉米种植合作社，4年时间从1.3万亩发展到10万亩以上。到2021年，兰西县从事农业生产托管服务的组织发展到42个，平均经营规模超过1万亩。

（二）提高了现代农业生产水平

机械化是规模经营最主要的支撑。农业生产托管服务组织在更大范围整合分散的机械力量，形成配套的"作战单元"，提高了机械利用效率。2017年以来，兰西全县新增大型农机具283台（套），主要都是托管组织购置的。农业生产托管服务组织在生产上普遍推广了优选良种、免耕、碎混还田、测土配方施肥、统防统治植保等科学种植技术，加强良种、良法、良机结合，农产品质量更好，产出效益更高。据兰西县经管站测算，托管地块亩均增产在15%以上。农业托管服务组织通过"生产托管+"的形式，将农业产前、产中、产后紧密衔接，推动农业经营组织化，解决了一家一户小生产与农业规模化、标准化、品牌化的矛盾，实现了农业全产业链上下游融合，从根本上推进了农业产业化。此外，兰西县推行农事一体化服务改革，开发农业生产托管服务平台，推出专门针对农业托管线上签约设计软件"裕农宝"App，农户通过手机注册，就可以在线上签订服务合同、交托管费。同时，积极组织服务主体与中化MAP服务中心等大型农资企业线上对接，有效解决了农资调配、储运问题，大大提高了生产服务效率。

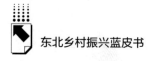

（三）增加了各利益主体收入

农业生产托管使耕地、人才、机械、技术、金融等生产要素进行了重新配置，在不增加投入的情况下，有效节约了人力、物力等成本，提高作业效率和产出水平，合作各方实现了互利多赢。根据 2020 年的数据测算，通过农业生产托管，农户每亩增收在 180 元左右，其中每亩提产增收超过 100 元，每亩节本增收在 70 元左右；托管服务组织通过科学经营，每亩实现利润在 30 元左右；经纪人、农机手通过为托管服务组织提供服务，也获得了合理的报酬；部分农户从土地里解放出来，通过外出务工或发展养殖、庭院经济等途径实现多元增收；金融部门则通过为托管组织提供资金支持，繁荣了金融市场。

（四）分散了农业生产经营风险

兰西创造的"生产托管+农村金融+农业保险+粮食银行"全程托管服务模式，有效地分散了农户生产经营风险，多维度保障了农民收益。一是"三重防护"降自然风险。兰西创造性地建立了"政策性基本保险+政策性大灾保险+互助基金"三重保障体系。政策性基本保险，农户交 4 元/亩保费，中央省县补助 16 元/亩保费，绝产赔付 250 元；大灾保险，农户交 10 元/亩保费，中央省县补助 40 元/亩保费，绝产赔付 670 元/亩；农业风险互助基金，农户缴纳 5 元/亩，县里补助 25 元/亩，绝产时以当年平均产量的 90% 为基数，在大灾险赔付的基础上，补助剩余金额。二是监管体系防道德风险。兰西明确了农村经管部门的监管职责，通过建立服务组织名录审核制度、规范托管服务合同文本、设立托管费专门账户授权支付、验收环节多方现场签字等举措，加强对托管服务全过程监管，防范可能发生的道德风险。由于监管有力，几年来全县托管业务没有发生大的纠纷。三是"粮食银行"减市场风险。兰西积极引导农事企业探索"粮食银行"业务，农户与企业签订存储协议，在秋收后直接把粮食运到存储企业，领取存粮凭证，按照市场价格，农户随时兑现时价粮款。"粮食银行"有效规避了粮价变动带来的市场风险，也在一定程度上缓解了农户储粮难题和企业粮源不足、采购资金短缺的问题。

（五）增强了集体经济组织的活力

兰西县探索"村党组织+股份合作社+农户"的生产托管模式，由村党组织牵头，由村集体经济组织把一家一户的"零碎田"集中到一起形成"规模田"，由村级组织统一生产经营，收取服务费或托管费，为增加集体经济组织收入开辟了新门路，为解决村级集体经济组织弱化、空壳化问题提供了一种可行方案。2019年以来，兰西县共13个村开展了村集体经济组织生产托管服务，托管面积从3200亩到12400亩不等，托管服务费收入最少的每年7万元，最多的23万元；获取托管补助最少的16.8万元，最多的57.5万元。农业生产托管使村集体"统"的功能得到加强，使党在基层的凝聚力、战斗力不断增强。

四 进一步完善农业生产托管的对策建议

农业生产托管是对家庭联产承包制度的完善，与当前生产力发展水平相适应，具有较强的生命力，是小农户与现代农业有机衔接的一种有效方式。从兰西的实践看，农业生产托管还存在托管主体实力不强、标准化作业程度还不够、培肥地力的积极性不高，农户参与托管的稳定性、持续性还不足等问题。未来，进一步完善农业生产托管服务，要重点解决好五个问题。

（一）培育优化服务主体

托管服务组织，可以是种田大户、村合作经济组织、专业合作社，也可以是农业服务企业。要着眼于具体农情乡情，按照主体多元、形式多样、服务专业、竞争充分的原则，加快培育各类服务组织。加强分类指导，因地制宜选择适合本行业、本地区的组织形式和经营模式，充分发挥不同服务主体的优势和功能。综合采用政府购买服务、以奖代补等方式，加大对农村集体

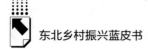
经济组织、农民合作社、龙头企业、专业服务公司的支持力度，推动设施农业用地、农机购置补贴、金融保险等政策落实，保障服务主体的发展需求。强化职业农民队伍建设，加快种田能手培养，要立足于现有农民群体，更要广泛吸纳和培养大中专毕业生和其他行业的优秀人才。要探索开展职业农民准入试点，加大培训力度，为符合标准的农民颁发职业农民证书。

（二）延伸托管服务领域

增强服务能力、提高服务水平是农业生产托管服务的生命力之所在。各地要尽快构建与农业生产托管相适应的农业社会化服务体系，为农业生产托管提供更多社会化服务。加强引导推动托管服务逐步由玉米、大豆、水稻等粮食作物向果蔬、中草药、食用菌等经济作物、特色产业拓展；从种植业向养殖业等领域推进；从产中作业环节向产前、产后等环节，特别是要完善金融保险等服务领域，开展全产业链托管服务。要建立农业大数据服务调度平台，通过"平台经济"模式，将农户以及农资、农机、技术、销售情况等大数据都集合到平台中去，实现更大范围内要素资源的有效整合、充分流动和科学配置。要探索农业服务产业链全覆盖，逐步向土地"全托"方向发展，向"粮食银行""期货+保险"等销售端服务延伸。

（三）不断加强规范化建设

要紧紧围绕服务规范化建设这个中心，全面推进服务质量、服务价格、服务主体信用等行业管理制度建设。加快推进服务标准化建设，要以县级为基础，由县级主管部门会同有关部门、服务组织、行业协会等研究制定符合当地实际的服务标准和规范。鼓励有条件的服务企业探索制定高于行业标准的企业标准。加强服务价格指导，引导服务组织合理确定各作业服务环节价格。一方面要积极培育和引入更多的市场主体，鼓励充分竞争，形成合理价格；另一方面积极协调相关职能部门加强对服务价格的指导和监督，防止个别服务组织形成价格垄断，发生价格欺诈，切实保障农户利益。加强服务合同监管，推广标准合同样本和服务规范，约定合同双方的责任义务，明确合同的格式、服务项目、质量、价格、付款方式、效果评价、违约责任等内容，要加强对服务组织与农户签订合同的指导，积极发挥合同监管在规范服务行为、确保服务质量、维护双方权益等方面的作用。

（四）做好宣传培训和典型示范

要提高对农业生产托管的认识，广泛开展宣传发动，通过典型示范、政策解读、现身说法、算账对比，让更多农民了解农业生产托管的运作模式，实实在在地看到农业生产托管带来的好处，逐步打消顾虑，积极主动参与进来。要充分尊重农民意愿，切忌行政命令，搞一刀切。要进一步创新宣传形式，充分发挥新兴媒体和传统媒体作用，广泛宣传各地好经验、好做法，重点宣传一批可学可看可复制的典型案例，充分调动服务主体和广大农户的积极性，充分发挥典型示范引领作用。同时，也应该看到，生产托管是新生事物，存在许多优点，也必然存在一些不足和问题。要举一反三，查缺补漏，防范生产托管大面积推广过程中出现系统风险。

（五）完善政策与加强监管

针对农业生产托管涉及的相关问题，打好政策"组合拳"，强化服务规范与监管。一方面，政策的制定要紧紧围绕农业基础设施建设、村集体农机购置配备、合作社农机具更新换代、金融保险支持、农技指导服务等方面进行。金融机构要加大金融服务创新，多开发与农业生产托管相配套的金融产品。要加大对保险的支持力度，对托管工作开展较好的地区，优先开展完全成本保险、收入保险试点，并推进保险提标扩面，开展大豆种植成本保险，增加财政补贴比例。另一方面，要推进省市县三级托管服务组织名录库建设，建立并完善托管服务组织风险评估体系。加强托管服务价格指导和合同管理。规范农业生产托管基金，积极引入第三方监管，推动"农业大数据+生产托管"综合服务平台建设。

B.24
蛟河市乡村振兴发展问题研究

隋 鑫[*]

摘 要： 党的十九大报告指出，农业农村农民问题是关系国计民生的根本性问题，必须始终把解决好"三农"问题作为全党工作的重中之重，实施乡村振兴战略。蛟河市作为地理位置优越、物产丰富、环境优越的县城，同样要承担起乡村振兴的重任，全面深化"三农"领域的改革创新，国家长吉图开发开放先导区战略的深入实施，造就了蛟河良好的区位优势。当前全面推进乡村振兴需要破解如下现实难题：乡村产业附加值有待提高、农村基础设施相对薄弱、农民缺少主观能动性等。最后进一步提出推进蛟河市乡村振兴高质量发展的基本建议：结合特色产业强化产业链发展，完善乡村水利与交通基础建设，创新实现农民主体地位的乡村治理机制。

关键词： 乡村振兴 乡村治理 农特产品 蛟河市

2021年，中央农村工作会议在北京召开，会议以习近平新时代中国特色社会主义思想为指导，全面贯彻党的十九大和十九届历次全会精神，贯彻落实中央经济工作会议精神，研究部署2022年"三农"工作，[①] 其中包括保障初级产品供给、促进县域内城乡融合发展、推动农村人居环境整治。

结合目前蛟河市已取得的成果、粮食生产和特色农业发展现状，面对粮

---

* 隋鑫，长春光华学院管理学院讲师，主要研究方向为企业管理。
① 《做好"三农"工作，确保稳产保供》，《中国畜牧业》2022年第2期。

食生产农资价格上调、种粮收益下降等严峻挑战，蛟河市不断创新种植模式，推进农特产品深加工，打造食用菌等特色农业产业，从技术引进、品牌打造、市场开拓、农资供应、基础设施等方面加大对农业生产的支持，做大做强乡村特色产业，美化乡村人居环境，倡导乡村文明新风尚，创新乡村治理机制，提高农民生活水平，探索出一条农业大县全面推进乡村振兴的创新实践道路。

一　蛟河市乡村发展现状

蛟河市（县级市）是吉林市的外五县之一，位于吉林省东部、长白山西麓、松花湖畔，属于长吉图开发、开放先导区的中间节点之一，全域面积6429平方公里，下辖8个镇、2个乡、7个街道以及2个省级开发区。辖区总耕地面积11.3万公顷。

蛟河市先后获得中国优秀旅游城市、全国文化先进市、全国科普示范市、全国食用菌优秀基地十强市、国家电子商务进农村综合示范县、全国休闲农业与乡村旅游示范县和全国中医药先进县等十余项国家级荣誉称号。

（一）农业生产和特色农业发展现状

1.农业生产和特色农业概述

2021年蛟河市地区生产总值实现102.1亿元，同比增长7.1%。其中，第一产业增加值28.2亿元，同比增长6.9%，第二产业增加值22.3亿元，同比增长4%，第三产业增加值51.6亿元，同比增长8.5%。三次产业结构比为27.7∶21.8∶50.5。地方级财政收入实现4.3亿元，同比增长15.7%；固定资产投资实现18.9亿元，同比增长15%；城镇和农村常住居民人均可支配收入分别实现27194元、17339元，同比分别增长6.5%、7%。

2021年蛟河市全年粮食种植面积105691.3公顷，比上年增长0.2%。

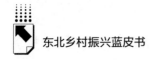

其中，水稻种植面积 11436 公顷，增长 21.6%；玉米种植面积 83596 公顷，增长 1.3%；大豆种植面积 9512 公顷，下降 21.2%。

2021 年蛟河市全年粮食产量 65.6 万吨，比上年增长 5.3%，其中，水稻产量 8.9 万吨，增长 25.9%；玉米产量 53.3 万吨，增长 3.7%；大豆产量 2.9 万吨，下降 5.6%。

2021 年蛟河市猪存栏 13 万头，出栏 20.9 万头；牛存栏 11.8 万头，出栏 6 万头；羊存栏 0.6 万只，出栏 0.4 万只。猪肉产量 18740 吨，牛肉产量 10145 吨，羊肉产量 51 吨，禽肉产量 8172 吨，禽蛋产量 2242 吨，牛奶产量 72 吨。

蛟河市依托资源和区位优势，打造了黑木耳、灵芝、黏玉米、中药材、晒烟、洋菇娘、三瓜、棚膜蔬菜、蓝莓、山野菜等十大特色产业六大功能区。2021 年全市黑木耳、黏玉米、晒烟分别发展到 10 亿袋、9000 公顷、1500 公顷。

2. 农业生产和特色农业经验

为把资源优势转化为产业优势，蛟河市人民政府以发展农业产品作为促进特色农业做精做强的重要抓手，积极实施农业品牌化发展战略，提升特色农产品品质，带动特色农产品走出国门。坚持做精第一产业、壮大第二产业、繁荣第三产业，国家级黑木耳、省级烟叶特优区、"黄松甸灵芝" 3 个地理标志证明商标成功获批，特色产业产值年均增长 3.5%；市长公益直播带货等活动拉动农产品上行成效显著，外贸进出口国家数量、商品种类实现翻番。

（二）生态宜居和特色旅游发展现状

1. 精简细管，治理农户基建

蛟河市积极推行农户庭院整治工作，基础设施能够做到提档升级，城乡面貌做到焕然一新。城乡建设步伐加快。截至 2021 年，八家子等 8 片 4657 户居民实施棚改，3.82 万户 "无籍房" 妥善解决；民主路等 51 条道路改建提标，4775 平方米人行道、6047 平方米道路坑槽得到及时修补；新站镇等

8 个乡镇政府所在地基础设施整体提升，新农街巴虎村等 86 个美丽乡村成功创建；243 处农村供水保障工程建成投用，农村自来水普及率达到95.4%；新改建农村公路 501.9 公里、危桥 124 座，127 个行政村 13.5 万人出行更加便捷通畅。

2. 科学治理，防治农业污染

秸秆焚烧是影响大气污染的主要原因，围绕秸秆燃烧的治理，采用深入禁止燃烧秸秆，以及严格控制含氨类气体的排放，通过秸秆发电等手段进一步提升秸秆综合利用的能力，加强秸秆禁烧控制、农业源氨排放控制，强化畜禽养殖业氨排放的综合控制。

农药、化肥的过量使用已经成为蛟河市乡村环境污染的主要原因之一。为了达到化肥农药使用的减量与增效、畜禽粪污资源化利用，加强科学测土配方选择适宜肥料，将有机废弃物转化为再利用资源。通过对农业污染源进行调研，强化农田回收灌溉用水、退水水质监测。强化农田回收体系建设，强化畜禽养殖污染的预防，使农业表面污染得到有效的控制。通过一系列巩固提升环境质量的行动方案，确保蛟河市主要农作物化肥、农药使用量维持在科学合理水平，化肥、农药利用率稳定达到 40% 以上。结合新型农民培训、科技入户等，开展进村入户技术指导。[1]

3. 管制结合，治理河道污染

针对河道管理，积极采取河长制，聚焦"一条主线"，扛牢治河责任，各个乡镇街借助召开乡村两级河长会议，落实好河长制责任，深入落实"河长+河道警长+检察长+法院院长"协作机制。紧扣河道污染防治和水环境综合治理两个重点，落实治河任务，促进河长制与"七边"环境卫生治理相结合、河长制与防汛工作相结合、河长制与生态治理相结合，提升治河成效，努力打造"河畅、水清、岸绿、景美"的水生态。使用自有设备疏浚河道 38 公里，三河两岸休闲景观带初具雏形。

---

[1] 《吉林省人民政府办公厅关于印发吉林省空气、水环境、土壤环境质量巩固提升三个行动方案的通知》，2021 年 2 月 24 日。

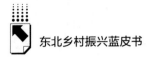

4. 因地制宜，发展特色旅游

蛟河市坚持全景化、全产业、全维度，成功创建了全国休闲农业和乡村旅游示范县，富江村被评为全国乡村旅游的主要村，将发展乡村旅游作为推动全域旅游、实现乡村振兴的重要支撑。先后建设了幽芳谷等乡村旅游项目12 个，祥颐山庄等 3 家企业被评为省 4A 级乡村旅游经营单位。庆岭冰酒小镇、天岗花岗岩小镇先后入选省级特色产业小镇创建名单。苏尔哈渔猎文化、金兰湾全国美术基地 2 个特色小镇计划年内建成迎客。环松花湖相继建设了西小荒地、富江花海、祥颐山庄、爱林渔港等精品民宿，沿五道河、七道河、窝集口相继发展农家乐 40 多家，与长白山旅游圈、长吉都市旅游圈合作，积极融入"长吉两市—长白山"区域大旅游圈。持续打造窝集口梨花节、富江花海河灯节、庆岭活鱼美食节、苏尔哈冬捕节等系列旅游节庆活动，形成全季旅游的格局。

（三）党建引领乡风文明建设现状

蛟河市发挥党组织的引领作用，加强乡村干部队伍教育培训管理，使其对加强乡村治理、维护乡村文明建设起到带头作用。以前进乡为例，为盘活集体资产，发展壮大村集体经济，前进乡认真部署开展农村集体"三资"清理行动。一是强化组织领导，成立由乡党政主要领导任组长的"三资"管理专项整治工作领导小组，根据各村实际情况，研究制定"一村一策"管理方案。二是针对问题整改，按照"党建引领，对症下药"的工作原则，本着"一户一办法、同类一标准"的态度，针对清收中梳理的重点问题，找准根源，分类指导。三是及时调度工作，采取动态监控机制，隔天一调度，及时准确把握各村状况。截至 2021 年底，全乡 126 名党员干部带头公布了使用集体资产公示情况，全乡 17 个村集体经济全部完成"破五"目标，10 万元以上村达到 3 个。

强化阵地建设，积极培育乡村文化，积极创新活动载体。开展综合文化服务中心和文体广场建设，增设运动器材和图书，居民文化设施条件得到显著改善。注重发挥文化能人、文艺骨干的积极作用，丰富群众的文化生活。

利用各种节庆日尤其是民族传统节日，组织举办文艺演出、书画大赛等系列活动，用健康文明而又多姿多彩的文化活动丰富群众业余生活。①

（四）产业融合促进农民收入提高

1. 地方经济与农民收入保持增长

2021年蛟河市地区生产总值增速不低于省和吉林市水平，全市地区生产总值实现102.1亿元，同比增长7.1%；地方级财政收入实现4.3亿元，同比增长15.7%；固定资产投资实现18.9亿元，同比增长15%；城镇和农村常住居民人均可支配收入分别实现27194元、17339元，分别增长6.5%、7.0%。

2. 三产融合提高就业人数

提档升级兴三产。以创建国家全域旅游示范区为契机，引进有实力的企业升级改造拉法山、红叶岭等现有景区，加快建设富江花海等旅游项目，深度开发窝集口采摘等乡村资源，精心包装一批研学、亲子、康养等差异化旅游产品；高质量办好第二十届红叶旅游节，持续擦亮"红叶之城·魅力蛟河"名片，2021年接待游客70万人次，实现收入4亿元，与疫情前的2019年相比分别增长13.5%、53.8%。开展消费回补活动，实施"互联网+"行动，鼓励商贸企业全面触网，支持松花湖酒业等企业打造"老字号"网上品牌；积极与长春光华学院合作培训电商实用人才，不断加大网红人才和商品培育力度；全年新培育2户限上商贸企业、3户外贸备案企业，外贸进出口总额实现2270万美元，同比增长3%；社会消费品零售总额实现32.1亿元，同比增长5%。新开办早夜市7处，带动就业5000余人。

蛟河市将以肉牛养殖为主的畜牧业作为农业结构调整和农民致富增收的革命性工程来抓，深入实施肉牛分户饲养和规模养殖双轮驱动；力促农业生产向现代化跃升，加快农村一二三产业融合发展，做强叫响黄松甸黑木耳、灵芝、拉法黏玉米等地域特色品牌；围绕"自然八景""人文八景"，推动

---

① 《蛟河市民主街多措并举丰富群众文化生活》，吉林市人民政府网，http://www.jlcity.gov.cn/yw/xsyw/201903/t20190321_550851.html。

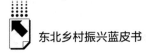

"旅游+"跨界融合发展，努力培育"春夏秋冬皆可游，五彩缤纷不胜收"的全域旅游新格局，进而促进农民就业。

截至 2021 年末，近五年蛟河市城镇新增就业 3.3 万人次，转移农村劳动力 45.4 万人次，蛟河市获评省级农民工返乡创业示范县、全国农村创新创业典型县。

二　蛟河市乡村振兴面临的现实问题

乡村振兴是一场持久的攻坚战，经过近五年的努力与发展，蛟河市的乡村振兴发展取得了一定的成绩，但也要清醒地看到，与全面振兴相比，依然存在不少问题，如乡村产业附加值有待提高，农村基础设施相对薄弱，农民缺少主观能动性等。在进入乡村振兴发展阶段，蛟河市要在新的起点上，继续深化改革，破解发展中的难题，努力推进乡村振兴工作再上一个新台阶。

（一）乡村产业附加值有待提高

1. 市场流通不健全

基于特殊区位，蛟河市打造了黑木耳、灵芝、黏玉米、中药材、晒烟、洋菇娘、三瓜、棚膜蔬菜、蓝莓、山野菜等十大特色产业。由于特色产业均为农产品，且农特产品种类丰富，除了个别产品可以采用烘干加工处理进行后续运输，大多数产品属于生鲜类，对冷链运输具有较高的要求。通过走访调查，蛟河市物流企业以"四通一达"快递企业以及德邦物流、货运站大宗物流组成。不过这些企业冷链物流成本较高，并且规模不足以大规模地将蛟河市的生鲜农特产品运输到国内外，导致蛟河市特色农产品市场范围受到一定限制，不利于打开国内和国际市场。

2. 加工行业不成熟

近年来，蛟河市的第一产业无论是从质上还是量上都有了较大幅度的提高，但是全市与第一产业相关的第二、第三产业企业数量、规模与消化能力等都不足。蛟河市的黑木耳发展到 10 亿袋，灵芝发展到 100 万段，但是目前全市只引进 5 家深加工企业，其余为小规模农户自主加工，缺少标准化与品质化，深加工产品不多，产品附加值不高。黏玉米现代农业产业园，种植面积增加到 9500 公顷，不过多以农村合作社形式发展，缺少黏玉米深加工企业的引进与合作，黏玉米深加工产品较少。新建 2 个千头牛场、8 个百头牛场，肉牛饲养量达到 19.3 万头，生牛数量多，但是缺少肉类食品加工厂。晒烟达到 1000 公顷，但是缺少烟草加工企业。虽有相关政策扶持，但深加工企业也因受资金周转、市场开拓等问题所困扰，难以进行三产融合。

3. 新型技术难推广

蛟河市木耳及菌类等农特产业发展受种植户文化水平、传统意识、种养分散等影响，对新型的种养技术往往难以接受，难以实现技术更新落地，并且在木耳等菌类农产品深加工领域存在技术落后等现状，还停留在烘干、包装等最初级的技术层面，缺少全自动化、深度加工的技术引入，导致农特产品附加值低、产品同质化高、质量参差不齐等问题。

（二）农村基础设施相对薄弱

蛟河市属于农业大市和产量大市，主导产业的特殊性使得蛟河市的税收来源有限，地方财政支出主要依靠上级财政转移支付。由于地方财力有限，加上农村集体经济较为薄弱，乡村基础设施绝大多数依靠上级财政转移支付来建设和维护，很大程度上制约了乡村基础设施的提档升级。

1. 农田基础设施薄弱

突出表现在农田水利设施方面，例如前进乡八里堡村因部分河段河堤太低，每年雨水稍大一点，就会淹没两岸几百亩农田，涉及几十户村民，损失很大。每当汛期来临，降水偏多，有可能发生洪涝灾害。农民自发组织维修加固河堤，但这种行为不被政府认可，且政府并没有将该段河堤的维修纳入相关计划。

农田水利基础建设项目具有跨地区的特殊性，村镇之间难以协调边界间的水利问题，不能形成合力，并且村镇中用于水利修缮的资金相对不足，大部分投资用于大型农业水利基础设施项目，对小型项目建设补助较少，资金

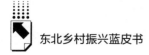

不足。同时，地方政府相关资金使用具有严格规则，资金的使用压力也日趋增大，从而导致乡镇农田水利基础建设相对落后与薄弱。

2.乡村交通基础设施建设和维护难

乡村道路周边乱堆乱放现象突出。大部分农村道路受到资金限制，设计建设标准低下，宽度多为 3.5~4 米，原本供车辆通行就不宽余，沿线很多村民又都形成了一种不良的习惯，随意在道路的两侧路肩或路面上堆放建筑材料、柴草、垃圾，或任意在公路上打粮晒粮，从而严重阻碍了车辆的正常行驶，形成交通安全隐患。

乡村道路工程建设技术监督与管理存在不足，并且缺少后续服务规划。对于农村水泥道路建设工程技术指导不够充分，没有实施全过程监督与管理，乡村道路质量堪忧。交通工程建设过程尚不规范，缺乏可行性，只凭乡镇申报资料的审批，导致部分工程审批后存在困难，项目变更。乡村路养护资金短缺，损失路未及时修理。农村路养护人员的功能不明显，无法确保道路的完整率。

（三）农民缺少主观能动性

农民主观能动性的发挥有利于彻底调动农民的积极性，也有利于推动农民开拓创新。但是在实际中，由于受到农民自身情况、个人素质与认识的限制，在建设新农村的过程中，农民的主观能动性也受到了影响，主要存在"等、靠、要"现象和农民参与度不高的情况。

目前，部分乡镇农民家庭收入的主要来源是外出务工或经商，越来越多的年轻人不再从事农业劳动，真正从事农业劳动的人口数量逐年减少，而且务农人员年龄普遍增高，缺少高文化、高素质的农村从业人员，部分农村耕地存在严重的丢荒现象。或者外出务工农民将土地租赁给合作社，形成集体经营，农民只负责以务工的形式进行粮食种植，农民对修缮集体所属的农田水利工程积极性较低，农田水利建设大多是被动进行，存在"等、靠、要"的现象，等待政府的水利维修项目以及拨款，导致水利维护落后。

三　蛟河市乡村振兴发展的对策建议

（一）结合特色产业强化产业链发展

以蛟河市黑木耳、黏玉米、山野菜、旱烟等农特产品为主导，加快产业结构调整，提高综合生产能力，推动特色产业由增量向提质增效转化，聚焦实施优品种、高品质、名品牌、标准化的行动，着力打造高质量农特产品的产业集群。

1. 加强技术研发推广

为了更好地发展蛟河市农特产业，必须着力运用现代技术，实现特色农业高质量发展。一是大力推进木耳、黏玉米、山野菜等产品的品种培育。加强农业部门和科研机构的紧密合作，加强高档优质的农特产品品种的示范筛选工作，借鉴五常大米经验，培育适合蛟河市专有的品种，从源头提高农特产品的价值。加强县域、企业与高等院校、科研机构的合作，加快农特产品的培育，解决产品低质化等问题。同时多举措推广优良品种，加大农机具补贴力度，引进农特产品深加工企业落户产地源头，打通加工"最后一公里"的难题。采取政府采购、订单式生产等模式，运用电子商务、跨境电子商务等手段帮助蛟河市的农特产品走出蛟河，走向世界。二是加大农特产品种养技术推广力度，与高等学校、科研机构进行公益性的技能提升培训，提升农户的种植技术与先进的营销理念。借鉴电商村、电商小镇等成功模式，打造与本土农特产品相结合的电商乡镇，形成以点带面的乡镇联动机制，提升整体效能。

2. 推动产业融合升级

在激烈的市场竞争中，只有不断地推动产业融合升级才能不断地占领制高点，高质量发展才能有根本保障。要通过以下手段推动一二三产业融合升级。第一，通过扶持本地企业发展促进三产融合。加大对黑尊食品等农特产品加工企业的扶持力度，进一步强化上下游产业链，提高产品核心竞争力，运用线上线下销售渠道拓展国内外市场。发挥龙头企业销售主体和带动作用，增强企业对黑木耳和其他农特产品的深加工能力与销售能力。支持并鼓励名优特农产品进商超、进电商、进展会。第二，做好项目引进促进一二三产业融合。通过招商引资，引进冷链加工、餐饮连锁企业和保健品生产等初、深加工项目，提高产品附加值，解决本地企业少、消化能力弱、产出高峰季节谷贱伤农问题。第三，完善主导产业环保设施促进一二三产业融合。推广提质减量策略，提高种养技术水平，提升黑木耳、黏玉米等农特产品的品质。扶持有条件的示范基地、专业合作社、种养大户带头建设农业基础设施，改善水利集中处理系统。通过奖补政策等，鼓励同一区域内的种养散户串联成片，形成规模效应。

3. 强化品牌建设管理

农特产品品牌化、乡村旅游品牌化能够帮助当地促进经济发展，助推农村基础建设，同时还能够加快农村产业结构调整的步伐。第一，蛟河市具有良好的农特产品与丰富的旅游资源，可以通过强化品牌意识，打造具有蛟河市特色的农特产品品牌和旅游品牌。在政府层面，应注重品牌建设的投资，加大扶持力度，从全局上进行合理的科学规划，促进蛟河市品牌的可持续发展。第二，突出蛟河市农特产品和旅游品牌的形象。设计并建立品牌形象，首先就要对品牌形象进行设计。品牌形象设计包括品牌名称设计、品牌标志设计以及品牌文化内涵设计。这些内容可以和高校视觉艺术专业的专家教授进行合作。这些内容能够较为直接地吸引消费者的关注，便于在网络上传播，形成品牌效应。第三，加强对农特产品和旅游品牌的宣传与管理，通过宣传加强消费者对品牌的忠诚度。[①] 在进行品牌设计时要不断挖掘品牌特色和文化内涵，将蛟河市具有的红色经典符号融入品牌设计，通过官方的媒体与自媒体进行宣传，加强品牌的传播度，培养消费者对蛟河市品牌的忠诚度，从而树立良好的乡村形象。同时要对品牌进行综合管理，实现品牌的可持续发展。要做好品牌的保护工作，不仅保护商标品牌的独创性，也要保护原产地的生态环境以及文化资源，避免资源浪费、过度开发、品牌被抢注等

---

① 王文丽：《乡村旅游品牌建设研究》，《合作经济与科技》2021 年第 23 期。

情况的发生。要做到对品牌传统的延续与创新，结合时事热点将品牌融入消费者喜闻乐见的热点事件，形成宣传的协同效应。

（二）完善乡村水利与交通基础建设

1. 完善乡村水利基础建设

第一，要加强对项目建设的参与，以保证把事情办好。要明确公众参与的阶段和主要内容，要加强公众听证、公告、群众监督等，以保证公众参与的标准化和程序。要加强对工程建设的监督，保证企业的设计与质量。实行多方监督，确保工程建设符合设计和质量要求。第二，要根据同一工程区，利用土地平整、灌溉与排水、农田保护和生态维持等多种建设方式，保证建设后的农田数量、产量、生态、景观均达到合适的标准。第三，要突出建管并重，保证在建设过程中有效地维持工程质量和施工效果。多措并举把好工程质量关，按照"谁受益、谁管护"的原则，明确管护主体、管护责任和管护义务，保证长期稳定使用。

2. 完善乡村交通基础建设

第一，完善农村道路建设标准与奖补机制。建议根据当前建设标准要求，对乡村道路建设投入标准进行测算，统筹建立县级农村道路建设奖补机制，不让乡村因修路负债。同时，要加强联系对接，避免多部门重复施工的问题。第二，完善道路交通建设规划实施细则。根据道路交通建设的需求，按照先急后缓的原则，完善五年实施规划，逐步实施乡村道路通畅工程，保障群众出行安全。第三，完善农村道路交通管理服务机制。建立完善综合服务协调机制，增强乡村公路管理力量，完善项目管理、日常执法、巡查巡检、治超监管等制度，发挥智慧交通作用，确保农村道路长效管理机制落到实处，提高农村四好公路率。第四，重视农村道路养护工作，建立完善养护资金投入机制，争取落实农村道路维修经费，积极推行预防性养护、机械化养护，提高日常小修保养质量和效率，解决乡村道路小修小补经费不足、前修后毁的问题。[①]

---

① 王雪松：《基于多标准耦合下的寒冷地区乡村绿色住宅设计策略研究》，硕士学位论文，大连理工大学，2020。

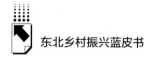

（三）创新实现农民主体地位的乡村治理机制

1. 推进自身建设的政府标杆

在实施乡村振兴项目的过程中，政府要积极发挥引领作用，运用高效的行政手段，带领村民投入乡村振兴项目。加强乡村基层党组织和自治组织建设，推动村级党组织、村民自治组织将工作延伸到基层。实现农民在乡村振兴中的主体地位，保证农民的知情权和监督权。

2. 创新乡村治理的运行机制

坚决贯彻落实习近平总书记的重要论述和重要指示精神，把抓好环境保护工作作为树牢"四个意识"、做到"两个维护"的重要标尺，作为担当作为、履职尽责的生动实践，作为产业转型升级、高质量发展的重大机遇，身体力行、真抓实干，为子孙后代留下天蓝、地绿、水清的美丽家园。坚持精准治污、科学治污、依法治污，让生态美、环境好成为蛟河人民高品质生活的"标配"。严格落实责任，构建源头严防、过程严管、后果严惩、损害赔偿的生态环境保护体系。运用大数据、区块链、互联网等技术手段，不断创新村级信息公开平台，确保农民对村镇投资项目的监督权和知情权。

3. 提高农民乡村振兴的积极性

乡村振兴必须从观念上进行革命和改变。只有农民自愿主动参与到乡村振兴中来，才能使农民的主动性和积极性得到最大程度的发挥。要从政策制订和执行中最大程度地引导农民，从思想上解放对农民的约束，打消农民对乡村振兴战略实施的顾虑。在实施乡村振兴战略的过程中，需要包括原材料和资金在内的大量前期准备，可是大多数农民往往会对这些条件感到陌生，觉得实施乡村振兴战略离现实还很远，离自己也很远。因此，需要在实施乡村振兴战略的过程中，尽可能地满足农民实施乡村振兴战略前期的基础性条件，比如交通基础设施、水电、通信、资金、技术等。这些条件的保障，可以为农民积极参与乡村振兴战略实施解决前期困难，让农民能够参与乡村振兴战略的实施。

参考文献

［1］《做好"三农"工作，确保稳产保供》，《中国畜牧业》2022年第2期。

［2］《吉林省人民政府办公厅关于印发吉林省空气、水环境、土壤环境质量巩固提升三个行动方案的通知》，2021年2月24日。

［3］《蛟河市民主街多措并举丰富群众文化生活》，吉林市人民政府网，http：//www.jlcity.gov.cn/yw/xsyw/201903/t20190321_ 550851.html。

［4］王文丽：《乡村旅游品牌建设研究》，《合作经济与科技》2021年第23期。

［5］王雪松：《基于多标准耦合下的寒冷地区乡村绿色住宅设计策略研究》，硕士学位论文，大连理工大学，2020。

B.25
长白山池南区乡村振兴发展报告

冯月萍*

摘　要： 长白山池南区地处森林腹心地带，风景秀美，物产丰饶。虽然经济发展相对滞后，但旅游资源众多。本报告以池南区乡村振兴为主题，针对池南区缺乏完善的体制建设、乡村产业发展建设落后、缺乏乡村建设发展平台等现状，分析并提出促进池南区乡村振兴的建议：全面规划，完善设施和体制建设；积极贯彻发展新理念，创新乡村建设发展；重视人才的作用，加强池南区人才培养；坚持全面发展，推进池南地区服务业与"四大产业"融合发展；创建池南区旅游品牌，实现乡村共同富裕。

关键词： 乡村振兴　共同富裕　旅游品牌　池南区

一　前言

　　池南区是距离长白山天池最近的一个区（县、市），建于 2006 年 6 月。该区域拥有大量的天然资源和矿物资源。这里有高山峡谷，有温暖的气候、丰富的降雨，有良好的生态环境和丰富的生物资源，有得天独厚的区位和丰富的旅游资源。池南区范围内只有唯一一个行政村"漫江村"，这几年得到了较快发展。调查研究，漫江村一村两社现有农村户籍人口 584 户 1280 人、

---

　　* 冯月萍，长春光华学院副院长，主要研究方向为戏剧影视表演、影像艺术、电影理论。

常住人口 349 户 670 人。池南区漫江村于 2013 年实现了整体发展，登记在册的耕地于 2014 年底全部被征用，目前漫江村有更多的农户迁入池南区关东水乡社区。2014 年以前，漫江村的主导产业是人参种植业，村民中 30%以上的家庭种植人参，村民经济收入主要来自人参产业。2015 年至今，随着池南区各大招商引资项目的相继落地，漫江村村民就业形式逐渐多样化，并由原来的人参种植业向旅游服务业和特色产业发展。漫江村的集体经济和农民的可支配收入都有了显著提高，漫江村实现了从 5.69 万元的集体总收入，农户的平均年收入在 6000 元以下，到 2020 年集体总收入 49.64 万元，人均可支配收入在 1 万元以上的目标。

二 池南区乡村振兴发展现状

（一）因地制宜稳步加强基础建设，突出特色打造优质池南

全力以赴将池南区打造成为长白山南部生态经济区中的一颗明珠。充分挖掘池南区特色资源，促进乡村建设和乡村振兴发展深度融合，增加资金筹措，多措并举，做到产业繁荣、生态宜居、生活宽裕，在南部生态经济区建设中大放异彩。将经济发展深度融合到池南区各个发展阶段中来，进一步加大招商引资力度，要主动招商、积极招商，充分利用池南区温泉资源、矿泉资源、中草药资源和文化资源，做大做强红色旅游，把南部生态经济区叫响叫亮。迅速融入长白山南部生态经济区建设，发挥积极作用，实现奋斗目标，用实际行动推动"大长白山区域协同发展"取得新成效。

（二）打造"五彩池南"，推动产业全面发展

1. 弘扬"红色池南"，红色旅游成为推动乡村振兴的标杆

"红色池南"主要是指池南地区的乡村振兴与红色文化相结合。池南区有着悠久的抗日斗争史和抗联文化。因此，需要可持续地对池南地区红色旅游景点地区进行开发，在宣扬红色文化的同时，促进池南乡村旅游资源的开

发，推动资源的开发和发展。自 2019 年以来，池南地区及其周边的抗日遗址以及相关的建筑就开始陆陆续续被开发。目前，池南区已投入近 3 亿元，开发打造景城一体的老黑河红色 4A 景区，打造抗联文化城、不夜城，利用原日本鸭绿江木植公司 35 栋 208 套百年石屋打造抗联纪念馆、民宿以及培训基地，以老黑河遗址红色旅游"点"的作用，联合周边红色旅游区，打破行政区域界限，形成"线、面"联动，切实发挥文物旅游的经济作用，立足红色文化传承，打造红色旅游业。

2. 依托"绿色池南"，发展生态旅游

"绿色池南"是指池南区生态资源与乡村振兴相结合。池南区依托得天独厚的生态资源、矿泉资源等资源禀赋，打造绿色人文宜居关东水乡小镇，发展生态旅游、绿色山野菜采摘加工、建设长白山山脉独有的天然矿泉水厂等绿色产业。

3. 发展"白色池南"，依托冰雪资源，打造热门景区

"白色池南"是指池南地区冰雪资源丰富，可以依托冰雪资源优势，紧紧围绕《吉林省文化和旅游发展"十四五"规划》中建设冰雪经济强省目标，将长白山老黑河抗联遗址和讷殷古城景区打造成为冬季热门景区，开展冬季重走抗联路、野外穿越露营、冬季滑冰（垂钓）等冰雪运动、冰雪旅游产业。

4. 构建"金色池南"，打造池南区秋季观景打卡圣地

"金色池南"是指池南区地处长白山"黄金水源带"，蕴含着丰富的优质水资源，依托这一资源优势，池南区引入水发上善集团劳特巴赫精酿啤酒厂项目，以优质水源和劳特巴赫啤酒 700 年的顶级酿造技术，建设啤酒小镇；同时，依托 95%森林覆盖率和繁茂植被，以秋季五光十色、漫山红叶的自然资源，打造秋季景观打卡圣地。

5. 打造"紫色池南"，加快紫玉漫江湾项目建设

"紫色池南"依托一流招商环境，以紫玉集团在池南区的健康发展招徕全国各地优秀企业入驻池南，规划建设高标准独家房车旅游目的地。2019～2021 年池南区全域旅游产业运行情况如表 1 所示。

表 1 2019~2021 年池南区全域旅游产业运行情况

单位：万人次

年限	项目名称	旅游接待人次	境外游客人次	省外游客人次	过夜游客人次
2019 年	讷殷古城	65.86	3.14	42.26	9.33
	天沐温泉	69.60	2.71	45.26	13.67
	老黑河	26.94	1.49	23.70	0
	野鸭湖	15.70	1.97	12.11	0
2020 年	讷殷古城	80.01	3.62	50.81	11.80
	天沐温泉	78.76	2.99	48.89	14.53
	老黑河	28.52	1.88	25.07	0
	野鸭湖	17.83	2.45	13.34	0
2021 年	讷殷古城	92.20	4.13	62.64	14.50
	天沐温泉	91.62	3.47	51.71	15.49
	老黑河	30.10	2.27	26.44	0
	野鸭湖	19.96	2.93	14.57	0

（三）完善基层组织建设，促进乡村治理科学化

围绕基层组织建设，2021 年重点村换届选举将党支部班子从 3 人增加至 5 人，增设 1 名党支部副书记和 1 名委员，协助书记落实主体责任，对现有村两委班子成员一并进行合理调整和补充，使组织、人员配备更加坚强有力，以抓党建促乡村振兴，实现决胜共促、共提升。按照"按需设岗、注重实际、简便易行、实效管用"的方针，科学设置示范服务岗、公共管理岗、农村无职党员参政议政岗以及宣传政策岗，确保人人有岗位，发挥无职党员先锋模范作用，有效推动农村党组织建设标准化、规范化、制度化。

乡村振兴工作开展后，根据上级组织部门部署，将巩固脱贫攻坚成果与乡村振兴进行有效对接作为重点工作，选调优秀干部驻村开展帮扶工作。书记到村后，把脉询问村情，一是明确乡村旅游，把山野菜加工作为产业发展的方向，规划温室大棚项目反季山野菜栽培，并与已有山野菜加工项目进行产业融合。二是严格做好防返贫的监测帮扶，按月进行防返贫的监控摸排，

保证有致贫、返贫危险的群众能够及时融入监控帮扶中去。三是加强宣传和训练，健全"三会一课"，坚持定期组织党员干部学习党的十九大、习近平总书记的重要讲话精神，加强宣传引导。采取电话随访、微信公众平台和敲门入户相结合的形式，做到信息排查"不落一人"、宣传教育"不落一户"。基础组织建设的完善以及基层领导人员的积极主动负责，使得乡村的发展和治理更加完善和科学。

三　长白山池南区乡村振兴发展存在的问题

（一）缺乏完善的体制建设

1. 体制建设不完善

围绕区域发展、城市管理、医疗教育、营商环境和民生实事等方面，对标"两山"理念试验区发现池南区发展过程中存在产业谋划缺乏系统性、拓展性，没有形成完整的产业链等问题。体制缺乏先进性、农村公共产品供给总量不足、结构失调和主体失衡等问题导致公共基础服务设施分配中存在"农村总量不足"和"城市部分过度"这一冲突现象。尽管国家在"三农"问题上不断加大投入，促进城乡一体化，但在政策保障方面存在局限，农村基本公共服务体制建设不完善。

2. 交通不发达，限制了旅游客流量

目前长白山地区的立体交通还不发达，还没有开通高速铁路，长白山航空公司的航班不密集。2023年上半年，敦化至白河高铁将正式开通，该高铁与长春至珲春城际铁路、京哈高铁、哈大高铁的开通，可直达长白山，将为长白山地区中、短期游客带来极大的便利。今后，长白山航空公司要积极发展国际和国际主要城市的航路，并积极筹划向邻近的日本、韩国、俄罗斯等国的航线。

（二）乡村产业发展建设落后

1. 产城融合发展观念落后

与周边县市区域联动不好，缺乏战略层顶层设计，各自为政，冰雪经济、温泉产业规模较小，主动登门服务企业的观念不强。"招商引资"动力不强，招商成为领导和一把手的事情，"全员抓招商"和"部门强招商"机制尚未形成。

2. 服务业与其他产业融合发展资源开发不足

在池南区，旅游业是发展农村产业的支柱行业，但由于旅游产品单一且缺乏特色，旅游业整体竞争力偏低。景区发展方面，服务体系不够完善，景区接待能力受限，主题餐厅、商业街区和演艺项目扩展偏少。另外，池南区虽占长白山以南的优势水脉林地和气候条件，但籽参、林下参这些需要很长时间才能发展起来的林下产业尚未完全发展起来。池南区畜牧养殖业遭遇了瓶颈，畜牧养殖基地标准化建设管理方式与手段有待进一步健全与提高。

3. 缺乏网上贸易和电子商务发展

目前池南区乡镇产业振兴总体上面临产业链单一，农产品类别较少、多而不优、销路不畅，缺乏现代装备应用，科技支撑能力不强等困境，蜂蜜、人参、山野菜这类优势资源未得到充分利用，没有形成各自独特的产品；未以时间为附加值进行产业发展，其中存在着急功近利的短期行为；电子商务发展动力不足、市场化适应能力弱等。

（三）缺乏乡村建设发展平台

1. 人力资源难以保障

当前，池南区人力资本不足，人才综合素质不高，农村在家劳动力不足，劳动力平均年龄偏大，人才引入机制不健全，优秀产业技术人才紧缺，引进激励政策吸引力不够，后备干部和技术性人才储备不足等，使池南区乡村发展人力资源难以保障。

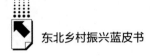

2. 教育发展缓慢

长白山池南区九年制中学是该区唯一一所九年制中学，由于地处偏远，无论是生源、教师还是软硬件，都远不如其他地方。教育设备落后，师资短缺，教育现代化和信息化水平偏低，教育发展滞后，科技落后，学生的科学文化素质、心理素质、文化修养、观念等落后于时代发展。

四　长白山池南区乡村振兴发展对策建议

（一）全面规划，完善设施和体制建设

1. 加强基础设施建设

池南区拥有整个长白山南部地区的生态旅游资源，近几年发展迅速，增加了讷殷古城的历史与人文观光、黑河遗址的红色文化、恒大冰泉产业、紫玉漫江湾、天沐温泉、漫江绿路、歌舞表演、秋沙鸭园区等多种休闲娱乐项目，其中，还有交通枢纽、公共厕所、慢行等配套，已经成为一种完整的生态旅游体系。应立足于池南区的资源优势，注重发展和保存，加强垃圾桶、绿化设施和旅游厕所等基础设施的完善。

2. 优化生态环境

加大对废水治理的监管力度。加强对本地区的河流环境的管理，重点是对入江排污管道的排查和整治，以全面提升环境工程的质量。实施农村地区的农业污染防治工作，实现对农村地区的全面整治。

强化对池南地区的秸秆禁燃控制，达到"零火点"的目标。加大对汽车尾气的控制和扬尘的控制，并限制三级以上的柴油卡车和车辆行驶。继续推进燃煤电厂排放标准建设，所有供暖单位都要进行环保设施的改造和升级。坚持生态优先和"绿水青山就是金山银山"的理念，努力提高城市的居住环境。加强生态环境的保护，努力创造美丽的生态环境。坚决抓好"黑土地"保护攻坚战。坚持以高品质发展为先导，加速服务业的转变与发展，提高企业的环保门槛。对环评承诺制的审批制度进行试点，以适应经济

社会的高水平发展和生态环保工作的需要。要强化工程施工"三同时"监管，强化事中、事后监管和工程竣工环保检查。以人民为本，着眼于解决突出问题，开展"利国利民"项目，以提高民生福利水平。同时，对重点工业单位的土地资源进行全面调查，并逐步开展年度土地质量监测。强化有害垃圾监管，推进垃圾清理和标准化。

（二）积极贯彻发展新理念，创新乡村建设发展

1. 必须坚持绿色发展理念，推动农村各项事业全面发展

池南区要牢固确立"绿水青山就是金山银山"的理念，立足现实，制订切合当地社会、生态的农业整体发展计划，按照乡村自身发展规律，保留乡村特色风貌和自然环境，促进农村传统文化与现代文化相结合，保持农村传统文化特色和绿色生态。要加强对乡村生活的改造，以"清脏"为基础，全面提升乡村居住条件。加强乡村人居环境建设，突出"治污"重点。要对农村改厕、污水、黑臭水进行综合整治，对水源保护区、城乡结合部、集镇所在地、中心村、旅游景点等区域实施农村污水整治。

2. 创新发展方式，推进农业供给侧结构性改革

坚持农业农村优先发展，推进农业供给侧结构性改革。要在农业发展模式上进行改革，推动池南区农业部门从传统走向现代。把"接二连三"的农产品与多种资源的生产进行深层次的整合，把流入第二、第三产业的附加值保留在乡村，让农户共享，从而稳步提高农民的收入。同时，逐步向标准化、机械化、规模化发展。

（三）重视人才的作用，加强人才培养

1. 注重人才保障

充分利用社会中介组织的职能，大力发掘高质量的人才，加大招聘工作力度，主动搭建就业供求平台，多渠道搜集就业信息，为居民寻找更多的就业机会。要突出精准施策，全力以赴做好就业帮扶，将关心关爱落到实处，要在就业工作上分类管理，狠抓就业政策落实，加强政策宣传，灵

活运用就业政策，实现人社政策精准宣传、精准施策、精准服务。

2. 完善人才培养机制

池南区在建大型企业项目众多，劳特巴赫啤酒厂、天沐温泉二期等项目今后可提供大量就业岗位，就业形势持续向好。池南区要在管委会、人社局等部门的支持下，继续把就业工作当作头等大事来抓，在共建践行"两山"理念试验区的发展进程中精准发力，全力扶持大学生回乡就业创业，拓宽优秀企业落地政策扶持，做好"六稳""六保"，促进重点群体就业创业，对标先进、补短板、争上游，保障区域内就业形势平稳。

（四）坚持全面发展，推进服务业与"四大产业"融合发展

1. 持续壮大旅游产业

要立足于发展生态资源，高起点全面发展旅游业，着眼大局，着眼长远发展，打造国家全域旅游示范区、长白山抗战干校、长白山道教研究所，建立"东中西"三市整体发展格局，重点发展长白山文化、道教文化、温泉产业+啤酒小镇等的全方位生态旅游目的地。强化生态文明的战略地位，坚持"生态优先，绿色发展"的理念，把"蓝天碧水"的防御战作为一场深入而持久的工作。

2. 精心培植文化产业

文旅部会同有关部门联合下发的《关于推动文化产业赋能乡村振兴的意见》，提出了推进农村发展的总目标、主要方面、主要措施和组织措施。池南区处于长白山南麓的森林腹心地段，山峰山谷交错，河流穿越，有着优越的生态环境，区域当中包含了锦江以及漫江，自然资源方面拥有显著的优越性，构建创新发展生态文化体系势在必行。要按照"文化池南，智慧旅游"的发展理念，按照"一轴两核五区"的总体规划，大力发展"一镇一城一区"。充分发挥池南区独特的热泉和冷泉的优势，形成一个工业集群，实现品牌效果，增强自身的文化资源，提升自身的影响力，从而提升池南区的知名度，促进道教、讷殷族、抗联三大文明在池南的发展。促进商贸与文化融合，大力发展一大批以观影体验、文艺演出、阅读分享为主要内容的新

型农村文化商贸综合体。通过征集创作、举办会议、展览等活动，最终利用新媒体网络平台进行推广，扩大池南区的社会影响力和公共宣传度，将池南区建设成为文化名家休闲创作区。建设一体化的文化旅游消费聚集区，包括文创屋以及特色书局、影视剧场以及文娱场、博物馆以及美术馆，打造出拥有高质量深层次文化内涵的先进商业步行街，带动激活并提升文化消费潜力与能力，改善市场消费环境。

3. 积极发展健康产业

根据市场需求，大力发展健康产业。本着走生态路线的理念，将生态理念纵贯全局，打造独属池南区的高端生态品牌，秉持"无污染、无公害、原生态"的理念来开发特色产业。池南区地处锦江流域，天然水资源丰富，日平均流量可达 300 万吨。当地政府可利用自身优势，大力扶持矿泉水行业发展，不断创新、研发产品，并构建矿泉水的附加价值。同时，积极开发绿色食品，发掘原生态食品，努力打造绿色、无公害的林业特色产品加工场。农林植物方面，大力推进各种山林植物，如食用菌类、野果、野菜、山珍、人参等。山林动物方面，则加工林蛙、冷水鱼等经济作物，并积极扶植加工生产基地。长白山地区温泉资源丰富，池南区温泉水均源自长白山天然温泉，健康养生。池南区应立足于自身丰富的温泉资源，打造疗养品牌，建设优质度假山庄以及健康养老产业。与顶尖医疗组织合作，资源共享，共同打造"专业化兼国际化"的医疗养生保健系统。

4. 优化布局现代物流产业

为建设现代流通体系，推进全市商贸物流创新发展，白山市人民政府印发了《白山市商贸流通业发展"十四五"规划》，池南区应以该规划的实施为契机，持续推进综合运输物流园区等物流节点基础设施建设，加快城市社区和村镇共同配送末端网点布局，为商业、农业、寄递等融合发展，畅销农产品流通渠道，推进全区商贸物流创新发展提供保障。要优化乡村振兴的发展模式，加快完善产品流通体系，同时开展流通方式的创新，打造产销环节结合紧密、品牌美誉度较高、营销形式多样、经营模式多元的新型产品流通模式。一要进一步加大对物流产业的支持力度，积极营造良好的市场环境。

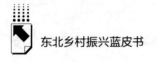

二要大力推动物流设施设备升级改造，提高物流效率。三要加强物流人才培养，实现人才储备。

5. 大力培育新兴服务业

要确立明确的发展方向，加强体制改革，突出发展特点，为发展新的服务产业提供有利的环境。要加强思想认识上的创新。以多种方式开展创业项目，使企业经营者意识到发展新兴服务的重要意义，并加大对其投资和发展的投入。加快发展传统的服务产业，取消各种不合理的限制和不公平的政策，减少服务的准入和开发费用，推进政府管理体制的改革，制订专门的发展计划，完善相关的政策。

参考文献

［1］ 方怡：《老黑河遗址揭秘》，《东北之窗》2021 年第 9 期。

［2］《吉林省乡村振兴战略规划（2018-2022 年）》。

［3］ 蔡中为：《加快吉林省长白山地区旅游发展研究》，《长春市委党校学报》2021 年第 4 期。

［4］ 李硕识：《长白山地区度假酒店设计研究》，硕士学位论文，吉林建筑大学，2017。

［5］ 莫家兰：《革命老区农村无职党员在精准扶贫中的作用研究》，硕士学位论文，广西民族大学，2020。

［6］ 刘勇：《建设国家生态文明试验区，打造美丽中国"江西样板"》，《辽宁行政学院学报》2018 年第 5 期。

B.26
吉林省淘宝村发展研究报告

宋子平*

摘　要： 自 2009 年出现第一批淘宝村起，淘宝村成为近十年来我国电子商务在农村地区快速发展的典型新形态，对于重构中国农村经济社会结构，促进农村就业和创业、社会进步、乡风文明发展都具有重要的意义。吉林省现有淘宝村大多选择"政府规划+服务商赋能"的发展模式，即政府前期调研选择产业基础比较良好且有特色的村镇，在政府主导的同时由服务商赋能进行淘宝村建设，并迅速取得了显著效果。2016 年开始建设吉林市四个淘宝规划村：以黑木耳为主要产业特色的黄松甸村，以大米为产业特色的大荒地村，主打满族乌拉文化特色的棋盘村，以菌类为产业特色的王家村，2018 年全部被评为淘宝村。未来，吉林省淘宝村的发展应立足中小城镇产业集聚，争取淘宝村建设模式多元化，实现多产业融合发展，催生新的电商产业集群。淘宝村建设成为当下社会转型时期吉林省乡村社会变迁的新途径。

关键词： 淘宝村　淘宝镇　乡村振兴　吉林省

　　淘宝村的定义：第一，"淘宝村"应是在农村地区、经营场所以行政村为单元；第二，本行政村活跃阿里平台网店达到 100 家以上或占当地家庭户

＊宋子平，长春光华学院讲师，主要研究方向为电子商务。

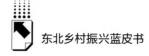
数 10% 以上；第三，本行政村阿里平台网商年交易总额达到 1000 万元以上。"淘宝镇"的定义：一个乡镇在阿里平台年电商销售额超过 3000 万元，活跃网店超过 300 个，或者有三个或以上的"淘宝村"。2020 年阿里更新交易额统计规则，为鼓励农产品上行，将农产品交易额视同两倍进行计算，此举多产生淘宝村近百个。随着电子商务的快速发展，广大农村地区出现了一大批产业相对集聚、以阿里平台网店为基础快速发展的村（镇），形成了以乡村为中心的产业集聚，逐渐成为中小城镇及乡村经济新的增长点。到 2021 年 6 月，中国淘宝村数量达 7023 个，淘宝镇达 2171 个，分布于 28 个省（区、市）。产生超过 1 万亿元的年电商销售额，带动就业 800 多万。① 淘宝村激发了乡村的活力，将技术、资金、人口从城市聚集到农村，对乡村振兴起到了重要的促进作用。

一 吉林省淘宝村发展现状

（一）淘宝村规模情况

2015 年延边朝鲜族自治州二道白河镇的长白村被评为中国淘宝村，也是吉林省第一个淘宝村。2018 年吉林市的黄松甸村、大荒地村、棋盘村、王家村 4 个村被评为中国"淘宝村"，吉林市成为吉林省内拥有淘宝村最多的区域。截至 2021 年吉林市蛟河市黄松甸村连续五年获得"中国淘宝村"称号。黄松甸村近年来食用菌产业快速发展，品牌影响力不断扩大，辐射带动能力不断增强，2021 年蛟河市获得"淘宝百强县"称号。

吉林省农村电子商务基本以农产品销售为主。吉林省淘宝村数量从 2015 年开始逐渐增多，黑龙江省则于 2019 年才发现第一个淘宝村，而轻工业产品较发达的辽宁省淘宝村数量则明显多于以农产品为主的吉林、黑龙江两省，说明淘宝村的产生与地方传统产业结构息息相关。2015 年辽宁海城

---

① 阿里研究院：《中国淘宝村研究》，《大数据时代》2020 年第 11 期。

市中小镇朱家洼村成为辽宁省第一个淘宝村。2016 年，中小镇的中小村、岳家村也被评为淘宝村，中小镇因下辖三个淘宝村成为东北地区首个淘宝镇。吉林省的多个淘宝村都比较分散，还没有多个淘宝村聚集成为淘宝镇的情况。

（二）淘宝村区域分布

吉林省按照地理位置可划分为东部、中部、西部三个区域。其中东部地区包括通化市、白山市、延边朝鲜族自治州。区域内产生的淘宝村、淘宝镇有白山市万良镇、松江河镇，通化市快大茂镇、河口村，主要产业有人参种植和产品加工等。中部地区包括长春市、吉林市、辽源市，区域内产生的淘宝村、淘宝镇有长春市农安镇、长春市西新镇、双阳区鹿乡镇、蛟河市黄松甸村，主要有梅花鹿产业、（肉牛）肉制品、花卉种植、现代农业、纺织袜业相关产业等。西部地区包括白城市、松原市、四平市，区域内产生的淘宝村、淘宝镇有松原市长岭县长岭镇、农安县农安镇，主要产业以优质农产品加工销售为主。三个区域均依托地方传统产业，形成各具特色的淘宝电商产业群。

吉林省淘宝村数量由东到西呈递减趋势，淘宝村和淘宝镇多数产生于东部和中部地区。东部地区和中部地区产业集中，物流发达，贸易氛围浓厚，电子商务起步较早。2018 年吉林省网络商品交易监管系统统计数据表明，省内大部分的网店都位于东部地区内，其店铺数占全省总量的 63.39%，中部地区的长春网店数量排名第二，所占比例为全省总量的 29.52%，[①] 这也和淘宝村分布趋势基本相近。例如，东部地区的延边朝鲜族自治州长白村曾经 5 次被评选为淘宝村。2019 年吉林省白山市抚松县松江河镇、万良镇被评为淘宝镇，2020 年吉林省出现的 5 个淘宝镇，均位于东部和中部地区。2021 年吉林省年淘宝镇增加到 9 个，多数都位于东部和中部地区，西部地区只有 2 个。吉林省的淘宝镇基本都是依托传统产业带发展而来。淘宝村、

① 唐艳：《吉林省网店分布分析与发展建议》，《中外企业家》2019 年第 4 期。

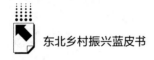
淘宝镇的主要产业也与区内重点发展产业相符合。

综观全国数据，淘宝村的主要产品为服装、家具、家用电器以及食品等轻工业品，农产品占比并不高。由于农产品标准化和品控难度较大、物流和冷链成本高、附加值低等，以农产品为核心的淘宝村一直发展缓慢，难以快速取得裂变效果。①

（三）淘宝村发展模式

国内主要淘宝村的形成模式有自发型淘宝村、创新型淘宝村和规划型淘宝村。一是"传统产业+电子商务"，淘宝店铺的发展推动了物流、信息等配套设施的发展，电商产业集聚资金、技术、人才，形成自发型淘宝村，国内现有淘宝村相对密集的地区，淘宝村的出现多数为此模式。二是在原有产业基本为零的基础上，通过信息和人才的汇聚，应用互联网，形成了创新型淘宝村。三是以政府为主导，牵头第三方服务商，运用统一管理方式，汇聚信息和资源，统一服务支持，发展成规划淘宝村。2016年吉林市成立"淘宝村建设工作领导小组"，由市领导担任组长，采取"政府+服务商"的建设模式，在市商务局的全力推进下，从十几个备选村中选择4个特色产业村进行建设，经过一年多的发展，累计实现淘宝网络销售额6000多万元；新增近千个工作岗位，为当地农民增加收入1000余万元；同时周边村通过提供加工、包装、物流等周边服务也增加了收入，淘宝村产业集聚初具规模。四个村2018年被评为淘宝村。该模式的优点在于能快速发掘地方特色，同时使淘宝村的产业拥有明确的差异化优势，后来者难以效仿和取代。

（四）淘宝村带来的变化

1. 淘宝村提升农村生活水平

淘宝村的发展促进了农村电子商务的普及，通过网络完成就业创业，

---

① 李红玲、张晓晓：《中西部地区淘宝村发展的关键路径研究》，《科学学研究》2018年第12期。

促使大量返乡青年汇聚在农村地区，农村成为青年创业的热土。农村电子商务的广泛应用，带动了农村基础设施的建设需求，通过信息技术赋能，为农民提供了全新的沟通渠道。到 2020 年 6 月，吉林省在阿里平台上有网店接近 6 万个，十几万从业人员，农村电子商务零售额突破 40 亿元。在农村电商发展中，区域电商经济以中小城镇为中心，逐步向周围扩展。淘宝村促进了乡村产业结构转型，助力吉林省乡村产业振兴。

2. 淘宝村促进多产业融合

经过多年的发展，淘宝村已经形成较为完整的电商生态链条。一方面为产品转型升级形成良好的支撑，许多特色农产品网络销售成为主流，蛟河的灵芝和香菇、黑木耳，抚松县的人参、吉林大米等，因便于标准化、方便运输、好存储，成为畅销网货；冰鲜农产品，如鲜牛肉、海鲜、肉制品等，随着冷链物流的不断发展，也都登上热销网货榜单，带动了相关生产、包装、加工、物流货运企业发展。另一方面通过资金、技术和劳动力的汇聚，间接推动产业园、物流业、服务业等产业的提升，提高乡村经济活力。例如，2017 年全国首个农村淘宝中心仓正式在延边朝鲜族自治州落户，计划在 3 年时间内将延边中心仓建设成为辐射东北三省的远东第一仓。截至 2021 年通化快大人参产业园已入驻的 700 多家商户中，有将近 600 户从事电商销售，快递日单量超过 1 万单，园区年交易额达到 62.3 亿元。

3. 淘宝村推动本地城镇化

淘宝村以及电子商务在广大农村的发展，对农村的经济、文化、社会治理方面都有重大影响。电子商务为农村地区提供城市的工业品，缩小农村居民与城市生活用品差异，提升农村居民生活水平。互联网帮助农民销售农产品，通过互联网足不出户就可以销售到全国各地，沟通成本大大降低。越来越多的农民从农业脱离，从事电子商务工作，带动了本地就业，催生了快递员等新职业。电子政务、数字政务提升乡村治理水平，提高乡村治理效率。淘宝村和农村电商让资金、技术、人才回流到农村，为乡村振兴发展奠定了基础。

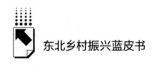
二　吉林省淘宝村面临的问题

（一）淘宝村配套服务不均衡

1.区域经济发展差距加大

通过电子商务进农村综合示范项目、农业部信息进村入户工程、数字吉林建设规划项目等对农村电商进行了大量的扶持，农村电子商务得到了快速发展。吉林省在建设农村电商方面多是政府投资扶持主导模式，淘宝村的选择和建设由政府主导，不利于发动电商创业者的积极性，集团管理模式下电商创业者自主性低，更类似于作为工作身份的存在，而不是自主创业，对后期创业绩效持续增长的作用有不利影响。[①] 另外，由于各地经济发展水平差异大，部分农村地区既没有相应的传统产业，也没有具有竞争优势的产品，劳动力人口还大量外移，主要以种植业为主，商贸经济不发达，更加难以追赶发达区域。淘宝村的集中建设会加大省内村镇之间的差距。虽然在短期内乡村经济发展效果明显，长期来看也会导致先进地区的内生动力不足，资源禀赋差的区域落后情况也会加剧。

2.淘宝村基础服务体系不足

吉林省经过多年的网络基础建设，实现光纤进村入户，农民生活和生产用网流畅。生鲜农产品物流冷链建设基本完善，但是还存在部分农村地区网络服务费用贵、售后服务慢等问题。农业生产生活物联网建设方面还需要加强，与网络应用相关的配套也需要不断完善。吉林省乡镇一级物流网点已经能够满足农村和城镇居民的需求，农村物流网络四通八达，基本能满足农产品上行交易。但农户分散经营的现状并没有改变，小规模及零散农民网商资源整合和生产经营能力较弱，村村之间位置分散，导致乡村物流成本高、快递费用增加的困扰，

[①] 胡卉然、朱舒依、李硕等：《关于淘宝村网商发展策略的研究——以中国"网店第一村"浙江义乌青岩刘村为例》，《中国市场》2015年第45期。

乡村"最后一公里"的取送问题依然存在,很多村无法实现上门取件、送件等服务,农民网商只能在镇一级的物流网点集中进行业务开展。

3. 公共服务无法满足淘宝村网商需求

农村的公共服务基本依靠乡镇、县市一级服务系统。乡镇医疗卫生、社会保障服务都存在短板,目前还无法做到城乡一体化。以返乡青年、返乡大学生、退伍军人为主的年轻一代电商创业者,对公共服务体系的要求日益提高。完善的公共服务会吸引更多年轻人返回乡村就业和创业,增加乡村活力,因此有必要实现城乡公共服务一体化。

(二)产业发展与淘宝村不匹配

1. 传统农业自身局限

分散的农业生产经营,农产品标准化程度低,难以适应电商产业标准化的要求。农业生产的季节性和上市的集中,导致农产品供应不如工业品一样长期稳定,难以满足网络消费者的需求,形成需求后又无法持续供应产品。不少农产品还会受到自然因素影响出现品质下降、配送延迟等现象。

2. 农产品加工程度低

大部分农产品现阶段所谓加工只是停留在清洗和筛选环节上,由于缺乏必要的分割、包装、保鲜,不适合邮寄、家庭存储等需求。大量农产品企业只是申请了商标,加上包装,缺乏品牌内涵,深加工程度低,缺乏检验检测,食品安全认证严重不足。大量优质农副产品还以初级原材料的形式出售,无法满足消费者对绿色、有机产品日益增长的消费需求。

3. "三品一标"网络知名度低

2018 年末,吉林省审批使用"三品一标"数量 2261 个,其中包括 1042 个绿色食品、158 个有机食品、1042 个无公害农产品、19 个农产品地理标志。[①]吉林省集中打造"吉字号"品牌,经过多年发展,一大批区域公用品

---

① 马雪松:《黑龙江省地理标志农产品品牌建设问题研究》,硕士学位论文,东北农业大学,2015。

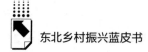
牌、企业品牌迅速发展，品牌市场知名度和社会影响力都大幅提升，如吉林大米、吉林玉米等。但是大量"三品一标"产品缺乏品牌建设，网络知名度不高，没有发挥应有的作用，对本地农产品整体形象的塑造和市场规模发展也没有起到促进作用。缺乏深度挖掘品牌文化的企业，企业出于成本考虑，品牌宣传投入不足，导致品牌知名度低。即使在黄松甸村这样的淘宝村，虽然活跃网商数量多，中小企业众多，品牌企业也不少，但是"三品一标"利用程度却不甚理想。

（三）淘宝村从业人员需求增加

近年来，农村电商的快速发展产生巨量需求、青壮年人口的外流、职业培训缺乏、电商平台多元化的发展、直播电商的兴起，种种因素都加剧了淘宝村电商从业人员的缺乏。另外，农村回乡创业人员较少，年轻劳动力流失较为严重，大部分大学生毕业后都留在大城市发展，乡村缺少专业的电商人才。部分电商培训不能让农民受益，没有根据当地农民实际需要，也不符合农民开展电商创业就业的迫切需求，电商培训的针对性不足。很多技能培训不能解决实际问题，重理论轻实践，农民无法有效吸收和利用培训进行创业和就业。农村电商培训缺乏考核机制，难以保证培训的实际效果。部分农民群众在学习中经常存在意愿不强的问题，应付学习的问题较为严重。培训学习不能让农民产生直接的收益导致农民学习意愿下降。①

1. 淘宝电商带头人示范引领动力不足

由于淘宝村经营同质化，内部竞争严重，农村知识产权保护意识淡薄，电商带头人不愿分享先进经验，政府也没有对乡村电商能人的分享给予补偿和保护。如何让电商带头人带动和帮助更多的创业者、小微电商企业和农户，都还处于摸索阶段，也没有形成完整的奖励制度，奖补机制还需要不断完善。

2. 电商新技术推广应用缓慢

淘宝平台数据产品应用程度发展迅速，新技术迭代加速，淘宝村电商企

---

① 段志贵、胡梦迪：《乡村教师的身份认同：审视与解构》，《生活教育》2022 年第 4 期。

业数据应用和数据研发方面的投入不足，经调查，愿意购买数据服务的网店主寥寥无几，懂数据技术应用和掌握数据分析技术的店主和淘宝从业者更是少之又少，低于全国平均水平。淘宝村的竞争加剧，导致中小企业出于成本考虑降低人力资源成本，减少数据技术和研发的应用和投入，加剧了淘宝数据产品应用的滞后。[①]

三 吉林省淘宝村发展的对策建议

吉林省各级政府和相关部门高度重视农村电子商务的发展，相继出台了相关的扶持政策。鼓励和扶持销售当地特色农产品，帮助农民提高电子商务技能，扶持建设淘宝村，扩大县域经济规模，推动小城镇产业转型升级和带动农民致富，已经取得良好的效果。为进一步促进农村电商健康发展，实现吉林省乡村振兴，结合吉林省淘宝村实际发展提出以下几点建议。

（一）拓展淘宝村建设发展模式

随着农村电商规模的越来越大，淘宝村越来越多，一系列问题也逐渐浮现出来，电商企业无序竞争，物流公司重复建设。建议政府改变全程介入的方式，在淘宝村发展的关键节点给予重点扶持，非关键节点应给予淘宝创业参与者更大的自主权。通过实践发现，在淘宝村的发展历程中，市场调节起主要作用，政府更多的是提供服务而不是参与。创造一个宽松的商业文化环境十分重要。政府需要做好"营商环境（营造有利于农村电商发展的环境）+政务服务（解决淘宝村发展过程中急需解决的问题）+长期引导（长期规划+智库扶持）"几个主要节点，以较少的投入带动淘宝村的裂变。保障规划的有效实施，也确保政策符合淘宝村的实际需求。在淘宝村建设载体选择上，以中西部地区和吉林省淘宝村发展的趋势看，小城镇电商产业集聚

---

① 曾亿武、张增辉、方湖柳、郭红东：《电商农户大数据使用：驱动因素与增收效应》，《中国农村经济》2019 年第 12 期。

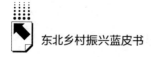
将成为未来的趋势和发展方向，建议政府对小城镇给予关注。①

1. 建立乡村物流联盟

在物流满足工业品下行和农产品上行的基础上，继续加强物流冷链建设。降低农村地区生鲜产品流通的成本，提高物流效率。鼓励小型冷库、冷链仓建设，鼓励乡镇区域共享仓的建设，政府要给予引导和规划，避免物流企业的无序竞争和重复建设。引导多家物流企业共同建立乡村快递共享站点，既方便村民快递收发，又降低各自建设站点的成本投入。建立物流小环线，辐射周围城市。政策鼓励企业探索鲜食农产品的预处理，延长储存周期，通过电子商务打通农特产品区域化流通。② 建立和完善农产品溯源体系的统一标准。完善农产品的生产、加工、仓储、物流等环节的溯源体系。

2. 加快城乡一体化公共服务体系建设

建议政府加强乡村社区公共服务体系建设，改善乡村的教育、养老、医疗等社会公共服务配套水平。进一步缩小城乡差距，提升返乡青年的生活和工作体验。满足年轻电商从业群体社会公共服务基本保障，防止创业群体返城现象。

（二）优化产业适应淘宝村发展需求

1. 积极探索淘宝村产业调整，改变传统农业结构

优化工农业产业结构，逐步扩大绿色、有机农产品的种植，以适应消费者不断提高的品质需求。加强"三品一标"应用，从品质和品牌两方面提升农产品附加值。③ 汇聚基础生产要素，促进工农业相关产业集聚，进一步扩大农村电商产业集聚效应，降低生产成本。同时也要兼顾绿色、有机等小

---

① 《2015浙江淘宝村研究报告》，原创力文档，https：//max.book118.com/html/2021/0814/7012165141003160.shtm。

② 陆芳：《河南省"淘宝村"生存现状、制约因素及发展路径研究》，《科技和产业》2019年第12期。

③ 曾亿武、郭红东：《电子商务协会促进淘宝村发展的机理及其运行机制——以广东省揭阳市军埔村的实践为例》，《中国农村经济》2016年第6期。

规模精品农业发展，兼顾不同消费者对不同产品的需求。

2. 带动淘宝村品牌产品建设，执行差异化路线

淘宝村的原始发展阶段，多是基于某个品类、某种商品发展壮大，通过聚集的方式摊薄生产和流通成本，利用线上交易的优势，发展到一定阶段竞争的同质化必然出现，并且成为淘宝村发展过程中普遍存在的风险。通过品牌战略，形成品牌化、差异化的产业升级路线是淘宝村的必然选择，是淘宝村产业升级、技术进步，脱离低端竞争的必由之路。[①] 培育淘宝村卖家的品牌意识，鼓励原创设计、鼓励创新、普及知识产权保护。推进吉林省"三品一标"合理利用。

3. 文化赋能淘宝村，拓展淘宝村产业链

科学合理地开发吉林省历史文化资源。民族文化、地域文化、历史文化等，都可以进行农旅开发、文旅开发。依托特色农产品，带动区域旅游资源，带动一二三产业融合发展，通过文化赋能农产品电商。

（三）加强淘宝村电商服务体系建设

1. 做好淘宝村职业培训，提升从业人员技能

充分利用好淘宝平台完整的培训体系，制定合理有效的培训体系和内容。乡村电商人才的发展得益于各地结合实际开展的农村电商培训工作，针对不同的培育对象需求，精准设置培训内容。针对淘宝店主设置管理、规划方面的课程，针对淘宝员工设置特色产品开发、网络销售与直播带货、团队合作等内容。通过不断增强电商培训的针对性、实用性，为各类乡村电商人才提供专业细分的培训支撑，形成专业化、层次化的课程培训体系。满足农民与网商对于电商创业和电商技能的培训，有针对性地组织电商培训。通过定期、系统的培训来满足电商从业人员的需求。

2. 发挥行业协会职能

推动淘宝村协会组织建设，组织外出研学，开展省际网商沟通、经验交

---

① 王昕宇、黄海峰：《我国农民网商的演进路径及发展对策》，《中州学刊》2016 年第 8 期。

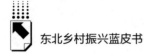

流，丰富电商从业群体思维，凝集网商力量。扩大淘宝网商群体在本地农村电商从业群体中的影响力，畅通返乡创业人才与政府间的沟通渠道，参与政府电商政策制定，监督政策执行和落实。举办各种引才活动，吸引高校毕业生、退伍军人、进城务工人员返乡创业就业，建立长期的返乡人才奖励机制，完善教育、医疗等基础保障，消除创业人群的后顾之忧。

3. 加强淘宝平台数据技术应用

随着淘宝平台数据产品应用程度的不断加强，利用数据程度是衡量淘宝电商企业专业的重要指标。数据发现和使用也是小微淘宝网店主的短板，应加大力度培训数据产品的应用，重视数据产品在农村电商经营中的使用。以阿里电商平台"生意参谋"为主的网店平台数据分析工具，通过数据分析赋能淘宝村企业决策，为网商经营作参考。"生意参谋"已成为淘宝村网商经营的新工具。淘宝村网店中应用数据服务的比例不断提高。数据决策让网商的行动更准确、更及时。通过准确、全面和及时的数据信息，淘宝村网商可以对未来准确预判，从用户需求出发，做到需求导向，及时预判用户需求，进而不断提升企业运营决策的正确率。数据产品将是淘宝村网商升级的新动力。

B.27
吉林省玉潭镇友好村康养旅游发展研究

邢 楠*

摘 要： 实施乡村振兴战略是决胜全面建成小康社会的重大历史任务，乡村旅游是乡村振兴发展的重要途径，本研究立足于吉林省玉潭镇友好村康养旅游发展现状，深入分析友好村的康养旅游发展现存问题，主要体现在康养旅游同质化现象突出、旅游精准营销不够、体验性与互动性康养旅游项目短缺、缺乏康养旅游龙头企业支撑、康养旅游服务质量不高等几个方面，并提出友好村康养旅游发展对策建议，即从加快友好村康养旅游科技赋能，提升友好村康养旅游品牌形象及影响力，建立友好村康养旅游人才保障机制三方面入手，加强友好村康养旅游发展的规划引领，开拓康养旅游发展新格局，助力吉林省全面乡村振兴。

关键词： 康养旅游 乡村振兴 友好村

实施乡村振兴战略是党的十九大作出的重大战略部署，乡村旅游利用其得天独厚的自然资源与人文资源，通过有效促进农村一二三产业的融合发展来助力乡村振兴。2019年7月28日，文化和旅游部、国家发改委确立并公布了320个第一批全国乡村旅游重点村名单，吉林省共有8个村落入选，长春市玉潭镇的友好村位列其中，友好村先后被评为国家乡村旅游观测点、吉林省田园综合体试点村、吉林省最美乡村、长春市全域旅游示范村。长春市

---

* 邢楠，长春光华学院基础教研部副教授，主要研究方向为高等教育教学改革、康养旅游发展。

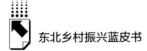
净月高新区、玉潭镇、友好村三级政府深入贯彻落实习近平总书记视察吉林省重要讲话和指示精神，把握国家实施城乡融合发展战略的契机，全面落实乡村振兴战略，充分发挥乡村旅游重点村的示范带头作用，以"产业兴旺、生态宜居、乡风文明、治理有效、生活富裕"为指导原则，建立健全城乡融合发展体制机制和政策体系，一步一个脚印，沿着"农业强、农村美、农民富"的道路，凝心聚力、攻坚克难，建设宜居宜业宜游的生态文明示范村，推进乡村康养旅游的可持续高质量发展，以构建康养旅游体系为关键路径，创新康养旅游新业态，促进康养旅游产业深度融合。

一　吉林省玉潭镇友好村康养旅游发展现状

（一）玉潭镇友好村基本概况

玉潭镇友好村坐落于长春市净月高新技术产业开发区南部，西与新立城水库相望，南与新湖科学城接壤，东与净月潭国家 5A 级风景区毗邻，北与净月科创谷相接，周边交通便利，距离长春市主城区只有 15 公里。全村面积 12 平方公里，辖 7 个自然屯，共计 548 户村民，人口 1780 人，耕地 457公顷，林地 400.5 公顷，森林覆盖率高达 45%。村域基础设施完善，农用电网、程控电话、5G 网络、有线电视全覆盖，村屯环境治理已被纳入城乡一体化发展，安全饮用水率达到 100%。友好村的资源富集，物产丰富多样，有可食用菌类及药用植物数十种，其中包括黄蘑、榛蘑、蕨菜、黄花菜等10 余种山野菜，当归、沙参、芍药、细辛等多种药用植物；有野生动物 10余种，鸟类 20 余种；空气中负氧离子含量是市区的 400 倍左右，被誉为"城市肺叶""绿色天然氧吧"。友好村的旅游资源丰富，生态环境良好，具有典型的北方山水田园的雅致格局，更是净月高新技术产业开发区千里绿道网的重要组成部分，友好村利用其得天独厚的区位优势与资源优势，发展特色康养旅游业，成为长春市乃至吉林省的"休闲后花园"和"天然生态会客厅"。

（二）玉潭镇友好村的康养旅游项目建设

"友好北沟"改造工程主体位于上友好村炮手屯、上窑屯和腰炮手屯，共完成了 3 个村屯 224.64 公顷集体耕地流转，打造了 11 公里的特色景观风景道，形成东部乡村民宿集聚、西部旅游商务企业带动、南侧四季风光游览、北侧传统村落保留的特色旅游体验综合体，为市民奉上了一座"望得见山、看得见水、记得住乡愁"的集文化旅游观光于一体的综合性乡村旅游打卡圣地。

1."美丽花海"建设项目

"美丽花海"及乡村旅游配套设施建设项目投入资金约 1 亿元，流转土地与征收土地 300 公顷，着力发展花卉乡村旅游产业，以"农业龙头—中国花谷"为主题，打造了纹绣、乡愁、彩虹三片花海，栽植了百日草、波斯菊、醉蝶花、薰衣草等植物，利用花卉造型打造"麦田怪圈"的大地景观，种植的花卉和药材不仅可供游客旅游观赏，还可对花籽和中药材采摘回收和销售，增加旅游产业收益。

2.友好河湿地公园及橡果农庄项目

湿地公园项目占地 30 公顷，与"美丽花海"相邻，优化了区域生态环境，与森林、农田、花海、中药园、麦田怪圈等景观有序搭配、和谐互补，公园内设置了游客人行步道骑行系统，可供游客驻足打卡拍照。在橡果农庄内，建有房车营地、帐篷屋、观景塔亭、特型装置、台地餐厅等配套设施，游客可登顶观景平台眺望，花海农庄美色尽收眼底。

3.游览中心项目

征收村屯 12 户闲置民居，集中打造游客中心、农耕民宿博物馆、党建博物馆、中医药博物馆等游览场所，还原乡土文化情景，收藏传承乡村文化物件，集中展示特色农产品，增强乡土代入感。旅游服务驿站融合了乡土文化精髓和现代旅游创意，提供功能化服务；党建服务中心集教育基地、研学实训于一体，传承红色文化；"归园田居""花草间"民宿分别以北欧风格和花草元素为特色，为游客在久居喧嚣的都市中打造回归乡土的诗意之所；

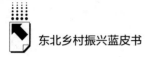
乡村博物馆展示了东北地区农民农耕的民俗文化，唤醒了人们尘封心底记忆里的那份乡愁。

（三）玉潭镇友好村的康养旅游产业发展

净月高新区抓住国家城乡融合发展改革试验区的契机，始终坚持以规划为龙头，以发展吉林省康养旅游产业为立足点，深入挖掘绿水青山中的东北农村旅游文化价值，依托自身独特的区情基础和资源优势，以保护生态环境为根本，借助区域内山川、溪谷、沃土、农户等要素，构建了一个集山、水、林、田、村于一体的生命共同体，打造玉潭镇友好村特色康养旅游体验综合体，稳步推进实施乡村振兴战略，加快推进城乡融合。

依托吉林省小禾农业发展集团有限公司、长春中医药大学、吉林省农投集团、吉林省农信公司等企事业单位，友好村大力开展花卉、中草药、农特产品的种植、深加工等农业全产业链项目，引导村民通过土地流转、就近务工、经营民宿、发展庭院经济等方式，切实增加资产性、经营性、工资性收入。"美丽花海"项目建设期间有400多村民被雇用来种植花卉，每人每月能领取3000元左右的工资，且花海项目每年可为周边村民提供就业岗位200余个，盛夏时节连片的鲜花景色分外迷人，前来观光的游客数量居高不下，日均游览人次能达到1万左右，村民们又以鲜花为原料，学习花卉拓染、精油产品制作等技术，制作香薰蜡片、精油、手工鲜花皂等向游客出售，游客观赏花卉后可以亲身体验制作手工产品的乐趣，制作一块香薰蜡片仅需十几分钟，售价在20元到80元不等，村民的经营性收入大幅增加。友好村还成立了"长春市绿森林农民种植合作社"，主要从事草编事业，以乡村文化为内核联动乡村旅游发展，以农耕文化为主题，编织坐垫、草帽、背包、工艺品等出售，农民收入切实增加。友好村的民宿、农家乐产业发展逐渐壮大，年接待能力已突破20万人次，农民年人均增收约3万元。友好村以产业带动为抓手，友好北沟康养旅游体验综合体集中高效利用现有建设用地，大力发展环境友好型旅游产业，建设了中东净月白桦林国际度假区、鹿鸣谷金融创新小镇、友好北沟东北亚国际康养及民族风情文化展示园等具有国际影响力的大项目，确保游客在此区域可实现长达 3~5 天左右的"吃住行游娱购"360 度全体验，打造长春市近郊高端旅游新地标。

以全域旅游为依托，友好村康养旅游体验综合体与净月全域旅游大景点互为一体、互相补充，共同营造网红旅游打卡圣地，友好村已经成为距离主城区最近的近郊型生态小镇，依托长双快速路一路贯穿南北的交通优势，借助净月潭、新立湖两大景区环抱的生态优势，借助万达影视基地、携程旅游影视基地、长春野生动植物园三大项目围绕的地利优势，打造省内乃至全国极具影响力和创意感的影视康养旅游田园综合体。

二　玉潭镇友好村康养旅游现存的问题

（一）旅游同质化现象突出、文化创新不足

在大力推进乡村振兴的背景下，吉林省对本省很多地方区域都加大了旅游投资的力度，大力提倡康养旅游，积极推动乡村旅游业的发展，举办了民俗村、农家乐等极具乡土气息的乡村旅游项目。但是这种乡村旅游却忽视了本地的文化资源，对自身定位不准确，乡村旅游与文化创新融合不够密切，进而导致旅游目的地差异化的区别程度不显著，旅游同质化现象格外突出。目前友好村的乡村旅游项目文化创意不够、缺乏创新，乡村旅游项目仅仅围绕乡村采摘、吃饭聚餐、棋牌娱乐等项目展开，乡村旅游雷同的痕迹过于明显，其弊端不仅仅是对友好村的康养旅游品牌不利，而且会影响友好村康养旅游的可持续发展，会逐渐挤压地方旅游特色与地方文化生存的空间，待到多年人气消失殆尽后，友好村康养旅游的良好口碑必然会大幅度下降。

（二）旅游精准营销不够，运用新媒体宣传旅游能力不强

经调研发现，目前对玉潭镇友好村的旅游宣传手段只局限于百度、微博、今日头条、微信公众号等几个平台，然而这几个新媒体平台都普遍存在对友好村旅游的宣传重视度不够、倾斜力度不够、平台整合性低等问题，具

体体现在宣传友好村的旅游资讯内容特色不明显，不能吸引消费者用户眼球，推送的旅游资讯内容原创度不高，特色性、趣味性不足，未对友好村的旅游进行特色营销与策划，且与消费者用户互动的次数级别不高，缺乏整体互动，营销推广层次和水平较低。新媒体的宣传力度不够，旅游市场反应必然滞后，加上人力、物力、财力上投入不足，宣传缺乏个性化，没有专门的康养旅游宣传营销设计，导致友好村的康养旅游宣传辨识度不高、特色不够鲜明。

（三）康养旅游市场主体规模较小，体验性、互动性旅游项目短缺

从近些年玉潭镇友好村的康养旅游统计数据来看，友好村的文化产业发展不均衡不充分的矛盾仍然比较突出，各级对文化产业发展的重视程度、思想认识不足，工作力度不够。康养产业规模小、基础弱、发展慢，与整体经济发展水平、发展速度不匹配。骨干康养企业少，产业集中度较低，行业覆盖面窄，缺少具有国内、省内影响力的文旅企业和文创产品，康养产业盈利能力低，抵御疫情等突发公共事件风险的能力较弱。从对部分游客调研数据及百度指数对于友好村的搜索情况来看，游客消费者纷纷提出虽然友好村的景色是比较优美别致的，但是好玩的东西相对较少，缺少适合年轻人的、新奇的、互动性的项目，特色康养品牌影响力略显不足，缺少创意类的文创产品。

（四）优秀传统文化传承保护和开发力度不够

友好村的特色文化产业结构较为单一、发展水平不均衡，诸如中医药文化、红色文化、佛教文化、儒家传统文化、东北民间文化的传承等在深层次发掘和开发利用方面还有待进一步提高。对康养产业缺乏大市场、大服务的发展理念，对康养旅游发展的规律认识不够充分、创新乏力，未形成具有核心竞争力的文化品牌，缺乏创新力，受到产业规模和集约化程度的限制，对丰富的文化资源缺乏深入挖掘和创新，无法形成具有核心竞争力的品牌产品和企业。文化服务体系建设也不够完善，对外文化发展滞后，文化产品产量与品质均有待提高。

（五）缺乏康养旅游龙头企业支撑，康养产业链条不完整

友好村的康养旅游产业链条尚未完善，缺少高端特色项目引领，一些公共基础设施薄弱，留不下游客，导致友好村的康养旅游资源优势尚未转化成产业优势，更未转化为经济优势。缺乏康养龙头企业的支撑，效益没有形成规模化，多数康养旅游也都是以提供餐饮、住宿等劳动密集型服务为主，产业发展层次比较低，服务的内容也较为单一，旅游产品种类开发不足，产业缺乏有效的支撑，增长乏力。康养产业发展不成集群，产业发展动力不足，难以打造康养经济综合体，尽管玉潭镇在旅游、制药、康养食品的制造中，有少部分企业发展并起到了一定的示范引领作用，但是整体产业数量较少、丰富度不足，多数康养产品仍旧处于中低端水平，尚未打开高端市场。

（六）康养旅游服务质量不高，服务标准亟待完善

旅游是一项服务于人的行业，它需要一流的服务来支撑，友好村的部分旅游度假村、农家乐监管失衡，卫生脏乱问题显著，旅游经营者大多数是当地的村民，对旅游的服务质量不够重视，服务的意识也比较淡薄，偶有对待各消费层次的客人不能一视同仁的情况，有部分商家重视高消费游客群体的情形出现。而且在餐饮、住宿、游玩、交通、购物、娱乐等方面没有一个统一的服务标准及质量要求，没有设立投诉部门和一定的投诉机制对服务质量给予一定保障，也没有形成当地的农业等品牌监管体系。与此同时，部分旅游经营者对当地的本土文化理解也不够透彻，对未来发展方向不清晰，也就更加谈不上将文化高水准地融入服务中了。

三　玉潭镇友好村康养旅游发展对策建议

（一）加快友好村康养旅游科技赋能

1.发展数字文创产业

在友好村统筹实施文化信息资源共享工程、数字图书馆工程、数字博物

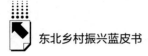

馆和数字文化馆建设，提升友好村的公共文化数字化水平，深入实施"互联网+文化产业"行动计划，推动文化艺术资源数字化、信息化和网格化，促进友好村文旅产业与现代信息技术完美交融，加强新一代沉浸式体验型的文化和旅游消费内容，结合文学、音乐、游戏等方式以及文创大赛等活动[2]，实现文化资源多渠道高效转化，将营销创意、国际赛事、品牌跨界、数字体育、影音娱乐与当地特色文化相结合，进行数字化创新，推动线上文旅产业投融资，开展文创产品在线生产、营销和销售。

2.培育数字旅游新业态

利用数字科技打造友好村的康养旅游完全沉浸式体验，通过营造虚拟场景，配合全息投影、AR、VR等现代高科技手段，贴合甚至超出用户生活体验的故事性方式，以游戏、戏剧、游乐设施、装置性空间展览等方式作为输出途径，最大化调动游客五感共鸣，令游客全身心多感受地沉浸在虚拟与现实交织的世界中。主要设定为XR设备场馆类、展览观赏类、角色场景类、旅游演艺类、沉浸式餐饮住宿等，借助虚拟现实技术、多媒体技术等通过场景营造、文化氛围植入、特色活动等让游客进入虚拟世界，感受光影投像、影音效果、数字气味等，实现超现实的沉浸式旅游互动体验。

3.建设区块链溯源平台

利用区块链技术建立友好村的农产品溯源平台，从产品种植、生产、加工、包装、运输和销售等全程进行追溯，对产品和企业进行实名认证，用技术的方式杜绝产品造假，实现精细到一物一码的全流程追溯。加强农业等品牌全程监管，从建立健全农业标准、监管执法、检测检验、认证认可等方面入手，确保绿色农产品"产地环境有保障、产品质量有标准、销售过程能溯源"。区块链技术助力数字经济下的传统农业全产业链改造升级、产业发展模式和组织形态转型，建立产业信任关系，提高行业效率，改变金融和实体产业间的信息不对称局面，使友好村经济获得更高质量的发展。

4.推进康养旅游智慧平台建设

以满足友好村的康养旅游游客需求为目标，建设平台集约统一、信息共建共享、宣传有机协同、服务全面有效的友好村智慧旅游公共服务体系，推动服务接入"智慧友好村"微信平台，满足游客便捷旅游服务需求，利用现代信息技术有效整合优质文化旅游产品资源，开发适合游客需求的旅游线路、旅游演艺及特色商品等，加大目的地攻略、游记、主题旅游产品等内容的生产和传播力度。推动友好村康养旅游行业的管理流程，提升旅游管理信息化水平，提供人工智能客服、知识库、舆情分析、数字可视化辅助决策等服务，打造一键投诉、及时响应、联动处置、实时反馈、限时办结的涉旅投诉管理体系。加强智慧康养旅游基础设施建设，实施智慧景区、智慧酒店、智慧乡村旅游、智慧康养小镇、智慧博物馆等大批基础设施数字化工程，强化智慧景区建设，搭建线上快速服务窗口，推广景区门票预约游客流量管理制度，实现实时监测、科学引导、智慧服务，建设友好村康养旅游企业数字化服务体系，提升康养旅游产业要素资源数字化、智慧化水平。

（二）提升友好村康养旅游品牌形象和影响力

1. 构建多元品牌体系

坚持"政府主导、行业联合、企业联手、市场运作"的营销原则，盘点资源，以"大美长春—魅力玉潭·幸福友好"为旅游品牌，聚焦旅游市场，采取复合营销手段，通过广告、活动、节庆、展览、影视、互联网等新媒体的营销宣传方式，加大长春市周边、吉林省和外围省市县域客源市场的交流力度，洞察需求，创建旅游产品品牌，保持旅游市场的稳定性。可进一步推进中草药产业的集群发展和中药材规范化种植基地的建设，利用友好村独特的地理环境，与周边如奢岭采摘园等共同举办长春消夏节活动来吸引八方游客。

2. 搭建多方平台拓宽营销渠道

充分利用"互联网+旅游"的低成本、大空间、高效率的优势，积极运用新媒体传播优质内容，紧密契合平台用户进行主体宣传，合理运用共生机制打造潮流文旅IP。可以短视频为突破点，建设融媒体传播矩阵，以创新优质内容助力玉潭镇友好村康养旅游行业的推广。构建涵盖抖音、快手、微信、微博、小红书、去哪儿、马蜂窝等顶尖流量平台在内的动态融媒体传播

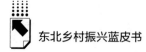

矩阵，实现短视频内容的网络同步分发。可通过四季节庆、网络热点、美食人文等元素策划并制作出属地的旅游爆款视频。秉承变热量为流量、变流量为留量、变留量为销量的原则，快速搭建线上图文、短视频、直播、VR虚拟旅游平台的营销战略和人才部署，提升线上内容的原创力和传播力。通过建立与消费者的互动平台，传播更加趣味化、场景化的优质原生内容，提升消费者黏性；同时扩大电视广播平台覆盖面，通过媒体合作，以丰富的线上内容让更多旅游者对玉潭镇友好村产生向往，提升友好村旅游品牌的对外传播力。

3. 精准聚焦目标客源

玉潭镇友好村域内交通四通八达，对外交通便捷。长东公路、长清公路由村域东西两侧穿过，村屯主要道路以柏油路和水泥路为主，有很好的森林步道和旅游线路，长春、四平、松原、吉林、梅河口、辽源、延吉等大部分城市均可在两小时内通过自驾方式抵达友好村，是短途、高频次游客的主要客源地。依托高铁、飞机航班等方式，哈尔滨、内蒙古等地都可纳入3小时交通圈，且这些地区均较发达，居民收入较高，康养旅游需求旺盛，市场潜力巨大，有望吸引全国各地的游客驻足。同时可加大在客源地的宣传推广活动力度，在重点旅游客源地的公路、商场、地铁等公共场所设立广告牌、LED电子屏，投放友好村旅游形象广告；积极参加省市联合推广活动，在固定月份给予某些城市地区的游客一定优惠，积极承办各类赛事及活动增加旅游地的影响力。加强对友好村旅游胜地的康养旅游信息发布，针对研学类等面向特殊群体的旅游产品，采取加强到地宣传、直接营销等宣传手段。

（三）建立友好村康养旅游人才保障机制

1. 加强康养旅游的人才队伍体系建设

在友好村建设以旅游行政管理、经营管理、专业技术人才、技能型人才、导游人才、乡村旅游服务人才、医疗养生人才为核心的旅游人才队伍体系。建立健全友好村干部交流培训机制，积极选派优秀干部到上级部门挂职锻炼，到知名康养旅游地参观取经学习，积极探索实施政府雇员制，拓宽选人用人渠道。建立旅游企业高管人员、经营管理人员的培养方案，开展旅游企业创新型人才培养工程。与各地高校进行合作，培养定向复合型高端康养人才，可考虑开设医养、康养专业等，培养能够发掘康养文化、研究康养新产品、开发康养新服务的人才。

2. 健全康养旅游职业培训体系

加大对友好村康养旅游人才的培养和管理，发展友好村康养旅游职业教育，与长春等各地高校合作。整合利用教育资源培训资源，建立健全康养旅游从业人员长效培训管理体制，完善旅游职业资格和等级制度，健全职业技能鉴定制度，培育职业经理人。支持友好村康养旅游相关企业引进高端经营管理人才，争取纳入省人才专项资金扶持范围，与省内辉南县龙湾康养小镇、抚松县万良人参小镇、敦化市雁鸣湖旅游小镇、长白山冰雪运动小镇、梅河口市进化中药材小镇、通化县西江稻米小镇等建立文旅康养人才培训、实习与合作机制，建立一批康养旅游相关师资培训基地和康养旅游相关企业职业经理人培训基地。以长春市的定点合作高校为依托，对康养旅游相关从业人员进行定期培训考核，部分优秀人才可送到高等院校进行继续深造，鼓励和引导康养旅游相关企业开展职工在职培训，每年选派一定数量的旅游系统干部到省内外城市进行旅游公务培训，逐步提升旅游干部队伍素质。

3. 建立康养旅游专家智库机构

成立长春市玉潭镇友好村康养旅游发展专家智库，聘请旅游规划、城市规划、区域经济、市场营销、文化遗产保护、体育健康、医疗养生等多方面的行业专家，不定期召开康养旅游发展研讨会，开展影响友好村康养旅游发展的基础理论、政策和重难点问题的研究，对友好村康养旅游产业发展中的重大问题进行决策咨询，并开展对友好村康养旅游领域中高层次旅游人才队伍的培养、专业人才培训和学术交流工作。

4. 提供有利的政策保障

制定友好村康养旅游人才招募政策，出台专门的康养旅游人才引入政策。做到人才住房有规划，满足人才住房的供给需求。完善优秀人才的贡献奖励制度，以"真心实意""真金白银"提高对高层次人才的吸引力，将友

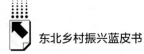
好村打造成为区域康养旅游人才汇聚的"福地",启动友好村康养旅游人才培养"十百千工程",制订十百千旅游人才培养奖励计划,积极开展人才评选工作,在全社会营造关注康养旅游人才、重视康养旅游人才、奖励康养旅游人才的良好氛围。另外,从长远看,可在省内个别地方院校开设与康养旅游相关联的专业,通过相关专业设置提升从业人员的专业水平,培养高级专业人才,通过教育为后续康养旅游发展储备高质量、充足的人力资源。建立康养旅游实训基地,加大对从事康养旅游产业人员的专业培训,在高等院校施行全程定向培养和就业指导。

随着我国脱贫攻坚以及全面建设小康社会取得胜利,"三农"工作的重心逐渐向全面推进乡村振兴发展。在这样的大背景下,吉林省更应该持续发挥乡村旅游在乡村振兴发展中的重大作用,加强乡村康养旅游发展的规划引领,打造极具创意的文旅商品,建立康养旅游专业评价体系,提升乡村旅游人才综合素质,拓展康养旅游融合的新格局,助力全面乡村振兴,让广大人民过上幸福美好的生活。

Abstract

This book is the first blue book on rural revitalization after an in-depth investigation in Northeast China. It is mainly written by scholars from Changchun Guanghua University, and invited experts and scholars from the Academy of Social Sciences of Northeast China, colleges and universities.

It is of great practical significance and far-reaching historical significance to study the implementation of the rural revitalization strategy and to solve the contradictions and problems in the current agricultural and rural development process, as well as to promote the economic and social development of the northeast region and to achieve common prosperity on the basis of the priority development of agriculture and rural areas. The book is divided into general report, sub-reports, common prosperity chapter, industrial development chapter, beautiful countryside chapter, cultural tourism chapter and rural revitalization case chapter.

The implementation of the rural revitalization strategy is a vast systemic project in both theory and practice, and it is a major historical task for China's agricultural and rural development. The strategy of revitalizing the countryside was proposed in the report of the 19th Party Congress. It reflects the unity of the history and reality of the development of the "three rural areas" and shows the development trend and future of the "three rural areas". In the report of the 20th Party Congress, it is emphasized once again that we will promote the revitalization of the countryside comprehensively, adhere to the priority development of agriculture and rural areas, adhere to the integrated development of urban and rural areas, and smooth the flow of factors of production between urban and rural areas. Promote the, talents, culture, ecology and organization of rural revitalization industries.

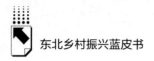

Based on the situation of the traditional agricultural province in Northeast China, this book focuses on the key tasks, such as developing rural industry, building a livable countryside, improving rural culture and civilization, promoting effective governance and realizing a rich life. This book shows the vivid practice of rural areas in Northeast China since the implementation of the rural revitalization strategy. It Integrates authoritative data and typical cases. Under the strong leadership of the CPC Central Committee with Comrade Xi Jinping at its core, northeast China has achieved fruitful results in the current stage, made a profound analysis of the opportunities and challenges faced by northeast China since the implementation of the rural revitalization strategy, and considered both theory and practice, as well as policy interpretation and case analysis.

Like other regions of the country, through the joint efforts of 120 million people in Heilongjiang, Jilin, Liaoning and Inner Mongolia's Mengdong region and on the basis of existing poverty standards, this book argues that the northeast region has achieved precise poverty eradication, the full realization of a moderately prosperous society and the first of the two centennial goals. In accordance with the decision of the Party Central Committee and on the basis of the full completion of the task of poverty eradication, it achieves the full realization of a moderately prosperous society. During the implementation of rural revitalization, new industries and new business development have emerged, modern agriculture construction has achieved outstanding results, beautiful countryside construction has been effective, farmers' quality has been improved comprehensively, and rural reform has been further deepened. However, the unbalanced and inadequate development of agriculture and rural areas is still prominent and faces great challenges. Such as the collective economy of rural areas is relatively weak and lacks industrial support for rural revitalization; the lack of talents is serious and cannot meet the needs of comprehensive rural revitalization; the supporting system for the integrated development of three rural industries is not perfect and the depth of integration needs to be explored; the income of farmers needs to be improved and the living gap between urban and rural residents still exists; and the integration of urban and rural areas needs to be improved. The gap between the income of farmers and the life of urban and rural residents still exists, the level of urban-rural integration development is not high, and the level of public services needs to be improved. The main tasks of the revitalization of rural areas in Northeast China are: establishing agricultural standards, developing modern agriculture in Northeast China, boosting new cultural confidence in rural areas, building rural civilization, protecting green water and green mountains, developing ecologically livable rural areas, establishing farmers' integrity system, realizing effective rural governance, establishing urban-rural integration development mechanism, and realizing integrated urban-rural development. This book proposes that the implementation of rural revitalization strategy in Northeast China should start from nine major projects, including the construction project of three modern agricultural systems, food and food safety project, ecological environmental protection project, beautiful countryside construction project, talent attraction and cultivation project, etc.

Keywords: Rural Revitalization; Common Prosperity; the Northeast Region

Contents

I General Report

Abstract: Since the 19th National Congress of the Communist Party of China, governments at all levels in Northeast China have implemented the rural vitalization strategy in accordance with the central government's unified deployment, giving priority to the development of agriculture and rural areas, and farmers' income levels have been continuously improved. According to current standards, all poor people have been lifted out of poverty on time. Northeast China has built a well-off society in an all-around way by stabilizing agricultural production, ensuring the safety of agricultural products such as grain, protecting farmers' interests, and ensuring long-term stability in rural areas; Northeast China's rural vitalization has developed in an all-around way and achieved remarkable results. At the same time, some issues remain to be resolved in the process of implementing the rural vitalization strategy. Given these issues and the primary task of Northwest China's rural vitalization, we should begin by implementing the three systems of modern agriculture, food and food safety, ecological environment protection, beautiful countryside construction, talent introduction and education, enriching the people, deep integration of rural three industries, rural public service construction, and effective rural governance, among other things, and comprehensively promote rural viability.

Keywords: Rural Vitalization; Rural Collective Economy; Common Prosperity; Northeast China

II Sub-reports

B.2 Research Report on Ecological Development of Rural E-commerce in Northeast Three Provinces   *Wang Kun* / 034

Abstract: Promoting agriculture and rural development through e-commerce has become an effective method in the context of the rural vitalization strategy. The northeast three provinces are all large agricultural provinces, and there is widespread agreement to actively develop rural e-commerce. However, in comparison to developed regions, the development level remains relatively lagging, and ecological development remains imperfect. As a result, research into the ecological development status and symbiotic relationship of rural e-commerce in the northeast three provinces is required. This report takes "the ecological development of rural e-commerce in northeast three provinces" as its starting point, and first examines the development status of rural e-commerce in northeast three provinces; second, it is clear that the ecological development of rural e-commerce in northeast three provinces is in the early stages, and the influencing factors of its ecological symbiosis are investigated. Finally, this paper makes five recommendations for the ecological development of rural e-commerce in the northeast three provinces.

Keywords: Rural E-commerce; E-commerce Ecology; Northeast Three Provinces

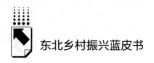
东北乡村振兴蓝皮书

B . 3   Accelerate the Research on Agricultural Modernization

in Northeast Three Provinces   *Cheng Yao , Wang Chuanzhi* / 047

Abstract: Agricultural modernization is the primary driving force behind China's rapid transformation of agriculture into modern agriculture, as well as the foundation, premise, and support for resolving issues concerning agriculture, rural areas, and farmers, and realizing rural vitalization. The northeast three provinces are important grain producing areas in China, with a long agricultural history and abundant agricultural resources, and they have made irreplaceable contributions to ensuring national food security. Improving the agricultural modernization level of the northeast three provinces will significantly improve China's overall agricultural modernization level. The guiding ideology for accelerating agricultural modernization in the northeast three provinces is General Secretary XI's "establishing modern agricultural industrial system, agricultural production system, and agricultural management system". Based on statistical data and field investigation, the current state of agricultural development in the northeast three provinces is thoroughly examined, and the major issues that must be addressed are identified in order to promote rural vitalization in the northeast three provinces.

Keywords: Modernization of Agriculture; Rural Revitalization; Northeast Three Provinces

B . 4   Study on the Development Countermeasures of Characteristic

Industrial Towns in Northeast China   *Wang Yuguang* / 062

Abstract: The development of distinctive towns is one of the most effective means of revitalizing rural areas. Northeast China is a large agricultural province as well as an old industrial base. There is plenty of room for the growth of distinctive towns. Based on the current situation of the development of characteristic towns in the three northeastern provinces, this study puts forward the problems in the development of characteristic industrial towns in the three northeastern provinces. In addition, it is proposed that enterprises of a certain scale should be introduced vigorously to improve quality and expand quantity. Through industrial integration to promote town development mode innovation, it is important to create a brand image with technological innovation, encourage multiple subjects to participate in investment and financing innovation, highlight characteristics according to local conditions, promote industrial development, and plan special industrial towns in multiple dimensions.

Keywords: Characteristic Town; Characteristic Industry; Rural Revitalization; Northeast Three Provinces

B.5 Problems Existing in Liaoning's Promotion of Rural

Comprehensive Revitalization and Countermeasures

and Suggestions   *Wang Dan* / 074

Abstract: Liaoning's rural vitalization strategy has yielded remarkable results after several years of development: the comprehensive agricultural production capacity has been significantly improved, the food security capability has been continuously enhanced, the quality of the agricultural supply system has been significantly improved, and the integration level of rural primary, secondary, and tertiary industries has been significantly improved, among other things. However, there are still some practical issues in the development process, such as infrastructure construction shortcomings, a weak foundation for increasing farmer income, the need to further strengthen industrial integration, the lagging development of county economies, and a shortage of rural vitalization talents. In the new stage of development, it is necessary to take strong measures to comprehensively promote the implementation of rural vitalization strategy from the perspectives of implementing food security responsibility, strengthening rural

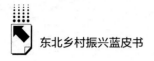
infrastructure construction, vigorously developing agricultural product processing industry, developing and expanding county economy, and increasing farmers' income through multiple channels, in order to promote stable economic and social development.

Keywords: Rural Vitalization; Food Security; Industry Integration; Farmers' Income; Rural Reform

III   Common Prosperity Reports

B.6   Study on the Problems and Countermeasures of Rural
Residents' Income in Northeast Three Provinces   *Wang Lei* / 091

Abstract: Faced with the complicated economic and social situation, as well as the impact of the COVID-19 epidemic, rural residents' income in the northeast three provinces has continued to rise, and the income composition has become increasingly optimized since the 13th Five-Year Plan period. New industries and new formats, such as leisure agriculture and rural tourism, have become important channels for farmers to increase their income, and the relative income gap between urban and rural residents has narrowed significantly, as have rural residents' living standards and quality of life. However, some issues that have long hampered high-quality growth in rural residents' income persist, namely the widening absolute income gap between urban and rural areas and regions, as well as the low growth rate of rural residents' household income. To achieve high-quality income growth for rural residents in the northeast three provinces in the new period, it is necessary to continue to promote industrial integration in rural areas, optimize rural residents' income distribution pattern, promote farmers' employment, increase rural residents' wage income and property income, and improve rural social security system.

Keywords: Rural Residents; Income Gap; Income Distribution Pattern

B . 7　Study on Agricultural Eco-environmental Problems

　　in Northeast Three Provinces　　　　　　*Song Jingbo* / 107

Abstract: The agricultural ecological environment is an important part of building a beautiful China, and it is critical to agriculture's long-term development. Based on an analysis of the agricultural ecological environment in the northeast three provinces, this report discovered that there were still some problems in the northeast three provinces, such as an obvious imbalance in fertilizer application structure and a lack of awareness of scientific pesticide use, among other things, and proposed some countermeasures and suggestions from the perspectives of increasing environmental awareness of various subjects and selecting reasonable and applicable controversies.

Keywords: Agricultural Ecological Environment; Diffused Pollution; Environmental Protection; Northeast Three Provinces

B . 8　Study on Consumption Upgrade of Rural Residents

　　in Jilin Province　　　　　　　　　　*Du Chunjing* / 120

Abstract: "Consumption upgrading is the key driving force in realizing the economy's internal cycle under the double-cycle strategy." The upgrading of rural residents' consumption in Jilin Province is linked to the implementation of Jilin Province's new development pattern strategy of double circulation economy, and it is also a necessary way to expand domestic demand. Jilin Province's rural market has high consumption potential, but many consumer demands are not being met. The vast rural consumption market is a critical link in the supply-demand cycle, providing new impetus for the implementation of the domestic demand expansion strategy.

Keywords: Rural Residents; Rural Market; Consumption Upgrade; Jilin Province

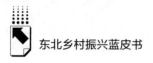
B.9　Study on the Countermeasures of High-quality Development
of Rural Tourism in Jilin Province　　　　　*Li Shaoqi* / 135

Abstract：High-quality rural tourism development in Jilin Province is an
unavoidable choice for rural tourism development in Jilin Province, and it plays an
important role in promoting rural tourism development in Jilin Province. Based on
an in-depth analysis of the development situation of rural tourism in Jilin Province
and the situation faced by the high-quality development of rural tourism in Jilin
Province, this paper presents the problems existing in the high-quality development
of rural tourism in Jilin Province, as well as the countermeasures, that is, rural
tourism in Jilin Province should change from quantity to quality, strengthen the
construction of talent introduction, and introduce a new model of rural tourism.

Keywords：Rural Tourism；Innovation in Science and Technology；The
Green Cycle；Jilin Province

Ⅳ　Industry Development Reports

B.10　Research on the Development Status and Countermeasures
of Digital Agriculture in Northeast Three Provinces

Zhang Chunrong / 146

Abstract：Digital agriculture has become the unavoidable choice of
agricultural modernization in the twenty-first century as the strategic direction of
global agricultural development. The northeastern Chinese provinces of
Heilongjiang, Jilin, and Liaoning are all major grain-producing regions. With the
government's vigorous promotion, the development and construction of digital
agriculture in the northeast three provinces have achieved remarkable results in
recent years, and the technical service system of digital agriculture is becoming
more and more mature. Different modes of digital agriculture promotion and
popularization have been investigated in various counties and cities based on local

conditions, but there are still many issues in policies and regulations, platform construction, demonstration and popularization, and talent team. This paper investigates and analyzes the accomplishments and existing problems in the development of digital agriculture in the northeast three provinces, investigates countermeasures and suggestions to promote the development of digital agriculture in the northeast three provinces, and contributes to the revitalization of Northeast China.

Keywords: Digital Agriculture; Modern Agriculture; Northeast Three Provinces

B.11   Study on the Revitalization of Rural Cultural Industries in Northeast Three Provinces   *Zhang Tong* / 159

Abstract: With the steady development of China's economic and technological strength in recent years, China's international influence has grown significantly, and the importance of national cultural soft power has grown. To develop cultural industries with Chinese characteristics, China's cultural soft power must combine China's national conditions. Our country's rural revitalization strategy is designed to meet the needs of our country's regional characteristics. As a result, how to effectively develop the rural cultural industry has emerged as a critical issue at the moment. Northeast China is an important national industrial base, and its economic form is dominated by industry and agriculture, neglecting cultural industry development, let alone cultural industry development in rural areas. Furthermore, in recent years, there has been a significant population outflow in Northeast China, resulting in the overall weakness and lack of characteristics of the rural cultural industry, as well as a number of development issues. This paper focuses on the research of rural cultural industry revitalization in northeast three provinces, analyzes the problems in rural cultural industry development, and proposes some suggestions and countermeasures that can serve as a reference for the development and revitalization of rural cultural industry in

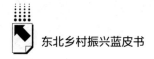
东北乡村振兴蓝皮书

northeast three provinces.

Keywords: Rural Cultural Industry; Rural Vitalization; National Culture; Northeast Three Provinces

B.12 Study on Optimizing the Supply of Agricultural Science
and Technology Services in Liaoning Province *Li Zhiguo* / 174

Abstract: The effective application of agricultural science and technology is a critical component in achieving agricultural modernization. As a result, it is critical to constantly optimize the supply of agricultural science and technology services. In practice, the government, scientific research institutions, and universities are the primary providers of agricultural science and technology services in Liaoning Province, highlighting the inefficiency problem. Socialization and marketization are the development trend and optimization direction of agricultural science and technology service supply. This paper analyzes the current situation of agricultural sci-tech service supply in Liaoning, proposes some countermeasures and suggestions to optimize agricultural sci-tech service supply in Liaoning, and hopes to be useful to research and practice.

Keywords: Agricultural Science and Technology; Service Supply; Agricultural Modernization

B.13 Research on the Construction of Rural Talents in Jilin Province
Gu Xiaolin / 186

Abstract: The rural vitalization strategy is an important deployment proposed by the Communist Party of China's 19th National Congress, and it is also an important historical task of building an all-around prosperous society and a modern socialist country. People and talents are at the heart of the rural revitalization strategy's implementation. Currently, there are some shortcomings in Jilin Province's rural areas, such as a lack of talents, an unreasonable talent structure, a low overall quality of labor force, an imperfect working mechanism of talent training, few rural job opportunities, low income, difficulty in retaining and introducing talents, and a lack of high-quality educational resources. This paper examines the reasons why rural talent revitalization is facing these challenges under the rural vitalization strategy. According to these problems, it proposes some solutions, such as a favorable policy environment for talent revitalization in Jilin Province, the establishment of a perfect talent training mechanism, and the acceleration of rural infrastructure construction, to make talent revitalization better support the rural vitalization strategy, and it proposes some countermeasures to promote talent revitalization in Jilin Province for reference.

Keywords: Rural Vitalization; Rural Talents; Team Building; Jilin Province

B . 14　Research on Brand Development of Agricultural Products in Jilin Province　　　　　　　　　　*Zhang Xiao* / 202

Abstract: The development of agricultural product brands is critical to the advancement of modern agriculture and the revitalization of rural areas. Jilin Province's abundant agricultural resources have provided a rich foundation for the revitalization of rural industries, as well as a large development space for the "Jizihao" brand, which is based on characteristic agriculture, characteristic agricultural products, and particularly characteristic agricultural industrial chain. Based on an in-depth analysis of the current state of agricultural product brand development in Jilin Province, this paper presents the existing problems in the process of agricultural product brand development in Jilin Province, as well as some recommendations for continuously promoting the optimization and upgrading of the agricultural product brand system in Jilin Province and comprehensively enhancing agricultural product brand awareness.

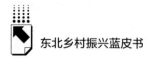

Keywords: Agricultural Products; Brand Building; Rural Revitalization; Jilin Province

B．15　Research on the Development of Agricultural Products Logistics Industry in Jilin Province　　　　　　　　　*Liu Yingjie* / 215

Abstract: Agricultural product research has always been an important part of issues relating to agriculture and rural areas, and it is also the focus of current rural vitalization efforts. The rapid development of modern logistics highlights the time and space effects of logistics. The loss of agricultural products during transportation and storage severely limits farmer and employee income. Traditional agricultural products logistics supply has a long channel, and the multi-level role between farmers and consumers affects the overall efficiency of agricultural products logistics supply for a long time, resulting in a number of problems such as agricultural products logistics loss, mismatch between agricultural products supply and demand, food safety hazards, and so on. Given the common problems encountered by agricultural product logistics, the transformation and upgrading of agricultural product logistics has been placed on the relevant agenda and must be improved as soon as possible. The shortcomings of agricultural product logistics management subject, infrastructure, technical level, and management concept continue to impede the long-term healthy development of Jilin Province's agricultural product logistics industry. As a result, the development of agricultural product logistics industrialization has significant social and historical development implications for China's rural vitalization.

Keywords: Agricultural Product; Logistics and Transportation; Logistics Management; Cold Chain Transportation; Storage

V Beautiful Countryside Reports

B.16 Study on the Construction of Beautiful Countryside

in Northeast Three Provinces *Xiao Guodong* / 227

Abstract: The creation of beautiful countryside is critical to the implementation of the rural revitalization strategy. In recent years, the construction of beautiful countryside in three northeast provinces has achieved remarkable results, with the comprehensive improvement of human settlements, the quality of rural public cultural services, and the improvement of the rural governance system. Currently, 24 villages in three northeastern provinces have been chosen for the list of beautiful leisure villages in China in 2021, and 38 villages have passed the monitoring of beautiful leisure villages in China from 2010 to 2017. However, there are still some issues in the construction of beautiful countryside, such as a single source of construction funds, insufficient policy guidance, long-term infrastructure management and protection mechanisms that need to be improved, and departmental coordination mechanisms that need to be strengthened. To promote the construction of beautiful countryside in the three northeastern provinces, we should scientifically formulate beautiful countryside planning, and effectively connect it with housing construction planning, land use planning and rural social development planning. In addition, it is necessary to strengthen the guiding role of policies and funds, and widely attract social funds to participate in the construction of beautiful villages; improve the mechanism of rural environmental governance, and build ecologically pleasant and beautiful villages; enhance farmers' awareness of environmental protection, and give full play to the main role of farmers in the construction of beautiful villages; and build a modern industrial system in rural areas to promote sustainable development of the rural economy.

Keywords: Beautiful Countryside; Rural Construction; Rural Economy; Northeast Three Provinces

B.17　Inheritance and Protection of Cultural Landscape of Traditional

　　Villages in Northeast China　　　　　　　　　*Zhou Hui* / 237

　　Abstract: Traditional villages are important carriers of historical memory and continuing historical context, as well as an important starting point for implementing the rural vitalization strategy. To achieve all-around rural vitalization, it is critical to safeguard the cultural landscape of traditional villages for the transmission of Chinese history and culture. This paper studies and analyzes the planning and layout of the humanistic landscape of the traditional villages in Northeast China from the natural landscape, material humanistic landscape, and non-material humanistic landscape features, combining the practical investigation of the humanistic landscape of the traditional villages in Northeast China with the excavation of village characteristic culture, based on the unique cold climate in Northeast China. The goal is to create a humanistic landscape of livable and local culture of villagers in Northeast China, as well as to revitalize tourism in traditional villages in Northeast China. This paper proposes some ideas and suggestions for the inheritance and protection of the cultural landscape of traditional villages in Northeast China, with the goal of stimulating the tourism economy of traditional villages in Northeast China and increasing villagers' happiness. It also hopes to serve as a model for future protection of traditional village cultural landscapes.

　　Keywords: Rural Vitalization; Traditional Village; Protection of Cultural Landscape; Northeast China

B.18　Study on the Revitalization and Development of Rural

　　Education in Northeast Three Provinces

　　　　　　　　　　　　　Xu Baiyan, *Fan Yuanyuan* / 247

　　Abstract: At present, China has completed the task of overall poverty alleviation and is focusing on rural revitalization. Rural revitalization is an important strategy for building a strong socialist country all around. The Rural Vitalization Strategy (2018 − 2022) expressly states that rural education development should be prioritized. The key factor in the process of rural vitalization is talent, and the lack of rural talents is the most significant factor limiting rural vitalization, so rural areas urgently need to revitalize education. As an important grain production base in China, the northeast three provinces have a high proportion of rural population and a high demand for agricultural and rural development talents, making it even more important to take the lead in revitalizing rural education. This paper analyzes the development status of rural education in northeast three provinces and the existing problems in rural education revitalization in detail, and proposes countermeasures for rural education revitalization in northeast three provinces by combining the excellent rural education revitalization experiences in all parts of the country.

Keywords: Rural Vitalization; Rural Education; Rural Talents; Northeast Three Provinces

B.19   Study on Rural Governance in Northeast China

Cui Jingjing / 261

Abstract: This report examines the current situation of rural social development in Northeast China from four perspectives: the serious loss of rural population base, the gradual improvement of rural infrastructure, the increasingly high status of agriculture in rural economy, and the need to strengthen rural social atmosphere. The problems in Northeast China's rural governance, such as unbalanced governance content, low recognition of governance effectiveness, weak governance subjects, unclear powers and responsibilities, inadequate governance planning, and an imperfect long-term mechanism, were discovered and analyzed through network interaction and field visits in northeast villages. Finally, four development suggestions for Northeast China's rural governance modernization were made: " five-in-one " dynamic system governance, multi-pronged

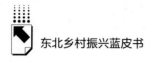
improvement of governance mechanisms, overall promotion of urban and rural governance, and strengthening of grassroots governance capacity.

Keywords: Rural Society; Rural Governance; Rural Culture; Northeast China

Ⅵ   Cultural Tourism Reports

B.20   Study on the Development of Rural Tourism in Northeast Three Provinces   *Li Jingjing* / 272

Abstract: Rural tourism is an important component of the rural economy, and it plays an important role in promoting the long-term development of the rural economy, increasing farmer income, and promoting the deep integration of agricultural tourism and cultural tourism. The rural tourism development in the northeast three provinces has achieved remarkable results since the implementation of the rural vitalization strategy: the rural tourism reception capacity has been gradually strengthened, farmer employment and income have been continuously improved, and the rural ecological environment has been effectively improved. However, there are some constraints in the process of rural tourism development, such as an imperfect management mechanism, a lack of infrastructure, a lack of innovation in tourism products, a lack of market brand awareness, a lack of rural tourism talents, and so on. It is necessary to follow government policy guidance, improve tourism infrastructure facilities, pay attention to the integration of culture and tourism, promote brand building, and promote scientific and technological innovation to help rural tourism upgrade, in order to promote the development of rural tourism in the northeast three provinces.

Keywords: Rural Tourism; Rural Revitalization; Cultural and Tourism Integration; Northeast Three Provinces

B.21　Study on Rural Vitalization of Cultural Tourism Industry
　　　　Empowerment in Jilin Province　　　　　　　*Yin Jiacheng* / 285

Abstract：Since 2020, with the epidemic situation under control, the cultural tourism industry has gradually recovered, and the countryside has gradually become the key development direction of the Jilin Province cultural tourism industry. It is critical to vigorously develop the rural cultural tourism industry in order to consolidate poverty alleviation achievements and comprehensively promote rural vitalization. Using the rural cultural tourism industry in Jilin Province as the research object, this paper analyzes the development status of the rural cultural tourism industry in Jilin Province, summarizes the main problems encountered by the current cultural tourism industry in the process of promoting rural vitalization, and further investigates ways to promote the optimization and upgrading of the rural cultural tourism industry, in order to provide an effective reference for future research.

Keywords：Cultural Industry; Rural Vitalization; Jilin Province

B.22　Research on the Integration and Development of Agriculture
　　　　and Tourism in Jilin Province　　　　　　　*Li Qianyan* / 297

Abstract：The integrated development of agriculture and tourism, as a new form of rural tourism, is a new kinetic energy to promote agricultural and rural development, an important measure to realize rural vitalization, and a new direction for the transformation and upgrading of agriculture and tourism in the new era. Jilin Province is a large agricultural province with a diverse range of agricultural resources. The integration and development of agriculture and tourism in Jilin Province presents a multi-format and diverse development trend against the backdrop of global tourism and industrial integration. As a result, we should seize the opportunity of Jilin Province's rapid development of agricultural resources and tourism, and make efforts from the perspectives of regional characteristics, benefit distribution mechanisms, marketing and publicity, "attracting" and "educating" talents, and so on, to promote the in-depth development of agricultural tourism integration in Jilin Province, and make it an important means of promoting the upgrading of rural industrial structures.

Keywords: Agricultural Integration; Rural Vitalization; Industrial Convergence; Jilin Province

VII   Rural Revitalization Case Reports

B.23   Investigation and Research on Agricultural Production Custody

in Lanxi County, Heilongjiang Province   *Zhao Qin* / 312

Abstract: Agricultural production trusteeship is a powerful tool for guiding the organic link between small farmers and modern agricultural development. Lanxi County, Heilongjiang Province, has actively investigated agricultural production custody, focusing on six main modes: cooperative agricultural machinery service custody, village collective economic organization custody, capable people integrated resources custody, cross-border agricultural enterprise custody, agricultural industrialization enterprise custody, and flexible custody of family farms. Agricultural production trusteeship has promoted land scale management, increased the level of modern agricultural production, increased the income of various stakeholders, dispersed the risks of agricultural production and management, and increased the vitality of collective economic organizations, providing a useful reference for agricultural scale management in other regions. To improve agricultural production trusteeship, we must focus on cultivating and optimizing service subjects, expanding trusteeship service fields, continuously strengthening standardization construction, doing well with publicity, training, and typical demonstration, perfecting policies, and strengthening supervision.

Keywords: Agricultural Production Trust; Land Scale Operation; Family Farm; Lancey County

B.24 Study on the Development of Rural Vitalization

in Jiaohe City *Sui Xin* / 324

Abstract: According to the report of the Communist Party of China's 19th National Congress, the problem of agriculture and rural farmers is a fundamental problem related to the national economy and people's livelihood. We must always prioritize "agriculture, rural areas, and farmers" as the top priority of the entire party's work, and we must implement the rural vitalization strategy. Jiaohe city, as a county seat with a superior geographical location, abundant products, and an excellent environment, should also take on the important task of rural vitalization and comprehensively deepen reform and innovation in the field of agriculture and rural areas. Jiaohe has a good location advantage due to the comprehensive implementation of the national Changjitu development and pilot zone strategy. At the moment, promoting rural vitalization holistically requires addressing the following practical issues: the added value of rural industries must be improved, rural infrastructure is inadequate, and farmers lack subjective initiative. The following are the main recommendations for promoting high-quality rural vitalization development in Jiaohe City: strengthening the development of the industrial chain in conjunction with characteristic industries, improving rural water conservation and transportation infrastructure, and innovating rural governance mechanisms to realize farmers' dominant position.

Keywords: Rural Revitalization; Rural Governance; Agricultural Products; Jiaohe City

B.25 Development Report of Rural Vitalization in Chinan District

of Changbai Mountain *Feng Yueping* / 338

Abstract: Socialism with Chinese characteristics led the way. Implement the rural revitalization strategy in the new era. The southern part of Changbai

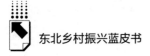

Mountain is in the heart of the forest, with stunning scenery and an abundance of products. Despite the relatively slow economic development, there are numerous tourism resources. This paper analyzes the current situation of resource development and utilization in the southern Chi area in order to dig the regional tourism cultural resources with the characteristics of the southern Chi area. Based on the theme of rural vitalization in the southern part of Changbai Mountain, this paper makes some recommendations to promote rural vitalization in the southern part of Changbai Mountain, including strengthening the construction of rural public service systems, developing rural resources in depth, comprehensively improving the governance capacity of grass-roots organizations, adhering to the concept of green and harmonious development, and improving management.

Keywords: Rural Revitalization; Common Prosperity; Tourism Brand; Chinan District

Abstract: "Taobao Village" has become a typical new form of rapid development of China's e-commerce in rural areas in the last ten years, since the discovery of the first batch of Taobao villages in 2009. Taobao Village is critical to the reconstruction of China's rural economic and social structure, rural employment and entrepreneurship, social progress, and rural civilization development. Most existing Taobao villages in Jilin Province choose the development mode of "government planning+service providers' empowerment", which means that during the early stages of government research, villages and towns with good industrial foundations and characteristics are chosen, and Taobao villages are built through a combination of government-led and service providers' empowerment, which has yielded impressive results quickly. Construction on four Taobao planning villages in Jilin City began in 2016, with Huangsongdian Village featuring Auricularia auricula as its main industrial feature, Dahuangdi Village featuring rice as its main industrial feature, Qipan Village featuring Manchu Wula culture as its main feature, and Wang Jiacun (Chaihe Town, Panshi City) featuring fungi as its main industrial feature. In 2018, they were all designated as Taobao Villages. In the future, Taobao Village development in Jilin Province should be based on the industrial agglomeration of small and medium-sized towns, strive for Taobao Village construction mode diversification, realize the integration and development of multiple industries, and give birth to a new e-commerce industrial cluster. Taobao Village has emerged as a new model of rural social change in Jilin Province during this period of social transformation.

Keywords: Taobao Village; Taobao Town; Rural Vitalization; Jilin Province

B. 27　Study on the Development of Wellness Tourism in Friendship Village, Yutan Town, Jilin Province　　*Xing Nan* / 361

Abstract: Implementing a rural vitalization strategy is an important historical task for building a prosperous society in all aspects, and rural tourism is an important way to develop rural vitalization. Based on the current state of wellness tourism development in Yutan town, Jilin province, this paper thoroughly examines the existing issues in the development of wellness tourism in friendly villages. It is primarily reflected in the following aspects: prominent homogenization of wellness tourism, insufficient tourism precision marketing, a scarcity of experiential and interactive wellness tourism projects, a lack of support from leading wellness tourism enterprises, and low quality of wellness tourism services, among others, and proposes some countermeasures and recommendations for the development of wellness tourism in friendly villages. That is to say, we should strengthen the planning and guidance of the development of the friendly village's wellness tourism, open up a new pattern of development of wellness tourism, and help the comprehensive rural tourism in three ways: accelerating the friendly village's scientific and technological empowerment, enhancing the friendly village's brand

image and influence, and establishing the friendly village's personnel guarantee mechanism.

Keywords: Wellness Tourism; Rural Vitalization; Friendship Village

权威报告·连续出版·独家资源

皮书数据库
ANNUAL REPORT(YEARBOOK)
DATABASE

分析解读当下中国发展变迁的高端智库平台

所获荣誉

- 2020年，入选全国新闻出版深度融合发展创新案例
- 2019年，入选国家新闻出版署数字出版精品遴选推荐计划
- 2016年，入选"十三五"国家重点电子出版物出版规划骨干工程
- 2013年，荣获"中国出版政府奖·网络出版物奖"提名奖
- 连续多年荣获中国数字出版博览会"数字出版·优秀品牌"奖

皮书数据库　　"社科数托邦"
　　　　　　　微信公众号

成为用户

　　登录网址www.pishu.com.cn访问皮书数据库网站或下载皮书数据库APP，通过手机号码验证或邮箱验证即可成为皮书数据库用户。

用户福利

- 已注册用户购书后可免费获赠100元皮书数据库充值卡。刮开充值卡涂层获取充值密码，登录并进入"会员中心"—"在线充值"—"充值卡充值"，充值成功即可购买和查看数据库内容。
- 用户福利最终解释权归社会科学文献出版社所有。

数据库服务热线：400-008-6695
数据库服务QQ：2475522410
数据库服务邮箱：database@ssap.cn
图书销售热线：010-59367070/7028
图书服务QQ：1265056568
图书服务邮箱：duzhe@ssap.cn

社会科学文献出版社 皮书系列
SOCIAL SCIENCES ACADEMIC PRESS (CHINA)
卡号：644486118529
密码：

中国社会发展数据库（下设 12 个专题子库）

　　紧扣人口、政治、外交、法律、教育、医疗卫生、资源环境等 12 个社会发展领域的前沿和热点，全面整合专业著作、智库报告、学术资讯、调研数据等类型资源，帮助用户追踪中国社会发展动态、研究社会发展战略与政策、了解社会热点问题、分析社会发展趋势。

中国经济发展数据库（下设 12 专题子库）

　　内容涵盖宏观经济、产业经济、工业经济、农业经济、财政金融、房地产经济、城市经济、商业贸易等 12 个重点经济领域，为把握经济运行态势、洞察经济发展规律、研判经济发展趋势、进行经济调控决策提供参考和依据。

中国行业发展数据库（下设 17 个专题子库）

　　以中国国民经济行业分类为依据，覆盖金融业、旅游业、交通运输业、能源矿产业、制造业等 100 多个行业，跟踪分析国民经济相关行业市场运行状况和政策导向，汇集行业发展前沿资讯，为投资、从业及各种经济决策提供理论支撑和实践指导。

中国区域发展数据库（下设 4 个专题子库）

　　对中国特定区域内的经济、社会、文化等领域现状与发展情况进行深度分析和预测，涉及省级行政区、城市群、城市、农村等不同维度，研究层级至县及县以下行政区，为学者研究地方经济社会宏观态势、经验模式、发展案例提供支撑，为地方政府决策提供参考。

中国文化传媒数据库（下设 18 个专题子库）

　　内容覆盖文化产业、新闻传播、电影娱乐、文学艺术、群众文化、图书情报等 18 个重点研究领域，聚焦文化传媒领域发展前沿、热点话题、行业实践，服务用户的教学科研、文化投资、企业规划等需要。

世界经济与国际关系数据库（下设 6 个专题子库）

　　整合世界经济、国际政治、世界文化与科技、全球性问题、国际组织与国际法、区域研究 6 大领域研究成果，对世界经济形势、国际形势进行连续性深度分析，对年度热点问题进行专题解读，为研判全球发展趋势提供事实和数据支持。

法律声明

"皮书系列"（含蓝皮书、绿皮书、黄皮书）之品牌由社会科学文献出版社最早使用并持续至今，现已被中国图书行业所熟知。"皮书系列"的相关商标已在国家商标管理部门商标局注册，包括但不限于LOGO（）、皮书、Pishu、经济蓝皮书、社会蓝皮书等。"皮书系列"图书的注册商标专用权及封面设计、版式设计的著作权均为社会科学文献出版社所有。未经社会科学文献出版社书面授权许可，任何使用与"皮书系列"图书注册商标、封面设计、版式设计相同或者近似的文字、图形或其组合的行为均系侵权行为。

经作者授权，本书的专有出版权及信息网络传播权等为社会科学文献出版社享有。未经社会科学文献出版社书面授权许可，任何就本书内容的复制、发行或以数字形式进行网络传播的行为均系侵权行为。

社会科学文献出版社将通过法律途径追究上述侵权行为的法律责任，维护自身合法权益。

欢迎社会各界人士对侵犯社会科学文献出版社上述权利的侵权行为进行举报。电话：010-59367121，电子邮箱：fawubu@ssap.cn。

社会科学文献出版社